国际形势和中国外交

International Situation and China's Foreign Affairs (2022/2023)

蓝皮书

(2022/2023)

中国国际问题研究院/著

世界知识出版社

编委会名单

主　编：徐　步

副主编：荣　鹰　刘　卿

编委会：（以姓氏笔画为序）

于　江　王友明　元　简　邓　浩
刘飞涛　李自国　李国富　宋均营
沈雅梅　赵鸣文　姜跃春　崔洪建
董漫远　蓝建学

撰稿人：（以姓氏笔画为序）

马汉智　王友明　王泽胜　邓　浩
宁胜男　刘艺潼　刘　畅*　刘　畅**
刘　晋　刘晓伟　刘　卿　孙文竹
孙立昕　许钊颖　杜　兰　宋均营
陈玉荣　苏晓晖　李子昕　李自国
李国富　李晓玉　吴晶晶　沈雅梅
张　坤　张蛟龙　张腾军　项昊宇
徐龙第　唐奇芳　郭金月　龚　婷
崔小涛　景晓玉　韩　璐　蓝建学

---

*　美国研究所。

**　发展中国家研究所。

前　言

2022年国际形势呈现出冷战结束以来最为深刻、复杂、动荡的变化。百年变局加速演进，地缘政治形势持续紧张。乌克兰危机搅动欧亚大陆政治安全格局，欧洲再一次成为全球战乱与动荡的中心。美国在欧洲大力卷入乌克兰危机，在亚洲竭力搭建排他性阵营，公然鼓噪分裂对抗、脱钩断链。全球安全、经济、金融、能源、粮食等多重挑战叠加，世界又一次站在十字路口。面对严峻的国际形势，中国展现大国担当，引领世界合作，为动荡不定的世界注入正能量，为加强全球治理提供新动力。

一、中美领导人会晤引起世界极大关注

2022年11月14日，习近平主席在印尼巴厘岛同美国总统拜登举行会晤。这是新冠疫情发生后中美两国领导人首次面对面会晤，也是习近平主席在拜登当选美国总统后与他的首次会晤。中美两国元首一致认同确立中美关系指导原则的重要性，并就此进行了深入探讨。这次会晤富有建设性和战略性，为改善世界两个最大经济体之间的关系把舵定向，为动荡变革的世界注入稳定性。

2022年，美国先后出台“印太战略”报告和《国家安全战略》

报告，美国务卿布林肯发表对华政策演讲，明确把中国确定为“系统性战略竞争者”。拜登政府继续打贸易战，大肆搞“脱钩断链”，竭力纠集对抗中国的阵营，中美关系在危险的道路上不断下滑。8月2日，美国国会众议长佩洛西不顾中方强烈反对和严正交涉，窜访中国台湾地区，严重违反一个中国原则和中美三个联合公报规定，严重冲击中美关系政治基础，严重侵犯中国主权和领土完整，严重破坏台海和平稳定，向“台独”分裂势力发出严重错误信号。中方对此坚决反对，严厉谴责，向美方提出严正交涉和强烈抗议。

在与拜登总统会晤时，习近平主席就事关中美关系以及世界和平发展的重大问题，特别是就美方在台湾问题上的错误言行，全面系统阐述中方原则立场。习近平主席强调，应从把握世界大势的高度看待和处理中美关系，摒弃你输我赢、你兴我衰的零和博弈思维，确立对话而非对抗、双赢而非零和的交往基调，坚持相互尊重、和平共处、合作共赢，共同确保中美关系沿着正确航向前行。习近平主席指出，台湾问题是中国核心利益中的核心，是中美关系政治基础中的基础，指出中美关系最重要的防护和安全网就是遵守国际关系基本准则和中美三个联合公报。习近平主席明确指出，中美不冲突、不对抗、和平共处，这是两国最基本的共同利益。两国经济深度融合，全球经济疫后复苏、应对气候变化、解决地区热点问题离不开中美协调合作，双方应该相互尊重，互惠互利，着眼大局，为合作提供必要氛围和稳定关系。

拜登总统表示，一个稳定和发展的中国符合美国和世界的利益，美中应向世界展示，双方能够管控分歧，避免由于误判或激烈竞争导致冲突对抗。美方再次重申“四不一无意”承诺，并进一步表示美方不支持“两个中国”或“一中一台”，不寻求把台湾问题作为工具遏制中国，美方也无意寻求同中国“脱钩”，无意阻挠中国经济发展，无意围堵中国。国务委员兼外交部长王毅指出，此次中美元首会晤明确了一个方向，就是防止中美关系脱轨失控，找到两个大国正确相处之道；确定了一个框架，就是共同探讨确立中美关系指导原则或战略性框架；启动了一个进程，就是要将两国元首重要共识落到实处，管控和稳定中美关系。

展望未来，中美关系健康稳定发展仍面临诸多严峻挑战。一是美国能否端正对华认知、改变对中国的战略误判。美方认为中国崛起可能改变世界秩序，损害美国霸权利益。但事实是，中国的发展始终是为了人民的福祉，无意挑战任何其他国家。美国如果不能消除这种误判，两国关系就难以实现长期稳定。二是美国能否停止干涉台湾问题、掏空一个中国政策。台湾问题是中国核心利益中的核心。台湾是中国领土不可分割的一部分，台湾问题完全是中国内政。美方必须恪守一个中国政策和中美三个联合公报规定，履行“不支持‘台独’”的承诺。三是美国能否秉持开放包容的理念，将务实合作作为优先选项。一段时间以来，美国通过加强美日印澳“四边机制”、美英澳“三方安全伙伴关系”（AUKUS）及双边同盟，搞排他性“小圈子”，挑动阵营对抗，给亚太地区和平与稳定带来威胁。开放带来进步，封闭必然落后。阻滞甚至拆解亚太地区长期形成的产业链供应链，只会损害亚太地区经济合作，掀起一场“新冷战”。

二、乌克兰危机引发冷战后地缘政治新变化

乌克兰危机是2022年国际形势中最为突出的地缘政治事件。2月24日，俄罗斯宣布对乌克兰采取特别军事行动。俄乌两国在文化、民族、宗教等方面可谓同宗同源，历史上有过密切关系，两国如今走到兵戎相见的地步，令人深感遗憾。乌克兰危机已

经持续近一年，国际社会越来越认识到，如果没有外来因素的卷入，俄乌关系不会恶化到现在这样的地步。

美国是致使俄乌爆发冲突的主要外部因素。美国长期以来无视俄乌关系的复杂性，竭力挑拨、激化两国矛盾。美国大力扶持乌克兰的反俄势力，不断拉紧北约同乌克兰的军事合作关系，一再给乌政治人物画“入约（北约）大饼”。美在冲突爆发前对俄乌矛盾推波助澜，冲突爆发后又一再火上浇油。美国及其北约盟国向乌克兰提供大量武器，似乎生怕战争很快停下来。拜登声称，“普京想要的是一个分裂的北约，一个分裂的西方，坦率地说，一个分裂的美国”。普京则称，美国搞垮了苏联，如今又谋求削弱、孤立并最终摧毁俄罗斯。

美国一些前重要高官及著名学者认为，引燃俄乌战火的责任在于以美国为首的西方，核心的问题是事实上将乌克兰纳入北约。美国前国务卿基辛格指出，乌克兰作为介于俄罗斯和西方之间的国家，无论倒向哪一方都不是好的选择，而应当成为联结东西方的桥梁。美国现实主义国际政治学者、芝加哥大学政治学教授约翰·米尔斯海默说，西方对正在发生的俄乌冲突负有主要责任，“出现目前的局面，很大程度上是由于美国执意要将乌克兰纳入北约”。美国驻苏联前大使杰克·马特洛克称，“我们正在目睹一场被美国媒体精英严重放大且被用以服务于国内政治目的精心策划的闹剧”。他指出，只要存在北约，欧洲就处于分裂状态，任何把乌克兰纳入北约的行动注定要引起俄罗斯的激烈反对，因此俄乌冲突是“蓄意促成的危机”。

俄乌冲突发生在欧洲大陆腹地，欧洲国家深受其害，德国和法国等欧洲重要国家承受巨大压力，反思声音增大。欧洲受到的伤害突出表现在安全形势恶化、经济发展受阻、能源危机加重、乌克兰难民问题突出等方面。德国联邦议院气候保护和能源委员会主席克劳斯·恩斯特表示，“我们有50%的能源从俄罗斯进口，禁止进口俄罗斯能源这种提议完全是荒谬的，这就像我们本想要打击俄罗斯，却给了自己一拳”。他称，俄罗斯当然有自己的安全利益需求，北约东扩是不明智之举，对乌克兰输送武器只会延长战争的时间，而不会成为战争的转折点，北约不应该干涉俄乌冲突。

中国在乌克兰危机上的立场十分明确。中方对乌克兰局势深表担忧，对欧洲大陆重燃战火深感痛惜。中方主张，各国主权、领土完整都应该得到尊重，联合国宪章宗旨和原则都应该得到遵守，各国合理安全关切都应该得到重视，一切有利于和平解决危机的努力都应该得到支持。中方认为，要化解当前危机，必须坚持联合国宪章宗旨和原则，尊重和保障各国的主权和领土完整；必须坚持安全不可分割原则，照顾当事方的合理安全关切；必须坚持通过对话谈判，以和平方式解决争端；必须着眼地区长治久安，构建均衡、有效、可持续的欧洲安全机制。

三、中国元首外交全方位重启谱写新篇章

2022年是中国元首外交全面重启、高潮迭起的一年。2月，习近平主席出席北京冬奥会开幕式，为各国贵宾举行盛大欢迎宴会，密集举行20场双边会谈。31位国家元首、政府首脑和国际组织负责人来中国为北京冬奥会喝彩。近70个国家、地区和国际组织派出约170位官方代表出席北京冬奥会，70余位国家领导人和国际组织负责人向习近平主席致函致电或通过其他方式表达祝贺。9月，习近平主席出席在撒马尔罕举行的上海合作组织成员国元首理事会第二十二次会议并对哈萨克斯坦、乌兹别克斯坦进行国事访问，重启元首外交出访活动。党的二十大胜利闭幕后，

习近平主席分别出席在印尼举行的二十国集团领导人第十七次峰会、在泰国举行的亚太经合组织第二十九次领导人非正式会议、在沙特阿拉伯举行的首届中国–阿拉伯国家峰会和首届中国–海湾阿拉伯国家合作委员会峰会并对沙特进行国事访问，对泰国进行访问，其间同多国领导人举行双边会晤，谱写了中国对外友好合作关系的新篇章。

习近平主席迎接多位外国领导人访华，并以视频方式出席多个重大国际活动。2022年7月，应习近平主席邀请，印尼总统佐科访华，成为冬奥会后我国接待的首位外国元首。10月底，越共中央总书记阮富仲成为党的二十大后首位来华访问的外国最高领导人。之后，坦桑尼亚总统哈桑，古巴共产党中央委员会第一书记、古巴国家主席迪亚斯–卡内尔，蒙古总统呼日勒苏赫，老挝人革党总书记、国家主席通伦等多国国家元首对华进行国事访问，欧洲理事会主席米歇尔访华，巴基斯坦总理夏巴兹、德国总理朔尔茨等对华进行正式访问。一年来，习近平主席以视频或视频连线形式主持金砖国家领导人第十四次会晤和全球发展高层对话会、中国同中亚五国建交30周年视频峰会，出席世界经济论坛视频会议，以视频方式出席博鳌亚洲论坛2022年年会、第五届中国国际进口博览会开幕式等大型活动和国际会议，同美、俄、法、德等国领导人视频会晤，铺展开疫情之下中国特色大国外交的宏阔画卷。

2022年12月7日，习近平主席抵达利雅得，出席首届中国–阿拉伯国家峰会、中国–海湾阿拉伯国家合作委员会峰会并对沙特进行国事访问。这是党的二十大胜利召开后，习近平主席首次访问中东地区国家和时隔六年再次访问沙特，有力推动中沙全面战略伙伴关系和中国同阿拉伯国家关系迈上新台阶。沙特长期是中国主要原油供应国之一，连续20多年是中国在中东地区第一大贸易伙伴。中国自2013年起成为沙特第一大贸易伙伴。2016年，习近平主席访沙，中沙建立全面战略伙伴关系，并成立两国高级别联合委员会，中沙关系发展驶上“快车道”。沙特是最早支持并参与共建“一带一路”的国家之一。尽管受到新冠疫情影响，2022年中沙双边贸易仍同比增长32.9%，充分展现了两国经贸合作的韧性和潜力。

2022年，习近平主席开展一系列多边和双边外交活动，彰显了中国的国际地位和影响力。习近平主席在博鳌亚洲论坛2022年年会发表主旨演讲时提出全球安全倡议，在出席金砖国家领导人会晤、上合组织峰会、二十国集团领导人峰会和亚太经合组织领导人非正式会议时就推动世界经济发展及加强全球治理等重大问题提出重要主张，向世界提供了中国智慧。在出席亚太经合组织第二十九次领导人非正式会议时，习近平主席同泰国、菲律宾、新加坡、日本、文莱等周边国家以及智利领导人举行会晤，一致同意进一步巩固睦邻友好，深化互利合作，构建更加稳健和强劲的双边关系，进一步提升两国合作水平。在二十国集团领导人峰会期间，习近平主席同主席国印尼总统会晤，共同观摩“一带一路”旗舰项目雅万高铁试验运行。同时在会议期间，习近平主席同南非、塞内加尔、阿根廷等发展中国家领导人深入沟通，同意加强治国理政经验交流，支持彼此走符合国情的发展道路。在同法国、意大利、西班牙、荷兰、澳大利亚、新西兰等国领导人会晤时，习近平主席针对各国特点广泛深入做工作，积极引导各国同中国加强合作，推动双边关系在正确轨道上行稳致远。在会晤联合国秘书长古特雷斯时，习近平主席强调，大国应该以身作则，以人类前途命运为重，多为世界注入信心和力量。要让发展成果更公平惠及每一个国家、每一个人，各国应该多晒成绩单，而不是空喊口号。中方愿同联合国加强合作，共同推进落实全球发展倡议、全球安全倡议。

各国领导人都积极评价各自对华关系，表达愿同中方深化合作的强烈意愿。韩国总统尹锡悦表示，韩方愿以韩中建交30周年为契机，同中国发展基于相互尊重和互利成熟的关系。日本首相岸田文雄表示，日中作为近邻，需要也应该和平共处，日中合作拥有很大潜力，日方愿同中方实现两国关系的健康、稳定发展。法国总统马克龙、意大利总理梅洛尼都表示，不赞同阵营对抗，应尊重各国差异，加强对话交流，增进相互了解。澳大利亚总理阿尔巴尼斯表示，澳方愿秉持当年澳中建交初心，同中方相互尊重、平等合作，共同推动澳中关系回稳发展。古特雷斯表示，联合国高度赞赏中国坚持践行多边主义，期待中国为维护世界和平与发展发挥更重要作用。与会领导人都重申坚定奉行一个中国政策。古特雷斯强调，联合国坚定支持一个中国原则，一个中国原则是不可触碰的红线，必须得到尊重。

四、展望2023年：新挑战孕育新机遇

2023年，国际形势将围绕安全与发展两大主线深入展开。美国聚焦大国竞争，谋求维护自身霸权地位，将使大国关系面临新的挑战。中美、美俄以及欧美关系是更趋动荡，还是有望走向相对缓和的局面，将对世界和平与发展产生重大影响。

俄罗斯同乌克兰的冲突将是2023年国际形势中最受关注的重大事件。俄对乌采取的特别军事行动接近一年，俄乌双方深陷其中，难以自拔。美国及欧洲一些国家深度卷入，以运筹自身利益为轴心，在军事上大力援助乌克兰。2022年12月31日，俄罗斯总统普京向俄罗斯人发表新年贺词，对乌克兰军事行动进行评论，指出“这是作出艰难但必要的决定、向俄罗斯充分拥有主权

和强大的社会凝聚力迈出最重要步伐的一年”。普京指出，西方多年来谎称要和平，而实际上是为侵略做准备。“如今，他们公开承认这点，已然不再顾忌。他们无耻地利用乌克兰及其人民来削弱和分裂俄罗斯。”俄罗斯领导人强调，俄罗斯的军人、民兵和志愿者正在为国土、为真理与正义而战，为俄罗斯的和平与安全得到可靠保障而战，俄罗斯的主权、独立和安全的未来取决于自身的力量和意志。美国对外关系委员会会长理查德·哈斯认为，俄乌冲突停不下来，且看不到头。“如果胜利被定义为击溃对方并规定战后领土或政治解决方案的条款，那么俄罗斯和乌克兰都无法取得彻底的军事胜利。”他指出，“和平需要愿意并能够作出妥协的领导人，这两个因素在双方都明显缺乏”。

大国关系特别是欧洲局势及美欧关系在新的一年里将面临俄乌冲突、经济停滞、能源危机等一系列严重考验。德国朔尔茨政府在上台一年后，支持率陷入低迷。最新舆论调查显示，约七成受访民众对朔尔茨政府感到“不满”。导致朔尔茨支持率下跌的原因主要有三点，一是朔尔茨对乌克兰危机处理不力，二是应对通货膨胀举措不当，三是能源问题愈益突出。德俄关系将难以走出当前困境，德国将进一步减少对俄罗斯的能源依赖。德法关系面临裂痕扩大的危险，朔尔茨和马克龙在能源、国防和经济治理等改革问题上分歧难以弥合。德方宣布2000亿欧元纾困计划，招致面临财政危机的意大利和波兰等国的批评，这种本国优先的做法使欧洲内部联合面临更多摩擦。英国苏纳克政府举步维艰，失去了对保守党支持者来说的对重要问题的控制。英国工业联合会警告苏纳克政府说，除非在投资税减免、北爱尔兰议定书和不断萎缩的劳动力方面采取行动，否则英国经济将面临“增长停滞的十年”。欧盟目前正处于过载状态，世界在改变，迫使欧盟也作出改变。美国总统拜登当选两年后，欧洲对美失望情绪增大，美欧分歧越来越大。争论的焦点之一是美国通过《通胀削减法案》，这一价值3690亿美元的计划大幅补贴、支持美国企业，给欧盟清洁能源产业造成沉重打击。

世界经济发展面临诸多困难，除中国外的主要经济体经济增长将明显放缓。2023年，全球经济预计将增长2%左右，经济增速与2022年相比将大幅减速，远低于疫情暴发前10年3.3%的平均水平。去全球化、能源短缺、气候转型、人口结构等各种不利因素叠加，世界经济发展面临严重困难。如果过多地刺激经济，就有通胀过高的风险。美国面临着财政大幅紧缩、经济放缓和失业率上升等问题。经济合作与发展组织预计，美国经济产出在2023年的增速大约为0.5%，低于2022年估计的1.8%。接受《华尔街日报》调查的经济学家们认为，美国2023年经济增速约为0.4%，出现衰退的可能性越来越大。欧洲被迫应对严重的能源冲击，不得不承受高企的生活成本，欧元区经济衰退风险较高。世界银行行长戴维·马尔帕斯警告称，发展中国家面临另一个经济风险，即发达经济体为应对通胀和经济放缓而采取的政策可能导致穷国资金不足。标普全球市场财智公司首席商业经济学家克里斯·威廉姆森说："生活成本上升、金融环境收紧，尤其是借贷成本上升，以及国内和出口市场需求疲软都给企业造成越来越多的不利影响。"在世界经济增长前景黯淡的大背景下，中国经济走势相对被看好。美国《华尔街日报》发表保罗·汉农和莎拉·切妮·康邦的评论文章称，经济学家预计，"随着北京放松防疫政策，中国经济将出现反弹"。

国际关系越是纷繁复杂、动荡不定，越是需要思想引领和保持战略定力。2022年9月16日，习近平主席在上海合作组织成员国元首理事会第二十二次会议上的讲话中指出，热衷于搞"小圈子"，会把世界推向分裂和对抗。我们要坚定维护以联合国为核心的国际体系和以国际法为基础的国际秩序，弘扬全人类共同价值，摒弃零和博弈和集团政治。11月15日，习近平主席在二十国集团领导人第十七次峰会第一阶段会议上的讲话中指出，各国共同发展才是真发展。世界繁荣稳定不可能建立在贫者愈贫、富者愈富的基础之上。每个国家都想过上好日子，现代化不是哪个国家的特权。走在前面的国家应该真心帮助其他国家发展，提供更多全球公共产品。大国要有大国的担当，都应为全球发展事业尽心出力。11月18日，习近平主席在亚太经合组织第二十九次领导人非正式会议上的讲话中指出，我们应该坚持共同、综合、合作、可持续的安全观，尊重各国主权、领土完整，不干涉别国内政，尊重各国人民自主选择的发展道路和社会制度，重视各国合理安全关切，通过对话协商以和平方式解决国家间的分歧和争端。历史反复证明，开放包容、合作共赢才是人间正道。习近平主席的重要论述为国际关系健康发展指明了方向，也为全球治理有效完善指明了路径。

2023年是中国全面贯彻落实党的二十大精神的开局之年。中国外交将坚持以习近平新时代中国特色社会主义思想为指导，奋力谱写新时代中国特色大国外交新篇章。中国将积极拓展平等、开放、合作的全球伙伴关系，推动构建和平共处、总体稳定、均衡发展的大国关系格局。中国将深化中俄战略互信和互利合作，夯实两国新时代全面战略协作伙伴关系；落实中美元首达成的共识，探讨确立中美关系指导原则并校正航向；密切中欧高层往来和战略沟通，推动中欧关系行稳致远。中国将坚持亲诚惠容理念和与邻为善、以邻为伴周边外交方针，深化同周边国家友好互信和利益融合；秉持真实亲诚理念和正确义利观，加强同发展中国家团结合作，维护和拓展发展中国家正当权益。中国将不断推动建设开放型世界经济，坚持经济全球化正确方向，推动贸易和投资自由化便利化，助力世界经济复苏发展。中国将致力于高质量共建“一带一路”，让这条造福世界的“发展带”更加繁荣，惠及人类的“幸福路”更加宽广。中国将旗帜鲜明反对一切霸权主义和强权政治，针锋相对回击外部势力干涉中国内政的图谋，坚定维护国家主权、安全、发展利益，同一切企图迟滞甚至阻断中华民族复兴进程的势力坚决斗争，牢牢掌握发展和安全的战略主动。中国将高举构建人类命运共同体旗帜，大力弘扬全人类共同价值，推动建设新型国际关系，落实全球发展倡议和全球安全倡议。

自2006年起，中国国际问题研究院每年均撰写《国际形势和中国外交蓝皮书》，对国际形势和中国外交进行深度分析和深入解读。

本书是集体智慧的结晶，作者倾力笔耕，专家认真审稿。荣鹰副院长和刘卿副院长协助统审全书；国际战略研究所朱中博所长、张薇薇副所长、杨晨曦副所长、张坤助理研究员和郭梦迎、金晨祎同志等负责组稿与编辑等工作，并为本书出版做了许多协调工作，在此对他们表示感谢。世界知识出版社高效、严谨的编审工作，为本书增色不少。还要特别感谢广大读者多年来的鼓励与支持，欢迎大家一如既往地关注本书，并提出改进建议。

中国国际问题研究院院长

徐　步

2023年1月于北京

目　　录

上篇　2022 年国际形势专题述评

下篇　2022年中国外交评析

上篇

2022年国际形势专题述评

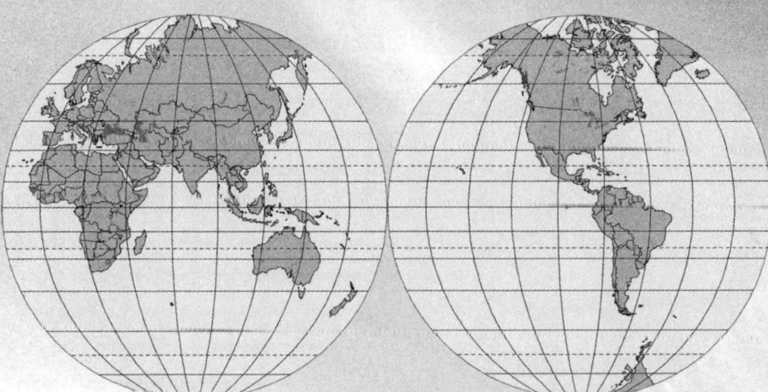

International Situation and China's Foreign Affairs

第一章

美国形势：
中选洗牌　分歧外溢

2022年美国的内政外交围绕中期选举、乌克兰危机和中美博弈三条主线展开。随着美国中期选举产生新的府会“弱分立”和国会“分裂”格局，国内党争加速渗入对外战略，拜登政府的内外政策出现新的不确定性，对华政策也出现新的“两面性”，中国和世界将面对一个更分裂、更躁动、更复杂的美国。

一、中选洗牌，加剧党争

2022年11月8日举行的中选是继2020年大选后民主党与共和党角力的再洗牌，也是根据2020年美国人口普查结果重划选区后的首次全国性选举。拜登和民主党交出了挡住共和党“红色浪潮”的成绩单。但中选之后，两党进入互相缠斗和内部整合的新阶段，拜登执政难度显著增加。

（一）拜登无力弥合党争

拜登想当“团结者”，重视跨党派合作，坚定走中间主义路线，但他无力弥合党争，推行执政议程遇阻。一个表现是，国会成法数量大幅下降，拜登更加依靠行政令来推进执政议程，发布的行政令已达年均59条，比之前特朗普（年均55条）、奥巴马（年均35条）、小布什（年均36条）时期都多。[①] 行政令容易引起司法争议，也易被继任者推翻，不利于政策的有效性和稳定性。12月1日，美国最高法院表示将就拜登政府学生贷款减免计划的合法性问题进行审查。此前，11月10日，得克萨斯州地方法院已裁决该计划违宪。

拜登通过促成党内妥协和跨党派协商，取得一些立法胜利，包括2022年6月25日通过的《两党安全社区法》、8月9日通过的《芯片与科学法案》、8月16日通过的《通胀削减法案》等。然而，上述法律条文比最初文本大幅缩水，且党派分歧明显，两党着眼于短期选举利益的考虑大于对控枪、产业发展和缓解经济困境的考虑，重在做出对己有利的解读，并向各自的选民宣布"胜利"。

中选之后，拜登需要耗费更多精力与国会进行博弈。共和党可能利用在众议院的主导地位，浇灭拜登政府和民主党在堕胎权、投票权、警察制度改革、税收公平等议题上的立法希望；可能围绕提高债务上限和为政府提供资金等财政斗争向民主党提高要价。共和党还可能利用调查权，发起对拜登儿子亨特·拜登商业活动的调查、对拜登政府处理边境移民问题的调查，以及对2021年从阿富汗撤军的调查等。这些将进一步打击拜登的支持率。

（二）国会步入"分裂"

在参议院，民主党以51比49席获得简单多数席位。在众议

---

① Bruce Stokes, "The Decline of the City Upon a Hill," *Foreign Affairs*, October 17, 2022, https://www.foreignaffairs.com/united-states/decline-city-upon-hill.

院，民主党损失9席，以213席屈居少数党。共和党以微弱优势夺回主导权，但并未实现选前各界预想的“红色浪潮”。在州长和州议会的控制上，共和党有存量优势，但民主党的选举表现较好，成功取得亚利桑那、马里兰、马萨诸塞3个共和党州州长职位，并使马里兰、马萨诸塞、密歇根和明尼苏达四个州从“府会分立”的状态变为由民主党主导。这是二十年来民主党最强劲的中选表现。相比而言，1994年，克林顿在中选输掉54个众议院席位；2010年，奥巴马在中选失去63个众议院席位。

民主党能够筑起“蓝色高墙”挡住共和党“红色浪潮”，关键原因是堕胎权议题和特朗普因素。民主党利用堕胎权议题进行政治动员，获得了大量女性（53%）和青年（63%）的选票，对冲了在通胀议题上的压力。并且，民主党打“民主衰退”牌，强调“民主的危机”，把共和党塑造为以特朗普为代表的极端势力，把中选变成温和派与极端派的对决，拉住了相当一部分中间选民。共和党虽然攻击经济议题，但并未提出增强经济的办法，实际关注的是批判种族理论、大替代理论（Great Replacement）等文化议题。意识形态上的极端化趋势令共和党在舆论和选票上遭到反噬。

接下来，两党进入势均力敌、艰苦缠斗、更难妥协的新阶段。面对2024年大选，拜登虽然通过了中期选举的“期中考”，扫除了竞选连任的最大障碍，但民调显示，半数以上的受访者不希望80多岁的拜登在2024年再次参选。共和党方面，由于特朗普背书的极右翼候选人在对阵相对温和的民主党对手时普遍被击败，特朗普成为“三重失败者”——2020年输掉总统大选、2021年输掉佐治亚州的参议院议席、2022年输掉中期选举。共和党内反对特朗普的言论上升，要求佛罗里达州州长德桑蒂斯成为共和党新领袖的呼声更大。后者基于对疫情限制措施的抵制，以及在移民、种族、性少数群体权益等议题上与自由派的较量，赢得保守派赞扬，成为共和党政治新星，是2024年大选的热门人选。

（三）最高法院持续右倾

2022年6月，保守派主导的联邦最高法院以6比3票，推翻了1973年的“罗诉韦德案”判例，取消了联邦政府对女性堕胎权的保护，把对堕胎权的立法权归还给各州。半数以上的州随之限制或准备限制堕胎权，美国女性尤其是低收入和少数族裔女性的基本权利受到侵蚀，引起广泛抗议和舆论反弹，“生命派”和“选择派”针锋相对，矛盾难以调和。事实上，2022年以来，最高法院在投票权、控枪、堕胎、政教分离、气候变化等一系列问题上做出倒退性的裁决，使美国社会陷入碎裂的威胁，也使自己陷入关于可信度的争论。

民众对最高法院的信心跌至25%的历史性低位。[①] 究其原因，一是大法官提名政治化，削弱了司法系统的多元化。现有最高法院9位大法官中的6位是老布什、小布什、特朗普三位共和党总统提名的，因而形成了保守派大法官6比3票的优势地位。二是相关裁决越来越具有意识形态保守性，与多数民意不符。从2021—2022年司法年度看，只有29%的案件得到最高法院的一致裁决，这是近20年来出现的最低共识率。相反，19宗案件出现6比3票的判决，占总数的1/3，反映出司法裁决的意识形态化。

2022年，最高法院审议的案件多涉及平权法案、同性恋权利、投票和宗教等问题。其中，“摩尔诉哈珀案”（Moore v.

---

① “Confidence in U.S. Supreme Court Sinks to Historic Low,” Gallup Poll, June 23, 2022, https://news.gallup.com/poll/394103/confidence-supreme-court-sinks-historic-low.aspx.

Harper）将对2024年大选和美国选举制度产生重要影响。[①] 该案涉及的“独立州立法机构”（Independent State Legislature，ISL）理论一旦得到最高法院确认，将赋予州立法机构规范联邦选举的绝对权力，有可能成为搅动下次大选的关键因素。[②]

（四）政治暴力事件增多

在疫情肆虐、虚假信息、文化战争、枪支泛滥、激进网络文化的刺激下，美国政治暴力事件频发，包括滋扰选举工作人员、威胁法官、袭击堕胎诊所、对护理跨性别儿童的医院实施炸弹威胁、攻击试图执行防疫规定的空乘人员等，严重侵犯了公共生活。2021年，美国报告了9625起针对国会议员的威胁和行动声明，而2017年此类事件只有3939起。[③]

统计表明，在特朗普声称2020年大选结果“被窃取”后，针对联邦政府官员、选举官员等的政治暴力威胁以及人身攻击数量激增。2021年1月6日国会山事件也揭示了暴力与政治之间的紧密联系。美国国土安全部多次警告，由白人至上主义和其他右翼意识形态驱动的国内极端主义是美国面临的最大恐怖威胁。极右翼组织“骄傲男孩”“誓言守护者”被司法部指控在国会山事件

① Barton Gellman, “How Six States Could Overturn the 2024 Election,” *The Atlantic*, July 29, 2022, https://www.theatlantic.com/ideas/archive/2022/07/moore-harper-scotus-independent-state-legislature-election-power/670992/.

② Ethan Herenstein and Thomas Wolf, “The ‘Independent State Legislature Theory,’ Explained,” Brennan Center for Justice, June 30, 2022, https://www.brennancenter.org/our-work/research-reports/independent-state-legislature-theory-explained.

③ Mike Lillis, “Violent Threats against Lawmakers Have Congress on Edge,” The Hill, https://thehill.com/homenews/house/3626478-violent-threats-against-lawmakers-have-congress-on-edge/.

中犯有“煽动阴谋罪”。2022年中期选举没有发生暴力或严重问题，但在社区举行的地方选举中出现了威胁和骚扰。

选举前后的政治暴力事件，直击美式民主制度自诩的“理性”与“稳定”。民调显示，美国人不管持何种政治倾向，越来越接受将暴力作为实现政治目标的一种方式。大约64%的美国人认为，未来几年美国的政治暴力将加剧；① 40%的美国人认为，至少在未来10年内美可能爆发“内战”。② 人们普遍担忧，随着政治暴力从社会边缘走向主流，国会山事件还会重演，美国可能会首次出现合法当选的总统无法就职的情况，而一场有争议的选举可能成为大规模暴力甚至内战的触发点。

二、分歧外溢，削弱共识

外交是内政的延续。美国国内对如何使用美国力量、对待联盟体系、开展国际合作及“价值观外交”等问题分歧严重，这种国内政治生态严重制约拜登政府对外政策的一致性、连贯性和可预期性，增添了世界与美国打交道的难度。

（一）发表新版《国家安全战略报告》

2022年10月12日，拜登政府发表就任以来首份美国《国家

① Anthony Salvanto, “Americans Increasingly Concerned about Political Violence–CBS News poll,” CBS News, September 5, 2022, https://www.cbsnews.com/news/political-violence-opinion-poll-2022-09-05/.

② “Two in Five Americans Say a Civil War Is at Least Somewhat Likely in the Next Decade,” YouGovAmerica, August 26, 2022, https://today.yougov.com/topics/politics/articles-reports/2022/08/26/two-in-five-americans-civil-war-somewhat-likely.

安全战略报告》。报告分五章，评估美国当前安全环境，提出维护和促进美国家安全的战略框架，包括战略目标、优先事项和具体计划，成为今后一个时期美国对外政策的指导文件。

报告指出，后冷战时代已经彻底结束，美国面临两个战略挑战，一是大国之间正在展开一场争夺塑造未来国际秩序的竞争，二是气候变化、粮食不安全、传染病、恐怖主义、能源短缺、通货膨胀等全球性问题成为国家和国际安全的核心。为了制胜“未来决定性十年”，美国国家安全战略将做出三方面的努力：一是投资于美国权力和影响力的源头和工具。二是建立尽可能强大的国家联盟。三是加强美国军队，使其能够适应大国战略竞争的时代，并保持打败对国土造成威胁的恐怖主义的能力。报告还对美国的全球优先事项进行排序，包括：超越战略竞争对手，特别是超越中国和限制俄罗斯；以“双轨模式”的合作应对全球共同挑战，制定技术、网络、经济领域的新规则；实现美国在“印太”、欧洲、西半球、中东、北极和海洋、空中和太空等每个区域的领导。

报告延续了自奥巴马时期以来从“反恐”向“大国竞争”的战略转向，也承袭了特朗普时期的“美国优先”诉求，体现了美国两党、府会和白宫在对外政策方面的一致——都寻求保持美国在国际体系中的首要地位，都相信美国的对外政策自然地契合世界其他国家的诉求，都担心中国有机会成为世界的主导力量。但报告同时也旨在吸纳民主党进步派主张，抚平共和党批评声音，回应来自美国盟友的关切，显示对付中国、俄罗斯的强硬姿态，具有明显的党派性和政治性。美国国内对拜登国家安全战略的批评包括：第一，过度专注于对华竞争，消耗美国外交实力。第二，采用“民主与威权竞争”的叙事框架，暴露美国民主的伤疤。第三，如果民粹主义、排外主义增长，美国参与国际合作的程度降低，会弱化自身的影响力。

（二）拱火乌克兰危机

在乌克兰危机中，拜登政府极力拱火，把欧洲和乌克兰置于为美国“火中取栗”的处境，把俄罗斯拖入危机长期化泥潭，企图达到削弱俄罗斯、震慑中国的目的。具体做法包括：

第一，加大对乌克兰援助，打响“代理人战争”。乌克兰危机爆发后，美国迅速协调北约成员国、非北约盟国等约30个国家向乌克兰提供军援，提升乌军武装现代化水平，打响现代信息技术下可控程度较高的“代理人战争”。2022年5月9日，拜登签署《保卫乌克兰民主租借法》。5月21日，国会通过对乌克兰400亿美元经济和军事援助计划，这笔援助的75%已在法案通过后5个多月内支出或交付，剩余资金也将在2023年1月中旬用尽。

第二，全面发力，对俄罗斯极限制裁。美国联合欧洲等西方国家，在外交、经济、金融、科技、能源等领域对俄发起全面制裁，事实上造成美西方与俄在非战争领域的全方位冲突。政治制裁瞄准俄政权核心，进出口管制直击要害，金融制裁痛下杀手，能源制裁循序推进，使俄多年来重构对欧合作关系的努力付之东流。

第三，重振北约，强化对欧洲控制力。美国在驻军、军援、防务开支等方面加大对欧倾斜。2022年6月，美国宣布将在波兰建立一处永久性军事基地，这是美国第一次在北约东翼地区这样做。美国还增加派驻欧洲的军队，2022年底比年初时增加2万人。随着欧俄对立加深，欧洲在重大外部威胁面前，重回美国战略轨道，把自身的未来与美国紧密相连，美国则继续充当欧洲安全力量的龙头老大。

随着乌克兰危机持续升级，欧洲对美国加大投入的诉求更强烈，但美国国内支持乌克兰的两党共识有所削弱。一些共和党孤立主义者和极右翼明确表达限制或结束战争开支的意图，可能会施压共和党建制派，弱化美国在对乌援助问题上的国际合作。此外，美国《通胀削减法案》中涉及绿色能源倡议和电动车制造补贴的内容对欧盟企业构成歧视和威胁，引起欧洲方面担忧。美欧关系中的“特朗普创伤”挥之不去。

（三）整合盟友和伙伴网络

安全上，美国借乌克兰危机，打通北约和亚太两个同盟板块，既促使北约对接遏华使命，又升级相对松散的亚太同盟关系，使之“北约化”。一是更新战略概念：推动北约把“中国威胁”“印太战略”等写入新战略文件，增强与“美英澳联盟”“四边机制”的协同遏华。二是对接欧洲和亚太同盟机制：首次邀请日本、韩国、澳大利亚、新西兰四个亚太国家参加北约外长会和北约峰会，邀请日本、韩国、澳大利亚、新西兰、新加坡与北约国家共同参加援乌防长会。三是强化军力整合：带动英国、法国、德国、荷兰等增加在南海和台海的军事存在，与日本、澳大利亚、印度等形成地区联演、联训、联巡机制；撮合日本、澳大利亚、韩国等联合研发新型陆基反舰导弹；促使日本发展对外军事投送能力；推动韩国成为北约网络防御司令部的首个亚太成员国。

经济上，美国利用乌克兰危机，以意识形态包装地缘经济，强化与欧、亚盟友及伙伴的地缘经济联盟。美英启动举行“关于印太地区的高级别磋商”，美欧举行关于“中国问题”的双边对话机制。在数字和新技术领域，美国建立跨大西洋和亚太两大“技术民主同盟”，围绕数字经济和人工智能领域的规则与标准制定、5G部署、数字基础设施建设、半导体等关键部件和材料供应链等开展“去中国化”合作。美国还于2022年2月发布“印太战略”报告，5月确定“印太经济框架”（Indo-Pacific Economic Framework，IPEF）谈判时间表，8月举行IPEF首次面对面部长会议，敦促亚太地区13个国家参与排除中国的IPEF，夺取标准和规则霸权，挤压中国发展的战略环境。

然而，囿于国内强大的贸易保护主义和反全球化思潮，拜登政府一直回避传统的自由贸易协定，寻求一种无须国会批准的、非传统的全球经济参与方式。“印太经济框架”不包含市场准入和关税减让，因而难以对相关国家产生实质性吸引力。成员国根据自身偏好加入不同领域（数字贸易、供应链、绿色能源、税收与反腐）的方式或许有助于减少利害冲突，但成果也会有限。在刻意绕开国会批准的情况下，相关谈判和成果不具备必要延续性，总体上无法给相关国家可信承诺。两党议员已在抱怨“被白宫排除在贸易议程之外”，国会今后对这个问题的介入和审查势必加强。美国国内政治纷争限制了美国“印太战略”的效果。

（四）推进“价值观外交”

美国对自身的政治极化和过度扩张缺乏客观认识和理性革新，越是遇到困难和挑战，越是自动选择诉诸外因，这明显体现在拜登政府对“价值观外交”的诉求中。

第一，美国以价值观为黏合剂，整合盟友力量。拜登政府把外交战略与修复国内“民主”联系起来，在外交中维护“民主”价值观，对内针对特朗普和MAGA（Make America Great Again）派共和党人[①]所代表的极端主义，助推民主党改革派推进其政治议程；对外则重视重建盟友对美的信任，重塑美领导力。随着

① 指支持特朗普“让美国再次伟大”（Make America Great Again，MAGA）口号的国会共和党人。——编者注

美欧右翼民粹主义同步上升，联盟体系的异质性增强，凝聚力下降，协调成本增加，美国更寄希望于调动与盟友之间的种族认同、文化认同、政治认同等历史联系纽带，作为共同的身份标签。

第二，以价值观为催化剂，扩散对华竞争。美国欲通过打“意识形态牌”，把外界对美民主衰弱的注意力转向中国、俄罗斯等“专制国家对自由国际秩序的挑战”，并寻求降本增效，将对华竞争的压力和成本分摊给盟友和伙伴。正因如此，美国欲把美欧在反俄议题上的一致立场和情绪引向对华，把应对“中国威胁”这一挑战塑造为美与盟友和伙伴的共同责任。

第三，以价值观为强心剂，敲诈盟友和伙伴。美国将盟友和伙伴网络与美主导的排华产业链、供应链“小圈子”对接，旨在规锁中国关键科技和产业发展，把中国隔绝于西方先进技术体系之外，但实质是通过转移盟友和伙伴的资源以反哺美国。美国在组建“印太经济框架”“芯片联盟”，运筹反华经济、科技网络的过程中，采取高标准、高要价乃至胁迫、强制等手段，迫使盟友和伙伴的关键企业向美政府提供机密数据，将生产工厂搬迁至美国，同时不对等要求盟友和伙伴向美开放市场。这实际上是拉着反华的大旗，吃盟友和伙伴的“免费午餐”，为充实美国内资源、抚平美国内矛盾买单。

然而，美国的“价值观外交”很难在西方以外的国家产生共鸣。美国在与中东、东南亚、南亚、非洲等不同政治制度的国家进行交往时，尤其会暴露其对外政策的道德虚伪性和双标性。2022年10月，沙特不顾美国两党议员警告，宣布“欧佩克+”日均减产200万桶石油，表明了其独立性，冲击了美国中选形势，也重创美国外交的影响力。美国新一届国会可能审查美沙安全和经济关系、对沙特军售、从沙特撤军等议题，不排除对沙特进行

“报复”的可能性。

三、对华政策出现新“两面性”

自中美建交以来，美国对华政策一直有两面性，一手开展交往与合作，另一手进行防范与牵制，两手并重，软硬兼施，相对平衡。当前美国对华政策中的“两面性”不同于以往，它既是美国对华遏压的战略战术，也反映了美国独力难支的矛盾心理，呈现出以下新特点。

（一）并非“两面下注”

经过全方位的政策动员，美国对中国的“威胁认知”发生巨大变化，对华合作面无论在广度上还是在深度上，都不能与以往相提并论。这种接触与合作，已不是美国单方面界定的“接触政策”，而是事实上的沟通、对话、交流及合作的互动方式。合作的目的不再是“两面下注”，而是以对华竞争为主，在必要时恢复接触、软化姿态，为中美关系的紧张和僵持释放压力。正因如此，美国一方面全力对付中国，在关税、投资壁垒、出口管制、签证限制及干涉中国内政等方面接连发难；一方面满足于“说漂亮话”，对华承诺从“四不一无意”扩充到“五不四无意”，实则不愿以行动兑现。

（二）重视“护栏”和“兜底”

拜登政府认定中国是“最重要的地缘政治挑战”，“是唯一一个既有重塑国际秩序意图，又有日益强大的经济、外交、军事和技术实力来推动这一目标达成的竞争对手”；《国家安全战略》报告同时表示，要“负责任地处理两国之间的竞争”，声称为中美关系建立“护栏”和“兜底”。这反映出美国对华政策聚焦分歧和争端，把中国作为对手甚至敌手的成分上升。这并非权宜之计，而是具有战略性：一是防范危机升级失控，打造美国对华竞争的终极保障，限制中国对美反制力度。二是降低中方的威胁感知，诱导符合美国偏好的政策选择。三是缓解盟友和伙伴对于美国对华竞争、对抗和冲突的担忧，争取他们的配合与支持。四是在乌克兰危机变数犹存，全球性问题愈演愈烈的背景下，美国无法忽视中国的作用，对中方仍需借重。

（三）以中方“单方面妥协”为条件

相对于中方希望用宏观经济政策协调、应对气候变化、公共卫生合作等几个议题为抓手，与美方开展合作，用合作成果带动整体中美关系的改善，美国却对合作领域进行了“双轨模式”的区分，并把可合作和有争议的问题分开处理。拜登政府所谓不用地缘政治利益做交换，实际是把合作中有取有予的元素打散了，只取不予，只要求对方做单方面让步，不回应对方关切的其他问题，合作中更具有进攻性。

（四）合作的摇摆性大于连贯性

以往，中美关系的两面性具有内在统一性，相对连贯。例如，中美在经济、人文、全球治理等领域中交往与合作的一面突出，在安全、人权、地缘政治等领域中防范与牵制的一面突出。这两面之间的切换不确定，政策摇摆不定，致使关系时好时坏，呈现出一种不稳定的状态。但现在，美国对华政策新两面性的连贯性表现为锁定在对华竞争这个大方向上，摇摆性表现为在一个相对比较确定的方向上言而无信、出尔反尔。例如，美国声称“不搞新冷战”，但是要“塑造中国的战略环境”；声称要构建“包容性同盟”，但是把“民主政体”和“志同道合的伙伴”之外的国家排除在外；在台湾问题上，美方反复承诺一个中国政策没变，实则表现出利用台湾问题“绑架”中国的危险苗头。新一届国会可能成为美国对华非理性强硬的策源地。

四、结语

2023年，拜登执政即将进入“跛脚”时期。预计党派恶斗将不断造成政治僵局和社会分裂，使拜登国内议程难以推进。相对而言，总统仍享有宪法所赋予的外交主导权，可能加力经营外交议题，寻求塑造遗产。共和党倾向于迎合选民关注本土议题而非对外议题的偏好，在对外干预、开展大规模援助和制裁上会更犹豫，这会进一步冲击美国联盟体系，降低盟友对美国的信任。拜登政府迫切需要向世界表明，它有能力提供稳定、可预期的外交政策。

对于中国而言，美国政治内耗严重，将难以统一对华行动，我们将面临一个更分裂、更躁动、更复杂的美国。共和党领导的众议院可能会举行一系列针对中国的听证会和调查，国会议员可能继续窜访台湾。这些将压缩拜登在“负责任地”处理中美关系方面的空间。

（中国国际问题研究院美国研究所所长、副研究员　沈雅梅）

第二章

俄罗斯形势：
破后难立　外患骤重

2022年俄罗斯内外政策都是围绕对乌克兰特别军事行动展开的。俄将用兵视为对西方不断挤压其安全空间的绝地反击，多措并举下获得主流民意支持，政局基本稳定。受西方制裁影响，经济遭遇巨大困难，但主要指标好于预期，显示了较强的韧性。俄原本希望破而后立，重构欧洲安全框架，但冲突使西方对俄恶意认知上升，俄面临更大安全困境，转而全面加强与中印等非西方国家合作，力争“西方不亮东方亮”。

一、政局稳定，积累隐忧

社会稳定，普京支持率上升，统一俄罗斯党（以下简称“统俄党”）在地方选举中大获全胜，呈现出外部压力越大内部就越稳的特点。精英对用兵的分歧较大，受冲突影响，人口流失加剧。

（一）激发共情，社会基本稳定

2022年2月24日，俄罗斯宣布在乌克兰开展特别军事行动，这成为冷战结束后全球最重大的地缘政治事件。采取特别军事行动初期，俄社会思想混乱，反战声音很强，数十个城市爆发反战游行。政府及时采取应对措施，迅速平息了反战声音，凝聚共识。具体措施包括：一是激发共情点。强调北约不断东扩已严重威胁到俄的生存空间；冷战失败导致苏联解体，现西方正图谋再次肢解俄；乌已成为西方的反俄前线，“纳粹化”愈演愈烈。因此，俄退无可退，必须进行坚决反击。安全至上理念被激发后，多数民众转向支持俄对乌用兵。据全俄社会舆论调查中心的数据，普京的支持率一直维持在80%上下，较2021年高出10多个百分点。二是加强管控。俄出台《刑法》修正案，对散布有关俄军人行为虚假信息、诋毁俄武装力量以及呼吁对俄制裁的行为进行重罚，最高可判处15年监禁；大幅扩大“外国代理人”的认定范围，替西方说话的团体和个人停止发声。持不同政见者纷纷离境，包括自由派代表丘拜斯、著名女记者索布恰克等。普京承认内部有分歧，但强调“所有不需要的、有害的、影响我们前进的都会被剔除”，这对俄更有利。[①]

（二）统俄党在地方选举中大胜，主要政党支持用兵

俄地方选举于2022年9月如期举行，作为执政党的统一俄罗斯党大获全胜，在14个地方行政长官选举中，统俄党代表获得12个，剩余两州为自荐参选人所得。反对派一无所获，且候选人得票率均不超过20%，而统俄党在胜利的选举中得票率均超过70%。统俄党的胜利是对普京的信任投票，“是在爱国主义旗帜下

---

① Логика спецоперации, судьба зерна и газа: Путин ответил на неудобные вопросы, 07 сентября 2022 г. https://www.kp.ru/daily/27441/4644180/.

的社会共识”，[1] 显示民众在外有威胁的情况下更需要主心骨。

体制内反对派支持用兵，认同这是俄背水一战的无奈选择。俄共产党领导人久加诺夫表示，理解并认同普京做出的用兵决定，他还组织并参加了支持乌东四地“公决入俄”的广场集会。公正俄罗斯党主席米罗诺夫表示，动员令是俄迈向胜利的重要一步。即使在战事不顺时体制内反对派也未发难，显示各政治力量在该问题上的一致性。亲西方的反对派早被视为“西方傀儡”，失去活动空间和民意支持。

“公投入俄”引起一时社会兴奋，但未现2014年时的乐观情绪和高涨的爱国热情。2022年9月23—27日，顿涅茨克、卢甘斯克、扎波罗热和赫尔松举行“入俄公投”，梅德韦杰夫当即在社交平台发文称：“欢迎回家，欢迎回到俄罗斯！”公投后四地签署加入俄联邦的条约，俄多地举行了“我们不会抛弃自己人”的大型集会。但与2014年克里米亚“入俄”时相比，社会的兴奋度有明显落差。

（三）进入准战时状态，优先保障特别军事行动

“兵者，国之大事，死生之地，存亡之道。”2022年2月24日开始的特别军事行动是俄的国运之战，政府出台系列措施，全力保障战争之需。

多渠道增加兵员。2022年5月，俄修改法律，放宽签署成为合同兵的年限，本国人从18—40岁放宽到18—50岁，外国人从18—30岁放宽到18—50岁。在前线战事陷入焦灼后，9月21日，宣布进行部分军事动员，总人数为30万，信息通信、媒体、金融

① В день выборов «Единая Россия» укрепила свои позиции, Что это значит? 12 сентября 2022 г. https://lenta.ru/articles/2022/09/12/vybr/.

领域部分人员和在校学生可豁免，这是二战后首次军事动员。后又允许征召犯有严重罪行的嫌犯执行战斗任务，补充“瓦格纳”雇佣兵的战损。动员令表明，凭现有军队难以取得战场胜利，需补充兵员，巩固战线并为后续进攻做准备。

多方位提升士气。多次修订法律，提高对参战人员经济等补偿标准。所有参战者均可获得税收、土地、住房等福利；志愿者可保留工作岗位，未来可享受退伍军人地位；外籍参战者可简化入籍手续；等等。制定具体的伤亡补偿标准，如亡者家属可一次性获得742万卢布抚恤金，每月还可获得补偿。针对前线作战人员制定了详细激励机制，如参与积极进攻人员每天可获8000卢布奖励。各地政府还制定了地方额外补偿标准。同时，对不服从军令者予以惩处。如对主动投降、逃兵和不响应征兵令者处以最高10年有期徒刑，对戒严状态下掠夺和破坏行为可判处15年以下有期徒刑等。

实行准战时政策。2022年10月21日，普京批准成立战时经济协调委员会，以保障军需。委员会由总理米舒斯京负责，成员包括强力部门领导人和各地的行政长官。相关企业必须优先执行国防订单，交通物流等部门须全力配合军需运输。授权地方政府采取“经济动员措施”，保证公共设施、交通和能源部门等正常运转和安全。10月19日，宣布在顿涅茨克等四地实行战时状态（最高响应），毗邻8个州实行中等响应状态。

（四）连续军演，展示毫不妥协的决心

俄罗斯一年内两度举行战略力量军演，以核实现“域外拒止”意图明显。2022年2月19日，俄举行了例行的战略威慑力量演习。2月27日，将战略威慑力量值勤状态升级为特殊战备状态，以随时应对可能的入侵。10月26日，俄举行名为“雷霆”的三位

一体战略核力量军演，发射了洲际弹道导弹和巡航导弹，展示强大的核威慑力。除战略军演外，俄于9月初举行了近年规模最大的军事演习“东方–2022”，参演军队达5万人，旨在显示俄在对乌特别军事行动的同时，仍有余力应对其他方向的威胁。上述军演普京均亲临观摩，据国防部长绍伊古介绍，普京亲自指挥了战略核反击操练。虽然核军演事先通报了美方，降低了误判风险，但“雷霆”军演在北约刚举行完“坚定正午”核威慑演习后举行，针锋相对的意味浓厚。

（五）人口流失加剧，得地失人

因特别军事行动，2022年俄出现两次离境潮。人口持续减少原本就是困扰政府的大难题，现更加突出。第一次离境潮是2月24日至3月中旬。据俄内务部数据，一季度离境人次约400万。俄数字发展部根据手机卡推算，20%未回国，即流失80万人以上。第二次是在动员令发布后，据俄罗斯版《福布斯》报道称有70万—100万人离境，其中约20万人前往哈萨克斯坦。[①] 虽然官方对该数据并不认同，但从俄联邦安全局的数据看，三季度出境人次达970万，是二季度的近2倍；[②] 哈移民局称俄动员令出台后的一周内自俄入境人数达9.8万人，可以佐证有数十万人离开。离境人员多为中高收入和劳动活跃人口，包括一批技术人才、有影响力艺术家和企业家，若冲突长期化，这部分人员很难回归。

---

① Кремль назвал «уткой» сообщения о 700 тыс. покинувших страну россиян, 06 октября 2022 г. https://www.rbc.ru/society/06/10/2022/633eab8c9a79476492f05e53.

② ФСБ раскрыла число выездов россиян за границу, 05 ноября 2022 г. https://www.rbc.ru/society/05/11/2022/6363d2d49a794742e4a5e6cb.

二、经济形势好于预期，但潜力下降

俄经济降幅远低于最初的预期，显示了较强的韧性，应对西方制裁的“俄罗斯堡垒”战略总体是有效的。但在西方全面封锁下，俄罗斯与国际市场呈半隔离状态，发展潜力被削弱。

（一）经济下行，但主要指标好于预期

受冲突和西方制裁影响，2022年俄经济预计下跌2.9%，[①] 但好于预期，年初各方普遍预计下降8%—10%。国际货币基金组织也认为俄经济形势好于预期，据该组织2022年10月发布的报告称，俄经济将下降3.4%，而不是年初预计的8.5%。[②] 俄政府和经济学家普遍认为，俄经济已经适应了西方制裁，最困难时期已过去。

对外贸易保持增长，金融市场稳定。2022年1—9月，对外贸易额为6110亿美元，其中出口4310亿美元，增长25%，顺差达2510亿美元。受制裁影响，进口额和进口量均下降15%左右，但低于预期的30%。[③] 出口大增是俄经济降幅低于预期的重要原因。汇率从急剧波动回归稳定，并有明显升值。2022年初，卢布兑美元为75：1，危机爆发后卢布迅速走低，一度跌破120：1，但在

① Соцально-экономическое положение России, https://rosstat.gov.ru/storage/mediabank/osn-09-2022.pdf.

② Пересპективы развития мировой экономики, октября 2022 г. https://www.imf.org/ru/Publications/WEO/Issues/2022/10/11/world-economic-outlook-october-2022.

③ Внешнеторговое сальдо РФ за январь-сентябрь выросло до рекордных $251млрд, 24 октября 2022 г. https://www.interfax.ru/business/869204.

政府出台反制裁措施后很快反弹，7月初升至54∶1，远高于战前的水平。[1] 汇率回升一方面稳定了金融市场，但也影响到出口商品的竞争力。基准利率逐步回落。特别军事行动后，为稳定金融市场，俄央行于2月28日将基准利率从8.5%提高至20%，随着汇率回稳和通胀回落，俄六次下调基准利率至7.5%。失业率保持低位，在4.5%上下浮动，是近年来低点。得益于能源价格处于高位，上半年曾出现1.5万亿卢布的财政盈余，年底赤字为1.3万亿卢布。[2] 总体看，西方制裁虽带来巨大压力，但俄经济的韧性超出预期。

（二）全力纾缓制裁对民生和经济的影响

制裁对俄社会、经济都造成巨大冲击，政府推出以保民生、保稳定为重心的应急措施。其一，限制出口与平行进口并举保供给。多次出台限制出口措施，确保国内供应稳定，主要涉及糖、谷物、油脂等民生商品。扩大进口，推出临时“优惠关税进口清单”，对450多种商品实行优惠税率；将个人免税邮包的额度从200欧元提高到1000欧元。实行平行进口政策，主要涉及电子产品、电器、汽车、服装、香水等，满足高端消费市场需求。其二，加快推进进口替代。俄进口替代计划起于2014年，在农业、军工等领域取得不错成果。面对新一轮高强度制裁，俄提出国防工业必须实现100%进口替代。随着西方在软件、工业品等领域

① Официальные курсы валют на заданную дату, устанавливаемые ежедневно, 04 ноября 2022 г. https://cbr.ru/currency_base/daily/?UniDbQuery.Posted=True&UniDbQuery.To=04.11.2022.

② Минфин раскрыл данные о доходах федерального бюджета в сентябре, 12 октября 2022 г. https://www.rbc.ru/newspaper/2022/10/13/63469dc59a7947747b83b442.

加大制裁，俄对重点行业替代计划进行了修订，涉及油气、电子、电力、冶金、原材料、软件等969个替代方向。其三，针对外企撤离，加紧收购重组，降低西方撤资的社会影响。如，宜家退出后，俄将其改名为发音类似的“宜杰雅”（идея，好主意）；麦当劳被收购后，更名为“就是美味”（Вкусно–иточка），标志还是M形状。类似举措尽可能让民众感觉其生活并未受到太大影响。其四，支持企业发展。出台“扩大支持中小企业计划”，帮扶中小企业渡过难关。推出“我的商务中心”、МСП.РФ网等服务企业的数字平台，帮助企业获得知识产权，发掘销售渠道。俄还计划在境外市场推出单一民族品牌——“俄罗斯制造”，助力本国企业扩大出口。其五，积极打通东向和南向通道。再启跨里海的北南交通走廊，拓展通向印度洋的运输通道。开通连接中国的黑河大桥，并完工了拖延多年的同江铁路大桥建设。批准了北方航道至2035年发展计划，拟将其打造成具有世界意义的国际运输走廊。提出要加快对跨西伯利亚铁路的现代化改造，提升东向铁路运力。

（三）通过“去美元化”提升金融主权

在西方制裁下，俄深刻体会到金融主权的脆弱性，但同时也认为美元霸权透支严重，“形成新的国际金融平台，包括新的国际结算平台是必然的”，[①] 改变国际金融体系既有必要，也有可能，俄扛起“去美元化”的大旗。主要抓手有二：一是在境内大力推广俄罗斯金融信息传输系统（SPFS），以替代国际资金清算系统（SWIFT）系统，同时推出了本国“米尔”（MIR）信用卡。2022

① Заседание Международного дискуссионного клуба «Валдай», 27 октября 2022 г. http://www.kremlin.ru/events/president/news/69695.

年6月底，俄央行行长纳比乌林娜表示，已有12个国家的70家外国机构成为SPFS的成员。俄还希望与印度、中国、伊朗等对接支付系统。二是借本国资源禀赋优势力推本币结算。要求“不友好国家”以卢布支付俄天然气价款，迫使欧洲半数自俄进口天然气的企业在俄开设了卢布账户。俄副总理诺瓦克表示，对欧出口的天然气90%—95%实现了以卢布结算。提升与印度、中国、土耳其等国本币结算率。与印度推进“卢布—卢比”结算系统，并拟扩大到伊朗。俄气公司与中石油签署了中俄天然气东线本币结算协议，人民币和卢布各占50%。俄提出将欧亚经济联盟国家间的本币结算率从73.5%提高到85%，与中方从24%提高至50%。三是继续减持美元资产。继2021年将国家福利基金中美元资产清零后，又进一步降低了美元在黄金外汇储备中的占比。2022年初，美元在俄黄金外汇储备的占比从2021年6月的21.2%降至10.9%，人民币从12.8%升至17.1%。[①] 依托本国资源优势，俄以本币结算为抓手，成为“去美元化”的旗手。

（四）俄经济面临的四大问题和挑战

虽然俄经济韧性强，抗住了第一波制裁压力，但发展潜力下降，面临诸多中长期问题。一是消费、出口、投资动力不足。居民实际收入下降，2022年预计实际工资收入下降1.5%，可支配收入下降1.7%。收入减少导致零售额下降超过5.5%，国内消费不足。固定资产投资额虽略有增长，但考虑到生产者价格指数高达15%左右，实际是下降的，投资不足的老问题加剧。随着制

① Россия имеет достаточный объем резервов в золоте и юанях, заявили в ЦБ, 11 апреля 2022 г. https://ria.ru/20220411/zoloto-1782932988.html.

裁政策落地，出口也将进入下降通道。二是军事安全挤占发展资金。俄国防和国家安全支出一直占比较高，冲突后进一步提升。从2023—2025年预算看，2023年社会政策支出占比25.3%，国防占比17%，国家安全和执法行动占比15%，经济发展支出只占12.1%。[①] 而2021年经济支出尚居第二位，占比15.3%。[②] 鉴于冲突长期化趋势明显，俄军费和国内安全支出将长期保持高位，用于经济发展的资金更少。三是制裁使俄部分与国际经济脱钩，且趋势难以扭转。制裁效果将随着时间的推移不断积累，对俄经济的影响会越来越明显。数千家企业终止或缩减在俄业务，非西方国家担心受到次级制裁不敢在俄大规模开展业务。美西方对俄关闭领空，物流企业停止对俄服务，从物理上部分切断了俄与世界市场的联系，影响俄商品的竞争力。四是俄全球能源和科技地位下降。欧洲能源“去俄罗斯化”信心坚定，全球“去碳化”进程加速，俄赖以生存的能源产业将遭受空前挑战，并影响财政能力。科技人才流失，与西方科学、教育交流全面受阻，俄可能错过新一轮科技革命，成为科技含量越来越低的经济体。

三、俄与西方关系急剧恶化，加速向非西方转

对乌军事行动使俄与西方的恶意认知螺旋式上升，俄首次从心理到行动向非西方转，外交回旋空间收窄。对“后院”输血能

① Законопроект о федеральном бюджете на 2023 год и на плановый период 2024 и 2025 годов, https://files.oprf.ru/storage/documents/budget-2023-29-09.pdf.

② Доля нефтегазовых доходов бюджета за три года снизится почти на 12%, 17 октября 2022 г. https://rg.ru/2022/10/17/dolia-neftegazovyh-dohodov-biudzheta-za-tri-goda-snizitsia-pochti-na-12.html.

力和控局能力有所下降。

（一）俄与西方关系全面破裂

特别军事行动使俄与美欧、北约关系都跌入冰点，博弈烈度急剧上升，这是冷战后国际关系最重大而深刻的变化，“未来可能是卫国战争结束以来最危险、最不可预测，同时也是最重要的十年”。[①]

恶意认知螺旋式上升，安全悖论更加突出。俄认为美西方的目的就是削弱并肢解俄罗斯，普京在动员讲话时表示，“他们公然宣称，1991年已经成功解体了苏联，而现在是时候分裂俄罗斯了”。[②] 美欧则强调，如果俄在乌得手，将变本加厉威胁欧洲乃至世界，颠覆“基于规则的国际秩序”，“这场战争是关于美国及其盟国是否希望生活在一个国家能够以武力吞并他国领土，然后以核毁灭迫使我们屈服的世界里”。[③]《北约2022战略概念》明确将俄定位为“最大且直接的威胁”。出于对俄的疑惧，芬兰和瑞典申请加入北约。但北约扩大并不会让欧洲更安全，俄的西部邻国认为有北约的庇护，可以对俄态度更强硬，导致北约成员国越来越多，与俄发生直接冲突可能性越来越大，“斗而不破”局面更难维持。虽然俄欧都有“求和”需求，但在安全互信彻底丧失的情况下，很难冷静下来进行对话。

---

① Заседание Международного дискуссионного клуба «Валдай», 27 октября 2022 г. http://www.kremlin.ru/events/president/news/69695.

② Обращение Президента Российской Федерации, 21 сентября 2022 г. http://www.kremlin.ru/events/president/news/69390.

③ Raphael S. Cohen, Gian Gentile: A Moment of Strategic Clarity, March 10, 2022, https://www.rand.org/blog/2022/10/a-moment-of-strategic-clarity.html.

制裁与反制裁不断升级。西方对俄制裁涉及方方面面，包括制裁了数十家俄银行，将俄部分银行踢出SWIFT系统；限制对俄出口重要技术、设备和零部件；限制进口俄化石能源，并推出所谓石油限价令，游说印度等支持限价做法；对普京等要员和部分企业进行制裁等，美还取消了俄市场经济地位。俄总理米舒斯京表示，制裁措施超过12000多项。面对制裁，俄被迫进行反击，包括对等关闭领空、对“不友好国家”以卢布偿付债务、禁止“不友好国家”公民交易其在俄战略企业和地下资源开采项目中的股权等。其中，围绕能源的博弈最为激烈。能源收入约占俄财政收入40%和出口额的50%，是西方的重点打击对象。俄则利用与俄能源关系紧密的匈牙利等国，尽可能缩小欧洲对俄能源制裁的范围；揭露美企业借对俄制裁大发能源财，揭批英美不顾欧洲能源安全以恐怖主义手段破坏北溪管线等，进行反击。针对“限价令”，摆出鱼死网破的姿态，称若不符合俄利益，将对执行限价令的国家停供。另外，与沙特等国密切协调，促成“欧佩克+”达成减产协议，使国际油价维持在高位，增加财政收入同时对冲制裁压力。

西方加紧为没收俄资产做准备，经济博弈烈度恐再度上升。目前，俄被冻结的海外资产超过3000亿美元。为没收上述资产，美欧不断做舆论和法律层面的准备。美与盟国成立了名为REPO[①]的多边工作组，以追踪和冻结俄寡头的境外资产。欧盟还成立了冻结和没收俄资产的专门工作组。2022年9月，世界银行与乌克兰政府、欧盟委员会发布了评估报告，称乌克兰重建至少需要3490亿美元。美欧还推动联合国大会通过无法律约束力的

① REPO是俄罗斯精英、代理人和寡头的首字母缩写（Russian Elites, Proxies and Oligarchs）。

决议，要求追究俄战争责任，俄向乌支付赔款。以上准备一旦付诸实施，俄必会反制，包括没收美西方企业在俄资产，冲突的烈度和广度将再次提升。

俄美保持有限默契，均力避核战争。随着冲突升级，关于会否使用核武器的讨论骤然增多，双方相互指责对方搞核讹诈。俄称乌正制造“脏弹”并试图嫁祸俄。美西方媒体渲染俄核威胁，给俄打上穷凶极恶的标签。为防止冲突失控，在用核论调甚嚣尘上之际，俄美加强了沟通。2022年10月21日，两国国防部长通电话；10月24日，美参谋长联席会议主席米利与俄参谋总长格拉西莫夫通电话。另据美《华尔街日报》报道，美总统国家安全事务助理沙利文与俄联邦安全会议秘书帕特鲁舍夫等进行了多次“秘密对话”，以降低冲突外溢或升级为核战争的风险。11月2日，俄发表《关于防止核战争的声明》，表示“核战争中没有赢家，也不应出现”，俄遵守《关于防止核战争与避免军备竞赛的联合声明》中的所有承诺。[①] 俄还表示，将与美重启关于《新削减战略武器条约》的磋商。这说明，冲突没有使大国领导人失去理智，双方仍保持着“核默契”。

（二）“两分法”区别世界，俄真正全面向非西方转

在与西方关系急剧恶化的背景下，俄将世界分为“友好国家”和“不友好国家”，对后者出台特别限制性政策，将所有未对俄制裁的国家视为友好国家。俄的“二分法”并未获得“友好国家”积极回应，多数国家无意选边站队。

虽然自普京执政起俄罗斯就意识到北约将不断挤压其地缘空

① Заявление Российской Федерации о предотвращении ядерной войны, 02 ноября 2022 г. https://www.mid.ru/tv/?id=1836575&lang=ru.

间，但俄心存幻想，并未真心想融入亚太。本轮危机使俄被迫采取向东“一边倒”政策，全面加强与中、印、伊斯兰世界等合作。积极利用圣彼得堡国际经济论坛和东方经济论坛、“俄罗斯–伊斯兰世界：喀山峰会”等主场外交，加强与非西方国家的经济联系。积极开展对华合作，对佩洛西窜访台湾予以猛批，彰显中俄背靠背关系。普京多次与印度总理莫迪通电话，并对其“如今不该是战争年代”劝诫表示理解，称将尽快结束冲突。[①] 尽管普京本人未能出席二十国集团峰会和亚太经合组织领导人非正式会议，但分别由外长拉夫罗夫和第一副总理别洛乌索夫率团参会，积极与非西方大国沟通协调。

俄以优惠价加速推动能源进入亚太市场。特别军事行动后，俄以折扣价出售原油，比国际市场低25美元/桶以上，吸引了大量亚太买家，包括印度、印尼、斯里兰卡等国。对印度石油出口在俄石油总出口的占比从不足1%骤升至10%以上，俄一度成为印度第一大石油来源地。另外，俄还高调宣布在土耳其建设新的面向欧洲的天然气枢纽，以承接北溪管线损失的运力，积极谋划建设中蒙俄天然气管线，增加对华供应。俄能源出口重心转向亚太，新的国际能源供需版图加速形成。

（三）乌克兰从反俄到仇俄

冲突彻底改变了俄乌关系，斯拉夫兄弟反目成仇。乌将俄的特别军事行动视为赤裸裸的侵略，全民团结抗战。在西方大力支持下，乌军不仅顽强抵抗住俄军的攻势，还于2022年8月起开始反攻，并于11月中旬收复赫尔松市，俄则在北部加大攻势，战事

① Встреча с Премьер-министром Индии Нарендрой Моди, 16 сентября 2022 г. http://www.kremlin.ru/events/president/news/69362.

进入僵持阶段。北溪管道被炸毁、刻赤大桥遭袭击，俄攻击乌电厂等民用设施予以报复，战场覆盖面不断扩大，烈度持续升级。期间虽有多次谈判，但均无果而终，乌东四地“公投入俄”进一步使双方失去谈判空间，冲突长期化趋势明显，进入比拼韧性的消耗战阶段。随着俄打击乌的水电等基础设施，乌控诉俄正对乌实施“种族灭绝”政策，积极推动欧盟成立“特别国际法庭”，以调查和起诉俄高级官员的“战争罪行”。俄“拔刺”未果，反受其伤，乌克兰境内亲俄势力急剧萎缩，乌从反俄走向仇俄，加盟入约的决心更大。

（四）俄控局能力下降，降低身段处理与盟友关系

欧亚地区对俄态度分化明显，形成反俄、亲俄和中立三个阵营，中立是主流。与俄坚定站在一起的是白俄罗斯，两国捆绑更紧密。2022年2月10—20日，俄白举行了“联盟决心-2022”联合军演。9月，俄在白境内的两大军事基地延期协议生效，两国还决定新建训练基地，用于两军联训。白在联合国历次涉俄投票中均坚定支持俄，两国军事政治同盟关系进一步强化。

多数欧亚地区国家对特别军事行动保持“中立”，在联合国的涉俄投票中要么弃权，要么不参会。但对俄制裁的只有乌克兰和摩尔多瓦，其他国家均表示不会参与对俄制裁，亦不会助俄绕开西方制裁。对乌动武使欧亚各国对俄的疑虑上升，哈萨克斯坦公开表示不会承认“公投结果”，“如果出现新的‘铁幕’，我们不想站在其后面”。[①] 俄对传统盟友的“不给力”表达了一定不满，

---

① В МИД Казахстана отказались от «железного занавеса» и призвали инвесторов переместить свой бизнес в страну, 29 марта 2022 г. https://kun.uz/ru/news/2022/03/29/v-mid-kazaxstana-otkazalis-ot-jyeleznogo-zanavesa-i-prizvali-investorov-peremestit-svoy-biznes-v-stranu.

如两度暂停哈萨克斯坦石油过俄境出口等，但总体保持克制，哈萨克斯坦总统大选后托卡耶夫随即访问俄罗斯，表明俄与欧亚国家关系未明显受到地缘危机的影响。

由于分身乏术，经济带动力不足，俄对欧亚地区的影响力有所下降。在俄倡议举办的首届“俄罗斯–中亚元首峰会”上，塔吉克斯坦总统拉赫蒙公开呼吁俄要平等对待中亚国家。吉尔吉斯斯坦未说明原因取消了计划中的集安组织“牢不可破的兄弟情”联合军演。亚美尼亚公开批评集体安全条约组织的有效性，并拒绝在联合声明上签字。在阿塞拜疆与亚美尼亚再度发生冲突后，欧盟成为关键调解方。美在俄“后院”活动频频，高官多次到访欧亚国家，并与哈、吉、塔等在塔吉克斯坦举行了名为“区域合作–22”联合军事演习，挖墙脚意味明显。面对复杂形势，俄积极补救，一方面安抚盟友，强调“苏联已经没有了，也回不到过去，俄不需要恢复苏联”，[①] 避免各国产生误解；另一方面积极利用独联体空间的多边平台做工作，包括斡旋吉塔矛盾，调解亚阿冲突等。年终之际，俄议长、总理接连访问乌兹别克斯坦，普京对吉尔吉斯斯坦进行工作访问并出席欧亚经济委员会最高理事会会议，努力使俄在外部势力加大渗透力度的情况下“不掉队”。

四、结语

美试图利用制造危机拖垮俄，俄希望通过绝地反击，打掉美的“桥头堡”，重塑一个尊重俄地缘政治利益的欧洲安全新格局，

① Подписание договоров о принятии ДНР, ЛНР, Запорожской и Херсонской областей в состав России, 30 сентября 2022 г. http://www.kremlin.ru/events/president/news/69465.

双方迄今都未实现战略目标。危机深刻改变了俄内政、外交和经济取向，是俄与西方关系的分水岭。危机对国际秩序造成深远影响，大国竞争取代大国协调，基于规则变成有限约束，传统安全回归，反恐、气变等共同利益在一定程度上被忽略。打破容易重构难，乌克兰危机是一场没有胜利者的地缘政治游戏，包括暂时得利的美国。世界须从命运与共的视角进行反思，摆脱零和博弈的窠臼，寻找正确的相处之道。

（中国国际问题研究院欧亚研究所所长、研究员　李自国）

第三章

欧洲形势：
遭遇危机　挑战增多

2022年欧洲深受乌克兰危机困扰，不仅成为地区冲突爆发点，还因此面临更多政治、外交与经济挑战。欧洲安全出现对抗性局面，北约影响力上升但欧洲“战略自主”建设步伐放缓；欧盟内部在应对危机及相关问题上分歧增加，法德轴心影响下降，中东欧国家话语权上升；能源价格飙升，难民大量涌入，通货膨胀高企，部分国家民粹及极右翼势力上升。主要国家德、法、英情况尤其值得关注。

一、欧洲安全出现对抗性局面

乌克兰危机结束了欧洲数十年来的和平局面。欧洲再次成为美俄对抗前沿，安全格局出现冷战结束以来最具对抗性的局面，欧俄关系严重对立，欧洲对美国和北约安全依赖上升，欧洲“战略自主”建设步伐放缓。

（一）欧俄关系遭受严重冲击，美国增加在欧洲的军事存在

冷战后相当长一段时期，欧洲的国际关系相对稳定，欧盟与

俄罗斯之间尽管时有龃龉，但通过密切的经贸往来和能源合作实现了和平共处。除双边关系外，欧洲安全与合作组织等机制和平台也对维持欧洲地缘政治平衡发挥了一定作用。然而，在北约五轮东扩背景下，俄罗斯的危机感不断加深。2014年克里米亚危机后，乌克兰东部问题在德、法调停下通过“明斯克协议”暂时“冻结”，但俄与北约之间的安全矛盾未解。2021年底，俄方对美国及北约提出安全保障要求遭拒。2022年2月，双方矛盾以俄对意欲融入北约的乌克兰采取“特别军事行动”而爆发。危机发酵过程中，欧洲国家曾试图复制“诺曼底模式”寻求外交解决，但遭到俄、乌双方拒绝。

危机爆发后，欧盟及其多数成员国对俄罗斯采取了政治上反对、外交上孤立、经济上制裁、能源上脱钩等一系列立场和措施，欧俄关系转向强硬对立，并有随冲突持续和危机深化而升级为全面对抗的趋势。尽管出于历史联系和现实利益考虑，欧洲国家中仍有要对俄采取相对平衡立场的主张，也仍有尽早停火止战、和平解决的呼声，但欧俄关系不可避免地进入了对立时期。

与此同时，欧洲对美国和北约的安全依赖明显上升。尤其是部分中东欧国家大大强化与美国的安全联系，极大影响了欧洲在北约和欧盟框架内对俄、乌的政策基调。

（二）北约被重新激活并得到强化，欧洲“战略自主”建设步伐放缓

在冷战结束、欧洲关注点转移至非传统安全议题背景下，北约的行事效率、发展方向甚至存在合法性都曾遭到质疑。特朗普

在任美国总统期间多次发表“北约过时论”，[①] 法国总统马克龙也曾公开批评“北约正在经历脑死亡”。[②] 北约在欧洲安全中的影响力不断下降。

然而，乌克兰危机将传统地缘政治冲突问题重新摆在欧洲面前，使北约迎来了生机。冲突爆发后，北约成为美欧对俄威慑的不二之选。此外，北约还在对乌军事援助、情报分享及人员培训等方面发挥主要协调作用。芬兰、瑞典两国决意入约，不仅将扩大北约的地理范围，更将强化其在欧洲安全中的主导地位。

欧洲的“战略自主”建设受到冲击和影响。[③] 在乌克兰危机发酵及升级过程中，欧盟不断调整政策，试图体现其在外交甚至安全上的自主性，但其防务安全能力不够的老问题还是暴露无遗。中东欧国家更加依赖美国和北约。在此背景下，欧盟不得不降低“战略自主”调门和预期，虽在冲突爆发后不久出台的《战略指南针》中重申“战略自主”建设意愿，但强调欧盟将对北约形成有力补充，北约仍是跨大西洋集体防御的基石。[④]

---

① Shayna Freisleben, “A Guide to Trump’s Past Comments about NATO,” CBS News, April 10, 2017, https://www.cbsnews.com/news/trump-nato-past-comments/.

② “Emmanuel Macron Warns Europe: NATO Is Becoming Brain-dead,” *The Economists*, November 7, 2019, https://www.economist.com/europe/2019/11/07/emmanuel-macron-warns-europe-nato-is-becoming-brain-dead.

③ 张丽春、徐弃郁:《老问题、新动力与欧洲共同防务的“机遇窗口”》,《欧洲研究》2017年第6期，第119—136页。

④ Council of the European Union, *A Strategic Compass for Security and Defence*, March 21, 2022, pp. 2, 13.

二、欧盟内部立场分化

欧盟在危机之初展现出团结姿态，但随着对俄制裁不断升级以及冲突持续，成员国之间对俄、乌立场差异有所拉大。法德轴心影响力有所下降，中东欧国家话语权上升。

（一）对俄制裁立场存在差异

危机爆发之初，欧盟成员国在对俄立场上展现出高度团结的姿态，一致谴责俄罗斯并迅速发起制裁。但由于各国在地缘、历史和对俄威胁认知上存在差异，在“援乌制俄”问题上逐渐出现温差。以波兰、波罗的海三国为代表的中东欧国家态度激进，法德意等国相对温和，匈牙利则反对与俄经济脱钩并拒绝对乌提供武器。随着对俄制裁触及能源领域，欧盟内部分歧愈加明显，达成共识更加困难且多次为匈牙利等国设置豁免权。

（二）法德积极斡旋危机

法德在危机发酵阶段积极穿梭斡旋，但最终未能阻止冲突爆发，“明斯克协议”四方模式不复存在。在“援乌制俄”方面，法德坚持相对务实平衡方针，保持与俄对话渠道，反对将俄“逼到墙角”。但在美国对俄战略意图及部分中东欧国家“恐俄症”影响下，法德政策立场在欧盟内部并不占多数。德国在冲突初期因军援速度过慢、力度不足而招致其他欧盟国家批评，施泰因迈尔总统甚至一度因其“对俄立场”而遭乌方冷遇。法国总统马克龙也因主张对俄保持谈判空间的言论而遭批评。此外，法德之间在欧洲反导与防空体系建设、能源危机应对方式以及欧洲一体化未来路径等问题上出现分歧。总之，法德立场接近但未能作为轴心在欧盟内部发挥足够影响。

（三）中东欧国家“援乌制俄”最积极

以波兰、波罗的海三国为代表的中东欧国家大力推动对俄制裁，积极对乌援助。在欧洲各国对乌援助占国内生产总值（GDP）比重方面，中东欧国家最高，其中拉脱维亚名列第一。截至2022年10月，拉对乌援助已占其GDP的0.9%，对乌军援已占其军事预算的41%。[①]

中东欧国家还主动寻求美国及北约军事支持，推动、配合北约强化东翼军事部署并密集参与北约演训。冲突爆发后，北约随即宣布要在保加利亚、匈牙利、罗马尼亚及斯洛伐克新建4个战斗群，从而使其在东翼部署的战斗群增至8个，人数翻倍。此外，波兰寻求扩大美国驻军规模、延长驻扎时间，还与美英签署防务协议，建设部署防空反导系统。中东欧国家在接收乌克兰难民及稳定欧洲边界方面也发挥重要作用。截至2022年11月初，波兰、斯洛伐克、罗马尼亚及捷克4国接收了780多万乌克兰难民中的绝大多数，其中仅波兰就接收各类难民近300万人。[②]

（四）欧盟继续推进扩员进程

2022年，欧盟先后赋予乌克兰、摩尔多瓦及波黑候选国地位，并再次确认格鲁吉亚为潜在候选国。但乌克兰正式入盟尚需结束战事，且几国均需进一步开展政治、经济、法律等诸多改

---

① Kiel Institute for the World Economy, “Ukraine Support Tracker,” https://www.ifw-kiel.de/topics/war-against-ukraine/ukraine-support-tracker/?cookieLevel=not-set.

② 联合国难民署2022年11月8日数据，https://data.unhcr.org/en/situations/ukraine#_ga=2.117668361.1615921059.1668499566-208417882.1668499566。

革，耗时可能长达数年甚至十余年。欧盟再度东扩将影响其权力结构与一体化方向。乌克兰凭借其人口、领土及经济规模，其入盟前景将进一步强化中东欧政治权重上升的趋势。

三、经济挑战加大，社会抗议增多

截至2022年12月，欧盟已协同美国等国对俄罗斯发起9轮制裁，范围空前广泛。然而，受危机、制裁及俄方反制影响，欧洲能源与粮食价格飙升，通货膨胀率屡次刷新历史水平，人民生活成本上涨。经济挑战叠加难民潮，欧洲各国出现罢工和抗议活动，右翼势力在一些国家借机抬头。

（一）制裁交锋导致能源价格飙涨

欧洲能源高度依赖进口，其中天然气及石油尤其依赖俄罗斯。危机之前，欧盟国家在这两类能源上对俄罗斯的依赖度已分别高达40%和25%，其中奥地利、捷克与匈牙利对俄天然气依赖度甚至超过80%。[①] 为加速摆脱对俄能源依赖，欧盟采取了大力推进能源进口来源多样化，加速发展替代能源，提升天然气储量、削减用量等一系列手段。然而，限于部分成员国对俄依赖度过高，运输渠道、能源接收终端改造与建设的成本与时间问题，对俄能源制裁及俄方反制仍对欧洲造成巨大冲击，导致欧洲能源价格飙涨，其基准天然气期货价格2022年8月底已高达2021年同

① Eurostat, “EU Imports of Energy Products–recent Developments,” September 2022, https://ec.europa.eu/eurostat/statistics-explained/index.php?title=EU_imports_of_energy_products_-_recent_developments.

期价格的7倍左右且仍在高位运行。[①]

（二）能源危机引发持续高通胀

能源及食品价格高企推动欧洲通货膨胀率屡创新高。2022年3月至10月，欧元区通胀率不断攀升，连续8个月保持在7%以上，10月开始则保持在10%以上，创下1999年欧元引入以来通胀率的最高值。欧盟主要经济体德国通胀率基本与欧元区保持一致，通胀率最高的波罗的海三国从2022年7月开始持续保持在20%以上。[②]高通胀提升欧洲民众生活与企业生产运营成本，引发一系列负面效应，冲击欧洲疫后经济复苏。欧盟委员会预计，2022年欧元区GDP增长3.2%，2023年将放缓至0.3%，高企的通胀率或许需要长达两年时间才能回落到2021年的水平。[③]受乌克兰危机及高通胀影响，欧元兑美元汇率先是从2022年1月的1.2349跌至冲突初期的1.1496，到9月时甚至跌破1，达到最低点0.9535，后逐步回至1左右。

（三）经济民生问题加剧社会矛盾

在欧盟层面，绿色与数字等重点领域的发展前景不确定性上升。欧盟为缓解能源危机，被迫加大煤炭进口并重启部分煤电项目，绿色转型进程出现倒退。在国别层面，经济震荡叠加难民潮

① 孙彦红：《欧洲经济：复苏前景黯淡》，《世界知识》2022年第19期，第15页。

② Central Statistical Bureau of Latvia, Inflation Calculator, https://tools.csb.gov.lv/cpi_calculator/en/2022M01-2022M10/0/100.

③ European Commission, "Autumn 2022 Economic Forecast: The EU Economy at a Turning Point," November 2022, https://economy-finance.ec.europa.eu/economic-forecast-and-surveys/economic-forecasts/autumn-2022-economic-forecast-eu-economy-turning-point_en.

伴生的各类问题开始影响社会稳定，英、法、意等国劳动者为抗议生活成本上升，争取加薪、改善工作环境，相继发起罢工和示威游行活动。

在此背景下，欧洲极右翼势力借机抬头。法国民粹势力上升，马克龙尽管赢得选举实现连任，但其政党失去议会绝对多数；瑞典极右翼政党瑞典民主党跃升为议会第二大党，右翼阵营为赢得上台机会与其组成执政联盟；具有极右翼背景的意大利兄弟党在议会选举中成为第一大党，并牵头组成中右翼联盟内阁，其党首梅洛尼出任总理。

四、德法英等主要大国动向

2022年德、法、英等欧洲大国在政治、经济和安全领域均出现重大变化。德国政府在“时代转折”名义下大幅调整对外与安全政策；法国马克龙政府获选连任，但施政面临挑战；英国积极介入乌克兰危机但难掩内部政治困境、经济衰退和社会动荡。

（一）德国对外与安全政策转向

在由乌克兰危机所引发的欧洲大国政治变化中，德国对外与安全政策的大幅调整最引人关注。德国在危机发酵阶段态度谨慎，主张以外交斡旋和非军事手段缓解危机、预防冲突。虽然在外界压力下德国暂停了“北溪–2号”天然气项目，但仍严格遵守“不向危机地区提供致命性武器装备”原则，拒绝向乌克兰输送致命性武器，并对其他欧洲国家向乌输送武器表达异议或施加阻碍。[①] 德国甚至因此遭到乌克兰方面的嘲讽和北约内部的批评。

在危机升级、冲突扩大后，德国政府在巨大内外压力下立场发生重大变化。在对俄政策上，尽管德国仍有意推进对话，但对俄动用威慑或“惩罚”手段的意愿更加清晰。德国不仅参与美欧发起的对俄大规模严厉制裁，还表态要“摆脱对俄能源依赖”。在对乌援助上，德国打破惯例，不仅提供大批反坦克武器和防空导弹，授权北约盟友提供源自德国的武器，还进一步承诺提供榴弹炮、多管火箭炮等重型武器。德国参与境外军事行动也更加积极，不仅向北约东翼国家增派军力，还积极介入“印太事务”，派出战机参与由澳大利亚主办的多国空军联合演习并与地区国家进行多场联合行动。[②]

德国国防政策的转变更为引人注目。朔尔茨总理在冲突爆发后第三天就宣布大幅增加国防预算，不仅要在2024年之前将国防开支提升到GDP占比的2%以上，从而达到北约设立的国防开支标准，还在常规军事预算之外另设1000亿欧元特别基金，用于联邦国防军现代化改造、投资欧盟国防工业、与欧洲伙伴联合开发新装备以及采购美制装备等。[③] 照此估算，德国国防预算将增加约250亿美元，总额达到800亿美元左右，从而一举超过英、法成为欧洲第一。

德国政策的重大调整并不意味其完全放弃务实和克制立场。德国仍坚持外交斡旋是解决冲突的最佳手段，对军事手段的使用

---

① 郑春荣、李勤：《俄乌冲突下德国新政府外交与安全政策的转型》，《欧洲研究》2022年第3期，第132—133页。

② 《德国二战后首派战机赴印太参加多场军演》，《环球时报》2022年8月16日，https://mil.huanqiu.com/article/49FwfFKxMut。

③ 李超：《俄乌冲突下的德国安全政策调整》，《现代国际关系》2022年第6期，第12—13页。

也较谨慎，不仅拒绝了乌克兰方面设立禁飞区的要求，还要乌方承诺不将其援助的重型武器用于进攻俄罗斯本土。此外，尽管德国公开表示其国防建设将在北约框架内进行，但在其后提出的建设欧洲防空体系等倡议中，又体现出借此推进欧洲“战略自主”的考虑。

（二）法国政府施政面临挑战

法国于2022年4月举行总统大选，现任总统马克龙战胜极右翼候选人勒庞实现连任，但支持率相比五年前下降较大，其政党在随后举行的国民议会选举中也失去绝对多数席位。勒庞领导的右翼民粹势力持续上升，梅朗雄领导的左翼联盟则成为不可忽视的第三支力量。法国政坛由此形成中间派、极右和极左力量分立局面。受制于议会分裂格局，马克龙第二任期在推进国内治理与改革议程问题上将面临不小挑战。①

2022年初，法国刚开始担任欧盟轮值主席国时曾提出一系列建设欧洲“战略自主”且雄心勃勃的计划，但乌克兰危机的爆发打乱了其外交议程，使其有关外交解决危机的主张未能完全实现。马克龙作为总统在外交上拥有巨大权威，法国对外政策因此呈现出一定程度的连续性，主张推进欧洲“战略自主”建设。然而，反对党在“生活成本上升”“通货膨胀高企”以及“法国必须忠实于本国利益”等议题上持续发起挑战。例如法国力求对俄采取相对克制和务实的立场并主张在能源等问题上加强欧洲内部互助，但不时遭遇反对党的批评指责。

与此同时，马克龙政府仍希望通过提出“欧洲政治共同体”

---

① 彭姝祎：《法国大选及政局变化》，丁一凡主编《法国发展报告（2022）》，社会科学文献出版社，2022年11月，第12—23页。

等构想，斡旋扎波罗热核电站问题，以及充当欧洲代言人赴美与拜登当面讨论欧美经贸争端等行动，来体现其在危机解决与格局塑造之间保持联系和平衡的理念，以此引领欧盟、保持自主。2022年5月，马克龙提出意在团结所有欧洲国家的“欧洲政治共同体”构想，后推动该共同体领导人首次会议于10月初在布拉格举行。44个欧洲国家和地区领导人与会，讨论了欧洲面临的安全、经济、能源与移民问题。由于涵盖国家众多，各方利益诉求各不相同，该构想能在多大程度上成为解决欧洲安全问题的可行方案仍面临不确定性。在扎波罗热核电站问题上，最终是国际原子能机构通过提供技术保障的方式发挥了更大作用。

（三）英国积极介入外部危机但难掩内部困境

英国在乌克兰危机上表现异常活跃。约翰逊政府将欧洲安全视为其对外交往中的头等大事并全方位介入。政治上，英国通过发声、援助、安全合作等形式反复强调对乌克兰的支持立场。外交上，英国不仅积极追随美国，推动欧洲对俄制裁，还在欧美之间穿针引线，协调西方国家立场与行动。军事上，英国不仅协同美欧强化北约东翼军事部署与对俄威慑，还主动充当澳、新等亚太国家对乌军援的中间人。

英国还借助危机强化对欧安全影响。首先，英国不仅与乌克兰分享涉俄军事情报，在欧洲国家中率先提供致命性武器，还不断提升援助水平，从冲突初期的反坦克等轻型武器装备逐步升级为装甲车、导弹、多管火箭发射系统、火炮、无人机甚至直升机等。其次，英国多次通过其主导的“联合远征部队”协调北欧与波罗的海国家的军事立场。最后，在芬兰、瑞典国内民意转变之际，英国通过签订双边安全保障协议的形式积极拉拢其加入北约，积极推动北约扩张。

然而，英国在外部危机中的活跃表现无法掩盖其内部政治、经济和社会困境。实际上，2022年成为英国脱欧以来最为动荡混乱的一年。约翰逊政府年初因违反防疫规定而深陷“派对门”丑闻，不仅遭到反对党和媒体穷追猛打，还被伦敦警方调查和处罚。保守党政府的一系列丑闻导致该党在5月的地方议会选举中受到重创，执政基础严重受损。尽管借助乌克兰危机争取到五个多月喘息时间，约翰逊最终还是遭到保守党“清算”，被迫宣布辞职。

英国政局并未因约翰逊政府倒台而恢复稳定。特拉斯通过党内选举上台后仅3天，英国史上在位时间最长、深孚众望的伊丽莎白二世女王去世，引发民众对国家政治稳定的担忧。特拉斯政府推出的激进减税政策未能缓解国内通胀和民生困境，反而造成经济和社会震荡。特拉斯因此在上任44天后就被迫辞职，成为英国史上在任时间最短的首相。因竞争者先后退出，前任财相苏纳克甚至未经党内选举便接替首相职位，保守党执政合法性再遭侵蚀。在此政局动荡、经济困难形势下，英国社会持续动荡，从铁路工人到护士等各行业罢工运动声势浩大、此起彼伏。

五、结语

乌克兰危机及其冲击无疑是影响2022年欧洲形势的最重要因素，战争与和平问题再成焦点。尽管并未直接参与军事冲突，但欧洲却以“援乌制俄”的立场和政策深深地卷入这场危机，并在能源、经济、政治及社会领域面临诸多挑战。北约重新在欧洲安全中树立起主导地位并可能在2023年实现重要扩张，欧盟防务安全能力不足的老问题再次凸显。危机外溢、制裁与反制裁斗争不仅加剧了欧洲的能源和难民危机，更引发经济和社会问题。欧洲经济复苏进程受到影响，部分国家可能在2023年陷入衰退。经济社会问题也直接反映在政治层面，欧洲政治力量消长变化和各国政策调整值得关注。

2023年的欧洲形势取决于一系列事态发展。这首先取决于俄乌之间能否实现停火止战与和谈。作为深度卷入且深受其害的主要承压方，欧洲各国有必要展现政治智慧与外交手段，推动消除当前这一系列挑战的最大外部因素，或为此创造有利的条件和环境。此外，这也取决于欧洲内部，尤其是大国局势的变化。例如，德国能否将其政策转变方向与危机解决及欧洲安全的未来建构紧密结合；法、德能否弥合分歧、修复关系，再度发挥轴心和引擎作用，为欧盟应对一系列挑战提供有效方案；英国能否稳定政治与社会局面，化解经济困境，等等。

（中国国际问题研究院欧洲研究所助理研究员　刘晋）

第四章

日本形势：逆势谋进　欲振乏力

2022年，日本遭受内外变局冲击，政情暗流涌动，经济表现疲弱，国家发展依然面临深层次制约。前首相安倍晋三遇袭身亡震惊世界，后续影响持续发酵。岸田文雄内阁支持率高开低走，执政地位趋弱。受新冠疫情、日元贬值和物价上涨等因素影响，日本经济复苏乏力。与此同时，自民党政权逆势力推大国化进程，外交上延续积极进取势头，强化与美西方战略捆绑，安全上借乌克兰危机推动增加防卫开支和发展进攻性军事力量，日本军事安全政策迎来二战结束以来最大转折。

一、安倍事件引发连锁反应，岸田执政遭遇信任危机

2022年7月8日，日本前首相安倍晋三遇袭身亡，在日本国内外引发强烈震动，暴露日本社会的深层次矛盾问题。安倍事件牵连出的宗教团体“统一教”有关丑闻不断发酵，在日本政坛中产生连锁反应，冲击岸田文雄执政地位。“后安倍时代”日本政坛格局面临重新洗牌。

（一）“安倍时代”骤然落幕

安倍晋三是日本宪政史上在任时间最长的首相，也是日本二战后首个遇袭身亡的首相级政治人物，其遇刺身亡事件对日本社会造成强烈震撼，也给日本政局带来多重冲击。一方面，安倍作为执政党的自民党内最大派阀“清和会”会长，2020年8月卸任首相以来依托本派势力和右翼保守集团支持，在日本政坛维持强大影响。安倍意外身亡导致政坛右翼势力一时“群龙无首”，“清和会”缺乏众望所归的接任会长，自民党内权力格局面临重新洗牌。另一方面，袭击安倍的凶手供述作案动机系出于个人家庭怨念，牵连出宗教团体“统一教”非法敛财等一系列丑闻，日本媒体不断挖出自民党政客与该教勾连问题，一定程度上折损了自民党形象。

安倍遇袭虽系孤立偶发事件，但也折射出经济长期低迷背景下，日本社会中的矛盾沉疴不断积聚。“安倍经济学”加剧日本社会贫富分化，少子老龄化导致家庭结构形态趋于不稳定，人口危机下社会保障体系面临严峻挑战，年轻一代对国家发展和个人前途感到迷惘，传统的“一亿总中流”社会趋于瓦解。种种结构性矛盾和风险因素正在蚕食日本社会的安定基础，日本国家发展深层次困境更加突出。

（二）岸田支持率高开低走，执政基础严重削弱

岸田文雄自2021年10月执政后，凭借稳健执政风格一度维持50%以上较高支持率。2022年7月10日，在安倍身亡两天后举行的参议院选举中，联合执政的自民党和公明党取得压倒性胜利，维持了在国会的绝对优势席位，岸田借此巩固了执政地位。由于此后三年日本再无大型国政选举，岸田也被认为将迎来“黄

金三年”，有望实现长期执政。但此后随着安倍“国葬”和“统一教”等问题不断发酵，叠加新冠疫情肆虐、国内物价上涨冲击，岸田内阁支持率一路走低，执政形势急转直下。

1．罔顾民意强推安倍“国葬”

安倍晋三意外遇袭身亡，一度引发日本举国哀悼。7月14日，岸田文雄在记者会见中正式宣布将为安倍举行国葬，有关花销将全部由国库负担。一石激起千层浪，日本国内出现激烈争议。支持者认为安倍作为在任时间最长的日本首相，其展现了卓越领导力和行动力，任内推行的“安倍经济学”提振了日本经济活力，“战略性外交”提升了日本国际地位影响，理应享受“国葬”待遇。反对者认为，安倍任内推行强权政治，“森友·加计学园案”等丑闻缠身，功过是非仍存争议，全部动用国家财政举办国葬缺乏法律依据。8月至9月间，日本国内出现学者联署、民众抗议游行以及提起行政诉讼等一系列反对“国葬”的活动。日本广播协会（NHK）9月初的民调显示，56.7%受访者不认可岸田政府的“国葬”决定，31.8%受访者表示认可，同时有72%的受访者认为政府关于“国葬”的说明不充分。[①]

2022年9月27日，日本政府为安倍举办国葬仪式，来自日本国内外各界人士4183人出席，其中包括美国副总统哈里斯、澳大利亚总理阿尔巴尼斯、印度总理莫迪、新加坡总理李显龙等约50位外国首脑级人士。[②]岸田内阁原本希望借机展开“吊唁外交”，彰显其外交成果，但由于安倍国葬引发日本国内激烈争议，加之

① 2022年9月政治意識月例電話調査，NHK選挙WEB，2022年9月，https://www.nhk.or.jp/senkyo/shijiritsu/pdf/aggregate/2022/y202209.pdf。

② 安倍元首相の国葬，参列者は4183人，読売新聞オンライン，2022年9月28日，https://www.yomiuri.co.jp/politics/20220921-OYT1T50172/。

紧随英国女王伊丽莎白二世国葬之后举办，外国政要出席规格和人数低于预期，被指“效果不彰”。日本《朝日新闻》社论认为，岸田在缺乏法律根据的情况下，为了迎合保守势力，独断专行举办国葬，造成社会民意分裂，加剧了国民对政治的不信任。①

2.“辞职多米诺”折损岸田内阁形象

2022年8月10日，为了刷新政权形象，岸田文雄改组内阁并调整自民党高层人事，除外务大臣林芳正、内阁官房长官松野博一等5人留任外，其余14个阁僚岗位均作出调整，首次入阁阁僚达到9人。但随着安倍“国葬”争议和“统一教”非法敛财、政教勾连等问题不断扩散，岸田内阁支持率不断走低。

进入11月，岸田内阁经济再生大臣山际大志郎、法务大臣叶梨康弘、总务大臣寺田稔3名阁僚因涉“统一教”或政治资金丑闻等接连辞职。日本媒体称岸田内阁受到“辞职多米诺”冲击。与此同时，复兴大臣秋叶贤又被曝政治资金违法嫌疑，在野党发动严厉追责。至此，岸田内阁支持率降至30.5%，② 创下执政一年多来新低。受此影响，日本舆论开始频现唱衰岸田的声音，自民党内部也出现倒阁动向。随着岸田在党内向心力减弱，执政基础不稳将极大掣肘岸田今后施政。

为了挽救危局，岸田政府2022年11月出台了总规模达29万亿日元的“综合经济对策”，着重应对日本国内物价上涨，同时加紧推动“统一教”受害者救济法案成立，着力改善民生、平息民愤。总的看，由于联合执政的自民党和公明党掌控着众参两院

① （社説）安倍氏「国葬」分断深めた首相の独断，朝日新聞DIGITAL，2022年9月28日，https://digital.asahi.com/articles/DA3S15429404.html?iref=pc_rensai_long_16_article。

② ANN世論調査，2022年11月22日，https://www.tv-asahi.co.jp/hst/poll/202211/。

绝对优势席位，尽管危机四伏，岸田尚未陷入四面楚歌的境地，但仍急需尽快推动支持率企稳回升，否则日本政局恐将迎来新一轮动荡。

二、日元“超级贬值”，经济复苏乏力

2022年日本经济受到乌克兰危机、新冠疫情和日元贬值影响，总体表现低于预期。岸田内阁一手主打“新资本主义”，着力应对物价上涨，调节社会分配，缩小贫富差距，一手力推“经济安保战略”，维护日本产业科技竞争力和供应链“韧性”。

（一）全球第三经济大国地位恐将不保

根据日本政府公布数据，2022年前三季度，日本名义国内生产总值约为403.035万亿日元，同比实际增长1.4%。[①] 由于日元兑美元出现大幅贬值，按平均汇率换算经济总量降至3.142万亿美元，仍排名全球第三位，但与排名第四的德国之间的差距已缩小至1100亿美元。根据日本大和总研11月底测算，2022年全年日本国内生产总值实际增长率为1.6%，2023年为2.2%。[②]

（二）多重因素拖累经济复苏

第一，新冠疫情延宕。2022年日本政府参考欧美国家做法，逐步放宽入境限制和放松国内管控，将抗疫重点放在充实国内医疗机制、普及疫苗接种上。7月至8月间，日本经历了第七波疫

① 国民経済計算（GDP統計），日本内閣府経済社会総合研究所，2022年11月30日，https://www.esri.cao.go.jp/jp/sna/menu.html。

② 第215回日本経済予測，大和総研，2022年11月21日，https://www.dir.co.jp/report/research/economics/outlook/20221121_023414.html。

情的强烈冲击，总感染人数超过1000万，相当于此前感染人数的总和。8月高峰期每日新增病例连续在20万例以上，每日新增重症患者超过500人，导致日本医疗系统持续承压，多地出现病床紧张局面。由于餐饮旅游等消费行业低迷，大量中小商户陷入经营困难，"新冠贫困"成为一种社会现象。据日本"帝国数据银行"统计，直接因疫情倒闭的日本国内企业达到4032家。截至2022年底，日本国内新冠感染总人数超过2500万，占总人口比约20%，死亡人数约5万人。①

第二，日元"超级贬值"。随着美国进入加息缩表周期，世界主要国家货币政策纷纷收紧，为了稳定经济，日本不得不维持零利率宽松政策。由于日美利息差扩大，日元被不断抛售，引发日元"跌跌不休"。2022年10月下旬，日元兑美元汇率一度跌破150：1的大关，创下近32年来最低纪录。2022年全年日元兑美元最大跌幅超过30%。日元贬值虽然对于日本企业扩大出口具有积极的促进作用，但也推高了进口能源资源和原材料等商品价格，增加了企业生产成本，抑制了居民消费，很大程度上抵消了对出口的拉动作用。

第三，物价大幅上涨。乌克兰危机引发全球能源、粮食等大宗商品价格飙升，向日本国内传导后，日本出现普遍性的物价上涨。根据日本总务省统计，2022年10月日本消费者物价指数同比上涨3.6%，创下40年零8个月以来最大单月涨幅，至此已连续14个月上涨。在522种调查对象商品中，约80种价格上涨，其中燃油、进口食品涨幅较大。② 岸田政府在落实"综合经济对策"

① 国内の感染者数・死者数，日本放送協会（NHK）网站，2022年12月4日，https://www3.nhk.or.jp/news/special/coronavirus/data-all/。

② どこまで続くの？物価上昇，日本放送協会（NHK）网站，2022年11月22日，https://www.nhk.or.jp/kaisetsu-blog/700/476627.html。

的补充预算案中，被迫拨款7.8万亿日元用于应对物价上涨，主要包括对家庭、企业用电和汽油等提供补贴等措施，以缓解民生压力。

（三）"新资本主义"构想逐步成型

针对"安倍经济学"导致日本社会贫富分化等弊端，岸田内阁在经济政策上更加重视分配与公平。其主打的"新资本主义"政策构想将主要着眼点放在调节分配、改善民生上，目标是提高中间阶层收入水平，推动经济增长与分配良性循环，实现经济社会可持续发展。为此，岸田一方面提出"对人的投资"理念，计划未来三年投入4000亿日元用于培育适应数字化时代需求的高附加值人才，提高社会劳动生产率，并积极应对少子老龄化危机。另一方面，着眼数字经济和低碳时代需求，岸田提出"数字田园都市国家设想""清洁能源战略"等政策设计，力图在新一轮全球科技革命和产业竞争中抢占先机。在2022年10月28日通过的"综合经济对策"中，岸田内阁提出要加速推进"新资本主义"，加大对"科技创新""创业""绿色转型""数字化转型"四个领域的投资。[①]

（四）推动落实"经济安保战略"

2022年5月11日，日本国会正式通过"经济安全保障推进法案"，标志着岸田政府在落实"经济安保战略"方面迈出重要一步。该法案由强化重要物资供应链、对重要基础设施实施事先审查、尖端技术研发、专利非公开等四大支柱内容构成，旨在保障

① 新たな総合経済対策が目指すもの，日本首相官邸网站，2022年11月1日，https://www.kantei.go.jp/jp/keizaitaisaku_kishida/index.html。

半导体和医药品等“特定重要物资”的供应链稳定，赋予政府对企业供应商进行调查的权利，包括为防止网络攻击电力通信等基础设施而进行调查的权利。日本企业在引进重要设备时，日本政府可以进行事先审查。该法将从2023年春季开始分阶段施行。[①]

三、外交保持进取态势，着力拓展国际影响

乌克兰危机发生后，日本政府追随欧美对俄罗斯采取了空前严厉的制裁措施，竭力维护美西方主导的国际秩序，同时继续打着“自由开放的印太”合作旗号，与美欧和印度、澳大利亚、东盟国家等主要力量积极互动，积极参与大国竞争和地缘博弈，着力彰显日本的“大国地位和影响”。

（一）加强向美战略靠拢

美国总统拜登5月22日至24日访问日本，获得日方高规格礼遇。日美发表题为“强化自由开放国际秩序”的联合声明，宣称日美关系是“自由开放的印太”的基石，突出日美同盟的“全球性”定位。拜登在东京与岸田文雄共同宣布启动“印太经济框架”，并出席美日印澳四边机制领导人会议，尽显对日重视姿态。

拜登政府为推动对华“战略竞争”，看重日本在美“印太战略”中的“关键枢纽”作用，加大对日战略借重，积极推动日本助美完善“印太”布局。日本则借此适度对美靠拢，对内着眼于服务摆脱“战后束缚”的“正常化国家”进程，对外则服务于“争常”等政治大国目标。日美加速“印太战略”对接，联手强化与

① 経済安全保障推進法の概要，日本内阁府网站，2022年5月，https://www.cao.go.jp/keizai_anzen_hosho/doc/gaiyo.pdf。

域内外力量的安全合作，抢抓地区经贸规则主导权，突出“遏华压俄”的大国竞争取向，或导致亚太地区地缘政治博弈和经济竞争更趋激烈。

（二）续推“印太”合作

岸田外交延续进取势头，承袭安倍时期提出的“自由开放的印太”构想，与印度、澳大利亚、英国、德国及东盟保持密切高层往来，并通过“2+2”外长防长磋商机制等强化有关双边安全及海洋合作。同时，岸田着力彰显个人特色，积极推销“无核武世界”理念，确定2023年七国集团（G7）峰会在日本广岛举办。在2022年6月10日“香格里拉对话会”上，岸田提出包括五点内容的“岸田和平愿景”，声称：日本将致力于维护并加强“基于规则且自由开放”的国际秩序，重点投入“印太地区”；从根本上强化日本防卫能力，加强日美同盟及与“志同道合”国家的安保合作；务实推动实现“无核武世界”；推进安理会改革，强化联合国机能；加强经济安保等领域的国际合作。[①]

（三）周边外交僵局难破

日俄关系困局加剧。日本追随美欧对俄制裁引发俄方强烈反弹报复，日俄关系重陷紧张，双方解决“南千岛群岛”（日称“北方四岛”）争端和“日俄和平条约”谈判前景更加渺茫。日美外交上联手对俄施压，安全上加强对俄防范，加剧地缘对立和军事紧张。

日韩关系艰难“破冰”。韩国尹锡悦政权上台后，展现改善

---

① 岸田総理のアジア安全保障会議（シャングリラ・ダイアローグ）における基调講演，日本外务省网站，2022年6月10日，https://www.mofa.go.jp/mofaj/fp/nsp/page4_005629.html。

对日关系积极意愿。韩国外长时隔4年半访日，日韩领导人利用多边场合时隔4年实现会晤，双边关系初现“破冰”迹象。但两国围绕“强征劳工”案、日本对韩出口管制等问题的矛盾依然尖锐，双方政治互信和民意基础脆弱，日韩关系改善仍困难重重。

日朝关系更趋紧张。日借“朝导威胁”加快推进本国强军议程，与美韩频繁协商对表，强化美日韩三边军事合作。朝鲜对日态度强硬，双边关系持续僵冷。

四、加快强军步伐，防卫政策酝酿重大调整

自民党政权利用乌克兰危机、朝鲜试射导弹和台海局势渲染“中俄朝三面威胁”，为防卫政策调整造势。2022年底，日本政府出台新版《国家安全保障战略》《国家防卫战略》《防卫力量整备计划》等“防卫三文件”，明确今后五年防卫战略方针和整备计划，标志着日本防卫政策理念由“专守防卫”向“攻守兼备”方向的重大转换。日本防卫安全政策迎来二战以后的最大转折点。

大幅增加防卫开支。根据日本防卫省公布资料，2022财年日本防卫预算总额达到5.8661万亿日元，同比增加6.5%，GDP占比达1.09%，至此日本防卫开支已连续10年增长。根据日本防卫省初步预算，2023财年日本防卫开支总额将达到6万亿至7万亿日元规模，较前一年继续出现大幅增长。经过长时间酝酿造势，岸田内阁2022年11月底正式提出2027财年将防卫预算由GDP占比从目前的1%提升至2%左右，届时日本防卫开支由目前的全球第九位将一举升至第三位。

发展进攻性军事力量。以朝鲜试射导弹、台海局势紧张等为由，自民党政权积极通过媒体造势，推动将“对敌基地反击能力”建设写入“防卫三文件”，并拟将增量防卫费用来研发和采购中

远程导弹。根据7月22日发布的2022年版《防卫白皮书》，日本防卫政策将优先致力于提升“跨领域作战能力”，将增量防卫预算优先投入发展太空、网络、电磁等新领域作战技术，提升防区外防卫能力和综合导弹防空能力，并加快研发新一代战机、无人机和高超音速导弹。[①] 根据2022财年防卫预算细目，日本正加快研发国产导弹和高超音速武器，加紧部署美制“标准–6型”和“爱国者–3型”反导导弹；日本陆上自卫队拟提前部署的国产12式反舰导弹射程可达900—1200公里。[②]

深化对外安全合作。日美继续深化同盟框架下的安全合作。美国积极配合日本强化西南诸岛防御，推进驻日美军基地重组，增加在日部署F–35战机等先进武器装备，强化一体化军事指挥和作战能力演练。2022年11月举行的日美“利剑23”联合演习中，双方总共出动3.6万名兵力、370架军机及30艘舰艇，还首次邀请英国、澳大利亚、加拿大舰机参加。日本与澳大利亚、英国相继签署《互惠准入协定》，就双方部队相互访问和军事物资运输作出便利化安排，标志着日本与英、澳关系朝着“准同盟”方向发展。此外，日本与北约高层互动频密，2022年6月底岸田文雄作为日本首相首次出席北约峰会，11月日本正式加入“北约合作网络防御卓越中心”，双方拟进一步强化网络安全、情报共享、军事演训和人员、装备技术等领域交流合作。

扩大对外军事行动。乌克兰危机发生后，日本政府对乌克兰提供价值2亿美元的头盔、防弹背心等军用装备物资，被视为变相突破“武器装备转移三原则”。此外，日本航空自卫队还出动C–2

---

① 令和4年版防衛白書，日本防卫省网站，2022年7月22日，https://www.mod.go.jp/j/publication/wp/index.html。

② 我か国の防衛と予算，日本防卫省网站，2022年8月31日，https://www.mod.go.jp/j/yosan/yosan_gaiyo/2023/yosan_20220831.pdf。

运输机，以“救助难民”名义将联合国难民署的储备物资由阿联酋运抵波兰。2022年4月，日本内阁会议通过《自卫队法》修正案，允许在紧急情况下从海外撤侨时动用自卫队执行陆地人员运输任务，突破了迄今只可动用飞机船舶的限制，为日本在海外实施陆上军事行动打开了口子，被视为“军事松绑”的新突破。

防卫政策调整成为2022年日本形势的“关键词”，成为日本政府因应国际变局，借势推动彻底摆脱“战后束缚”、谋求大国地位的国家战略选择。但自民党政权推动激进强军路线仍面临多方面制约因素。一方面，日本国内围绕防卫开支增加的来源出现争议，因为增税将加重民众负担，增发国债则会加剧债务风险。另一方面，日本要全面摆脱军事发展制约，根本上需要修改宪法第九条。尽管日本国会修宪势力已经达到三分之二的门槛，但日本国内围绕如何修宪仍存尖锐争议。岸田政权要想实质性启动修宪议程，仍需进一步凝聚政界共识，争取民意支持。

五、结语

“安倍时代”骤然落幕，日本“大国雄心”不减，实力底蕴犹在，但发展困境很难打破。2022年日本内政外交延续进取势头，但经济欲振乏力，少子老龄化形势严峻，国家债台高企，国家发展面临的制约因素更加突出。展望2023年，日本政局蕴含着动荡风险，经济复苏仍将承压，保守政治主导下的激进强军路线可能加剧日本社会民意分裂，同时也将牵动亚太地区格局秩序的演变与重构。

（中国国际问题研究院亚太研究所特聘研究员　项昊宇）

第五章

东南亚形势：波澜不惊　复苏在望

面对日益动荡的地区和国际形势及持续发酵的新冠疫情，强劲而持续的复苏成为2022年东南亚各国的政策优先目标和各国民意的主要诉求。在此背景下，东南亚各国政局向传统、常规和惯例的方向回摆，各国社会对有序、权威和确定性的期望值更高，政治长期稳定更得人心，恶性政治纷争受到抑制。各国将大量精力倾注到经济复苏和改善民生的工作上来，经济增速温和提升，市场活力有所增强。全球治理在2022年下半年进入“东南亚时刻”，柬埔寨、印尼和泰国借助主办东盟峰会、二十国集团（G20）领导人峰会和亚太经合组织（APEC）领导人非正式会议的契机，大力倡导东盟长期坚持的开放包容理念，巩固东盟中心地位，得到了包括中国在内的主要亚太国家的支持。

一、国内政治趋稳动能上升

疫情以来，东南亚各国政治进入调整期，部分国家爆发激烈的政治纷争甚至非宪制政权更迭。进入2022年后，大部分国家国内政治中求稳的一面上升，各方倾向于遵循既有政治规制相互妥协，遵从政治现实分配权力。各国国内政治进程虽然遭遇了一些波折，但总体来看并未造成重大负面后果，仍沿着既有的政治发展轨道行进。尽管如此，部分国家内部的政治风险犹存，如若处置不当，可能会在今后一段时间引致新一轮政局动荡。

（一）政权有序过渡

菲律宾延续政治家族传统。家族政治长期主宰着部分东南亚国家的政局。其中，菲律宾是家族政治传统最悠久的国家之一，自独立以来的政治发展始终与家族政治相随。[①] 2022年5月25日，菲国会正式确认小马科斯当选菲第17任总统。小马科斯是曾统治菲20余年的前总统老马科斯之子，从政以来就不断突出家族身份，竞选时更大力唤起菲律宾民众对老马科斯统治前期的美好回忆，宣称自己将重新带领民众走向团结。与小马科斯搭档当选副总统的莎拉是前总统杜特尔特的女儿，马科斯家族和杜特尔特家族联手拿下政权，延续了菲国内长期以来各大政治家族轮流坐庄的局面。小马科斯上台后，稳定内政，审慎外交，在菲国内树立了一定威信，执政前景看好。

柬埔寨正在推进高层代际交接。2022年7月16日至17日，柬执政党人民党宣布支持柬首相洪森为2023年大选首相候选人、柬埔寨王家军副总司令兼陆军司令洪玛奈为未来首相候选人。洪玛奈系洪森长子。洪森在2021年末公开宣布，正式确立洪玛奈为其接班人。目前，柬国内政局稳定，人民党在6月举行的第五届乡分区理事会选举中取得压倒性胜利。

新加坡做好黄循财接班准备。原定接班的新加坡副总理王瑞杰于2021年宣布辞去“第四代领导团队”的“同侪之首”后，执

① 陈金英:《现代民主政治中的家族政治——一种常识性分析框架》,《政治学研究》2017年第1期，第86页。

政党人民行动党就开始寻找新的领军人物。经过近一年挑选，总理李显龙2022年4月14日宣布，推举财政部长黄循财为第四代领导团队领军人。黄循财6月升任新加坡副总理，黄循财生于1972年，较王瑞杰年轻11岁，有助于人民行动党争取年轻世代，塑造年轻有为的政党正面形象。

（二）政局变动可控

马来西亚形成多党并存的政治新生态。2022年11月19日，马举行了第15届大选，以人民公正党和民主行动党为首的希望联盟（希盟）获得82席，以土著团结党和伊斯兰教党为首的国民联盟（国盟）获得73席，以巫统为首的国民阵线（国阵）获得30席，出现无任何政党（联盟）单独获得议会多数席位的“悬置议会”局面。11月24日，人民公正党领袖希望联盟主席安瓦尔获国家元首阿卜杜拉委任成为该国第十任总理。此次大选对马政治版图重新洗牌，马政局日渐碎片化，从选举结果看，马来人选票流散及巫统内斗导致国阵衰落，宗教保守情绪上升造成伊斯兰教党异军突起，东马选民偏向本土政党则推动东马政治地位显著提高，而议会缺乏占多数议席的单一政党（联盟）为国家元首增强作用提供了空间。这些政治苗头均为马未来政治走势带来诸多变数。但也应看到，大选前各党合力通过了反“跳槽”法案，规定当选议员转换或退出所在政党即自动丧失议席，一定程度上基本解决了长期困扰马联邦层面的“青蛙议员”“后门政府”问题，[①] 减少了马来西亚政坛的“跳槽”乱象。同时，新组建的希盟政府得到国阵及东马各政党（联盟）的联袂支持，执政地位较为稳固，仅国盟坚持反对派地位，马哈蒂尔、慕克里兹及“祖国行动阵线”在大选中一席未得。总体看，马政局未来会出现多党相互制衡的新政治格局，政治纷争或将维持在可预期的范围内，重演2020年2月政局突变的可能性较低。

泰国总理巴育巩固执政。2022年8月23日，泰国会中反巴育的171名议员要求巴育到期下台。反对派称，巴育2014年5月22日发动政变后于同年8月24日起担任总理，按现行宪法规定，总理任期不得超过八年，巴育应于2022年8月23日届满卸任。但巴育支持者认为，巴育在2019年大选后才开始担任总理，此前仅为临时总理。依此推算，巴育可执政直至2027年。即便从2017年现行宪法生效开始计算，巴育也可执政至2025年。由于双方争执不下，此事交由宪法法院裁决。这次政治纷争表面上涉及的是巴育总理任期的认定和解释问题，实际上则是反巴育势力持续利用各种方式否定巴育执政的合法性，削弱军方政治威望，提前为2023年大选造势的体现。巴育虽于8月24日被宪法法院暂停总理职权，但短短一个多月后即9月30日，经宪法法院裁定合法续任总理，其声誉不仅未受较大影响，反而趁机将危机转化为对政权合法性的再确认和再保证。巴育掌权八年来，对各方势力进行了

① 所谓青蛙议员，指的是一些在当选后“改换门庭”转变所属政党的跳槽议员。所谓后门政府，指的是议员跳槽后由在选举中未获得多数席位的政党（联盟）之间通过私下密商方式上台组阁的政府。马来西亚民间常用此二词揶揄议员频繁跳槽的现象及其造成的后果。据统计，2018年第14届大选以来，马来西亚先后有39名下议院议员“跳槽”更换所属政党，致该国三易政府。

较为有效的整合，压制了主要反对派势力。巴育应对任期危机游刃有余，再度表明其有能力维护当前泰大部分政治势力的共同利益和均衡局面，对政局有一定掌控力。

（三）缅甸和平和解进程前路漫漫

与东南亚多国国内政治整体趋稳不同，缅甸政局仍持续动荡。缅军组建的国家管理委员会与缅甸全国民主联盟组建的“民族团结政府”持续对立，互不承认，缅军同反军激进势力组建的“人民防卫军”、各“民族地方武装”之间持续对抗并爆发数次激烈战斗，反对缅军执政的缅民众从和平示威转向袭击缅军支持者、军警、政府机关的暴力活动。缅内战阴影挥之不去，社会冲突禁而不止，政治僵局走向长期化。缅军领导人敏昂莱分别于2022年1月31日和7月31日两次宣布延长国家紧急状态六个月。2023年2月1日，缅军第3次延长紧急状态六个月。根据缅宪法，如紧急状态不能在一年内结束，最多允许再延长两次，每次六个月；紧急状态结束后，须在半年内举行大选，并在大选之后将政权交给获胜的政党。值得注意的是，12月30日，内比都监狱特别法院以涉嫌违反《反腐败法》判处昂山素季七年有期徒刑。至此，昂被控19起案件均已宣判，累计刑期达三十三年。这意味着她不仅可能失去2023年参加大选的机会，甚至将被永远排除在缅国内政治进程之外。未来，缅军或模仿本国及东南亚其他国家先例，通过选举将政权交给由缅军组建或主导的政党，实现形式上的“还政于民”。但是，即便2023年缅大选能如期顺利举行，其结果也可能难以缓解缅国内政治紧张局面。

二、疫后复苏整体向好

2022年东南亚各国经济均保持稳定增长态势。除新加坡外各国实际GDP增幅均高于2021年。预计2023年大部分国家实际GDP仍能平稳增长。2022年，东南亚所有国家均放松乃至完全解除了严格的疫情管控政策，开放边境和放开人员流动，全力开展经济复苏和促进民生工作。各国旅游业和制造业出现复苏势头，数字经济和绿色经济继续保持高速增长，共同为东南亚地区经济发展做出重要贡献。

东南亚各国经济出现温和增长。根据国际货币基金组织预估，① 2022年东盟十国实际GDP增幅平均为4.05%，远好于2021年的0.98%（如不含缅甸则为3.08%）。东南亚九个新兴经济体经济增速整体上升，越南为7.0%，菲律宾为7.6%，印尼为5.3%，马来西亚为8.7%，柬埔寨为5.1%，泰国为2.8%，老挝为2.2%，缅甸为2.0%，文莱为1.2%。与2021年增速相比，涨幅较大的有缅、越、文三国，预计2023年东南亚各新兴经济体的整体增速仍能大体保持当前水平。东南亚唯一的发达经济体新加坡的实际GDP涨幅从2021年的7.6%下降为2022年的3.0%，预计2023年为2.3%，2027年为2.5%。

东南亚经济复苏势头良好，但亦有不少隐忧。东南亚各国经济取得较为亮眼的成绩，一方面是基于其长期积累的基础优势，另一方面则是由于区域一体化所带来的区域优势。目前，东南亚

① “World Economic Outlook: Countering the Cost-of-Living Crisis,” International Monetary Fund, October 2022, https://www.imf.org/-/media/Files/Publications/WEO/2022/October/English/text.ashx.

地区总人口已接近7亿，其中15至59岁劳动人口占63.8%，潜在赡养比（potential support ratios）[①] 为8.7，高于亚洲平均水平7.0，更远高于东亚地区的平均水平5.0。东南亚的人口结构仍趋于年轻化，青年赡养老人的负担较轻，[②] 东南亚人口增长对GDP的边际贡献率在2020年达到顶峰。[③] 同时，东南亚城镇化率在2020年首次突破了50%大关，[④] 近几年年均新增约700万城镇人口。这些有利因素为各国推进快速经济复苏，特别是制造业复苏，提供了坚实基础。《区域全面经济伙伴关系协定》（RCEP）2022年1月1日全面生效，"一带一路"倡议在东南亚地区落地生根，多重积极经济效应逐步显现，有力促进区域经济韧性增强，保障区域供应链稳定。2022年3月18日，马来西亚国际贸易和工业部预计，RCEP将促马出口额增加2亿美元（约合14亿元人民币）。但也应看到，美国"脱钩断链"行径、美联储加息、乌克兰危机等负面效应外溢到东南亚地区，带来币值不稳、粮食危机、能源危机等一系列严峻挑战。东南亚国家亦深知自身经济复苏存在脆弱性，纷纷呼吁健全区域经贸合作机制，加强疫后复苏合作，极力避免1997年亚洲金融危机重演。

数字经济和绿色经济延续快速发展势头。根据淡马锡、贝恩

① 赡养比：20至64岁人口除以65岁以上人口比率。

② "Profiles of Ageing 2019," Department of Economic and Social Affairs of United Nations, https://population.un.org/ProfilesOfAgeing2019/index.html.

③ 范敏：《东南亚国家人口红利兑现分析及启示》，《亚太经济》2016年第6期，第16—21页。

④ "World Population Prospects: The 2019 Revision," Department of Economic and Social Affairs of United Nations, https://population.un.org/wpp/.

和谷歌公司的报告，[①] 2022年东南亚互联网用户达到4.6亿人，占总人口的67.85%，比2019年增长约28%。区域数字经济总交易额有望接近2000亿美元，比2016年该报告的预测提前三年达到这一规模。到2025年，东南亚数字经济规模可达3300亿美元。如果能够释放全部潜力，到2030年可能达到1万亿美元。数字经济的基本面依然稳固，新兴行业和未渗透市场的增长空间很大。根据淡马锡、贝恩和微软公司的报告，[②] 东南亚各国需要1万亿至3万亿美元的绿色投资来建设能源基础设施和采用基于自然的解决方案，以弥补碳排放差距，预计未来该区域能获得1万亿美元的绿色经济机会。其中，森林保护、可再生能源（太阳能和风能）、电动车、可持续农业和建成环境是五大碳减排杠杆领域，将为区域带来切实的可投资机会，预计将释放东南亚60%的碳减排潜力。

东南亚国家普遍放松防疫措施。自2022年2月开始，各国纷纷宣布打开国门，减少甚至撤销管制措施，重振旅游业。泰国2月1日起恢复入境免隔离政策，越南3月15日起对所有国际旅客放开边境，印尼3月21日起全面重开边境，新加坡4月1日起允许完成疫苗接种的成年人及未接种疫苗的儿童免隔离入境，老挝5月9日起恢复开放所有出入境国际口岸。马旅游部表示，希吸引超过200万名国际游客来访。泰旅游与体育部预计，2022

① Aadarsh Baijal, Florian Hoppe, Willy Chang, Stephanie Davis, and Fock Wai Hoong, "e-Conomy SEA 2022," Bain & Company, October 27 2022, https://google/econ22bain.

② Dale Hardcastle, Emily Wu, Frederick Teo, "Southeast Asia's Green Economy 2022 Report," EDB Singapore, https://www.edb.gov.sg/content/dam/edb-en/business-insights/market-and-industry-reports/southeast-asia-s-green-economy-2022-report/bain-temasek-sea-green-economy-2022-report-investing-behind-the-new-realities-24.06.pdf.

年旅客总数约为932.55万人次，全年可创收1.27万亿泰铢（约合2500亿元人民币）。虽然各国不再严格管控，但不意味着已完全放弃相关措施。大多数东南亚国家仍要求入境人员出示接种疫苗证书，部分国家还规定入境人员必须遵守防疫规定。同时，各国对国内疫情继续采取常态化管控措施，力将大流行病（pandemic）转化为地方流行病（endemic）予以应对。

三、东盟维护多边主义原则和区域团结

面对日益严峻复杂的国际形势，东南亚国家愈发倚重东盟机制，着力巩固东盟中心地位，增强区域韧性。东盟国家利用印尼主办二十国集团峰会和泰国主办亚太经合组织领导人非正式会议的有利时机，夯实多边主义机制，宣介开放包容理念，有效提升东盟的国际影响力和话语权。同时，东盟加强内部沟通协调，应对缅甸问题带来的挑战，维护自身团结，防止域外势力插手。

柬担任2022年东盟轮值主席国，提出了“东盟：共同应对挑战”的主题，旨在展望疫后复苏前景，同时讨论东盟如何继续秉持集体协作的精神，推动本区域和平、繁荣与稳定。2022年11月11日第40届和第41届东盟峰会在柬首都金边开幕，这是疫情后东盟国家领导人首次举行面对面会议。峰会期间，东盟宣布与美国、印度关系提升为全面战略伙伴关系，“原则上同意”接纳东帝汶为第11个成员国并授予其东盟高级别会议的观察员地位。印尼2023年担任东盟轮值主席国，已开始为进一步推动东盟共同体建设提出不少设想。

全球治理迎来“亚洲时刻”。二十国集团领导人第十七次峰会2022年11月15日至16日在印尼巴厘岛举行，峰会主题为“共同复苏、强劲复苏”，通过了《二十国集团领导人巴厘岛峰会宣

言》。2022年亚太经合组织第二十九次领导人非正式会议于11月18日至19日在曼谷举行，会议主题为“开放、联通、平衡”，发表了《2022年亚太经合组织领导人宣言》，通过了《生物循环绿色经济曼谷目标》文件。

三大峰会在东南亚召开，发出了区域各国求稳定、促发展的共同声音，有力推动区域和全球多边主义合作。东盟国家在峰会期间积极落实RCEP，践行开放的区域主义，重归发展之本。东盟各国积极促成各有关方形成共识，创新合作方式，充分用好短暂的峰会时间，一定程度上缓解了全球“认知赤字”危机。柬埔寨、印尼和泰国三方积极协调、配合，确保三大峰会顺利成功，达成从地区到全球的发展共识，给阴霾重重的国际局势投入一线曙光。[①]

东盟加力斡旋缅甸问题。东盟将缅问题视为巩固东盟中心地位的“分内之事”，一直通过“东盟方式”尽力维护东盟团结，稳固区域多边主义合作模式。2021年4月24日，东盟针对缅问题提出“五点共识”，即“停止暴力，各方对话，任命特使，人道援助，特使访缅”。2022年，东盟各国围绕落实“五点共识”做了大量工作，希图改善缅局势，解决缅问题。2022年1月7日，柬首相洪森访缅，成为缅军接管政权后首位到访的外国政府首脑。双方发表联合声明称，缅方将允许东盟缅甸问题特使访缅并会见缅各方，承诺支持特使落实东盟“五点共识”。但由于缅方落实“五点共识”进程缓慢，东盟其他国家对缅关系出现微妙变化。2022年7月缅军方执意处决四名政治犯后，柬代表东盟发声

① 翟崑:《峰会季，何以成就“二代东盟”?》，北京大学区域与国别研究院官方澎湃号，2022年11月29日，https://www.thepaper.cn/newsDetail_forward_20943556。

强烈谴责，呼吁各方保持克制。10月27日，东盟在雅加达举行的东盟外长会专门讨论了缅问题，缅方代表缺席，会议对“五点共识”“被违背”表达关切。由于缅不同意东盟只邀请缅非政治代表出席东盟会议的方案，缅方缺席了2022年的东盟重要会议。如何推动缅甸重启民主转型进程，将考验东盟的凝聚力和影响力。

四、结语

对东南亚国家来说，2022年是具有过渡性乃至转折性的一年。各国都明确了疫后复苏的方向和目标，但在走向复苏的过程中，却因各自不同的政治环境、经济禀赋和社会人文条件而形成不同的路径和轨迹。东南亚国家大多具备较好韧性，有条件在今后不长的一段时间内较快摆脱疫情负面影响，东盟在其中也能发挥积极作用。也应看到，由于美国在区域内拼凑“小圈子”，干扰区域一体化进程，东南亚各国要以更大的政治智慧加强自身团结，维护区域和平与稳定，为复苏争取更好前景。

（中国国际问题研究院美国研究所助理研究员　刘畅）

第六章

南亚形势：
政经动荡　大国争夺

2022年，在新冠疫情与乌克兰危机叠加冲击下，南亚地区爆发了严重的能源危机和经济危机，斯里兰卡陷入经济危机，巴基斯坦、尼泊尔等国经济恶化，遭遇民生危机。南亚国家陷入新一轮政治动荡，暴恐袭击活动明显增多。美国打着“印太战略”旗号，加紧在南亚和印度洋地区的渗透，强力诱压印度，离间印俄关系。中印边境局势总体趋稳，但两国政治关系仍在低位徘徊，双方探索互动新模式。中国积极引领塑造后撤军时代的阿富汗局势，中巴经济走廊建设进入新阶段，中国与南亚其他国家高质量推进“一带一路”合作，中国与南亚地区整体关系提质升级。

一、斯里兰卡经济崩溃，南亚多国经济前景黯淡，民生异常艰难

世界银行发布《南亚经济聚焦》报告认为，乌克兰危机推高全球粮食和能源价格，对南亚各国通胀影响将持久；新冠流行显著改变了南亚移民流动态势和侨汇流入，严重冲击南亚多国外汇

储备和家庭收入。[①]

第一，斯里兰卡经济“暴雷”，陷入严重经济危机。在恐怖袭击后遗症、疫情封锁、乌克兰危机及政府治理失误等四重压力的夹击下，斯经济持续恶化。斯前总统戈塔巴雅·拉贾帕克萨将增值税大幅削减7个百分点，将个人所得税和企业所得税起征点上调一倍以上，导致斯税收收入在GDP中的占比骤降至8.3%，财政赤字暴增。[②] 拉贾帕克萨政府还贸然推进有机农业，禁止进口化肥、杀虫剂和除草剂等，加剧了粮食危机。乌克兰危机爆发后，全球食品和燃料价格飞涨，进一步抬升斯民众生活成本，粮食危机、外汇匮乏、药品及燃料短缺、供电紧张等问题集中爆发。世行估计，2022年斯经济将收缩9.2%，2023年将收缩4.2%。斯央行货币委员会公告显示，2022年10月斯通胀率为70.6%，核心通胀率为62.4%。斯史上首次出现债务违约，致其无法从全球资本市场上借款。[③] 新总统维克勒马辛哈宣布国家破产，政府着手与国际货币基金组织（IMF）等多边机构开展纾困谈判。

第二，印度经济增速大幅跃升，但增长后劲能否持续存疑。由于商品出口和服务贸易出口增幅均超出世界平均水平，印应对外部危机冲击的表现要好于其他南亚国家。印度外汇储备也为应对外部冲击提供了缓冲。据印国家统计局数据，2022—2023财年首季（4—6月）印GDP增长13.5%，但失业率和通胀率高企，国

① “Coping with Shocks: Migration and the Road to Resilience,” *South Asia Economic Focus* (Fall 2022, Washington, D.C.: World Bank), https://openknowledge.worldbank.org/handle/10986/38066.

② Shanta Devarajan & Homi Kharas, “Is the Sri Lanka Debt Crisis a Harbinger,” *Foreign Affairs*, August 4, 2022.

③ Ben Norton, “Real Debt Trap: Sri Lanka Owes Vast Majority to West, not China,” *Sri Lanka Guardian*, July 14, 2022.

内消费无法持续支撑增长。国际机构预计印本财年第二季度GDP增速将放缓至6.1%—6.3%，第三季度或进一步降至4.5%，全年增长预期中值为7.2%。[①] 国际评级机构穆迪在全球宏观经济展望（2023—2024）报告中将印2022年经济增长预期从7.7%调降至7%，理由包括高失业率、通胀持续、货币政策收紧、国内消费疲软、全球增长放缓等。此外，季风不稳也严重干扰农业生产，不仅冲击了印数亿农业人口的生计，还导致通胀率日益难以预测。印度2022年实际GDP增长率为6.7%。

第三，阿富汗遭遇大地震，陷入人道主义、经济和金融等多重危机。美北约军队仓促从阿撤军以来，阿经济发展深受基础设施、电力供应、专业人才短缺等因素严重掣肘。根据联合国驻阿援助团等国际机构报告，截至2022年6月，至少59%的阿人口急需人道救援，较2021年初猛增600万人；约1100万阿富汗人需医疗保健帮助，50万人需教育援助，在应对自然灾害及流离失所方面，大约200万人需要帮助。2022年大约有110万5岁以下的阿儿童患上严重营养不良病症，人数增加了47%。

2022年6月阿境内发生了20年来最严重的地震，加剧了阿人道主义灾难，进一步凸显美对阿始乱终弃的后遗症。强震至少造成1500人死亡，2000多人受伤，3000多间房屋被夷为平地，供水系统、信号塔和输电线遭重创。在阿面临人道主义灾难时，美政府却冻结阿央行在美70亿美元资产。2022年9月，拜登政府宣布将被冻结的35亿美元阿央行资产转移到瑞士国际清算银行，声称确保“在未经手塔利班政府的情况下”，用以支付阿电力进口费用及偿还国际欠款等。“国际危机组织”报告认为，在美西方制

① “Coping with Shocks: Migration and the Road to Resilience,” *South Asia Economic Focus* (Fall 2022, Washington, D.C.: World Bank).

裁威胁下，国际社会仅出于人道主义目的向阿提供了有限救济，阿政府雇员没有工资，无法提供基本服务，金融部门陷入瘫痪，经济呈自由落体式下降；经济扼杀不太可能改变塔利班行为，但势必伤害最脆弱的阿富汗人，并可能再度引爆全球难民危机。[①]

第四，巴基斯坦遭遇洪灾，经济险象环生，濒临崩溃边缘。2022年6月中旬巴遭遇强降雨，洪灾淹没了约三分之一的国土，造成近1200人死亡，3600人受伤，3300万人受到洪水影响。暴雨和洪水还冲毁了巴8000多公里的高速公路，破坏了3000多公里的铁路轨道，冲走了160多万公顷的庄稼，毁坏近2000个卫生设施及142万座房屋，预计损失超过300亿美元。由于洪灾叠加新冠疫情及乌克兰危机影响，巴经济经历通胀率上升、外汇紧缩等严峻局面。2022年6月穆迪将巴信用评级展望由稳定下调至负面，并将巴长期外币和本币发行人和优先无担保债务评级调为B3级。8月29日，国际货币基金组织宣布巴获得8.94亿美元特别提款权，或可暂时缓解巴经济困境，但油电价格上涨不止、失业率高企、物资供应短缺等恐将持续加剧巴国内民众压力。[②]

第五，尼泊尔通胀率飙升，经济形势恶化。根据尼央行（NRB）报告，2021—2022财年尼通胀率持续上升，国际收支赤字骤增，境外汇款减少，外汇储备显著萎缩。2021—2022财年前8个月，酥油和石油价格同比涨幅高达26.34%，运输服务价格涨幅达16.27%。2022年8月，尼人均债务已占GDP的41.5%，外债占GDP比重为21.2%。尼政府将民众生活成本上涨归咎于乌克

---

① International Crisis Group, "Beyond Emergency Relief: Averting Afghanistan's Humanitarian Catastrophe," *Asia Report*, No.317, December 6, 2021.

② 《巴基斯坦：疫情期海外风险预警》，2022年12月2日，https://oip.ccpit.org/ent/parkNew/3895。

兰危机及国际油价暴涨。尼央行将2022—2023财年通胀率目标定为7%，高于上个财年6.5%的目标，显然尼未来经济形势仍不乐观。

第六，孟加拉国经济风险压力积聚。乌克兰危机外溢导致全球供应链受阻，能源危机凸显，商品价格上涨，严重影响孟经济民生。根据孟统计局（BBS）临时数据，在制造业活动扩张的推动下，孟2021—2022财年（2021年7月至2022年6月）GDP增长率为7.25%。[①] 但进入2022—2023财年后，由于国际冲突、出口下滑、侨汇减少等压力，加上洪水影响，孟经常账户赤字扩大，经济增长压力骤升。2022年6月孟总体通胀率高达7.56%，为9年来最高点，11月进一步升至8.85%。世行10月《南亚经济聚焦》报告将孟2022—2023财年的GDP增长预期从2022年4月和6月的6.7%下调至6.1%。截至2022年8月底，孟外汇储备在过去12个月下降13%，跌至389亿美元，为两年来最低水平。孟央行被迫抛售美元，稳定货币市场。此外，孟央行数据显示，孟外债在2021—2022财年末为958.6亿美元；孟外债构成也已发生重要变化，来自多边的优惠贷款正在被成本更高的双边贷款所取代。穆迪称孟主权违约风险很低，但经济承压较大。孟政府官员透露，孟急需120亿美元外国资金来弥补本国预算赤字。

二、印度内政激进化势头明显，南亚地区陷入新一轮政治动荡

2022年南亚次大陆危机不断发酵，各国政治进程被打乱，经

① “Bangladesh Economy Grows 7.25% in FY22: BBS,” *The Daily Star*, May 10, 2022.

济下沉，社会分裂。造成混乱局面的一部分原因是疫情肆虐和乌克兰危机，前者导致了经济灾难，后者引发能源食品成本上升进而又加剧了经济灾难。[①]

印度人民党“一党独大”，印国内宗教对立现象突出。2022年3月印度五个重要地方邦举行议会选举，执政的印度人民党（简称“印人党”）在果阿邦、北阿肯德邦、曼尼普尔邦、北方邦获压倒性胜利。特别是在人口最多的北方邦，尽管政绩不佳，但是印人党仍凭借印度教民族主义（Hindutva）议程、向民众派发福利、全面调用选举资源等手段，在北方邦议会403个议席中斩获255席，最大反对党国大党仅得2席。2022年12月，印人党同样以压倒性优势保持对莫迪家乡古吉拉特邦议会长达27年的控制。印民调显示，不出意外的话，印人党和莫迪有望在2024年大选获得连任，尽管议会多数优势相较以往可能会小一些。多个地方邦选举胜选表明，尽管在个别邦区选举失守，印人党从中央到地方“一党独大”格局已定；宗教热情仍是影响印选举结果的关键因素，执政党即使没能解决失业、通胀等民生问题仍能胜选。[②]

印度教民族主义泛滥，宗教对立氛围加剧。2022年4月，印度中央邦、奥迪萨邦、古吉拉特邦、马哈拉施特拉邦、恰尔肯德邦等地爆发“罗摩诞辰”骚乱（Ram Navami riots）。5月，印人党两位发言人先后因侮辱伊斯兰教先知引发轩然大波，导致印度与阿拉伯世界关系紧张。8月，印度政党“湿婆军”抨击莫迪独

① Vivek Katju, “Why India’s Neighborhood Is Badly Troubled,” *First Post*, April 11, 2022.

② See ShivamVij, “Why Unemployment and Inflation don’t Make the BJP Lose Elections,” *Gulf News*, October 14, 2022.

立日演讲系“拿爱国主义做交易”，[①] 11月该党旁遮普邦组织领导人在旁遮普邦即遭枪击身亡。印度电视新闻时常肆意将印度教徒与穆斯林对立起来，剑拔弩张的辩论基本回避了失业率上升、生活成本提高、洪水和公共卫生状况恶化等实际问题。过去两年间，宗教问题占据了印度大部分广播电视内容，有时占比甚至高达76%。[②] 印度穆斯林经常因食物、服饰、跨宗教婚姻和礼拜场所等原因成为袭击目标，在自诩多元共存的印度，反伊斯兰言论已达到非常危险的程度。[③] 莫迪似乎着力打造所谓“双引擎政府”，第一个引擎源于教育的迅速普及和“西化”，培养了印度人积极的工作态度；第二个引擎却是推动现代印度效仿历史上的印度教国家，声称远古时代印度人就掌握了整容、航空学、卫星等先进知识。[④] 印国内自由派学者因批评莫迪及印人党而不断被施压，宗教少数派遭到袭击，相关媒体受到压制。[⑤]

巴基斯坦政权更迭，陷入新一轮政治动荡。在新冠疫情及乌克兰危机双重冲击下，巴国内粮食及燃料等进口商品成本急剧上涨，民众对时任总理伊姆兰·汗处理经济问题方式感到不满。伊

---

① Chaitanya Marpakwar, “Turning Patriotism into Trade Is Height of Shamelessness,” *The Times of India*, August 18, 2022.

② Barkha Dutt, “In India, 75 years after Independence, Democracy Dies in Prime Time,” *The Washington Post*, August 14, 2022.

③ 《卡塔尔及其他伊斯兰国家谴责印度的反伊斯兰言论》，半岛电视台网站，2022年6月6日。

④ Pervez Hoodbhoy, “Modi’s Double-engine Sarkar,” *Dawn*, November 5, 2022.

⑤ Cameron Abadi, “What Accounts for the Economic Gap Between China and India?” *Foreign Policy*, October 4, 2022; Husain Haqqani & Aparna Pande, “Should the US Temper Its Expectations of India?” *The Hill*, June 7, 2022.

姆兰与巴军方的争执亦加剧其困境。伊姆兰遭议会不信任动议罢免，巴穆盟（谢里夫派）（PML-N）党主席夏巴兹·谢里夫当选为新总理。但是，食品价格持续上涨、国家债务负担沉重、失去巴军方支持等这些曾经加速伊姆兰下台的条件，在当前夏巴兹·谢里夫政府执政下甚至更加恶化了。[①] 伊姆兰持续发起示威，以迫使现政府解散并宣布新的大选日期。“ICOVER全球安全研究信息数据平台”专家认为，2022年以来，巴政界人士及社会民众两极分化日益严重，伊姆兰民望仍保持高位，夏巴兹领导的联合政府面临多重政治和经济危机挑战。[②]

斯里兰卡民怨沸腾，政坛变天。由于国家经济破产，2022年7月斯首都科伦坡爆发大规模暴力示威活动并迅速蔓延至全国，总统拉贾帕克萨和总理维克拉马辛哈双双辞职，拉氏被迫逃亡海外，维氏被任命为代总统，并在议会投票中当选斯新一任总统。如果斯经济难以根本转好，粮食、药品、油气等生活必需品无从有效保障，斯政局恐难落稳。[③] 尽管斯财政状况和经济危机已有所缓解，但不可能一蹴而就地解决根本问题。[④]

① Vivek Shankar, “What We Know About Imran Khan,” *The New York Times*, August 22, 2022.

② 中国国际贸易促进委员会，《巴基斯坦：疫情期海外风险预警》，2022年12月2日，https://oip.ccpit.org/ent/parkNew/3895。

③ 楼春豪：《斯里兰卡为何深陷经济危机泥潭》，《大众日报》，2022年7月17日。

④ Vivek Katju, “Why India’s Neighborhood Is Badly Troubled,” *First Post*, April 11, 2022.

三、南亚地区安全风险上升，暴恐袭击活动明显增多，阿富汗同时面临人道危机、政局不稳、暴恐袭击三重威胁

印度内部安全问题有所突出。为打击境内极端伊斯兰组织“印度人民阵线”，2022年9月印度国家调查局和印度执法局联手在安得拉邦、特伦甘纳邦、北方邦、喀拉拉邦、卡纳塔克邦、泰米尔纳德邦等多个地区开展突击搜查，逮捕了100多名PFI成员及相关涉案人员。[①] 印度执法局称，“印度人民阵线”曾密谋7月12日在比哈尔邦首府巴特那集会上袭击莫迪总理，建立恐怖分子训练营地，收集致命武器和炸药，以便同时对北方邦敏感地点及个人发动袭击。印度国家调查局亦称，“伊斯兰国”组织正在网络空间招募印度青年，强化涉恐意识形态宣传和资助；密谋袭击莫迪的嫌犯据信与“印度人民阵线”“印度学生伊斯兰运动”有关联，谋划到2047年在印建立“伊斯兰统治”。

巴基斯坦极端暴恐活动明显升级。2022年初以来，虽然巴军警反恐行动取得一定积极效果，但是暴恐严重威胁仍持续，巴安全形势依然严峻。俾路支省叛乱团体恐袭活动显著增加，“俾路支共和军”与“俾路支联合军”合并而成的“俾路支民族主义军”以及“俾路支解放阵线”频繁对巴安全部队、平民发动袭击。[②] “巴基斯坦塔利班”（Tehreek-e-Taliban，TTP）亦不断袭击巴安全部队，仅2022年4月，TTP及其下属的武装分子就实

① India.com News Desk, “NIA, ED Conduct Multiple Raids across 10 States,” *India.com*, the flagship website of ZEE Digital, September 22, 2022.

② 中国国际贸易促进委员会,《巴基斯坦：疫情期海外风险预警》，2022年12月2日，https://oip.ccpit.org/ent/parkNew/3895。

施19起恐怖袭击和1起跨越巴阿边境的袭击。巴智库安全研究中心报告显示，2021年巴全境共发生了403起恐怖袭击事件，几乎每天都有恐怖袭击发生，导致853人死亡，1690人受伤；2022年第一季度，就有344人因暴力及反暴力事件而丧生，405人受伤。[①] 2022年4月卡拉奇大学孔子学院袭击案造成3名中国公民遇难。7月巴反恐部门公布该案调查进展并逮捕主谋巴克什（Dad Baksh），此人同时担任“俾路支解放军”和“俾路支解放阵线卡拉奇分部”的指挥官。根据巴反恐专家研判，卡拉奇大学恐袭案后，巴暴恐组织在更复杂游击行动中动用女性“战士”和自杀式炸弹袭击者的可能性增加了。[②]

阿富汗恐怖袭击密集，阿富汗塔利班临时政府与“伊斯兰国”激烈角力。为集中精力推进“印太战略”，美国决定甩掉阿战包袱，导致阿境内恐怖主义强力反弹，恐怖组织数量从2001年的个位数猛增至当前的20多个。2022年8月，拜登总统宣布美无人机击毙了“基地组织”头目扎瓦希里，为民主党中期选举拉票意味甚浓，同时清晰表明美仍在阿维持“一个足以发现并消灭其重要敌人的情报网络”。[③] “伊斯兰国呼罗珊省”强烈不满阿塔与美“妥协”，频繁发动恐袭，煽动教派矛盾，多次袭击什叶派哈扎拉族，不利于阿塔与哈扎拉族和解，导致本已脆弱的阿安全环境雪上加

① “Annual Security Report 2021 & Security Report First Quarter-2022,” Center for Research & Security Studies, crss.pk/security-report-first-quarter-2022/.

② Muhammad Amir Rana, “Securing CPEC & Balochistan,” DAWN, May 1, 2022.

③ 胡安·安·桑斯：《阿富汗再次成为超级大国之间博弈的大棋局》，西班牙《公众报》，2022年8月15日。

霜。[①] 2022年4月阿遭遇“血腥一月”，阿首都喀布尔及北部省份接连发生至少7起爆炸袭击事件，造成大量平民伤亡，安全形势异常严峻。与此同时，外国驻阿机构和人员频频成为暴恐分子袭击目标。9月5日俄罗斯驻阿使馆遭遇暴恐袭击，12月2日巴基斯坦驻阿大使馆大院遭袭，12月12日喀布尔一家有中国公民入住的酒店遭到武装分子袭击，这几起袭击均造成不同程度人员伤亡。阿塔除疲于应对“伊斯兰国呼罗珊省”制造的混乱外，还同时被迫与以潘杰希尔谷地为基地、名为“全国抵抗阵线”的叛乱民兵组织作战。[②] “伊斯兰国呼罗珊省”及叛乱组织频频发动袭击，意在给外界制造阿塔无法控制阿全境的印象。

四、南亚国家间龃龉不断，美国打着“印太战略”旗号，加力渗透南亚和印度洋

印巴围绕克什米尔问题进行激烈外交攻防战。2021年停火以来，印巴在克什米尔地区实控线附近的互动总体平静，但双方并未就克区争端举行任何正式外交谈判。2022年3月，印军方向巴境内“意外发射”了一枚“布拉莫斯”巡航导弹，险些酿成两国军事冲突。4月，夏巴兹就任巴总理后，主动向印抛出橄榄枝，称克什米尔问题的解决将能让印巴把重点放在解决贫困等共同问题上，但印方仍坚持印巴任何接触均以巴方“清除恐怖主义”为前提。与此同时，印巴围绕克区争端开展激烈的外交博弈。美国会议员和外交官赴巴控克区活动、德国外长呼吁联合国介入克区

① 杨渊：《安全形势恶化？阿富汗斋月期间为何爆炸频发》，央视新闻，2022年4月25日。

② Tom O’Connor, “Despite China’s Pressure on Taliban, Uyghur Separatists See Opportunity in Afghanistan,” *Newsweek*, September 10, 2022.

局势等均引起印方强烈反应。据称印政府拟在所谓“查谟和克什米尔中央直辖区”举办2023年G20峰会部分会议，巴外交部旋即猛批印方“违反联合国决议”，并积极做G20成员工作。10月底，印防长辛格挑衅宣称，印度致力于执行议会1994年2月22日通过的“收回被巴基斯坦非法占领的吉尔吉特–巴尔蒂斯坦和克什米尔其他地区的决议”。[①] 由此可见，印巴围绕克区争端的外交缠斗贯穿了2022年全年，很可能到2023年印举办G20峰会时达到顶点。

阿富汗塔利班重新掌权后，巴阿边境紧张局势加剧。2022年4月，在巴北部北瓦济里斯坦地区，至少7名巴陆军士兵被来自阿境内的恐怖分子杀害，巴方次日即空袭阿富汗库纳尔省谢尔坦地区和霍斯特省斯皮里地区，造成阿方30人伤亡。阿塔临时政府代理外长穆塔基谴责并呼吁停止暴力袭击，表示空袭会令阿巴关系更加紧张。9月，阿临时政府安全部队与巴军方又爆发边境武装冲突，阿指责巴军队违反禁令在杜兰附近建造设施，巴方则强烈谴责恐怖分子利用阿领土对巴采取敌对行动。[②] 11月13日，阿坎大哈省斯宾波达克地区与巴俾路支省查曼地区交界处发生越境开火事件。11月15日，阿临时政府安全部队与巴军方在阿帕克蒂亚省边境地区再度交火。12月11日，阿富汗军队当日炮击巴阿边境城镇，致6人死亡、17人受伤，巴军予以猛烈反击。由此可见，阿塔接管政权以来，阿巴双边关系不但没有实质性改善，阿塔与巴军方关系甚至还变得更为紧张。

美国借“印太战略”抬高印度，同时玩弄印巴平衡游戏。

---

① “India’s Goal Is to Take back PoK Turf: Rajnath Singh,” *The South Asian Times*, October 28, 2022.

② 《巴基斯坦军队和塔利班在阿巴边境发生冲突》，俄罗斯卫星通讯社，2022年9月14日。

2022年2月，白宫正式发布拜登政府“印太战略”文件，突出印在“印太地区”的重要性，声称美“将继续建立美印战略伙伴关系，与印度合作共促南亚稳定，稳步推进美国与印度的主要防务伙伴关系，支持印度在防务安全领域发挥积极作用”。[①] 美国务院高官还宣称，“印度不仅仅是一个合作伙伴，美国与印度日常工作关系比该地区任何国家都要密切”。10月，拜登政府发布《国家安全战略报告》声称，美国将与南亚伙伴合作应对气候变化和新冠大流行，促进“整个印度洋地区繁荣和经济互联互通”；“由于印度是全球最大民主国家和美国主要防务伙伴，美印将通过双多边合作，支持双方对自由和开放的印太地区的共同愿景”。[②] 与此同时，美继续在印巴之间搞平衡，美国务院9月决定批准以4.5亿美元价格，向巴出售F–16战斗机维持服务及相关设备的外国军售法案，引发印方强烈不满。印度辩喜基金会网站评论称，美国此举扭转了特朗普时期对巴暂停安全援助的局面，必将对印国家安全产生深远影响。[③]

美国明显加大对尼泊尔拉拢渗透。2022年2月，美通过威逼利诱和最后通牒手段，迫使尼众议院通过了美“千年挑战”计划协议（简称“MCC协议”）。该协议规定美政府援助5亿美元、尼政府投入1.3亿美元用于尼国内基建，但却规定协议“优于尼泊尔国内法”、援款使用不得“违反美国法律或美国政策”、MCC

---

① “Indo-Pacific Strategy of the United States,” The White House, February 2022, https://www.whitehouse.gov.

② “National Security Strategy,” The White House, October 2022, https://www.whitehouse.gov.

③ Arvind Gupta, “US Military Assistance Package to Pakistan will have a Direct Bearing on India’s National Security,” September 12 , 2022, https://vifindia.org/2022/september/12/.

协议美方人员不受尼法院管辖等，为美人员日后自由出入尼领土留下后门，在尼国内引发巨大争议。由于MCC协议争议过大，尼议会专门通过了关于该协议的“十二点解释性声明”，[①]但声明不但未被纳入MCC协议文本，还需美方同意才能生效。MCC协议造成巨大的政治破坏，极大地动摇了尼执政联盟的政治基础，也对跨喜马拉雅地区既有的权力格局形成强烈冲击，折射出该区域地缘政治博弈进一步升级的趋势。[②]MCC协议得手后，美方又向尼方推销“州伙伴关系计划”（State Partnership Program，SPP）。SPP计划是美国各州国民警卫队与外国合作伙伴的交流计划，带有军事安全合作性质，与美“印太战略”关系密切。6月，尼内阁会议决定停止推进SPP，认为加入SPP计划不符合尼国家利益，也不符合尼长期奉行的不结盟和平衡外交政策，要求尼军队所有对外联络须经过尼外交部。[③]有了尼前车之鉴，斯里兰卡拒绝与美签署MCC协议。这表明，美打着经济援助旗号渗透南亚及印度洋地区的行径已引起多国警觉。

---

① “解释性声明”包括：尼不加入美任何战略、军事或安全联盟，包括“印太战略”；尼宪法优先于相关协议；MCC项目在尼活动应受尼法律管辖，受协议条款监督；美方行为如果违反尼法律，尼方有权提前30天终止MCC协议；等等。See “What’s in 12-point Interpretative Declaration on MCC?” *Setopati*, February 27, 2022.

② 黄正多、徐家宜:《尼泊尔MCC协议：美国的投入与棋局》,《南方周末》2022年3月7日。

③ “州伙伴关系计划”由美国国民警卫队执行，启动于20世纪90年代，旨在让原苏联地区国家与美国各州的国民警卫队结成伙伴关系，现在则充当美国重要的地缘政治和安全合作工具。

五、围绕乌克兰危机，美西方强力诱压印度，离间印俄特殊关系

自2022年2月俄对乌开展特别军事行动后，印极力避免谴责俄，并在联合国系统反俄投票中频频投出弃权票。为声援乌，美及西方盟友打算将俄逐出世界能源市场，但印政府坚持以优惠价格购入俄石油。印还希望从俄及白俄罗斯购入便宜的肥料原材料。美国外交学会会长哈斯称，“印度小心翼翼、不惜一切代价地避免激怒普京，凸显了印度仍未准备好承担主要大国的责任或成为一个可靠的伙伴”。美副国务卿舍曼公开宣称，美显然希望印放弃“不结盟政策”。[①] 2022年3、4月间，为配合美欧对俄施压，日本、英国首相接踵赴印游说但均未果。

印拒绝对俄谴责施压有多重算计。一是俄是印最重要的武器进口国，印85%的军事装备均来自俄，而且俄是唯一向印提供核潜艇、S-400防空导弹系统等俄制最先进尖端武器系统的国家。印前国家安全顾问梅农透露，俄制武器在印进口武器中占比持续下降，但印要彻底摆脱对俄制武器依赖，至少仍需10年时间。二是印还从俄进口大量石油、化肥和谷物，并向俄出口药品，印政府仍希望保持这些贸易，以遏制国内通货膨胀。三是由于印巴长期对峙，印竭力维护对俄关系，以避免陷入“中俄都支持巴”的噩梦。四是印有不选边站队的历史原因，1971年印巴战争时苏联向印提供至关重要的海军支持，印对此心存感激。[②]

① “US Wants India To Abandon Its Long-Term History Of Non-Alignment,” PTI, April 9, 2022.

② Lisa Curtis, “Why India won’t Condemn Russia over Ukraine,” CNAS, March 13, 2022.

印国内在乌克兰危机上有不同声音，但主流意见是“通吃美俄”。印外长苏杰生在其新书《印度方式：动荡世界的战略》中称，“在一个所有人都对立的世界里，印度必须‘通过甄别和利用全球矛盾带来的机遇促进国家利益’，‘通过尽可能多的关系实现利益最大化’”。[①] 印学界主流观点认为，一个强大而友好的俄罗斯对印最有利，“侵略性的俄罗斯”是美西方问题，印目标是防止中俄进一步走近；对俄制裁表明欧美人仍未明白几十年来世界重心向东移动了多少；如果说俄发动战争属于“入侵”，那北约东扩也逼迫了莫斯科，西方对俄制裁很虚伪，无助于解决冲突，反而导致全球能源价格上涨。[②]

六、中印关系低位徘徊，中国与南亚整体合作取得新突破

中印边境局势总体趋稳，两军一线部队在中印边界西段所有对峙点脱离接触，双边关系日益呈现大国互动特征。2022年9月，根据中印双方第十六轮军长级会谈达成的共识，中印两军位于加南达坂的一线部队开始同步有计划地组织脱离接触。这是两国通过外交及军事磋商谈判解决有关边境事态取得的成果，有利于促进边境地区和平安宁。但同时，印军仍在中印边界全境个别地段

① Abdul Moiz Khan & Amna Saqib, “In Seeking to Be a Major Global Power, India Risks Being Undermined in Its Own Indian Ocean Backyard,” *South China Morning Post*, September 5, 2022; Mujib Mashal, “Putin’s War Is Complicating India’s Middle Path Among Powers,” *The New York Times*, March 30, 2022.

② James Traub, “Cold War 2.0 Is Ushering In Nonalignment 2.0,” *Foreign Policy*, July 9, 2022.

挑衅，域外势力也明里暗里介入中印双边争端，维护中印边境地区和平与安宁的任务仍异常艰巨。如12月9日中国西部战区边防部队在位于中印边境东段东章地区实控线中方一侧组织例行巡逻时，遭印军非法越线拦阻，好在中方专业规范有力地稳控了现地局势。从2022年印外交动作可以看出，印对华外交已不再顾忌与各类反华遏华势力开展战略合作、互动与应和，特别是越来越配合美西方在意识形态、南海问题、涉疆问题、涉藏问题和台湾问题、产业脱钩等领域采取对华敌视政策。而从中国角度看，中印互动日益具有大国外交特色，即基于对等互惠原则，能合作就合作，能对话就对话，该斗争就斗争；直面争议，不忌惮对抗，在涉及中国主权、领土问题上绝不迁就。

中印双边贸易额逆势上扬，印政府部门全面骚扰盘查在印中企。根据中国海关统计，尽管受边境对峙影响，2022年前9个月中印贸易额仍高达1036.3亿美元，同比增长14.6%，中国对印度出口攀升至896.6亿美元，同比增长31%，显示两国经贸合作展现出较强的韧性。为了限制来自中国的进口，莫迪政府实施“生产关联激励计划”，鼓励原料药、电子产品和电信产品本土化生产，并为这些产品提供补贴以提升其竞争力，但这些动作并未产生积极效果。[①] 2022年初开始，印度税局、海关、公司注册处、经济调查局及各地警察特别调查小组分别盘查在印中国企业。这轮“运动式”盘查中，既有针对中国手机、电信和网络公司的定向调查，也有针对上百家中企的无差别审查，其严重性甚至超过2020年印针对中国投资的限制和对中国数百款APP的禁令。印方针对华为、小米、OPPO、vivo等特大型公司的税务调查，既有

① Ananta Agarwal, “India Wants to Loosen Import Reliance on China,” *South China Morning Post*, November 2, 2022.

政治打压因素，也有“薅羊毛”增加印度国家税收的因素。[①] 在此背景下，投资印度的中企将陷入任人宰割的境地，恐须着手减少在印布局，开辟新的海外市场。中国相关部门亦应对赴印投资的中企进行必要引导，中企亟须保护相关技术尤其核心技术。[②]

中巴保持高频线下互动，中巴经济走廊建设进入新阶段。据巴媒体统计，目前走廊框架下的20多个项目已基本完成，预计到2030年另外63个项目也将接近完工。与中巴经济走廊相关的9个经济特区中，4个现已处于起飞阶段，给巴乃至整个地区带来红利。预计2025年左右，围绕高速公路网迅速发展起来的工业中心将全面绽放，中国投资巴基础设施、能源和生产等领域的愿景值得赞赏，未来两国可挖掘新的合作领域，包括人工智能、工业生产力、可再生能源、能源替代、粮食保障、缓解气变、节水和气候友好型农业等。[③] 2022年9月，习近平主席在乌兹别克斯坦出席上合峰会时会见巴总理夏巴兹，两国有关部门签署了铁路、电子商务等领域合作文件。11月，夏巴兹总理成功访华，成为中共二十大后首批访华的周边国家领导人之一。访问期间，中巴签署和达成了多份协议和谅解备忘录，涵盖电子商务、数字经济、农产品输华、金融合作、文物保护、基础设施、洪灾紧急援助、灾后重建、全球发展倡议、动物疫病防控、社会民生、文化合作、航天、地学以及执法安全等领域。双方还同意进一步构建健康

① 苑基荣、倪浩：《听中企负责人讲印度“恶意审查”》，《环球时报》2022年6月9日。

② 张亚东：《“新华财经调查” 中企在印度陷入集体困局》，“新华财经客户端”，2022年7月13日。

③ APP, “27 CPEC Projects Costing US$19b Completed,” *The Express Tribune*, September 13, 2022; Mehmood Ul Hassan Khan, “CPEC: Chinese Conception of Humanism and Way Forward,” *Pakistan Observer*, August 31, 2022.

走廊、产业走廊、数字走廊和绿色走廊。[①] 巴方遭遇罕见洪灾时，中国率先挺身而出，以帐篷、布匹、干粮、药品、疫苗和紧急人道主义援助等形式向巴方提供宝贵的人道救援，有力地巩固中巴全天候战略合作伙伴关系。

中国积极塑造后撤军时代阿富汗局势及中阿关系。2022年3月底中国在安徽屯溪成功举办第三次阿富汗邻国外长会，中国、伊朗、巴基斯坦、俄罗斯、塔吉克斯坦、土库曼斯坦、乌兹别克斯坦七国外长或高级代表出席。中国还首次将会议扩展为“阿富汗邻国+阿富汗”外长对话，邀请阿临时政府代理外长穆塔基出席，引导国际社会更多听取阿当事方的关切与意见，体现中方作为负责任大国及阿邻国的责任担当。中方还召集中阿巴三方外长会晤以及阿富汗问题“中美俄+”磋商机制会议。上述系列会议达成了《第三次阿富汗邻国外长会联合声明》和《阿富汗邻国关于支持阿富汗经济重建及务实合作的屯溪倡议》两份成果文件，详列了各有关方拟从人道援助、互联互通、经贸、农业、能源、能力建设等领域向阿方提供的实质性支持，还宣布启动阿富汗事务特使定期会晤机制，设立了政治外交、经济人道、安全稳定三个工作组。此次系列会是阿邻国各尽所能、汇聚合力、协调配合、加大对阿支持帮助的集体展示，有利于阿邻国和国际社会进一步在阿问题上协调配合。[②]

中国与孟加拉国、尼泊尔、斯里兰卡高质量推进“一带一路”合作。2022年5月，由中企承建的孟最大电站项目“帕亚拉2×660兆瓦超临界燃煤电站”落成，极大缓解了孟电力紧张，有

① 《中华人民共和国和巴基斯坦伊斯兰共和国联合声明》，中华人民共和国外交部网站，2022年11月2日。

② 蓝建学:《第三次阿富汗邻国外长会：为世界抹上一笔温暖的亮色》，环球网，2022年4月3日。

力拉动孟经济发展。[①] 6月，由孟方投资、中国中铁集团承建的帕德玛大桥顺利建成通车。成为孟有史以来规模和投资最大的基建工程，[②] 帕德玛大桥通车后将联通孟东北部和西南部，可推动孟GDP增长1.5%，造福孟超过一半人口。此外，由中企承建的达卡至阿苏利亚高架高速公路项目已举行开工仪式，成为“一带一路”倡议与孟“2041年愿景”成功对接的又一例证。

中尼拟尽早商签共建“一带一路”实施方案，推进中尼跨境铁路建设。中方将使用对尼援款支持中尼跨境铁路（境外段）工程可行性研究，并已派专家赴尼开展踏勘，着力构建两国跨喜马拉雅立体互联互通网络。尼驻华大使施雷斯塔认为，中尼跨境铁路是尼泊尔通向繁荣之路，尼人民已目睹数月前开通的中国—老挝跨境铁路带来的积极影响，期待同样的情况也能很快在尼泊尔变为现实。[③]

汉班托塔港成为中斯“一带一路”合作项目标杆。2022年8月，中国“远望5号”科考船成功停靠汉港补给物资。此次出航主要执行中国空间站问天实验舱海上测控及后续长期管理任务，彰显中斯传统友好关系根深蒂固，历久弥坚。[④] 尽管印美等势力企图阻挠中国科考船停靠汉港，但斯政府坚定维护了本国主权。正如印度不希望被迫在美国及其盟友和俄罗斯之间选边一样，斯里兰卡也希望与印中两国都保持良好关系，认为印度对中国船只

---

① Saifan Shakhoat, “China’s Contribution to Bangladesh’s Achievement of 100 Percent Electricity Coverage,” moderndiplomacy.eu, May 9, 2022.

② 《孟加拉帕德玛大桥正式通车》，观察者网，2022年6月29日。

③ 白云怡、谢文婷：《尼泊尔驻华大使：中尼跨境铁路是通往繁荣的路，或成“世纪项目”》，环球网，2022年9月6日。

④ 车宏亮：《中国远望5号船停靠斯里兰卡汉班托塔港》，新华社科伦坡2022年8月17日电。

停靠的反应过度了。[①]

七、展望

未来一段时间，南亚地区势必经历一段动荡剧烈的政治经济转型期，安全挑战仍将延宕。在“一带一路”合作进入新阶段，以及在全球发展倡议和全球安全倡议“双引擎”带动下，中国经略南亚地区必将迎来提质升级的新契机。尽管中印关系形态和互动都出现了新常态，但两国关系的基本面仍比较稳定，经贸投资合作的内生动力依然强劲，双方在多边舞台和全球性议题上开展合作的空间犹存。与此同时，在美西方“印太战略”诱压之下，不排除南亚和印度洋地区的地缘战略环境可能会出现不利于中方的变化趋势。中国应继续坚持底线思维，先手布局，有效处置西南周边突发情况，坚决维护国家主权、安全、发展利益和国家战略全局稳定，加紧运筹中国与南亚中小国家合作，持续推进中国与南亚命运共同体建设。

（中国国际问题研究院亚太研究所所长、副研究员　蓝建学）

① “China’s Alleged Spy Vessel in Sri Lanka Raises Alarm Bells in Delhi, Is India Over-reacting?” *Outlook India*, August 23, 2022.

第七章

中亚形势：
变乱交织　总体向稳

2022年是中亚国家迈向独立第四个十年的开局之年。面对乌克兰危机背景下地区变乱交织的形势，中亚各国沉着应对，积极施策，努力化危为机，确保政局稳定，推动形势逐渐向好。针对多重不利因素，中亚国家对症下药，主动自救，积极趋利避害，实现地区经济逆势增长。在内外不稳定、不确定因素剧增情势下，中亚国家加强联合自强，推动区域合作进程稳步前行。在乌克兰危机长期化背景下，大国在中亚博弈更趋激烈，地区格局朝着多极化方向加速演进。

一、政局经受局部震荡考验

2022年，在内外多重不利因素影响下，中亚国家政局出现局部震荡，给地区稳定蒙上阴影，一是哈萨克斯坦爆发“一月事件”。2022年1月初，由于对当局提高液化天然气价格不满，哈爆发全国性抗议游行，最终酿成大规模骚乱，导致部分政府机构和民用设施遭到严重破坏，238人在骚乱中死亡，2000多人受伤，经济损失高达30亿美元左右。同时，首任总统纳扎尔巴耶夫被迫退出政坛，强力部门大换血。[①]二是塔吉克斯坦巴达赫尚自治州爆发局部骚乱。5月14日，数百名塔巴达赫尚自治州霍罗格市居民因对当局处理一起民事诉求案不满举行抗议活动，要求涉事官员辞职，释放被拘留和被定罪的活动人士，结束对巴达赫尚居民的迫害。在当局拒绝上述要求并将其定性为非法活动后，抗议人群与当局矛盾迅速激化并和执法人员发生严重冲突，武装抗议者一度占据通往首都的国际高速公路，导致对外交通中断。骚乱共造成40多人死亡。[②]三是乌兹别克斯坦卡拉卡尔帕克斯坦自治共和国发生大规模反政府骚乱事件。7月1日至2日，因对乌新的宪法修正草案拟取消卡拉卡尔帕克斯坦自治权不满，卡拉卡尔帕克斯坦首府努库斯爆发大规模反政府游行，后游行迅速蔓延至自治共和国多个城市，参加人数一度高达十多万人，最终演变为骚乱，导致当地内务局等相关政府部门受到冲击，骚乱共造成21人死亡。[③]

哈、塔、乌三国接连发生骚乱不是偶然的，既与新冠疫情后全球和地区经济陷入低迷、乌克兰危机后地区安全和经济形势趋于恶化、阿富汗安全形势仍未见根本好转等外部不利因素密切相关，更是各自国内多种矛盾长期积累骤然激化的结果，目前中亚国家普遍面临人口剧增，贫富分化，生态恶化，地方、民

① Анализ январских событий в Казахстане | Аналитический центр Катехон. Русский Имперский Ренессанс https://katehon.com/ru/article/analiz-yanvarskih-sobytiy-v-kazahstane.

② Бунтующий Горный Бадахшан — Фонд стратегической культуры https://www.fondsk.ru/news/2022/05/20/buntujuschij-gornyj-badahshan-56230.html.

③ Почему «вспыхнул» Каракалпакстан и что теперь ждет страны ЦА—мнения экспертов - 07.07.2022, Sputnik Кыргызстан https://ru.sputnik.kg/20220707/karakalpakstan-sobytiya-prichiny-mneniya-1065888568.html.

族、宗教矛盾集聚等尖锐难题。同时，体制弊端、官员腐败等痼疾难除，加之改革蕴藏不小风险，极易引发民众不满，诱发社会动荡。

哈、塔、乌三国尽管出现骚乱，但外溢效应有限，未对地区稳定大局构成致命冲击，中亚仍保持基本稳定局面。

首先，骚乱发生后，哈、塔、乌三国执政当局均果断出手，强力应对，及时平息事端，有效阻遏了骚乱蔓延外溢，使各国政局迅速重回正轨，转危为安，显示了较强的应对危机、掌控局势的能力，确保大局稳定无虞。哈通过宣布全国进入紧急状态、邀请集安组织维和部队进驻、调遣强力部门严打骚乱分子、一举清除前任总统势力等措施迅速平息事态，使局势逐渐回稳。塔针对巴达赫尚骚乱及时发起反恐行动，捣毁多个有组织犯罪团伙和恐怖组织，收缴大量武器弹药和毒品，使该地区局势迅速趋稳。乌宣布在骚乱地区实施宵禁，并宣布取消修宪草案中关于卡拉卡尔帕克斯坦自治地位的修改，使当地社会秩序逐渐恢复正常。

其次，各国针对现实威胁和潜在隐患，有的放矢积极维稳，确保政权有序稳定运行。哈举行全民公决，通过修宪，使哈从“超级总统制”过渡为“有强大议会的总统制国家”，并对各级官员加大监督考核，大力惩治腐败行为，积极消除政治体制弊端，努力重建民众信心和希望。在2022年11月20日举行的新总统大选中，托卡耶夫以81.31%得票率轻松胜选，[①] 为延续新政、建设“新哈萨克斯坦”提供重要保障。乌坚持公开性和代表性原则实施宪法改革，稳步推进《2022—2026年乌兹别克斯坦新发展战

① Объявлены итоги выборов президента в Казахстане: 22 ноября 2022, 11:25 - новости на Tengrinews.kz https://tengrinews.kz/kazakhstan_news/obyyavlenyi-itogi-vyiborov-prezidenta-v-kazahstane-483885/.

略》，努力提高行政效率，提升治理能力，最大限度缓解社会矛盾，为国家长治久安筑牢根基。塔是唯一一个仍由第一代领导人掌舵的中亚国家，总统拉赫蒙历经风雨，经验丰富，面对地区不稳定因素剧增临危不乱，努力排除政权交接障碍，积极推行综合性改革方案，确保塔稳中有进。吉总统扎帕罗夫进一步巩固增强总统地位，成功将库姆托尔金矿收归国有，并妥善完成吉乌边界划定，不断夯实权力根基。土库曼斯坦顺利完成权力交接，继续推进既定战略，加大创新发展，激发市场活力，使国家在稳定的基础上呈现新的发展气象。

最后，面对乌克兰危机，中亚国家坚持独立自主的多元平衡战略，竭力避免卷入大国之争，努力将外部不利因素的影响降至最低，积极营造有利的外部环境。针对俄罗斯对乌克兰的特别军事行动，中亚国家均从自身安全和发展利益出发，持谨慎中立立场，避免选边站队，既未公开支持俄罗斯，也未加入美西方对俄制裁，努力在俄美之间保持平衡，最大限度减少大国对抗对地区稳定的冲击。[①] 2022年，面对大国频频伸出的“橄榄枝”，中亚国家来者不拒，积极趋利避害，努力争取利益最大化。同时，乌、哈等地区大国通过举办多场大型多边活动，积极发挥主场外交优势，为地区和平、发展营造了良好氛围。

---

① «Почему республики Средней Азии не спешат поддержать российскую операцию на Украине?» Белый Парус - Независимая политическая газета https://paruskg.info/u_sosedey/195011-pochemu-respubliki-srednej-azii-ne-speshat-podderzhat-rossijskuju-operaciju-na-ukraine.html.

二、经济在困境中逆势前行

2022年2月乌克兰危机爆发后，美西方发起苏联解体以来对俄最大规模制裁，不仅重创俄经济，也殃及与俄经济紧密捆绑的中亚国家，使各国经济遭遇强烈倒春寒，各国普遍面临新一轮经济衰退的严峻考验。面对危局，中亚国家积极应对，以保障民生为前提，积极施策降低外部地缘因素影响，寻求新的增长点，努力保持经济复苏势头。一是积极稳住金融市场，切实保障基本民生。中亚国家均采取市场干预手段抑制或防止本国货币受卢布震荡连带影响，确保外汇市场稳定，同时，紧急实施反危机措施，确保关键领域供给，切实保障民众基本生活需要。二是加大扶持本国经济，不断增强内生动力。各国极力保障发展资金，提高本国生产力，实施进口替代战略，降低在关键领域的对外依赖。同时，出台对企业减税让利政策，缓解企业负担，努力扩大就业、内需和出口。三是加大改善国内营商环境，积极吸引外资投入，促使经济可持续增长。

在各国反危机措施和经济帮扶政策刺激下，加之有世界原料价格上扬等因素加持，[①] 2022年中亚国家经济先抑后扬，呈现逆势增长势头。第一，各国GDP保持增长态势。哈前9个月GDP同比增长2.8%，其中加工业、商贸、信息通信、运输和农业增速明显。[②] 乌2020年GDP约803.84亿美元，同比增长5.7%，其中

① Экономику Средней Азии ждет подъем — Всемирный банк | ИА Красная Весна https://rossaprimavera.ru/news/b1d03808.

② 《2022年前9个月哈萨克斯坦GDP增长2.8%》，中华人民共和国商务部网站，http://kz.mofcom.gov.cn/article/jmxw/202210/20221003362323.sht。

工业产值增长5.2%，建筑业增长6.6%，农业增长3.6%，服务业增长15.9%。[①] 土前10个月GDP同比增长6.2%。[②] 吉1至7月GDP约合51.44亿美元，同比增长7.7%。[③] 塔前三季度GDP同比增长7.8%。第二，对外贸易呈上升之势。截至10月，乌对外贸易额达401亿美元，同比增长22.2%，其中出口增长23.8%，进口增速基本持平。[④] 土前9个月外贸同比增长40.7%。吉前8个月外贸额达到72亿美元，同比增长36.4%。塔前9个月外贸额达54.12亿美元，同比增长18.8%。[⑤] 第三，财政状况有所改善。哈前三季度吸引外资达16.36亿美元，铁路运输盈利同比增长15.1%，上半年零售业额同比增长13.8%。乌来自俄的汇款增长1倍，前9个月汇款总额达126亿美元。乌迎来疫情后旅游繁荣，前9个月外国游客人数达360万人，同比增幅达2.2倍，旅游收入大幅增加。前三季度，乌吸引外资约64亿美元，同比增长105%。吉1至6月海外劳务移民汇款13.47亿美元，同比增加9426万美元，其中来自俄的侨汇收入为12.84亿美元，占比97%。塔上半年吸引投资逾1.73亿美元，同比增长50%，其中直接投资达1.006亿

① 《2022年乌兹别克斯坦GDP达803.84亿美元，同比增长5.7%》，中华人民共和国商务部网站，http://uz.mofcom.gov.cn/article/jmxw/202301/20230103381303.shtml。

② 《土库曼斯坦宏观经济指标保持稳定》，中华人民共和国商务部网站，http://tm.mofcom.gov.cn/article/jmxw/202211/20221103366259.shtml。

③ 《2022年1至7月，吉国内生产总值同比增长7.7%》，中华人民共和国商务部网站，http://kg.mofcom.gov.cn/article/jmxw/202208/20220803340093.shtml。

④ 《自年初以来乌兹别克斯坦的出口量增长了近四分之一》，中华人民共和国商务部网站，https://www.spot.uz/ru/2022/11/22/impex-stat/。

⑤ 《今年前9个月塔外贸额达54.12亿美元》，中华人民共和国商务部网站，http://tj.mofcom.gov.cn/article/jmxw/202211/20221103366163.shtml。

美元，同比增加1.1倍。塔1—9月预算收入约合23亿美元，比计划预算高出3.2%。[①]

中亚地区经济虽保持逆势增长，但与2021年相比增速趋缓，增长缺乏后劲，复苏尚面临不少制约性因素。第一，能源、粮食、金融问题凸显。乌克兰危机后能源价格上扬，导致塔、吉等能源消费国面临巨大压力，能源安全风险陡增。而主要依赖俄出口石油的哈随着美西方对俄采取禁运措施，加之俄以管道维修为由不时中断其运输，能源外运面临较大风险。在粮食安全上，乌克兰危机使地区国家粮食危机感陡增，各国为求自保纷纷颁布限制粮食出口措施，使地区原有的粮食供应链面临严重冲击，导致各国面粉、面包、肉蛋奶等食品价格一度普遍上涨，进一步加剧了地区粮食安全风险。乌克兰危机也使地区金融安全风险明显升高。由于中亚国家金融系统与俄有着密切联系，美西方对俄实施极限金融制裁不可避免地影响到中亚国家的金融系统稳定，导致各国汇率剧烈波动、通胀压力升高。随着美西方将俄踢出国际资金清算系统，中亚各国与俄之间的跨境贸易结算和资金流通严重受阻。第二，美西方发起对俄大规模制裁，导致中亚国家以往主要经俄进出口的物流通道面临中断，地区物流链被迫重构，供应链出现断裂风险，而新的替代通道建设和运营并非易事，导致中亚地区陷入对外交通之困。第三，在美西方对俄制裁不断加码的背景下，中亚国家区域合作环境日趋严峻。在军事冲突、制裁、疫情等多重不利因素影响下，俄自身经济困难重重，自顾不暇，影响其对中亚国家的投资、援助和商品供应，其本身对中亚产品的吸纳接受能力也难免减弱。面对美西方制裁和消化并入俄联邦

① 《塔1—9月预算收入目标超额完成》，中华人民共和国商务部网站，http://tj.mofcom.gov.cn/article/jmxw/202211/20221103366162.shtml。

乌克兰四地的现实需要，俄对中亚劳工移民的需求也在逐渐减少，导致中亚国家侨汇收入下降，对塔、吉、乌经济构成较大影响。随着美西方通过制裁和支持乌克兰不断弱俄，俄对欧亚经济联盟的支持能力不可避免地减弱，迫使中亚国家不得不寻求新的区域合作依托。由于各国经济同质性较强，加之相互之间经济水平差异拉大、利益诉求各异、原有矛盾冲突时起，中亚内部的区域合作并不乐观。①

三、区域合作保持推进态势

乌克兰危机长期化和美西方不断加码对俄制裁，增强了中亚国家推进区域自主进程的紧迫感，促其加快联合自强步伐。2022年中亚国家之间的双边及多边合作保持活跃之势。

从双边层面看，中亚国家间的高层往来日益密切，双边合作取得新的积极进展。2022年5月，哈总统托卡耶夫访吉，双方签署了进一步提升双边合作、加强在国际事务中协作的联合声明以及涉及投资、农业、司法、地区交往的13份双边合作文件。6月，塔乌签署《关于加强塔吉克斯坦共和国和乌兹别克斯坦共和国之间永恒友谊和团结的宣言》等15个合作文件，涉及经济、文化、安全等多个领域双边合作。9月，乌总理阿利波夫访吉，双方完成划界并就边界问题签署联合声明。10月，乌总统米尔济约耶夫访土，双方签署关于深化战略伙伴关系宣言以及13份合作文件，并启动“花剌子模–达沙乌兹”边境贸易区。

① Интеграция в Центральной Азии: дружба на час, восточный базар или крепость? https://ia-centr.ru/publications/integratsiya-v-tsentralnoy-azii-druzhba-na-chas-vostochnyy-bazar-ili-krepost/.

从多边合作看，在中亚各国共同努力下，中亚区域合作取得显著进展，2022年区域内贸易额较2021年同比增长54%，达到1670亿美元。6月，在联合国第二届中亚地区可持续发展峰会上，中亚各国就进一步加强经贸、投资、农业、水资源和能源领域合作进行了交流。土、哈、乌就发展过境物流达成协议。7月21日，第四届中亚元首协商会议在吉举行，中亚五国领导人深入讨论了参与阿富汗和平重建、共同开发中亚运输走廊、挖掘跨境运输和边境贸易潜力、加强人文交流与合作等议题，签署《21世纪中亚发展友好睦邻合作条约》《中亚国家在多边形式下互动的构想》《中亚“绿色议程”区域方案》《2022—2024年区域合作发展路线图》等一系列文件，标志着中亚国家区域合作实现了制度上的重要突破。

中亚区域合作尽管取得积极进展，但要实现一体化目标仍任重道远。2022年，吉塔之间的边境冲突呈现愈演愈烈之势，给中亚区域合作蒙上阴影。2022年以来，尤其是乌克兰危机发生后，吉塔之间的边境冲突频仍。9月中旬，在上合组织撒马尔罕峰会举行前夕，吉塔两国爆发大规模边境冲突，造成吉大量边民撤离和两国人员伤亡，不仅导致两国关系骤趋紧张，也使渐有起色的中亚区域合作遭受打击。同时，《中亚睦邻友好合作条约》只有吉、哈、乌三国元首签署，而塔、土两国称要完成国内程序后才能签署，体现出五国对区域合作仍存不同意见。[①]

① Союз стран Центральной Азии не состоялся. При чем тут Россия | 25.07.2022, ИноСМИ https://inosmi.ru/20220725/tsentralnaya-aziya-255165461.html.

四、大国博弈更趋激烈

随着乌克兰危机爆发，俄美关系迅速崩塌，走向全面破裂，双方在中亚地区斗而不破的关系宣告终结，进入公开对抗新阶段。在此背景下，大国对中亚的争夺更趋激烈，地区多极化呈现加速之势。

美国着力诱拉中亚，加大挤压俄战略空间。美利用俄全力应对乌克兰危机之机，加大拉拢中亚国家，通过提供经济、军事援助和承诺不会使中亚国家受到反俄制裁间接伤害，力图将中亚国家与俄剥离，进一步压缩俄战略空间。乌克兰危机爆发不久，美国务卿布林肯即与中亚外长举行线上“C5+1”会议，呼吁中亚国家谴责俄“侵略”行径并声援乌克兰，并欲在中亚重建军事基地，意图对俄形成东西夹击之势。2022年4月至6月，美向中亚国家密集派出5个代表团，代表团团长分别是美负责人权和民主问题的副国务卿泽雅、美国务院外交事务局局长佩雷斯、美阿富汗问题特使韦斯特、美助理国务卿唐纳德·卢和美中央司令部司令库里拉，其频度之高、人数之多为近年所罕见，反映出美急欲抢占中亚战略高地的急迫心情。[①] 9月23日，美国务卿布林肯与中亚五国外长在第77届联合国大会框架下举行了面对面的“C5+1”会议，表示坚决支持中亚国家主权和领土完整，并将协助各国保障粮食安全，实现稳定发展，凸显美进一步离间分化中亚国家与俄关系的图谋。

---

① «Вбивают клин»: зачем американские дипломаты отправились в турне по Средней Азии - Газета.Ru https://www.gazeta.ru/politics/2022/05/23/14891318.shtml.

俄加强反制，全力维护战略后院。针对美在中亚动作频频，俄多措并举，坚决反制，不容美在中亚侵蚀自己的固有地位。首先通过主导的集体安全条约组织、欧亚经济联盟和独联体机制，巩固与中亚各国关系，解决中亚国家的安全关切和发展难题，承诺在集安条约组织框架下继续向盟友提供必要、全面的援助和支持，以消除威胁和维护主权。同时，推动欧亚经济联盟通过34项应急措施，以确保内部市场稳定和成员国之间的正常贸易往来，使大欧亚伙伴关系倡议落地生根。其次通过俄与中亚合作机制，进一步拉紧与中亚五国关系。4月，俄与中亚五国外长举行了“5+1”视频会议，拉夫罗夫外长强调，俄将与中亚五国在阿富汗问题上加强合作，以防止恐怖主义蔓延。10月14日，普京总统与中亚五国领导人举行首届俄与中亚五国峰会，[①] 凸显新形势下俄对中亚国家的高度重视，表明俄坚决维护在中亚地位的坚定决心和意愿。最后通过支持中亚国家举办主场外交活动和双边访问，进一步夯实与中亚国家合作。2022年内，普京总统先后出席了土主办的里海沿岸国家首脑峰会、乌主办的上合组织峰会和在哈举行的亚信峰会，并在乌克兰战事正酣之际访问塔、土，进一步加深了与中亚国家的关系，彰显对美加大诱拉中亚的坚决回击。

域外势力利用美俄争斗扩大影响，抢占中亚地区格局高地。乌克兰危机爆发以来，土耳其与中亚国家互动频繁，积极向中亚国家提供安全保障和新的对外运输通道，埃尔多安总统年内多次赴中亚与中亚国家领导人互动，并参加乌主办的突厥国家组织成立后的首次峰会，凸显对中亚事务强烈的进取心，显露出在中亚

① В Астане прошел первый саммит «Россия — Центральная Азия»- Ведомости https://www.vedomosti.ru/politics/articles/2022/10/14/945679-v-astane-proshel-pervii-sammit-rossiya-aziya.

地区新格局中扮演更重要角色的雄心。[①] 欧盟紧随俄与中亚五国峰会，与中亚国家元首举行了首次欧盟与中亚峰会，并随后召开欧盟与中亚“5+1”外长会议，实现对中亚事务的深度介入，表明欧盟正在中亚随美起舞加大削弱俄影响，力图引进中亚能源以彻底摆脱对俄能源依赖。沙特阿拉伯不甘落后，利用地区国家竭力规避美欧制裁、急于经济脱困需要，盛邀哈、乌等地区大国纷纷到访，并许以经贸大单，成为地区大国博弈中的积极活跃角色。[②] 印度在2022年初举行了首届印度–中亚峰会，与中亚国家就深化贸易、互联互通、国防和人文以及阿富汗问题合作进行深入交流，积极开辟新的连接中亚和印度洋的南北运输通道，[③] 同时，通过印总统科温德访土，推动建设土阿巴印（TAPI）天然气管道，加速本国能源转型。伊朗也积极深化与中亚国家关系。2022年5月，伊无人机制造厂在塔建成并投产。年内伊先后邀请哈、土总统来访，达成多项合作协议。伊在上合组织撒马尔罕峰会上签署加入上合组织义务备忘录，离成为正式成员只差一步，为其在中亚事务中发挥更大作用创造重要条件。第三方势力利用美俄激斗乘势进入是中亚地区新一轮大国博弈的突出变化。

---

① Анкара объединяет Центральную Азию / СНГ / Независимая газета https://www.ng.ru/cis/2022-11-10/5_8587_asia.html.

② Саудовская Аравия может потеснить Россию в Центральной Азии-«Независимая газета» – K-News https://knews.kg/2022/08/17/saudovskaya-araviya-mozhet-potesnit-rossiyu-v-tsentralnoj-azii-nezavisimaya-gazeta/.

③ Лидеры Индии и стран Центральной Азии договорились о всеобъемлющем сотрудничестве - Российская газета https://rg.ru/2022/01/28/lidery-indii-i-stran-centralnoj-azii-dogovorilis-o-vseobemliushchem-sotrudnichestve.html.

五、结语

在乌克兰危机、阿富汗剧变、新冠疫情蔓延等多重因素影响下，中亚地区形势正在发生重大变化，进入前所未有的复杂多变时期。随着俄对地区的影响和控制减弱，中亚区域的多极化出现加速之势，大国博弈更趋激烈。同时，面对不稳定、不确定因素明显增加的复杂局面，地区各国都在加快国内改革步伐，力求革故鼎新，有效应对危机，实现国家稳定发展。总的来看，未来中亚地区虽仍面临多重考验和挑战，但出现大规模动荡的可能性不大，地区各国均具有较强的控局能力，治国方略也较符合本国国情和民众期待，俄虽影响力下滑，但仍保有优势地位，中亚地区有望继续保持基本稳定局面。

（中国国际问题研究院欧亚研究所研究员、
中国上合组织研究中心秘书长　邓浩）

第八章

拉美和加勒比地区形势：深度左转　挑战抬升

2022年，在国际地缘冲突与疫情延宕的背景下，拉美和加勒比地区经济呈现增长势头，地区政治生态持续左转。在左右势力新一轮对决中，左翼不仅在地区最大国家巴西重返政权中心，而且在右翼势力长期占优的哥伦比亚赢得总统大选。连片掀起的“粉红浪潮”使地区政治格局“左升右降”特征愈发凸显。多国面临“朝小野大”的执政羁绊。同时，地区政治新生态触发美拉关系悄然生变，进入动态调整新周期。

一、经济增长好于预期　社会矛盾张力不减

在乌克兰危机和疫情迟滞全球经济复苏之际，拉美和加勒比地区经济在全球产业链、供应链和价值链艰难重启中低速增长，地区贸易涨幅高于全球平均水平。2022年下半年，国际主要机构多次上调拉美全年经济增长预期，其中，国际货币基金组织10月发布的最新《全球经济展望报告》，将拉美和加勒比地区2022年GDP增长预期由3%上调至3.5%。世界银行最新报告预测，2022年拉美和加勒比地区经济增速为3.0%。联合国拉丁美洲和加勒比经济委员会（简称“拉加经委会”）预测，2022年拉美和加勒

比地区经济增速为3.2%。由此可见，三大机构对拉美和加勒比地区的经济评估数值相差不大，都认为在全球经济持续低迷的困境中，拉美和加勒比地区能保持积极的复苏势头实属不易，更为难得的是地区大多数国家的服务业和就业已经恢复到疫前水平。值得一提的是，这种增长是在地区生产力低下、投资不足等固有结构性矛盾尚未缓解的情况下取得的。此外，全球其他地区凸显的能源危机、粮食危机对加勒比和中美洲地区有溢出影响，但对南美大陆大宗商品出口国却是利好。国际货币基金组织认为，拉美和加勒比地区经济的较好表现得益于三大因素：其一是大宗商品价格的高企；其二是地区旅游业的复苏和侨汇收入的增加；其三是外部需求的强劲增长。但是，上述三家机构均认为，由于政党缠斗破坏政治稳定性、政府治理效能低下、大宗商品价格趋向下跌、资本外流以及脆弱的金融体系等因素，该地区这种低速复苏不可持续，将在2023年再次进入下行轨道。为此，IMF将拉美和加勒比2023年的经济增长预期由2%下调至1.7%。

就地区具体国家而言，2022年拉美各国的经济增长不一而足，其中小国的表现尤为抢眼，在地区经济增速前五名中，除哥伦比亚（7.5%）外，前四名均为小国，分别是圭亚那（57.8%）、巴巴多斯（10.5%）、巴哈马（8.0%）和圣卢西亚（7.9%）。地区大国则普遍表现为缓慢复苏，其中巴西、阿根廷、墨西哥、智利和秘鲁的经济增速分别约为2.5%、5.2%、1.8%、2%和2.7%。

虽然南美大多数国家并未遭遇非常严重的粮食危机和能源危机，但普遍遭遇通胀持续飙升的挑战。IMF公布的最新报告称，2022年，拉美和加勒比地区总体通胀率达14.1%，其中，阿根廷的通胀格外严重，全年通胀达94.8%，仅次于委内瑞拉。巴西、智利、哥伦比亚、墨西哥和秘鲁五国的通胀亦较为严重，有的国家达到近20年来的最高值。IMF预测，年底这五国的通胀将降至

7.8%左右。高通胀严重拉低了地区国家的货币政策、财政政策和税收政策的容错机会。该地区几乎所有国家的利率都在上升，大多数国家的财政状况都在恶化。因此，如何维持三大政策之间的平衡和协调成为政府应对当前通胀危机的最重要的考验。

地区通胀飙升直接抬升了民众生活成本，低收入民众的生活受到严重冲击，食品类价格上涨几乎冲抵了民众所有的获得感，社会愤恨情绪不断积累。民众将通胀归结为政府为弥补财政赤字盲目印钞而导致货币贬值和物价失控。为抗议物价攀升，多国民众频频上街抗议政府治理无能。为缓解民怨，阿根廷多次出台遏制通胀措施，推出“平价民生商品”等政策，但效果欠佳。秘鲁前工业部长胡安·卡洛斯马修斯表示，脆弱人群受物价上涨影响最为严重，目前秘鲁每10人中就有6人因此即将处于或已经处于贫困状态。通胀高企扩大了地区贫困人口，更使部分中产阶级人口跌入低收入群体。经济合作与发展组织（OECD）预测，到2022年底，受通胀影响，拉美约33.7%的人口将处于贫困状态，14.9%的人口将处于极端贫困状态。社会阶层的变化与地区两极分化的固有矛盾交织发酵，社会矛盾张力持续上升，部分国家的社会矛盾处于一触即发状态。通胀成为抨击政府的热点议题，是推动地区政治生态变化的重要原因。

二、政治左转势头强劲　驱动因素共性突出

2022年，拉美政治延续左翼回潮势头。至此，拉美主要人口大国和主要经济体均由左翼执政，左翼政治版图连片成势，政治力量格局呈现“一边倒”态势，这是近年来拉美政治生态变化进程中较为罕见的一幕。

哥伦比亚左翼赢得总统大选在该国历史上堪称具有标志性意

义的政治事件。缘于地缘政治因素，哥伦比亚的政治、经济、文化和意识形态受美国的影响远高于地区多数国家，右翼保守势力长期掌控该国政权，哥伦比亚被美国给予“非北约主要盟友”地位。在右翼保守势力掌权固化为“政治正确”和“政治惯性”的环境中，左翼在多轮左右对决中屡屡败北。2022年6月19日，该国政治格局发生历史性转圜，左翼竞选联盟“哥伦比亚历史公约联盟”候选人古斯塔沃·佩特罗在第二轮总统大选中最终取得胜利，迎来该国首次由左翼执政的政治新生态，堪称拉美地区政治左转浪潮中的“耀眼浪花”，其地缘政治影响和风向效应在一定程度上超越了去年秘鲁和智利两国左翼的胜选。巴西劳工党候选人、前总统卢拉在10月底赢得总统大选，将此轮地区左翼回归浪潮推至最高点。卢拉上演“王者归来”在拉美各国和全球范围内引发广泛关注，鉴于巴西地区第一人口大国和最大经济体的地位，左翼胜利的政治意义已经突破地区范畴，在一定程度上产生了全球影响。鉴于巴西的G20和金砖国家成员的身份以及卢拉较为浓厚的左翼特征，巴西新政取向势必将在全球大国博弈的天平上产生独特的砝码效应，在当下全球秩序重构进程中打上具有南美特色的“卢拉烙印”。

地区国家左翼梯次性回归虽有各自个性因素，但其中的共性特点较为突出。其一，疫情拖累经济和应对疫情不力是右翼政权失守的重要原因。右翼执政期间正值新冠疫情肆虐拉美之际，联合国拉加经委会认为，拉美是全球受新冠疫情影响最严重的地区，多国沦为疫情重灾区，部分国家经济出现历史性衰退。这两年拉美多国经济虽然出现复苏势头，但受全球经济供应链受阻等外部因素影响，拉美经济复苏前高后低的特征明显，后续复苏势头普遍放缓。疫情虽然不分地域，影响全球，但政府消极应对疫情则让民众难以谅解。以巴西为例，总统博索纳罗轻视疫情，多次口出惊人之语，且防疫抗疫措施迟缓无序，导致该国近70万人死亡。虽然博索纳罗治下的巴西经济在疫情下呈现复苏势头，且他本人也借鉴左翼福利政策给下层民众发放救济物资，但大量人口因疫而亡成为受害家庭抹不去的伤痛，也成为左翼攻击政府治理无能的主要理由。其二，右翼推行的新自由主义政策，不但未能根治地区经济增长乏力的痼疾，而且使巴西付出了两极分化愈发严重的代价。前些年拉美劲刮右转风，地区政治生态呈现“右进左退”风潮。然而，右翼的私有化、市场化措施与地区社会阶层的构成并不相符，在中低阶层人口占据社会人口多数的情形下，政府将一切资源交由市场配置，势必在市场竞争中造就更多的社会弱势群体，社会分化与撕裂直接催生具有浓厚拉美特色的“街头运动”和“街头政治”。拉美著名民调机构“拉美晴雨表”的调查结果显示，约60%的民众称愿意走上街头表达诉求。经济增长的蛋糕如果一直尽由少数人获得，那么占人口多数的中下层民众只得用选票欢迎福利倾向的左翼回归政治舞台中心。其三，此轮左翼集体回潮与左翼政党不断调整自身政策以适应形势息息相关。在与右翼长期博弈的进程中，左翼逐渐回归现实主义，不断总结经验教训，不再固守既有政策主张，而是对其加以调整，使之灵活化和实用化，进而最大限度地迎合各阶层的关键诉求和核心利益。在保住选民基本盘的前提下，左翼吸纳对方部分政策，结盟中间党派，交好异见政客，设法拉拢对方阵营选民，尤其重视以新媒体、新领域、新姿态吸引年轻选民。

三、地区左翼抱团联动　执政之途充满荆棘

拉美左翼派别林立，有激进左翼、温和左翼、新左派、中左翼等种类之分。由于近年来党争过程中的中间化和碎片化，学界

对其种类划分有争议和分歧。尽管如此，各类左翼基本保持了左翼政党的基本特征，即主张国家在经济社会生活中起主导作用，主张通过财政划拨和再分配向中下阶层推行福利倾向政策，高擎“公正、平等”旗帜作为党纲基本要义吸引选民。在此轮地区左翼回归浪潮中，地区各类左翼相互支持，抱团取暖，努力推动地区政治版图的底色连片转红，积极推进地区一体化建设。具体表现如下。

其一，当一国大选左右势均力敌、缠斗难分之际，其他国家左翼政权及时伸出援手。以巴西大选为例，为了声援卢拉，阿根廷、哥伦比亚、尼加拉瓜、玻利维亚等国左翼领导人不顾博索纳罗政府的抗议和反对，公开发声力挺卢拉。阿根廷总统费尔南德斯受访时直言不讳地称，“期待卢拉赢得巴西大选，此举将有助于促成南美国家领导人‘统一理念’”。卢拉刚一当选，费尔南德斯便飞往巴西，当面向卢拉表示祝贺。其二，当一国左翼胜选执政后，迅速纠正右翼前政府敌视他国左翼的对外政策。哥伦比亚左翼总统佩特罗上台后不久，便恢复与委内瑞拉的外交关系，声称前政府与委断交是一个巨大错误。佩特罗于2022年11月1日访问了委内瑞拉，两国关系迅速回暖。随着地区国家左翼陆续当政，多年来掣肘委内瑞拉、古巴和尼加拉瓜发展的外部恶劣环境由此得到较大改善。其三，左翼积极开展区域合作和重启一体化进程。墨西哥左翼总统洛佩斯刚一执政便倾力支持拉美和加勒比国家共同体建设；哥伦比亚总统佩特罗呼吁厄瓜多尔、玻利维亚、秘鲁等国接受委内瑞拉重返地区一体化组织安第斯共同体；巴西当选总统卢拉表示，执政后巴西将重返“拉共体”，重启“南美洲国家联盟”，加强与“南方共同市场”国家的团结与合作。阿根廷、玻利维亚、智利更是顺势而为，意欲打造“锂佩克”。三国锂资源富集，约占全球过半储量，有拉美“锂三角”之称。三国早在十多年前就有结成锂资源合作联盟之意，但囿于各国政治生态不尽相同，这种想法始终停留在意向阶段。如今三国均由左翼执政，推动成立能源合作组织“锂佩克”提上日程。该组织意在效仿石油组织“欧佩克”，就锂矿的价格和产量进行协调并制定相关技术标准。此举在全球锂资源日益紧俏的情形下，势必将锂资源提升至国家战略资源层面并推动出口国利益的最大化。

拉美左翼虽然在各自国家的大选中获胜，但胜选的三大特征使得左翼难以彻底释怀和尽情欢庆。一是多国的左翼胜选仅以微弱优势险胜，而非压倒性姿态取胜。哥伦比亚左翼候选人佩特罗仅以50.5%的得票率击败了对手。巴西左翼候选人卢拉也仅以50.9%的得票率击败现任总统博索纳罗。秘鲁的卡斯蒂略同样只以50.125%的得票率获胜。二是多数国家的大选对决直至第二轮才分出胜负。2021年的智利、秘鲁等国的总统大选和2022年的哥伦比亚和巴西的总统大选无一不是在双方激烈角斗至第二轮才见分晓。三是左翼虽然赢得总统宝座，但大多失去议会控制权，政权格局呈现“朝小野大”局面。以巴西为例，卢拉虽然最终如愿回归，但对手博索纳罗所在的自由党赢得了99个众议院席位和13个参议院席位，成为参众两院最大党派。自由党主席瓦尔德马尔宣布该党将成为卢拉政府的反对派，并声称“博索纳罗是我们的精神领袖，哪里需要他，我们就追随到哪里”。据报道，博卸任后将担任该党的名誉主席，意在瞄准2026年的总统大选。

左翼胜选的三大特征必然产生与之相应的三大执政羁绊——势均力敌的左右分野、截然分裂的社会阶层对抗和势力强大的国会反对派。这三大羁绊中的任何一项都会严重掣肘左翼新政。以秘鲁时任左翼总统卡斯蒂略为例，自其担任总统以来，卡被迫一年内撤换超过60人次内阁成员，频繁的内阁变动严重制约左翼施政。卡最终遭到弹劾下台并被拘禁，政治混乱拖累了秘鲁的经济复苏。在哥伦比亚，为反对佩特罗政府的改革举措，反对党在波哥大等14个主要城市发起游行示威，要求撤回改革法案、罢免能矿部长和劳工部长。同样，在智利，在民族革新党、政治演进党等组成的中右翼联盟的鼓动下，左翼政府在新宪法公投中的失败沉重打击了博里奇总统新政。在巴西，随着胜选的喜庆氛围逐渐褪去，当选总统卢拉将面临比其此前总统任期内更加严峻的障碍和困难。因为反对派不仅占据国会多数席位，而且掌控巴西人口最多的三个大州，即圣保罗、里约热内卢和米纳斯吉拉斯。里约热内卢大学的桑德罗教授认为，由于国会否决权的增加，卢拉将不得不与更加保守的国会，特别是参议院以及强大且组织良好的右翼反对派谈判妥协。可以预见，在反对派势力的掣肘下，卢拉意在推行的“巴西转型与重建方案”新政不会一帆风顺，在国内民众几乎截然二分且日益对抗的态势下，卢拉若想再现此前任期内的超高民望和支持率绝非易事。

一言概之，左翼回归由浪花集聚成潮并不表明左翼从此就能坐稳执政宝座，更不意味地区左右对决就此按下暂停键。相反，每次一方的胜利就意味着新一轮对决又要重新开始，并且这种对决频率呈现加快趋势。在拉美，任何一方回潮执政的根基都不牢固，左右势力均有各自稳固的拥趸选民，国家福利主义和自由市场主义均有其存在的合理性。面对国家的沉疴与新疾，左右两派均难以抛弃党争而汲取对方主张中的合理内容。在拉美经济社会结构性矛盾不断演变的进程中，左右缠斗、府院之争的拉美“政治钟摆”将一如既往地摇摆震荡。

四、“后院”变色　美拉关系复杂调整

在拜登政府全力推行全球战略引发的大国博弈日趋激烈之

际，所谓“后院”的政治版图大面积变红，引起美国政界高度警觉和密切关注，美国决意加大在拉美和加勒比投入和关注，在竭力扶右的同时力图拉左，设法将地区政治生态转变的不利因素降至最低，美拉关系进入动态调整新周期。

左翼坐大“后院”必然产生地缘政治外溢效应，此轮地区左翼集体回潮就上演了一出足以在美拉关系进程中载入史册的事件。2022年6月6日第九届美洲峰会召开，由于东道主美国拒绝古巴、委内瑞拉和尼加拉瓜参会，峰会遭到墨西哥、玻利维亚、洪都拉斯等多国左翼领导人的集体抵制，这是美洲峰会机制自1994年建立以来，美国第一次遭遇所谓“后院”国家对其说不，美国对拉外交迎来“噩梦时刻”。显然，地区政治生态左转是这次拉美国家抱团抗美的主因。相较于右翼政党，左翼政党大都具有实现“拉美人的拉美”的情结，执政后热衷于推动“排美、脱美的地区一体化进程”，力图实现拉美战略自主。

尽管拉美左翼国家通过美洲峰会向美国释放了“杠”美的信号，但并不表明地区左翼国家对美政策已趋同一致。事实上，拉美地区政治生态虽由左翼主导，但地区国家对美政策亲疏远近各不相同。根据左翼内外政策划分，基本有两大类，一类是“反美、抗美”的激进左翼国家，典型代表是由古巴、委内瑞拉、尼加拉瓜等国组成“美洲玻利瓦尔联盟”国家。另一类是对美奉行“疏而不离”政策的温和左翼国家，如阿根廷、智利、秘鲁以及巴西。即使是激进左翼国家，也并不是一味反美和抗美，而是主张在相互尊重、平等互利的基础上改善与美关系。同样，卢拉上台后不会轻易走“抗美、脱美”路线，而是会谨慎稳妥处理双边关系，与美欧俄中等开展“大国平衡外交”，以此拓展对美外交的战略空间，实现巴西的全球大国目标。

对于美国而言，其并不乐见“后院”左翼日益坐大成势，但地区国家的左翼以民主方式群体性取得政权，美国只得无奈地面对现实，并以积极姿态介入地区国家政治经济生活，意欲为左翼国家政策走向加上护栏，力避其走向“去美化、反美化”道路。一方面，美国继续遏制打压激进左翼国家，不顾国际社会的普遍反对，维持对古巴的经济和金融制裁，并将特朗普时期对尼加拉瓜进行打压的行政令延长至2023年11月27日。该行政令称“尼加拉瓜政府持续系统性破坏民主宪制和法治，对美国国家安全和外交政策构成不同寻常的重大威胁”。另一方面，鉴于委内瑞拉丰富的石油储备，在美国全面且极限围堵俄罗斯的背景下，拜登政府调整对委政策，美高官多次访委，有限放松对委制裁，并逐渐疏离委反对派，声称“若委反对派决定结束‘临时政府’，美将予以尊重”。此番言论引发一度自封为总统的瓜伊多的强烈不满。由此可见，尽管美声称以所谓民主和人权原则指导和定调美拉关系，美对委政策调整最终因其全球战略的需要而部分回归了现实主义。不仅如此，为了拉拢“后院”左翼，拜登在2022年6月的美洲峰会上，宣布在拉美实施“美洲经济繁荣伙伴关系计划”，旨在增加在美洲的经济参与、促进疫情后的地区经济“公平复苏”。该计划涵盖启动投资、重振机构、清洁能源就业、弹性供应链和可持续贸易五个领域。外界普遍认为，该计划意在冲抵中俄在拉美日益增长的影响，尤其是要力避中国的“一带一路”在拉美发展进程中打下“中国烙印”。

五、结语

2022年，拉美经济虽然在疫情背景下呈现积极回升的态势，但增幅收窄势头明显，这表明仅仅依靠大宗商品价格驱动因素并不能根治拉美经济发展的沉疴痼疾，唯有推动结构转型、实现全要素驱动才能在全球产业链和价值链重构进程中摆脱低端落后的位置。地区左翼虽然掌控各国政治版图，但执政之路恐非坦途。地区各国朝野双方势均力敌，任何一方都不可能在对决中一劳永逸。2023年的阿根廷总统大选预示新一轮左右对决即将开始。拉美左翼借美洲峰会集体对美说不，这显示美国不再能随心所欲摆弄“后院”，拉美国家的集体意识不断上升，但美拉地缘政治的控制与反控制的关系并未发生根本性变化，“门罗主义”的幽灵依然在美洲大陆徘徊。

（中国国际问题研究院发展中国家研究所所长、研究员　王友明）

第九章

非洲形势：危机叠加　坚韧自强

2022年，受新冠疫情、乌克兰危机、极端天气等影响，非洲面临粮食、能源、金融等多重危机，部分地区政局不稳现象突出。低增长与高通胀同频共振，非洲经济面临滞胀风险。经济基础脆弱导致非洲多地安全局势恶化。同时，多国大选政权有序更迭、非洲自贸区建设的稳步推进、非盟成功调解提格雷冲突、非洲多国在数字经济等领域较好的发展势头，体现出非洲面对危机的自强和韧性。

一、前所未有的危机和挑战

囿于疫情危机、乌克兰危机和极端天气等因素叠加发酵，非洲大陆面临的困难增多。

（一）疫苗接种滞后，非洲成全球防疫洼地

截至非洲东部时间2022年11月28日下午6时，55个非盟成员国累计报告12124913例新冠肺炎确诊病例，累计报告死亡病例256174例，病死率为2.1%，占全球确诊病例的2%、死亡病例的4%。其中，44个非盟成员国报告的病死率高于全球平均水平。

目前，非洲大陆累计接种新冠疫苗8.022亿剂。其中，3.959亿人（占非洲总人口的28.7%）接种了部分疫苗，3.645亿人（占非洲人口的26.1%）接种了全部疫苗，只有4330万人（占非洲人口的3.1%）接种了加强针。塞内加尔、喀麦隆、刚果（金）、马达加斯加、苏丹等国疫苗完全接种率不足10%。[①] 非洲疫苗接种远落后于世界其他地区。据世界卫生组织预计，以目前的接种速度，预计到2025年4月，非洲才能完成70%的人口接种疫苗的目标。

疫情肆虐及疫苗接种不足严重影响非洲国家生产生活。自2020年2月非洲大陆发现首例新冠肺炎确诊病例以来，53个非盟成员国至少经历了三波疫情，48个成员国至少经历了四波疫情。受疫情影响，2021年非洲约有3000万人陷入极端贫困，约有2200万人丧失工作，人均收入预计将比疫情前低4%以上，这一趋势将持续到2023年。[②] 疫情导致非洲国家产业链、供应链、海运等贸易通道不同程度受阻。航空业、旅游业等损失尤其惨重。疫苗接种严重不足使非洲人更容易患上持续性疾病，并增加感染新变种的风险。世卫组织非洲区域主任穆蒂表示，新冠疫情结束在望，但如果非洲无法实现广泛的疫苗保护，就会导致危险漏洞，使病毒趁机卷土重来。[③] 疫苗接种率低在一定程度上导致2022年非洲人均国内生产总值增长落后于发达经济体。[④]

---

① 数据参见Africa Union & Africa CDC, *Outbreak Brief #150: Coronavirus Disease 2019 (COVID-19) Pandemic*, 28 November 2022, https://africacdc.org/download/outbreak-brief-150-coronavirus-disease-2019-covid-19-pandemic/。

② IMF, *World Economy Outlook 2022:Countering the Cost-of-Living Crisis*, October 17, 2022.

③ 《非洲新冠疫苗接种工作停滞不前》，联合国网站，2022年10月20日，https://news.un.org/zh/story/2022/10/1111617。

④ IMF, *World Economy Outlook 2022:Countering the Cost-of-Living Crisis*, October 17, 2022.

（二）非洲成为乌克兰危机的间接受害者

乌克兰危机及美西方对俄系列制裁导致全球大宗商品价格剧烈波动、供应链中断、金融市场脆弱性增大，非洲因其经济脆弱无辜“躺枪”。俄乌是全球农产品市场的重要供给方。俄乌小麦出口总量占全球29%，玉米占全球19%。乌还是世界葵花籽油最大生产国，俄则位居第二，两国葵花籽油产量占世界总产量的60%。而非洲国家十分依赖俄乌出口的小麦、食用油和化肥等产品。联合国贸易和发展会议数据显示，2018—2020年非洲从俄乌两国总共进口了价值51亿美元的小麦，占非洲小麦进口总额的44%。东非国家的小麦进口约有90%来自俄乌。[①] 乌克兰危机及制裁影响严重冲击非洲粮食供应链，导致非洲粮食不安全加剧。到2022年底，预计将有1.23亿人（占撒哈拉以南非洲总人口的12%）面临严重的粮食不安全问题。[②] 非洲低收入国家受危机的影响尤其严重，这些国家在危机前就经历了严重的营养不良和过度死亡。另外，俄乌都是铂族元素、镍和氖气等原材料的重要来源国，这些原材料是汽车工业、消费电子产品等行业关键部件制造的重要组成部分。因半导体芯片和催化转换器等重要汽车部件供应持续短缺，摩洛哥和南非汽车生产和出口受限，此外，消费电子产品也出现供应延误和价格上涨。

---

① UNCTAD, “The Impact on Trade and Development of the War in Ukraine,” 16 March 2022, https://unctad.org/system/files/official-document/osginf2022d1_en.pdf.

② IMF, *Regional Economic Outlook, Sub-Saharan Africa – Living on the Edge,* October 2022.

（三）极端天气频发，非洲沦为气候灾难的最大受害者

持续频发的气候灾难给非洲各国带来的消极影响不断加剧，日益严重冲击非洲正常社会经济发展。2022年初，南非夸纳省连续暴雨引发严重洪灾，大片土地被淹，多处公路铁路设施、电力系统遭到破坏，近4000所房屋被完全摧毁，超过4万人流离失所。东非地区的埃塞俄比亚、索马里、肯尼亚北部正经历40年来最严重的干旱和饥荒威胁。至2022年底，“非洲之角”有8200万人处于极度饥饿状态，饥饿人数比2021年增加60%。[①] 6月以来，非洲西部和中部地区遭遇强降雨和毁灭性洪灾，19个国家的500万人受到影响，数百人丧生，数万人流离失所，人们的生计遭到破坏，100多万公顷农田被摧毁。世界气象组织的报告指出，水资源压力以及干旱和毁灭性洪水等灾害正在严重打击非洲的社区、经济和生态系统；非洲的降雨规律被打乱，冰川在逐渐消失，主要湖泊也在萎缩；与此同时，用水需求不断增长，加之供水量有限且不可预测，非洲地区发生冲突和人民流离失所的危险加剧。[②]

非洲急需国际社会兑现承诺，支持其应对气候变化。2022年11月，《联合国气候变化框架公约》第二十七次缔约方大会（COP27）在埃及沙姆沙伊赫举行。这是2016年以来首次在非洲召开的气候大会，非洲国家对会议高度期待。非洲各国政府在

① 《粮食署：我们不能抛弃非洲之角遭受干旱的千万民众》，联合国网站，2022年12月1日，https://news.un.org/zh/story/2022/12/1112952。

② *WMO: Climate Change in Africa Can Destabilize "Countries and Entire Regions*", United Nations, September 8, 2022, https://news.un.org/en/story/2022/09/1126221.

COP27中有三大诉求，即“认识到非洲的特殊情况”、气候融资和清洁能源转型。但非洲的愿望并未实现。非洲多国政府曾联合要求设置COP27特别议程，讨论非洲各国的“特殊需求及情况”，但该提议遭到与会方否决。在会议上，非洲多国领导人一再强烈呼吁设立相关基金，以补偿最容易受到气候灾害影响但对造成气候变化问题责任最小的国家。虽然大会同意设立损失和损害基金，但具体资金如何保障依然是未知数。

二、政治动荡与内部矛盾增多

2022年，非洲政治秩序整体较稳定，但不稳定的一面有所上升。

（一）政变过渡期不稳

在经历2020、2021年的政变潮后，马里、几内亚、乍得等国进入艰难过渡期，过渡进程一波三折。马里政变后，受到西非经济共同体（简称“西共体”）严厉制裁。马里过渡政府与法国关系严重恶化，法国、德国等纷纷撤军，马里安全局势进一步恶化。马里过渡政府宣布将于2024年2月举行总统选举，西共体遂解除了对马里的部分制裁。几内亚过渡总统敦布亚上台以来，加紧搭建执政架构，组建以总理为首的过渡政府，高举反腐旗帜，肃清前总统孔戴及前政府高官势力，并严禁街头示威游行，树立过渡政府权威。过渡政府举措引发反对派不满，前总统孔戴同其执政时最大反对党首次结成同盟，政党格局重新洗牌，反对派多次发动示威游行，拒绝参加过渡政府发起的全国包容性对话，安全形势一度紧张，威胁政局稳定。经过近一年协商，几内亚过渡政府同西共体就过渡期限达成妥协，由最初提议的36个月确定为24个月。2021年4月，乍得前总统代比在前线督战时受伤不治身亡。乍得军队成立以代比之子、国家机构安全保障总局局长穆罕默德将军为首的军事过渡委员会，进入为期18个月的过渡期。2022年10月，乍得当局宣布第一阶段过渡期结束，同时将过渡期延长24个月并解散军事过渡委员会，穆转任过渡总统并组建过渡政府。

（二）政变及未遂政变时有发生

布基纳法索2022年两次发生政变。1月，陆军中校达米巴发动军事政变，宣布成立“拯救复兴爱国运动”（MPSR）过渡政权。随后，达米巴宣誓就任总统，并成立过渡政府。9月，陆军上尉特拉奥雷发动政变，宣布解除达米巴总统职务，由其本人担任“拯救复兴爱国运动”主席，并宣布解散政府和议会。2月1日，几内亚比绍发生未遂政变。几总理府称，政变分子企图刺杀包括总统和总理在内的国家政要，共造成包括袭击者在内的11人死亡。马里国土管理和地方分权部表示，一群“得到一个西方国家支持”的军官企图于5月12日在该国发动政变，但被国防和安全部队制止。

（三）社会矛盾突出

由于经济增长乏力、就业率低、通胀高企等原因，非洲民众对政府和社会的不满情绪不断集聚。在萨赫勒、中部非洲和“非洲之角”等热点地区出现暴力抗议和骚乱。2022年8月，塞拉利昂首都弗里敦等多地发生反政府暴力游行示威，抗议通货膨胀与生活成本高昂。8月，南非数千名工人举行游行，呼吁拉马福萨政府控制攀升的生活成本。10月，马拉维各大城市上演大规模示威游行，抗议腐败和基本生活必需品价格飞涨。除抗议示威外，非洲多国绑架等各类犯罪明显增多，社会治安恶化。南非谋杀、绑架、抢劫等各类刑事案件大幅上升。南非警察部发布的数据显示，2022年第二季度，南非发生各类犯罪案件共146465起，其中绑架案件就多达3550起。[①] 中国公民及侨胞在南非、尼日利亚等多国被绑架案件时有发生。

三、经济发展隐忧增多

受内外因素制约，非洲经济增长前景极其脆弱，经济滞胀风险加大，货币贬值严重、资本外流，债务风险居高不下。

（一）经济滞胀风险加大

2020年，非洲经济在经历了25年以来首次衰退后，2021年迎来强势反弹。但因全球经济增长放缓、金融环境恶化、乌克兰危机、全球通货膨胀等原因，非洲经济复苏势头遭遇寒流。根据非洲开发银行的预计，2022年非洲地区GDP增长4.1%。[②] IMF的最新报告预测，2022年撒哈拉以南非洲经济增长3.6%，好于全球整体增长预期，并在2023年维持在3.7%的水平，但短期前景"极不确定"。其中，南非2022年增长2.1%，尼日利亚3.2%，肯尼亚5.3%，埃塞3.8%。[③] 据世行估计，2022年撒哈拉以南非洲

① 《南非第二季度绑架案件多达3550起　华媒提醒侨胞注意》，中国新闻网，2022年9月5日，https://www.chinanews.com.cn/hr/2022/09-05/9844626.shtml。

② African Development Bank Group, *African Economic Outlook 2022: Supporting Climate Resilience and a Just Energy Transitionin Africa,* 25 May, 2022.

③ IMF, *Regional Economic Outlook, Sub-Saharan Africa—Living on the Edge*, October 2022.

经济增长只有3.3%。[①] 除增长放缓外，非洲经济通胀压力进一步增大。根据非洲开发银行的数据，非洲的平均通胀率将从2021年的13.0%升至2022年的13.5%。[②] 根据IMF的数据，撒哈拉以南非洲地区的消费者价格从2021年的11.1%上升到2022年的14.4%。[③] 绝大多数国家的通胀率都突破了央行设定的目标上限。在可获得高频数据的33个撒哈拉以南非洲国家中，只有4个国家7月份的年度总体通胀率低于5%。7月，通胀率达到两位数的国家有17个，这一数据在1月份是10个。尽管一些国家采取了积极的货币政策，但大多数国家的通货膨胀率仍居高不下。[④] 低增长与高通胀同频共振，再加上全球经济低迷，非洲面临的滞胀风险进一步加大。

（二）货币贬值严重、资本外流

2022年11月2日，美联储再次宣布加息75个基点，将联邦基金利率目标区间上调到3.75%—4%。这是美联储连续第四次加息75个基点。自3月以来，美联储已连续六次加息，累计加息375个基点。受加息影响，2022年1—10月，美元升值20%（以美元指数衡量），逼近2001年的高位。在美联储强势收缩政策影响下，众多发达经济体出于遏制通胀、防止资本外流、稳定本币汇

① World Bank, *Africa's Pulse:An Analysis of Issues Sharping Africa's Economic Future*, October 2022, Vol.26.

② African Development Bank Group, *African Economic Outlook 2022: Supporting Climate Resilience and a Just Energy Transitionin Africa*, 25 May, 2022.

③ IMF, *World Economy Outlook 2022:Countering the Cost-of-Living Crisis*, October 17, 2022.

④ World Bank, *Africa's Pulse: An Analysis of Issues Sharping Africa's Economic Future*, October 2022, Vol.26.

率等考虑，被迫跟进加息。发达经济体集体加息导致非洲在内的广大发展中国家货币严重贬值。2022年约有90个发展中国家的货币对美元贬值，其中超过三分之一的国家货币贬值超过10%。[①]根据Refinitiv数据，9月加纳塞迪兑美元汇率下跌40%。2022年1月以来，津巴布韦元持续贬值。南非兰特兑美元汇率多年来一直呈下降趋势，到2022年9月已贬值9%。11月，埃及镑兑美元汇率跌至0.041，创新低。在所有非洲主要货币中，只有赞比亚克瓦查对美元的汇率在2022年上涨6%。[②]美元加息除导致非洲本币贬值外，还使非洲面临资本流出、融资和偿债成本攀升、输入型通胀等风险。非洲超三分之二主权债券收益率差在8月突破700基点，远超一年前水平，非洲融资环境进一步恶化。[③]在肯尼亚，欧洲债券的利率从2021年发行时的6%，增加到现在的12%。[④]

（三）债务风险居高不下

2022年撒哈拉以南非洲地区债务占GDP的比重维持在59.5%的高位水平。2021年，非洲各国政府将其收入的16.5%用于偿还外债，而2010年这一比例不到5%。非洲38个“国际开发协会”国家中，16国面临中度债务风险，14国面临高债务风险，有8国

---

① 《发达国家“加息潮”冲击世界经济》,《人民日报》海外版，2022年11月5日，第6版。

② CNBC, “*These Currencies have Tanked This Year — and One Is down over 75% against the Dollar*,” https://www.cnbc.com/2022/11/14/these-currencies-have-tanked-this-year-and-one-is-down-over-75percent-against-the-dollar.html.

③ IMF, *World Economy Outlook 2022: Countering the Cost-of-Living Crisis,* October 17, 2022.

④ World Bank, *Africa's Pulse: An Analysis of Issues Sharping Africa's Economic Future*, October 2022, Vol.26.

陷入债务困境。[①] 债务占GDP达到70%的国家中，超过三分之二是非资源丰富国家。厄立特里亚（234.9%）、苏丹（183.8%）、佛得角（147.7%）、加纳（104%）和莫桑比克（102.6%）债务占GDP比率都超过100%。整体而言，非资源丰富国家债务占GDP的比重将从2021年的65.1%上升到2022年的65.6%。除南苏丹外，非洲石油出口国的债务占GDP的比重将从2021年的59%降至2022年的51.5%。[②] 需要指出，非洲债务自2012年以来就一直在增加，疫情等因素凸显出其面临的债务困境。2012年，撒哈拉以南非洲国家外债是3800亿美元，2020年超过7000亿美元，增长翻了一番。2020年，非洲外债存量占其总出口的比例达到202%，这一数据在2012年是82%。非洲外债偿还占其出口的比重从2012年的5.9%，升高到2020年的21%。非洲外汇储备占外债的比重从2012年的50.5%，下降到2020年的20.5%。[③] 债务风险升高严重限制了非洲政府利用财政手段发展经济的能力，导致非洲国家陷入高负债、低增长的恶性循环。

四、局部安全局势持续恶化

非洲经济的低增长、高通胀导致非洲安全风险增大。

自2019年以来，萨赫勒西部地区，特别是马里中部、布基纳法索、尼日尔西部及三国交界地带的暴恐势力猖獗，地区安全局

① World Bank, *Africa's Pulse: An Analysis of Issues Sharping Africa's Economic Future,* October 2022, Vol.26.

② Ibid.

③ World Bank, *International Debt Statistics 2021*, https://openknowledge.worldbank.org/bitstream/handle/10986/34588/9781464816109.pdf?sequence=4&isAllowed=y.

势极其脆弱。该地区2022年发生约2800起暴力事件，比2021年翻一番。“伊斯兰人民阵线”“大撒哈拉伊斯兰国”“马西纳解放阵线”等极端组织不断扩大暴恐强度和活动范围。

在“非洲之角”，索马里青年党持续加大对索民用和军用设施袭击。2022年以来，索马里至少有613名平民遇害，948人受伤，伤亡人数达2017年以来的最高纪录，比上一年增长了30%以上，其中至少94%伤亡系青年党造成。[①] 2022年5月16日，拜登总统签署行政令，批准在索马里部署不超过500名的特种作战部队。索马里新当选总统哈桑·谢赫·马哈茂德对美军重返表示欢迎。

“M23运动”死灰复燃，刚果（金）与卢旺达关系紧张。刚果（金）指责卢旺达支持刚反政府武装“M23运动”，卢旺达对此予以否认。卢旺达则指责刚果（金）军方向卢旺达反政府势力“卢旺达解放民主力量”提供支持，后者涉嫌参与了1994年的卢旺达大屠杀。2022年以来，“M23运动”武装成员在刚果（金）北基伍省多个地区与刚果（金）政府军交火。2022年“M23运动”对刚果（金）政府军的进攻是过去十年来规模最大的一次。据报道，“M23运动”已控制该国东部部分城镇，继续巩固数月来在战事中取得的进展。

在莫桑比克北部的德尔加杜角省，暴恐侵袭严重影响地区安全。ICOVER全球安全研究信息数据库显示，截至2022年6月下旬，德尔加杜角省仍频发非法武装分子袭击事件，并有迹象表明袭击正外溢至邻近楠普拉省等地。2017年10月以来，德尔加杜角省偏远县区频遭疑似伊斯兰极端武装组织“圣训捍卫者”（Ansar

① 《索马里青年党袭击激增，导致大量平民伤亡》，联合国网站，2022年11月14日，https://news.un.org/zh/story/2022/11/1112382。

Al-Sunna）滋扰袭击，当地治安形势持续恶化。其后该组织宣布效忠跨境极端组织“伊斯兰国”。2021年以来，当局在上述地区部署地方武装力量，并联合卢旺达政府、南部非洲发展共同体驻莫桑比克特派团（SAMIM）共同开展军事打击行动，取得一定成效，但根除恐怖主义任重道远。

五、非洲在危机中坚韧前行

尽管遭遇危机，非洲国家在政治经济等多领域展现韧性和谋求发展的强烈愿望。

非洲“逢选必乱”魔咒进一步被打破。2022年，非洲多国举行选举，虽然选情胶着，但并未出现大规模骚乱。肯尼亚、安哥拉两个重点国家的大选具有风向标意义。8月15日，肯尼亚选委会宣布，联合民主联盟党候选人、现任副总统威廉·鲁托在总统选举中击败前总理拉伊拉·奥廷加，当选肯尼亚新总统。尽管从2021年开始，围绕大选，肯尼亚政治势力争夺激烈，但最终以较和平的方式完成权力交接，体现出肯尼亚政治制度的韧性。9月8日，安哥拉宪法法院确认安大选最终计票结果有效，“安哥拉人民解放运动”（简称“安人运”）以51.17%的全国得票率赢得124个议席，党主席洛伦索成功连任总统。尽管此次选举史无前例地激烈，但并未出现大规模的抗议和示威。另外，索马里、塞内加尔、冈比亚、赤道几内亚等均举行总统、议会或地方选举，选情稳定。在展望2022年非洲政治形势时，多家研究机构对选举可能造成的非洲乱局发出强烈预警，但事实证明，以老眼光看非洲政治发展已不合时宜。

埃塞俄比亚提格雷冲突和解现曙光。2022年11月12日，埃塞俄比亚联邦政府与“提格雷人民解放阵线”（以下简称“提人阵”）签署协议，为落实双方此前达成的和平协议制定了路线图。此前，在非盟的牵头调停下，双方在南非达成协议，宣布“永久停火以结束埃塞俄比亚北部持续约两年的冲突”。历时约两年的冲突牵动全球神经，如今以和解结束，对于“非洲之角”乃至非洲大陆的和平与稳定有着特别的意义。提格雷冲突以来，非盟在推动冲突解决中作用不彰被广泛诟病。此次非盟成功调解，赢得国际尊重。尼日利亚前总统奥巴桑乔等前政要在调解中发挥的作用也表明，非洲有自身独特的资源和优势处理自己的问题。

非洲大陆自贸区建设稳步推进。在百年变局与世纪疫情叠加共振的背景下，非洲国家坚持多边主义和自由贸易，勠力同心，推动自贸区建设稳步推进。首先，自贸协定批准、谈判工作有序推进。《非洲大陆自由贸易区协定》的批准和谈判工作是非洲自贸区建设的重中之重。截至2022年11月，44个非洲国家已批准《协定》，并向非盟递交了批准书，占签署《协定》国家的80%以上。《协定》成为非洲联盟历史上批准速度最快的协定，体现了非洲国家对自贸区的殷切期待。《协定》谈判方面，包括“货物贸易议定书”在内的多个议定书均已完成。在国际贸易协定谈判过程中，原产地规则的确定极为重要也极其艰难。目前，非洲自贸区已完成对8000余种产品原产地规则谈判进程的88%，尤其在汽车、纺织品、服装和糖类等领域取得重要进展。其次，自贸区支撑体系建设不断完善。2022年初，非洲自贸区秘书处联合非洲进出口银行等推出泛非支付结算系统，使非洲国家能够使用本国货币在非洲大陆进行及时、安全和快速支付，预计每年为非洲大陆节省50亿美元支付成本。为促进贸易便利化，秘书处推出“非洲自贸区中心”平台，为中小企业提供便捷信息等服务。秘书处与非洲开发银行等合作，设立非洲自贸区调整基金，用以支持非洲自贸区缔约国适应新的自由化和一体化贸易环境，减轻因降低关税和提升市场自由度可能造成的收入损失和竞争压力。

非洲各国加速数字经济、能源转型投资布局。Endeavour Nigeria 2022年6月9日发布的一份报告预测，到2050年，非洲数字经济的规模将增长6倍，从目前的1150亿美元增至7120亿美元。报告还指出，非洲的数字机遇正在加速吸引资金：2015—2021年，非洲数字经济投资增长了18倍，2020—2021年，非洲数字经济投资增速是全球增速的2倍。[①] 鉴于发展数字经济的巨大机遇和空间，地区国家相继出台和更新政策推动产业数字化转型。南非通信和数字技术部2021年发布国家数据和云政策草案，把数字经济列入优先发展规划，期望打造一个“数据密集和数据驱动的南非”；尼日利亚政府2021年6月宣布成立国家新兴技术中心、国家数字创新创业中心、人工智能和机器人中心，2022年初又正式发布5G数字经济国家计划；埃塞俄比亚政府宣布优先发展数字经济的新政策，并出台多项新的法律法规，以改善数字经济监管环境。除数字经济外，非洲多国加大对能源转型的投资布局。南非绿色氢产业国家计划已确定3000亿兰特投资计划，该计划已被指定为该国《基础设施发展法案》所规定的加速发展战略综合项目。南非总统拉马福萨表示，在欧洲和亚洲国家寻求进口绿色氢以实现脱碳和加强能源安全之际，南非政府正在寻求利用该项目以将该国定位为“首选投资目的地”。尼日利亚公布了其能源转型计划，旨在到2030年消除能源贫困，其中包含2060年净零排放目标，将重点关注电力部门改革、天然气和太阳能增长，并确保每年获得100亿美元的外国投资以实现气候中和目标。

① Endeavor, *The Inflection Point: Africa's Digital Economy Is Poised to Take of*, June 2022, https://endeavornigeria.org/wp-content/uploads/2022/06/Endeavor_The-Inflection_Point_June-2022.pdf.

六、结语

2022年，百年变局加速演进，非洲面临的和平赤字、发展赤字、安全赤字、治理赤字加重。在此背景下，非洲立足于办好自己的事这个根本，不断推进自身团结与发展。2022年也是非盟成立20周年，站在新征程上，面对内外部环境的深刻挑战，非洲唯有团结自强，才能迎来发展复苏的曙光。

（中国国际问题研究院发展中国家研究所助理研究员　马汉智）

第十章

中东形势：博弈加剧 展现自主

当前，全球进入新的动荡变革期。乌克兰危机爆发给中东地缘形势、能源、安全形势带来新变化。面对大国博弈压力，中东国家战略自主明显增强；域内外大国为争夺在该地区政治、安全、经济新秩序格局中有利地位的博弈加剧。中东国家与中国合作意愿强烈，中国提出的全球发展倡议和全球安全倡议在中东广受欢迎，中阿峰会、中海峰会成功举办，推动中国与中东国家关系发展进入新时期。

一、大国博弈加剧，中东国家战略自主增强

乌克兰危机成为2022年中东局势最主要的外部变量。一方面，各域外大国出于地缘政治、能源等考虑，纷纷加大对中东的关注和争夺；另一方面，中东国家，特别是海湾产油国，享有更大战略回旋空间，表现出对多边主义的浓厚兴趣，战略自主显著增强。

（一）美国加大对中东重视程度，但成效未达预期

2022年拜登政府中东政策出现微调，从“消极收缩”向“有

为收缩”转变，在战略收缩总基调下，强化在能源领域话语权，从大国博弈角度设计、实施美国的中东战略。乌克兰危机是这一转变的最主要动因。美国希望中东盟友加入其制裁俄罗斯的阵营，并在平抑能源价格方面提供帮助。然而，中东国家对美国的要求表现出抗拒情绪，拒绝选边站队。沙特与阿联酋领导人拒接拜登电话，[①] 不愿配合美国石油增产要求。为改变这一状况，拜登7月亲访中东，并召开“中东峰会”，宣称“美国回来了”。此举不仅是为改善美国与中东盟友关系、重塑其在中东的影响力，更重要的是希望与中、俄“抢夺中东”，避免“俄、中、伊朗填补中东权力真空”。[②]

中东国家对美国的政治盘算心知肚明，因此未予以积极回应。究其原因，一方面，美国仍将中东置于其全球外交的中后位置，“中东峰会”亦排在美国与欧盟、东盟、拉美等多个地区峰会之后；另一方面，美国“口惠而实不至”，拜登虽然多次表示将协助盟国应对所谓伊朗威胁，但却表示将致力于通过外交手段为冲突降级，对沙特、阿联酋等盟友所提防务安全要求避重就轻。沙特等国无视美欧对增产的要求和对平抑国际能源价格的呼吁，显示美国对传统盟友的掌控力显著下降。

拜登政府中东政策向“有为收缩”转变，主要体现在不再放纵中东地缘形势和地区安全架构由域内国家和其他域外大国塑造，而是强化美国的离岸制衡手段，通过拉拢印度、以色列、阿

---

① 《想求助石油？美媒爆：沙特和阿联酋领导人拒接拜登电话》，环球网，2022年3月9日，https://world.huanqiu.com/article/477Tbx262XV。

② “‘No Vacuum for China, Russia, Iran’ to Fill in Middle East, Says Biden at Arab Summit,” *South China Morning Post*, July 16, 2022, https://www.scmp.com/news/world/middle-east/article/3185538/us-made-mistakes-too-saudi-official-says-prince-told-biden.

联酋组建“I2U2”小多边机制，并组建“中东防空联盟”（Middle East Air Defence Ailiance，MEAD），由美国主导重塑地区政治、经济、安全新架构。但无论是“消极收缩”还是“有为收缩”，美国减少对中东的战略投入是既定策略，并已写入最新的美国《国家安全战略报告》。[①] 无论官方如何宣称，长期看，美国对中东的实质性投入会进一步减少。

（二）俄罗斯积极寻求在中东“战略突围”

乌克兰危机发生后，俄罗斯在中东的战略重心出现转移，在叙利亚、利比亚等传统中东战略支点地区的投入显著降低，转而大力发展同海合会国家的政治、能源和经济关系，并积极回应阿拉伯国家在粮食进口等方面的需求。

2022年7月，拜登前脚离开沙特，普京旋即到访中东，与伊朗和土耳其总统举行三国首脑会议，谴责美国劫掠叙利亚并要求美军撤离。乌克兰危机爆发后，普京与中东九国领导人进行了19次通话，外长拉夫罗夫7次访问中东。随着美国愈发将乌克兰危机与其宣扬的“价值观外交”捆绑，中东国家在该问题上与美国的立场差距越来越大。针对美欧对俄罗斯石油限价图谋，俄罗斯成功将海湾产油国拢入自己阵营，并告诫其若西方此举成功，“下一个将成为限价目标的就是阿拉伯国家”。[②] 俄罗斯在中东实现突围，一方面得益于自身积极的外交攻势；另一方面，也是由于地区国家对俄需求快速上升。双方在能源、粮食等领域的合作水平

① “National Security Strategy,” The White House, October 12, 2022, p.12.

② “The Battle over Russian Oil Is Just Beginning,” *The National Interest*, September 13, 2022, https://nationalinterest.org/feature/battle-over-russian-oil-just-beginning-204760.

屡创新高。俄罗斯企业及富豪因担忧西方制裁而将资金转移到海湾国家，也极大缓解了阿联酋等国因西方资金快速外流导致的财政压力。

（三）各大国角逐加剧，中东再成“新中间地带”

中东也是欧洲、印度等域外力量多年重点经营的地区，区域利益错综复杂。各域外力量同中东国家沟通交流显著增多，各方围绕地区秩序、地缘、能源、安全四条线激烈竞争。

欧洲国家为应对迫在眉睫的能源短缺，明显增强了对中东的重视，并提出与海湾国家构建“战略伙伴关系”。根据欧盟设想，该伙伴关系不仅着眼当下，更是一个中长期、面对“全球性挑战”的综合性伙伴关系，尤其注重气候变化、绿色和数字转型、后疫情时代的经济复苏等课题。基于该伙伴关系，欧盟计划进一步介入海湾地区的安全议程，搭建由地区国家主导的安全机制，并开展在邻近地区的三方安全合作。在欧盟看来，透过该机制，海湾国家可以更好地“实现经济多样化，摆脱对化石燃料的依赖”。[①]欧盟为海湾国家描绘了一个“美好未来”，但现阶段，欧盟首先需要中东国家助其渡过能源危机。这种长期与近期、理想与现实的割裂，让欧盟在与其他国家争夺中东的竞争中处于下风。

印度大幅扩张同海湾沿岸国家的经贸往来。2021—2022财年，印度同地区国家双边贸易总额达到创纪录的1500亿美元，其中对海湾沿岸国家出口近440亿美元，较前一年增长58%，进口

① “Questions and Answers on the Joint Communication on a Strategic Partnership with the Gulf,” Official Website of European Commission, May 18, 2022, https://ec.europa.eu/commission/presscorner/detail/en/QANDA_22_3166.

1110亿美元，增长约85%。[①] 与此同时，沙特与阿联酋的国家主权基金也在增加对印度的直接投资，双方经贸关系进一步成熟化。印度希望与海湾国家构建彼此倚赖的互惠关系。在能源领域，印度从海湾地区进口的石油和天然气均超过其总进口量的50%；在农业领域，印度为因乌克兰危机而食品来源短缺的中东国家及时提供小麦、糖、水果和蔬菜补给；在战略领域，印度通过与阿联酋、以色列、美国在I2U2框架机制下的合作，深度参与中东事务，并主动将之与美国的“印太战略”更紧密地绑定，增进美国及地区国家对印度的借重。

（四）中东国家战略自主显著增强，拒绝选边站队

美国在中东的霸权逐渐衰落，弱化了其对地区强国的牵制能力。大国博弈背景下，全球性大国纷纷拉拢中东国家，赋予中东强国更大的战略自主性、选择性和灵活性。

一方面，中东国家明确向西方利己政策说“不”。乌克兰危机后，西方寄希望于海湾国家增产以填补因制裁俄罗斯导致的能源缺口，平抑全球能源价格，缓解西方国家通货膨胀压力。然而海湾国家深知，当前的全球能源短缺并非由结构性供需矛盾导致，乃是美欧地缘政策一手造成的短期结果。中长期看，全球经济受新冠疫情影响，仍将在一段时期内艰难复苏；国际社会应对气候变化，以及为实现碳中和、碳达峰所做的努力，都会令市场对传统能源的需求大幅削减。更重要的是，由于西方国家现有能源基础设施利用率已近饱和，海湾国家单方面提高能源产量并不

① “Will Prophet Remarks Controversy Shake India-Middle East Trade?” Al Jazzera, June 16, 2022, https://www.aljazeera.com/economy/2022/6/16/will-prophet-remarks-controversy-shake-india-middle-east-trade-ties.

能解决各国能源短缺问题，反而将扰乱国际市场价格，损害能源输出国自身利益。沙特等国明确表示，将把能源作为捍卫自身国家利益的利器，而非他人手中的一张牌。海湾国家决心不再为满足西方国家的利益做出无谓牺牲。

另一方面，中东国家积极参与新的多边主义合作。面对美西方挑动大国博弈、阵营对抗的做法，中东国家不愿选边站队，展现出对多边主义国际合作的浓厚兴趣。例如，埃及、沙特、阿尔及利亚、伊朗等国纷纷表示希望加入金砖国家，希望同新兴市场国家加强在重大国际事务上的沟通与协调，促进双多边经贸、能源、发展转型等务实合作。在“冷战思维”“阵营对抗”回潮之际，中东国家寄希望于与新兴市场国家的多边合作可成为国际政治经济新秩序中的重要力量，探寻在阵营对抗以外的国际秩序“第三条道路”，以此创造更多元、平衡、宽松的外部发展环境和战略回旋空间。

二、内部关系趋缓，地区发展迎来新契机

为因应域内外地缘格局的重大调整，争取自身利益最大化，中东国家关系加速新一轮分化重组，但总体呈缓和态势，重修旧好成为地区国家间交往的一大特征。然而，传统热点问题仍在发酵，结构性矛盾并未有效解决。中东国家在求同存异的氛围下，力求抓住发展机遇，营造地区发展新契机。

（一）谈判和解成主流，地区国家间关系总体向好发展

2022年中东各主要阵营求同存异趋向显著增强，地区间国家关系加速缓和。

沙特王储穆罕默德与土耳其总统埃尔多安在年中互访，结束了两国自卡舒吉事件以来长达四年的冰冻期，取消了相互间贸易、交通、文化等方面的限制，并致力于增进民间交往。[①] 沙特与伊朗在伊拉克的调解下进行了五轮对话，双方对对话结果感到满意，认为是“积极认真”“且有望取得进展”，[②] 并期待将双方对话提升到“外交层面”。沙特王储穆罕默德表示，双方“是永远的邻居，找到共存之路对彼此都好”；[③] 伊朗总统莱希认为，“重建并夯实伊朗与沙特的关系符合地区安全利益”。[④] 作为沙特的主要盟国，科威特与阿联酋于2022年先后同伊朗恢复大使级外交关系，海湾地区紧张的安全形势得到明显缓解。

以色列与阿联酋在建交一年半后，签订双边自由贸易协定。这是以色列与阿拉伯国家签订的首份自贸协定。根据该协定，双方将互免96%的双边关税，涉及食品、农业、化妆品、医疗设备、药品等领域，并将就海关、政府采购、电子商务、知识产

---

① “‘A New Era’: Saudi Arabia’s MBS in Turkey as Nations Mend Ties,” Al Jazeera, June 22, 2022, https://www.aljazeera.com/news/2022/6/22/saudi-crown-prince-mbs-visits-turkey-as-countries-normalise-ties.

② 《伊朗外交部：与沙特就关系正常化进行的会谈取得很好进展》，新华网，2022年8月23日，http://www.news.cn/2022-08/23/c_1128937184.htm。

③ “Iraq PM Visits Saudi Arabia and Iran in Bid to Revive Talks between Two Sides,” Middle East Eye, June 26, 2022, https://www.middleeasteye.net/news/iraq-pm-visits-saudi-arabia-mediate-talks-iran.

④ “Rebuilding Iran-Saudi Ties Benefits Regional Security: Raisi,” Tasnim News Agency, August 30, 2022, https://www.tasnimnews.com/en/news/2022/08/30/2766293/rebuilding-iran-saudi-ties-benefits-regional-security-raisi.

权保护等议题展开监管合作。[①] 与此同时，以色列与土耳其关系也迅速回暖，两国宣布恢复全面外交关系并互派大使。此举有助扩大双边经济、贸易和文化交流，加强区域稳定，并为将来在东地中海油气田、输欧油气管道建设等领域的合作奠定了良好政治基础。

作为中东“小国大外交”的典范国家，卡塔尔充分利用世界杯契机开展主场外交，成功邀请埃及、土耳其、沙特领导人共同出席开幕式，结束了此前因断交风波引发的地缘关系紧张。

应该看到，中东国家间结构性矛盾并未解决，地区缓和态势仍不稳固。地区国家围绕秩序、地缘关系、能源、安全四条主线激烈竞争。与此前不同的是，各国间竞争形式由以军事对抗为主，逐步转向政治结盟与经济竞争并重。出现这一转变，一方面是由于在此前的硬对抗中，各方未能实现既定战略目标，反而导致地区擦枪走火事态频繁发生，迫使各方反思应对策略；另一方面，受新冠疫情及全球经济下行的持续影响，中东国家财政状况普遍不佳，无法支撑原有强硬路线，不得不以谈判、结盟代替过去的压制、对抗手段。

（二）地区发展迎来新契机，传统问题失焦

乌克兰危机以来，中东凭借丰富的能源储量，战略重要性显著提高，政策回旋余地不断加大。能源外交成为域外国家与中东国家交往的主线，大量石油美元暂时缓解了海湾阿拉伯国家的财政压力和资本外流危机，使其重启经济多样性改革成为可能。同

① “Israel-UAE to Sign Historic Free Trade Agreement,” Ministry of Foreign Affairs of Israel, May 30, 2022, https://www.gov.il/en/departments/news/israel-uae-to-sign-historic-free-trade-agreement-30-may-2022.

时，由于国际关注度被乌克兰危机和大国博弈吸引，中东传统热点问题正在失焦，各方势力暂收锋芒，多呈冷对峙观望之势。

1. 中东能源产业面临“近升远降”态势

“升”是指乌克兰危机极大推升了中东在全球能源格局中的地位，中东国家获得了近年来少有的“战略主动”空间。2011年以来，中东国家普遍开始“向东看”，亚太市场成为中东各国关注的重点。当前形势下，欧洲诸国领导人纷纷寻求合作，中东再次成为“香饽饽”，出现“东张西望”态势。作为全球油气资源的传统主力供应地区，在突发地缘危机的背景下，中东国家正发挥着“机动生产商”的作用，话语权大幅提升。海合会诸国2022年国内生产总值增幅创历史新高，据国际货币基金组织估算，其2022年增长率或达6.5%。[①] 海湾各国希望抓住这一难得发展机遇期，为各自经济的可持续发展和产业升级争取更多有利条件。

“降”是指在气候变化业已成为国际公认的重要议题背景下，全球对于传统能源的需求从长期来看仍是下降趋势，中东国家面临着进行经济产业转型的必答题。在这一维度上，中东国家一方面要抓住未来二三十年最后机遇期，最大限度地争取获得更多能源地租收益；另一方面也必须加快技术升级，特别是对新能源技术的研发和利用，优化风能、太阳能、水利能等清洁能源的利用水平，加大对碳捕集、利用和封存（CCUS）技术的投入，并适时开展对民用核能的研发与利用。在上述两方面，中国都具有明显优势，中国的市场、资金、技术和产能对中东国家意义深远，因此，加强对华能源合作已成为海湾国家的普遍意愿。

---

① “Gulf Countries Should Maintain Reform Momentum, Despite Oil Boom,” International Monetary Fund, November 29, 2022, https://www.imf.org/en/News/Articles/2022/11/28/cf-gulf-countries-should-maintain-reform-momentum-despite-oil-boom.

2. 热点问题总体呈降温态势，但矛盾难解

巴以问题再生波澜。域内外各方虽均强调“两国方案”的重要性，但当下采取实际行动的主观意愿和客观基础均不牢固，巴以对峙延宕。2022年8月，以色列同巴勒斯坦伊斯兰圣战组织（杰哈德）发生交火，造成300余人死伤。[①] 外界观察家认为，时任总理拉皮德及其领导的“拥有未来党”凭此军事行动收获了众多国内支持，政治利益成为左右军事行动的重要考量。2022年底，以色列右翼政党联盟成功组阁，明确表示将恢复在约旦河西岸定居点建设，[②] 并将委任极右翼犹太复国主义党的联盟伙伴负责实施。[③] 可以预见，以色列新政府的相关举措将受到国际社会和域内国家的普遍反对，巴以和平也将再次面临严峻考验。

也门局势呈现脆弱和平。2022年4月初，在联合国斡旋下也门冲突各方达成停火协议，在沙特等国推动下，也门组建总统领导委员会，哈迪总统向该委员会移交全部权力。对于该停火协议，地区国家和组织大多表示欢迎。该协议为各方寻求也门局势回归和平稳定、实现政治和解进行了有益探索。然而，该协议缺乏监督机制，也门各方在停火实践中频繁指责对方违反协议。特别是胡塞武装始终拒绝承认总统委员会的合法性，这为更深层次

① “Israel-Palestine Updates: Ceasefire in Gaza Comes into Force,” Al Jazeera, August 7, 2022, https://www.aljazeera.com/news/liveblog/2022/8/7/israel-palestine-latest-updates-dozens-killed-in-three-day-gaza-assault.

② “Netanyahu, Far-right Ally Said to Agree Government Will Advance West Bank Annexation,” *The Time of Israel*, December 22, 2022, https://www.timesofisrael.com/netanyahu-far-right-ally-said-to-agree-government-will-advance-w-bank-annexation/.

③ “Netanyahu to Cede Some West Bank Settlement Building Powers,” *Jerusalem Post*, December 24, 2022, https://www.jpost.com/israel-news/article-725729.

的政治和解造成了阻碍。根据协议，每次停火为期两个月，经各方同意可续约。协议签署后，各方成功续约两次至10月2日，然而因胡塞武装未同意继续延长而被迫中止。协议到期以来，也门尚未发生全面战争，但零星武装冲突不断，不排除战事再起的可能性。[①]

叙利亚内战陷入拉锯局面，越境打击频繁发生。土耳其以打击恐怖分子为名，自2022年11月下旬起对叙北库尔德人聚居区实施代号为“爪剑”的空中打击；以色列保持对叙境内伊朗及其代理人的军事压制，为达目的不惜打击民用基础设施。各方持续冲突造成大量平民伤亡，恶化了人道主义危机。总体而言，叙政府虽已重新控制全国大部分领土，但想要“打扫干净屋子”仍任重道远。一方面，目前叙利亚全面政治和解方案尚不存在，外国势力对境内代理人的控制仍然强劲，短期内反对派几乎不可能与政府实现政治和解。另一方面，武力统一的能力和条件也不具备，战乱之后的叙利亚国力虚弱，面对一众割据的反对派势力，叙政府有心无力，只能维持现状。

3. 伊核问题错过多次解决契机，伊朗社会稳定面临考验

2022年以来，围绕伊核协议的谈判曾多次展现复签曙光，中、俄、欧多方斡旋，但最终错失复签契机。拜登政府一方面希望将复签伊核协议作为重要外交成果，另一方面担心复签协议会破坏其重整地区同盟体系的努力，更担心受到国内共和党责难。在美国民主党中期选举丢失众议院控制权的背景下，即便白宫强

① “Fresh Houthi Attacks Risk Renewing Conflict, Humanitarian Plight in Yemen, Special Envoy Tells Security Council, Urging Maximum Restraint,” United Nations, November 22, 2022, https://press.un.org/en/2022/sc15114.doc.htm.

推复签协议，伊朗也会因为担心共和党再次上台后撕毁协议，而将风险兑价抬高，令各方达成一致的可能性进一步降低。面对部分地区盟友反对伊核协议的压力，美方或更倾向于将谈判推向形式主义。拜登在2022年11月曾表示，“伊核协议‘已死’，但美国官方不会公开这么说”。[①]

此外，伊朗社会稳定正经历新一轮考验。2022年9月16日，22岁的伊朗女性阿米尼因涉嫌违反伊朗头巾法被道德警察逮捕并在昏迷3日后死亡。此事引发伊朗国内大规模抗议示威活动。目前西方国家有意将伊朗“人权”问题、伊朗在乌克兰危机中对俄支持与复签伊核协议相关联，将关于伊核问题的技术谈判政治化，显示西方对促成协议复签的真实意愿在降低。

4. 粮食安全、人道主义危机等非传统安全挑战日益严峻

中东诸场局部冲突烈度虽有所缓和，但始终未能达成和平协议，难民问题被一再拖延乃至进一步恶化。中东多个难民营在2022年出现食物和水资源短缺，部分难民营更是受到冲突方袭击，安全形势急剧恶化。[②]难民潮对欧洲方向的压力未减，以难民为筹码进行政治要挟已成为地区政治“新常态”。

与此同时，新冠疫情与乌克兰危机导致的公共卫生危机与粮食危机持续恶化，催生社会中的不稳定因素。中东各国对俄、乌两国粮食依赖严重，受冲突影响粮食进口中断，加之本币贬值、

① “Biden in Newly Surfaced Video: Iran Nuclear Deal Is ‘Dead’,” AXIOS, December 20, 2022, https://www.axios.com/2022/12/20/biden-iran-nuclear-deal-dead-video.

② “UN Envoy Warns against ‘Worrying and Dangerous’ Military Escalation in Syria,” United Nations, November 29, 2022, https://news.un.org/en/story/2022/11/1131157.

通胀高企、财政赤字严重，部分国家难以维系长期的粮食补贴政策。普通民众对粮价上涨十分敏感，黎巴嫩、阿尔及利亚、伊拉克等多国均出现不同程度抗议示威浪潮。

三、中国与中东国家合作再上新台阶

中国同阿拉伯国家关系迈入新时代。2022年12月7—10日，习近平主席赴沙特利雅得出席首届中国–阿拉伯国家峰会、中国–海合会峰会并对沙特进行国事访问。此次出访是新中国成立以来中国面向阿拉伯世界规模最大、规格最高的外交行动，成为中阿关系发展史上具有划时代意义的里程碑。[①] 中阿峰会上，习近平主席提出中阿务实合作“八大共同行动”，双方发表《首届中阿峰会利雅得宣言》《中华人民共和国和阿拉伯国家全面合作规划纲要》和《深化面向和平与发展的中阿战略伙伴关系文件》，一致同意全力构建面向新时代的中阿命运共同体。中海峰会上，习近平主席提出未来三到五年中海合作五大重点领域，双方发表《中海峰会联合声明》和《中海战略对话2023年至2027年行动计划》。访沙期间，习近平主席同萨勒曼国王共同签署《中沙全面战略伙伴关系协议》，双方发表《中沙联合声明》，并将中沙高级别联合委员会牵头人级别提升至总理级。访问期间，习近平主席还分别同近20位阿拉伯国家领导人举行双边会见。“三环峰会”引领中阿、中海和中沙关系迈进全面深化发展的新时代。

中国同伊朗保持密切高层交流。2022年9月16日，习近平

① 《2022年12月7日外交部发言人毛宁主持例行记者会》，中华人民共和国外交部网站，2022年12月7日，https://www.mfa.gov.cn/web/fyrbt_673021/202212/t20221207_10986564.shtml。

主席在出席上合组织撒马尔罕峰会期间会见伊朗总统莱希，强调巩固和发展中伊全面战略伙伴关系是两国共同战略选择。[①] 2022年12月10—14日，国务院副总理胡春华应邀访伊。国务委员兼外交部长王毅年内六次同伊朗外长通话，两次面对面会谈。2022年1月14日，中伊宣布启动两国全面合作计划落实工作，一致同意加强能源、基础设施、产能、科技、医疗卫生合作，拓展农渔业、网络安全、三方合作，深化教育、电影、人才培训等人文交流，打造更多实实在在的合作成果。[②] 在伊核问题上，中国始终支持包括伊朗在内的有关各方为复签伊核协议所做的努力，坚定支持全面协议恢复履约谈判并建设性参与相关进程。

中国同土耳其关系稳中有进。2022年9月16日，习近平主席在出席上合组织撒马尔罕峰会期间会见土耳其总统埃尔多安。中土同为发展中大国和新兴市场国家，在捍卫自身权益、追求发展振兴、维护国际公道方面拥有诸多共同利益。中土共同倡导真正的多边主义，维护国际公平正义，在联合国、二十国集团、上海合作组织等多边组织内加强合作，共同推动中土战略合作关系朝着更高水平发展。[③]

中国同以色列创新伙伴关系务实前行。2022年是中以建交30周年。2022年1月24日，国家主席习近平同以色列总统赫尔佐格互致贺电。同日，国务院总理李克强同时任以色列总理本内特互

① 《习近平会见伊朗总统莱希》，新华网，2022年9月16日，http://www.news.cn/politics/leaders/2022-09/16/c_1129007739.htm。

② 《王毅同伊朗外长阿卜杜拉希扬举行会谈》，中华人民共和国外交部网站，2022年1月15日，https://www.mfa.gov.cn/wjbzhd/202201/t20220115_10495894.shtml。

③ 《习近平会见土耳其总统埃尔多安》，中国政府网，2022年9月16日，http://www.gov.cn/xinwen/2022-09/16/content_5710239.htm。

致贺电。国家副主席王岐山与以色列候任总理兼外交部长拉皮德共同主持召开中以创新合作联合委员会第五次会议。两国领导人高度评价《中以创新合作行动计划（2018—2021）》实施效果，并签署《中以创新合作行动计划（2022—2024）》，共同见证科技、卫生、文化、环保、清洁能源、知识产权等领域7项合作协议的签署。

四、结语

2022年，中东再次成为全球性大国争夺的热点地区，战略重要性显著增强。地区国家普遍希望用好机遇期，聚焦经济与发展转型，缓和地缘紧张态势。美国对中东强化离岸制衡手段，力求通过I2U2小多边机制与“中东防空联盟”重塑中东政治、经济、安全新架构。然而，地区国家对美西方在能源增产与地缘政治议题上选边站队的要求漠然处之，显示美国对中东的控制力显著下滑。

随着内部关系缓和，中东国家域内热点问题有所降温。但地区结构性矛盾未解，安全赤字、信任赤字、发展赤字依旧突出。巴以、也门、叙利亚、利比亚等局部冲突仍将持续。

2022年对中国与中东国家关系发展有重要意义。首届中阿峰会、中海峰会的召开为双方关系全面深化发展擘画新蓝图。中国与中东国家全方位务实合作迈上新台阶。

（中国国际问题研究院发展中国家研究所助理研究员　李子昕）

第十一章

世界经济：风险积聚　前景堪忧

2022年，乌克兰危机叠加世纪疫情，加剧全球能源危机、粮食危机、金融危机，多重风险积聚效应明显，世界经济下行压力骤增。全球通胀持续走高，贸易和投资增速放缓，金融市场巨幅动荡不安。发达经济体和新兴市场经济体经济增速明显下滑，预期转弱。乌克兰危机前景不明、经济议题政治化、主要经济体货币政策不确定、全球经济治理体系效能弱化等成为影响世界经济复苏前景的主要阻力。

一、全球经济下行压力持续增大

乌克兰危机和新一轮粮食危机持续推高全球通胀水平，发达经济体加速收紧货币政策导致全球货币流动性波动收缩。在新一轮全球紧缩周期影响下，世界经济复苏势头迅速衰减，国际贸易和投资受阻，大宗商品价格高位震荡，金融市场风险加速累积。

（一）全球经济衰退风险持续上升

2022年一季度全球经济表现略好于预期，但二季度有所收缩。国际货币基金组织连续三次下调全球经济增速预测，10月

《世界经济展望》预计全球经济增长将从2021年的6.0%下降至2022年的3.2%和2023年的2.7%。其中，发达经济体2022年增长率为2.4%，新兴经济体增长3.7%。IMF预计2023年经济增长放缓将是大范围的。其中，占全球经济总量三分之一的经济体可能在2022—2023两年出现经济衰退，预计到2026年全球产出损失将达到4万亿美元。① 经济合作与发展组织2022年11月经济报告指出，由于乌克兰危机引发的能源危机持续刺激通胀，全球经济复苏前景脆弱，预计2022年增速将保持在3.1%，2023年将放缓至2.2%，直到2024年才能温和复苏至2.7%。但若能源价格进一步上涨，或者能源供应中断影响到欧洲和亚洲天然气和电力市场，全球经济增长前景或将弱于预期。②

超高通胀不断抬升企业生产成本，叠加强紧缩货币政策，导致利率上升，2022年提高企业融资成本，成本上升严重影响企业生产积极性。前三季度，全球制造业增速呈现阶梯式放缓趋势，且第三季度增速快速下降。根据中国物流与采购联合会数据，三季度全球制造业采购经理指数（Purchasing Manager’s Index，PMI）均值为50.8%，较一季度和二季度均值分别下降3.8和2.2个百分点，增速逐季下探。11月，全球制造业PMI为48.7%，较上月下降0.7个百分点，连续6个月环比下降，连续2个月低于50%，意味着全球经济将继续保持低速增长趋势。其中，欧洲制造业PMI继续维持48%以下的较低水平，制造业仍保持弱势运行

① “World Economic Outlook: Countering the Cost-of-Living Crisis,” October 2022, IMF, https://www.imf.org/en/Publications/WEO/Issues/2022/10/11/world-economic-outlook-october-2022.

② “OECD Economic Outlook,” November 2022, OECD, https://www.oecd-ilibrary.org/docserver/f6da2159-en.pdf?expires=1669777838&id=id&accname=guest&checksum=6C55123B908A286D7F4F259E00A3E179.

格局；美洲制造业PMI连续6个月环比下降，自2020年6月以来，首次跌至50%以下，制造业增速持续放缓；亚洲制造业PMI连续2个月下降，自2020年8月以来首次降至50%以下，制造业景气度下行。[①]

（二）贸易与投资增长放缓

2022年国际贸易开局较好，在大宗商品价格上涨驱动下，第一季度的全球贸易总额达到创纪录的7.7万亿美元，比2021年同期增加约1万亿美元。其中，货物贸易额为6.1万亿美元，比上年同期增长约25%。服务贸易额约1.6万亿美元，比上年同期增长约22%。服务贸易增长至约1.6万亿美元，同比增长约22%。[②]发达国家和发展中国家贸易额均录得较大增长。但贸易增长的价格因素影响大于数量因素，实际贸易量增长不大。在乌克兰危机、能源价格高企和主要经济体货币紧缩等多种因素冲击下，全球贸易在下半年失去动力。世界贸易组织（World Trade Organization，WTO）发布的11月《世贸组织货物贸易晴雨表》指数为96.2，低于基线值和前值（100.0），其中，出口订单指数（91.7）、空运指数（93.3）均呈现疲软态势，显示全球进口需求降温。[③] WTO预计，2022年全球商品贸易额将增长3.5%，但2023年全球商品

① 中国物流与采购协会:《指数持续下降，全球经济继续下探——2022年11月份CFLP–GPMI分析》，2022年12月，http://www.chinawuliu.com.cn/xsyj/202212/06/594216.shtml。

② “Global Update (July 2022),” UNCTAD, https://unctad.org/system/files/official-document/ditcinf2022d2_en.pdf.

③ “Goods Barometer Sinks below Trend as Global Import Demond Weakens,” November 2022, WTO, https://www.wto.org/english/news_e/news22_e/wtoi_28nov22_e.htm.

贸易额增长将放缓至1%。[①] 作为承载全球80%以上商品运输的海运贸易的复苏也受到疫情和乌克兰危机的持续干扰。联合国贸发会议预计，2022年全球海运贸易将温和增长1.4%，远低于2021年（3.2%）。[②]

乌克兰危机深刻改变了国际投资环境，全球金融状况趋紧，跨境投资趋于疲软。联合国贸发会议数据显示，2022年二季度全球外国直接投资（FDI）流量约为3570亿美元，环比下降31%，同比下降7%。与2021年的平均水平相比，第二季度流入发达经济体的资金减少22%，流向拉丁美洲和亚洲发展中国家的资金增长6%，几乎没有FDI流向非洲。大多数行业的投资项目数量都在下降，跨境项目融资交易的数量（主要是基础设施）停滞在2021年的水平，绿地投资项目（主要是制造业）下降10%，意味着投资前景依旧黯淡。与全球投资疲软趋势一致，前三季度新宣布的气候缓解和适应项目数量同比减少7%和12%。[③] 全球经济绿色低碳转型进程受阻。

（三）大宗商品价格高位震荡

乌克兰危机及美西方对俄制裁对原油等大宗商品的供给产生制约，加剧全球供应链紧张局势，推动天然气、原油、煤炭等大宗商品价格强势上行。2022年3月中旬布伦特原油期货最高触及

① “Trade Growth to Slow Sharply in 2023 as Global Economy Faces Strong Headwinds,” October 2022, WTO, https://www.wto.org/english/news_e/pres22_e/pr909_e.htm.

② “Review of Maritime Transport 2022,” UNCTAD, https://unctad.org/system/files/official-document/rmt2022_en.pdf.

③ “Investment Trends Monitor, No.43,” October 2022, UNCTAD, https://unctad.org/system/files/official-document/diaeiainf2022d5_en.pdf.

140美元/桶，达到2008年以来的新高点。上半年布伦特原油均价为105美元/桶，同比上涨48%。上半年荷兰TTF天然气期货平均价格为99欧元/兆瓦时，远高于2021年同期的22欧元/兆瓦时。8月TTF荷兰天然气期货收盘价飙升至为339.2欧元/兆瓦时，刷新历史最高纪录。[①]天然气价格高企迫使许多国家转向用煤发电，刺激动力煤价格高涨，7月煤炭价格达到330美元/吨的历史新高。

2022年下半年以来，随着美欧加快收紧货币政策，全球经济增幅放缓导致总需求降温，国际大宗商品价格普遍出现回落。三季度国际原油价格重心持续下移，维持在80—100美元/桶的区间内。随着欧洲各国大力增加天然气储备和欧盟出台天然气限价措施，气价开始震荡下跌，保持在120欧元/兆瓦时左右。全球煤炭市场价格降中趋稳。但乌克兰危机对大宗商品造成的供给约束仍然存在，同比往年，大宗商品价格仍将处于高位。世行10月发布的《大宗商品市场展望》预计2022年能源价格总体上涨60%，2023年能源价格将下降11%，但仍比过去五年的平均水平高75%。[②]

美联储连续大幅加息引起新兴经济体和发展中经济体的货币大范围贬值，持续推高粮食价格，发展中和新兴经济体以本币计价的粮价涨幅更高，加重部分发展中国家已发生的粮食危机。2022年3月粮农组织食品价格指数（FFPI）一度触及160点，三季度以来逐渐企稳。但气候变化、乌克兰危机前景不明、农业成本的激增以及多国的农产品出口限制措施等，仍然制约着粮食在

① Trading Economics, "EU Natural Gas," https://tradingeconomics.com/commodity/eu-natural-gas.

② "Commodity Markets Outlook," October 2022, WB, https://openknowledge.worldbank.org/bitstream/handle/10986/38160/CMO-October-2022.pdf.

全球范围内的自由流动。11月联合国粮农组织（FAO）发布的《粮食展望》预计2022年全球粮食进口费用预计将达到1.94万亿美元，同比增加10%。其中，价格因素驱动的进口成本上涨约占整体涨幅的87%。[①] 中低收入粮食进口国的粮食安全问题持续恶化。《黑海谷物倡议协议》[②] 虽延长120天，但全球粮食供给仍面临不确定性，全球粮食价格持续走高风险依然存在。

（四）债务风险加速累积

美欧等发达经济体相继进入紧缩周期，致使全球货币流动性显著收紧，新兴市场资产吸引力减弱，放大资金外流压力。国际金融协会（IIF）数据显示，2022年1—9月，新兴市场组合投资净流出126.8亿美元，大概率将逆转此前连续13年的组合投资净流入态势。[③] 资本外流加剧新兴市场国家本币贬值，联合国贸发会议称有90个发展中国家的货币对美元名义贬值，其中34个国家货币贬值超过10%。[④] 美元流动性不断趋紧，使新兴经济体和发展中国家美元债务利息负担加剧，外部融资环境日趋恶化，偿债压力随之上升。IIF数据显示，三季度发展中经济体的债务与

---

① "Food Outlook," November 2022, FAO, https://www.fao.org/3/cc2864en/cc2864en.pdf.

② "Black Sea Grain Initiative Joint Coordination Centre," UN, https://www.un.org/en/black-sea-grain-initiative/updates?_gl=1*t13gu0*_ga*MTQ3MTg1MTUwOC4xNTcyMTQ2MDk5*_ga_TK9BQL5X7Z*MTY2OTg2NDM3MC41LjEuMTY2OTg2NjAwOS4wLjAuMA.

③ 中国银行研究院:《全球经济金融展望报告》2022年11月30日，https://pic.bankofchina.com/bocappd/rareport/202211/P020221130331246909610.pdf。

④ "Trade and Development Report 2022," October 2022, UNCTAD, https://unctad.org/system/files/official-document/tdr2022_en.pdf.

GDP之比升至254%的高位。[1]

多重压力下，全球脆弱的经济体债务危机暗流涌动。斯里兰卡宣布央行和政府破产，随之发生建国以来首次主权债务违约，巴基斯坦、孟加拉国、赞比亚、埃及、老挝等国债务风险不断累积。世行警告称，随着金融环境收紧和美元升值，25%的新兴市场正处于或接近债务困境，60%以上的低收入国家面临债务困境。联合国预计将有70多个国家发生债务违约。

二、发达经济体滞胀特征明显，新兴经济体增长持续分化

在美联储紧缩周期影响下，美元迅速走强，不断推高进口成本，收紧全球金融环境，助长其他经济体通胀，拖累经济增长。美国、欧盟和日本等发达经济体滞胀特征明显。新兴经济体整体增长表现虽优于发达经济体，但分化势头明显。

（一）美国经济温和衰退风险加大

美联储过快加息严重削弱美国经济增长动力。2022年前三季度，美国经济多项指标明显回落。一、二季度GDP环比折年率分别萎缩1.6%和0.6%，陷入“技术性衰退”。三季度GDP按年率计算增长2.9%，商品和服务净出口、居民消费和政府支出是GDP增长的主要支撑因素，但是占美国经济总量约70%的个人消费支出仅增长1.7%，对经济增长的贡献度出现下降，[2] 显示内

① “Global Debt Monitor: Crisis Brewing,” November 2022, IIF, https://www.iif.com/Products/Global-Debt-Monitor.

② “National Economic Accounts,” December 2022, BEA, https://www.bea.gov/news/glance.

需增长乏力，经济动能明显转弱。三季度美国制造业PMI均值为52.2%，较一季度和二季度均值分别下降5.6和2.6个百分点，制造业增速呈现快速下降走势。11月美国供应管理协会（ISM）制造业PMI指数降至49，自2020年5月以来首次出现萎缩。[①]美国劳工统计局数据显示，11月失业率升至3.7%，继续维持在高位。被视为衡量就业市场信心指标的离职率从2.7%降至2.6%，劳动力参与率降至62.1%，表明美国劳动力供给仍未恢复。[②]未来美联储或只能通过持续紧缩、压制需求来遏制通胀，加大美国“滞胀式”衰退的概率。

美国通胀仍处于数十年高位，回落速度不及预期。截至2022年11月美国累计加息375个基点，将联邦基金利率区间提升至3.75%—4%，缩表上限按计划维持每月950亿美元。激进加息虽使通胀压力逐渐回落，但并未彻底缓解通胀压力。10月美国消费者价格指数（CPI）同比增长7.7%，涨幅创2022年1月以来最小值，剔除能源、食品的核心CPI同比增长6.3%，较上月下降0.3%。10月生产者价格指数（PPI）同比增长8%，涨幅持续收窄。但从绝对水平看，美国通胀仍居40年来高位，远低于美联储设定的2%的长期通胀目标。11月底美联储发布全国经济形势调查报告（褐皮书）显示，利率上升和通胀高企继续对经济活动造成压力，美国经济增长速度放缓。[③]IMF预计美国2022年GDP将增长1.6%，2023年增长1%。

---

① “United States ISM Purchasing Managers Index (PMI),” Trading Economics, https://tradingeconomics.com/united-states/business-confidence.

② “Employment Situation Summary,” December 2022, BLS, https://www.bls.gov/news.release/empsit.nr0.htm.

③ “The Beige Book,” November 2022, FED, https://www.federalreserve.gov/monetarypolicy/files/BeigeBook_20221130.pdf.

（二）欧元区经济大幅放缓

需求收缩、能源紧张及货币政策紧缩等因素使欧洲经济面临前所未有的下行压力。前三季度，经季节调整后欧元区GDP同比增速分别为5.5%、4.3%和2.1%，环比增速分别为0.6%、0.8%、0.2%，[①] 经济放缓势头明显。天然气断供进一步恶化欧盟经济前景，重创消费者和企业信心，加大欧洲制造业收缩压力，PMI呈现断崖式下降走势。标普全球（S&P Global）发布的PMI数据显示，三季度欧洲制造业PMI均值为49.4%，较一季度和二季度均值分别下降7.2和4.5个百分点，11月欧元区制造业PMI为47.1，连续五个月低于荣枯线，新订单指数继续下降。[②] 其中，德、法、英、意等国制造业PMI均在50%以下，作为欧洲经济火车头的标普/BME德国制造业PMI指数连续5个月运行在50%以下，景气度持续回落。[③]

超高通胀阻碍欧洲经济复苏。2022年5月以来，欧元区通胀率屡创新高，欧盟统计局预计欧元区11月年通胀率为10.0%。其中能源价格同比上涨34.9%，仍是推升当月通胀的主因。19个成员国中有11个通胀率达两位数，波罗的海三国通胀率均超20%。

① "GDP up by 0.2% in both the Euro Area and the EU," October 2022, Eurostat, https://ec.europa.eu/eurostat/documents/2995521/15131967/2-31102022-BP-EN.pdf/090ecf01-ae9b-be08-0ae9-e23b1705e4bb.

② "S&P Global Eurozone Manufacturing PMI," S&P Global, https://www.pmi.spglobal.com/Public/Home/PressRelease/9d590d283d3e4a1aab6a2578e5f9983c.

③ "S&P Global / BME Germany Manufacturing PMI," S&P Global, https://www.pmi.spglobal.com/Public/Home/PressRelease/abcc68fd91c64021af55917a451e4d1f.

德国通胀率为11.3%，法国为7.1%，意大利为12.5%。[①] 欧盟委员会预计欧元区2022年全年的通胀率将达到8.5%，2023年的通胀率为6.1%。[②] 超高通胀拉低消费者实际收入水平，推高企业生产成本，抑制私人消费和企业投资。

能源价格上涨不断侵蚀欧洲工业生产利润，欧盟为应对能源短缺提出的“欧洲天然气需求缩减计划”进一步强化欧洲工业部门面临的能源约束。成本高企导致欧元区连续10个月出现贸易逆差，欧盟重化工企业出现外迁迹象。欧盟委员会预计欧盟、欧元区和大多数成员国将在第四季度陷入经济衰退。

（三）日元贬值拖累经济复苏

为推动经济复苏，日本维持超宽松的货币政策不变，成为主要经济体中唯一维持负利率的国家，日美货币政策方向背离导致美日利差显著扩大，引起日元对美元汇率的大幅贬值。日本对外贸易连续逆差，且贸易结算以美元为主，进一步加大日元贬值压力。日元兑美元汇率一度跌至1美元兑151.90日元，刷新30余年来最低点，较2021年末大幅贬值32%。日本政府直接干预汇市，但效果相对有限。日元贬值成为日本经济萎靡和通胀走高的重要原因。受能源和原材料等进口商品价格上涨影响，生产要素和居民消费成本飙升。2022年10月日本核心CPI指数同比上升3.6%，连续14个月同比上升，连续7个月超过2%的央行目标值，创31

---

① “Euro Area Annual Inflation Down to 10.0%,” November 2022, Eurostat, https://ec.europa.eu/eurostat/documents/2995521/15265536/2-30112022-AP-EN.pdf/bbfcf655-d7fb-c928-3f54-29b9c808209c.

② “Autumn 2022 Economic Forecast: The EU Economy at a Turning Point,” November 2022, European Commission, https://ec.europa.eu/commission/presscorner/detail/en/ip_22_6782.

年来新高。

日元大幅贬值和通胀抑制了本就疲软的国内消费需求，拖累日本经济增长，日本前三季度实际GDP环比增长0.1%、1.1%和–0.2%，第三季度按年率计算降幅为0.8%，自2021年三季度以来首次出现负增长。其中，占日本经济比重一半以上的个人消费环比增长仅为0.1%。[①] 日本央行下调2022财年GDP增速预测至2%。在全球经济环境日趋严峻的背景下，日本工业活动产出和新订单数量加速下滑。日经/Markit制造业PMI虽位于荣枯线50以上，但基本处于连续下降状态。日本银行9月全国企业短期经济观测调查显示，大型制造业企业经济判断指数连续第三个季度恶化。[②]

（四）新兴经济体复苏放缓并进一步分化

亚洲新兴经济体通胀整体平稳，持续复苏。东盟国家和印度GDP增速表现亮眼。IMF预计2022年亚洲新兴经济体GDP将增长4.3%，东盟五国经济增速约为5.3%，印度经济增速将达6.8%。《区域全面经济伙伴关系协定》的生效实施使其成为亚太地区水平最高的贸易和投资协定，极大地促进了区域经济一体化，成为亚太乃至全球经济增长重要引擎。OECD预测亚洲主要新兴市场经济体的经济增长将在2023年占全球GDP增长的近四分之三，成为抑制全球经济衰退的主要力量。土耳其、沙特阿拉伯等国家经济增长强劲，显著拉动区域整体经济增长水平，预计

① "Quarterly Estimates of GDP for July–September 2022 (First Preliminary Estimates)," December 2022, Cabinet Office, https://www.esri.cao.go.jp/jp/sna/data/data_list/sokuhou/gaiyou/pdf/main_1.pdf.

② "Tankan (Sept. 2022 Survey)," October 2022, BOJ, https://www.boj.or.jp/en/statistics/tk/tankan09a.htm/.

2022年中东新兴经济体增速为5%。

俄罗斯经济遭受战争和西方制裁的双重打击，持续半年陷入衰退，进入典型滞胀状态，发展不确定性日益凸显。拉美和非洲区域内各国经济表现差异较大，债务风险不断上升。巴西、南非等经济体增长动力持续减弱。

三、影响世界经济前景的几大因素

乌克兰危机、美联储激进加息和疫情延宕三重因素交织叠加，严重削弱全球经济增长动能。未来，经济议题政治化、主要经济体货币政策不确定性、全球治理体系效能加速弱化等因素将成为威胁经济复苏的主要阻力。

（一）地缘政治博弈成为阻碍经济增长的最大制约因素

世纪疫情和乌克兰危机加速全球地缘政治格局的分化重组，加剧分裂与对抗，成为当前及今后世界经济发展的最大障碍。在中美摩擦和乌克兰危机影响下，美国、中国、欧盟、俄罗斯等国在意识形态和安全领域的摩擦分歧不断增大，政治和安全博弈超越经济合作成为大国关系优先议程。美欧等所谓“民主价值观同盟”以意识形态叙事绑架经济发展逻辑，通过贸易与技术委员会加快协调标准规则。美国抛出“印太经济框架”争取亚太区域发展主导权，胁迫或诱导地区盟友选边站队。美欧等国还通过立法等方式将大国经济竞争政治化和意识形态化。美炮制所谓“维吾尔强迫劳动预防法”，欧盟提出《关于企业可持续尽职调查指令的立法提案》（“供应链指令草案”），以经济胁迫和政治操弄破坏国际贸易惯例与规则。

乌克兰危机及美西方国家对俄全方位制裁，深刻改变全球和地区经贸和能源结构。乌克兰危机前景难以预料，冲突扩大化和长期化风险较大。世界经济分裂为多个地缘政治集团的风险急剧上升，[①] 世界经济政治化、工具化和武器化倾向将严重破坏全球产业链、供应链稳定，扰乱世界经济的运行逻辑，加大全球经济增长前景的不确定性。

（二）发达经济体货币政策走向影响全球复苏前景

为缓和高通胀压力，发达经济体加快货币政策回归常态步伐。2022年以来，美联储、欧洲央行、英国央行等在内的发达经济体央行加快收紧货币政策，年内分别累计加息375、200和275个基点。出于遏制通胀和稳定本币汇率等多重考虑，世界多国纷纷宣布加息。世行报告认为，全球央行正以过去50年未见的同步程度加息，预计2023年全球货币政策利率平均水平将升至4%，比2021年高出2个百分点。尽管货币政策紧缩速度加快，但各国通胀压力未见明显缓解。IMF数据显示，新兴市场和发展中经济体通胀率攀升至9.4%，处于2008年以来的最高水平，过半数新兴市场和发展中经济体通胀率超过7%。从通胀的传导路径看，全球通胀肇始于供应链危机导致的“能源和大宗商品通胀”，随后逐渐由供给端向消费端蔓延，影响私人消费和国内投资，限制货币政策对通胀的抑制效用，全球通胀预期脱锚风险上升。美欧均将控制通胀作为主要经济任务，表示不会停止加息步伐，IMF

① Pierre-Olivier Gourinchas, “Policymakers Need Steady Hand as Storm Clouds Gather Over Global Economy,” October 2022, https://www.imf.org/en/Blogs/Articles/2022/10/11/policymakers-need-steady-hand-as-storm-clouds-gather-over-global-economy.

预计G20经济体也将进一步收紧货币政策。[①]

全球“加息潮”持续放大金融环境无序收紧的风险，引发许多宏观经济基本面较弱的新兴经济体发生本币贬值和资本外流，抬升新兴经济体的融资难度和融资成本，扩大新兴经济体债务规模，加大债务违约风险。高利率也将进一步挤压货币政策空间，使央行难以有效应对未来经济冲击。部分不存在高通胀风险的新兴经济体的紧缩政策加剧其经济萎缩和衰退风险。IMF全球银行压力测试显示，金融环境急剧收紧的情况下，多达29%的新兴市场经济体银行（按资产规模计算）将违反资本充足率要求，抗风险能力急剧下降。[②]

（三）全球经济治理赤字加大宏观经济政策协调难度

全球经济正处于能源危机、粮食危机、金融危机等多重风险交织叠加的困难局面，亟待各国在全球治理平台上加强宏观经济协商与合作。但在乌克兰危机下，全球经济治理体系效能被严重削弱，多边治理机制部分失效或被边缘化，WTO争端解决机制继续停摆，IMF份额改革迟滞，G20内部分歧严重，全球经济治理平台被政治化、工具化的压力骤增。

新一轮科技革命和产业变革背景下，数字转型和绿色转型成

---

① Tryggvi Gudmundsson, “Slowing Global Economic Growth Is Increasingly Evident, High-Frequency Data Show,” November 2022, https://www.imf.org/zh/Blogs/Articles/2022/11/13/slowing-global-economic-growth-is-increasingly-evident-high-frequency-data-show.

② “Global Finance Stability Report,” October 2022, IMF, https://www.imf.org/zh/Blogs/Articles/2022/10/11/interest-rate-increases-volatile-markets-signal-rising-financial-stability-risks.

为国际共识，但当前全球数字经济治理框架尚未成型，“双碳”目标落地步履维艰。竞争而非合作成为欧美等主要经济体的政策选择，经济逆全球化趋势更加明显，中美两国引领国际宏观经济政策协调的形势愈发严峻。

四、结语

乌克兰危机加剧能源危机、粮食危机和金融危机，全球通胀大幅攀升，各主要经济体加快货币紧缩速度，内需和外贸同步承压，全球经济增长逐渐失速。2023年，乌克兰危机前景未定，欧美等发达经济体紧缩货币政策短期难以转向，全球产业链供应链加速分化重组，全球经济陷入滞胀乃至衰退风险较大。我国需增强忧患意识，坚持底线思维，立足提升自身经济韧性防范“灰犀牛”“黑天鹅”风险事件，正确把握中美元首会晤对中美经贸关系和世界经济未来走向的现实意义，坚持经济全球化正确方向，推动《区域全面经济伙伴关系协定》《全面与进步跨太平洋伙伴关系协定》和《数字经济伙伴关系协定》（DEPA）相互衔接，推动构建开放型亚太经济，为全球经济前景注入更多稳定力量。

（中国国际问题研究院世界经济研究所助理研究员　刘晓伟）

第十二章

全球治理：分裂加剧　挑战空前

2022年全球治理面临新冠疫情延宕反复，国际安全形势持续不靖，全球经济复苏脆弱曲折等更趋复杂的国际形势。乌克兰危机的爆发及其引发的大国博弈、经济冲击、能源和粮食危机等进一步加剧全球治理的困难局面。全球治理体系分裂加剧，发展、安全和气候治理面临的挑战愈发突出，各种风险危机层出不穷。与此同时，中国始终坚持真正的多边主义，采取行动切实推动落实全球发展倡议、提出全球安全倡议，引领全球治理体系和国际体系变革，为充满不确定性的世界注入正能量。

一、全球治理体系面临分裂

乌克兰危机及其引发的地区冲突、大国博弈和多边角力是2022年全球治理的最主要挑战之一，严重冲击全球治理体系。危机爆发以来，美西方与俄罗斯展开史无前例的全方位制裁与反制裁斗争，军事冲突叠加经济制裁、外交孤立，“逆全球化”思潮不断涌动，全球治理体系面临愈加分裂局面。

（一）全球治理体系失序失效，面临分裂危机

乌克兰危机的爆发是2022年国际形势变化的最重要影响因素。2月24日，俄罗斯对乌克兰发起特别军事行动，冲突延宕至今，外溢影响持续蔓延。美西方国家在武器装备、信息情报等方面大力援乌，不断推升大国博弈烈度和广度，阵营对抗风险加速上升。俄罗斯与美西方支持下的乌克兰展开全方位混合战争，已从冲突初期的突袭战和攻坚战逐步转变为拉锯战和消耗战，进一步加深西方与非西方世界间的鸿沟，全球治理的分裂形势愈加严峻。

全球治理体系出现严重分裂。一是国际治理规则、机制运转严重受挫。以国际法为基础的国际秩序、以联合国宪章宗旨和原则为基础的国际关系基本准则未能得到有效履行。国际社会恃强凌弱、强取豪夺、极限制裁等霸权霸道行径愈加横行。二是全球治理理念由合作走向对抗。美西方国家固守冷战思维、信奉零和博弈，以意识形态划线，大搞政治化、阵营化，以集团对抗取代机制合作，在推动解决全球性问题的承诺上愈发保守，全球共识和共同行动更难达成。面对通胀、能源危机、粮食危机等多重危机，美西方国家已失去引领全球治理的意愿和能力。三是全球安全议题重要性空前突出。当前，传统安全风险和非传统安全风险叠加交织。乌克兰危机爆发以来，北约趁机“北扩”“东进”，瑞典和芬兰被接纳入约，乌克兰提交加入北约申请。地区国家纷纷加强军备投入，“核战争”阴云难散，能源危机、粮食危机、难民危机困境难解，进一步加剧全球多重安全危机。

（二）国际多边平台更加分裂，沦为大国博弈“角力场”

多边主义是现有国际秩序的基石，是维护和平、促进发展的有效路径。[①] 二战结束以来，随着联合国等国际组织蓬勃发展，以多边合作方式来维护和平、推动发展、应对共同挑战逐渐成为国际社会共识。然而，乌克兰危机严重冲击以联合国为核心的全球治理机制。联合国及其组织机构不仅未能有效阻止乌克兰危机的爆发，冲突发生后亦未能有效调停争端，乌克兰更进一步沦为大国博弈的“战场”，暴露出全球治理平台内部分裂倾向。

一是大国在联合国大会安理会等平台展开决议“攻防战”。2022年2月25日，美国等向联合国安理会提出乌克兰局势决议草案要求俄罗斯撤军，俄罗斯在安理会行使了一票否决权；[②] 3月2日，该决议草案在联合国大会第十一次特别紧急会议上获得通过，其中141国投赞成票，5国投反对票，35国投弃权票。[③] 4月26日，欧洲国家列支敦士登等提出限制联合国安理会常任理事国一票否决权的提案，联合国193个成员国中有超过100个成员国赞成该项决议，中国、印度、巴西、俄罗斯投下反对票，提案获得通过。[④] 这是联合国历史上首次对安理会常任理事国的否决权

---

① 《中国出席第77届联合国大会立场文件》，外交部官网，https://www.mfa.gov.cn/web/ziliao_674904/tytj_674911/zcwj_674915/202209/t20220917_10767408.shtml。

② 《俄罗斯否决谴责其进攻乌克兰的决议草案》，联合国官网，https://news.un.org/zh/story/2022/02/1099802。

③ 《联大通过决议要求俄罗斯立即从乌克兰撤军》，联合国官网，https://news.un.org/zh/story/2022/03/1100012。

④ 《联合国大会授权在安理会出现行使否决权情况后召开联大会议》，联合国官网，https://news.un.org/zh/story/2022/04/1102322。

进行限制。二是大国在联合国及其附属机构的较量更加激烈。俄被暂停联合国人权理事会成员资格，并退出联合国世界旅游组织。美西方国家持续推动中止俄在二十国集团、世界贸易组织、欧洲复兴开发银行等多边机制和机构成员资格。国际多边平台已成为大国博弈“战场”。三是联合国积极斡旋冲突双方，然而收效甚微。2022年4月，乌克兰危机陷入胶着，双方和谈僵持难解，联合国秘书长古特雷斯于4月26日和28日分别访问俄罗斯和乌克兰，与俄总统普京、乌总统泽连斯基进行会谈，力图劝和促谈、敦促双方停火止战，[①]然而战场形势波谲云诡，联合国斡旋行动仍无果而终。多边会议、国际组织已成为美西方“挺乌遏俄”的大国战略博弈舞台。

（三）西方与非西方国家间分裂更为显著，发展中国家独立性上升。

随着以中国为代表的非西方国家群体性崛起，发展中国家和非西方世界话语权大大提升。发展中国家，尤其是新兴大国在乌克兰危机爆发以来顶住美西方威逼利诱，表现出相对的独立性，明显与美西方国家拉开距离。

乌克兰危机爆发以来，美西方结成“援乌遏俄”统一战线，一方面对俄实施全方位经济金融制裁，对乌大力投入军事援助，另一方面在国际多边平台塑造“反俄”正确形象，威逼利诱广大发展中国家“选边站队”。然而，发展中国家，尤其是新兴大国从自身国家利益出发，根据是非曲直独立作出判断，拒绝“随美起舞”，不仅拒绝参与对俄制裁，更拒绝公开谴责俄罗斯。3月，

① 《俄乌对话谈判受阻 古特雷斯斡旋》，新华社，http://www.news.cn/world/2022-04/29/c_1128610326.htm。

在联合国大会谴责俄罗斯的两项主要决议中，大部分发展中国家都投了弃权票。[①] 在乌克兰公布“布恰事件”之后，联合国大会投票决定暂停俄罗斯人权理事会成员资格，其中24票反对，58票弃权。[②] 弃权的就包括印度、巴西、墨西哥、印度尼西亚和南非等国。在全球能源危机愈演愈烈、全球通胀危机一触即发之际，以沙特为代表的欧佩克成员国拒绝美国和欧盟的一再增产要求，以“剩余产能不足”为由，坚持维持“欧佩克+”生产协议，[③] 以实际行动彰显发展中国家的相对独立立场。

二、全球经济治理面临更大挑战

新冠疫情和乌克兰危机持续冲击疫后世界经济复苏。冲突引发的供应链、能源、粮食、难民危机和美西方国家对俄罗斯全方位极限制裁给全球经济治理带来重重挑战，世界经济进一步面临下行压力。

（一）美西方国家对俄极限制裁，破坏全球经贸秩序和规则

乌克兰危机发生以来，美西方对俄发起空前制裁行动，制裁

① “U.N. General Assembly Again Overwhelmingly Isolates Russia over Ukraine,” 路透社，https://www.reuters.com/world/un-general-assembly-adopts-ukraine-aid-resolution-criticizes-russia-2022-03-24/。

② 《联合国大会投票决定暂停俄罗斯在人权理事会的成员资格》，联合国官网，https://news.un.org/zh/story/2022/04/1101622。

③ “OPEC Fails to Increase Oil Output Amid Capacity Troubles,” 彭博社，https://www.bloomberg.com/news/articles/2022-05-03/opec-fails-to-increase-oil-output-as-capacity-troubles-persist?leadSource=uverify%20wall。

总数累计已超过万项。[①] 美西方国家使出极限制裁“三板斧”，一是通过使用金融和贸易制裁直接打击俄经济，将部分俄罗斯银行排除出环球银行金融电信协会支付系统，并切断对俄投资和技术合作；二是通过对俄罗斯央行、个人和实体的资产冻结，以限制其对俄军事行动的资金支持；三是通过能源制裁力图摆脱对俄能源依赖，切断俄军事行动财源，实施科技脱钩削弱俄军事装备实力。

美国滥用其全球金融贸易等领域的优势地位，肆意挥舞制裁大棒，大搞单边主义，视国际规约为无物，搅乱全球经济秩序，威胁全球经济安全。对俄经济制裁虽打压了俄罗斯经济，但也动摇了国际经贸规则的权威，动摇了美元霸权的根基，动摇了国际社会特别是广大发展中国家的信任。制裁所带来的国际货币体系、国际结算体系的失灵，使全球经济治理体系遭遇到前所未有冲击。

（二）全球供应链困境难解，能源、粮食危机上升

乌克兰危机引发的制裁战和贸易封锁给全球能源、化肥和粮食的供应造成巨大压力。能源供应上，受制裁与反制裁行动和地缘紧张局势持续影响，俄油气出口严重受阻，产能大幅下降，全球能源供应短缺矛盾急剧恶化，能源价格大幅上涨。国际原油价格从危机前90多美元一桶一度飙升至2022年3月上旬130多美元一桶。[②] 欧洲更面临重大能源危机，生活成本急剧增加，经济活

---

① 《近距离感受西方制裁下的俄罗斯，给民众带来多大影响》，环球网，https://m.huanqiu.com/article/4A2tuPlSarg。

② 《全球能源供需失衡的根源与影响》，中评社，http://bj.crntt.com/doc/1064/8/5/3/106485323.html?coluid=0&kindid=0&docid=106485323&mdate=1006083612。

动受到严重阻碍。欧洲天然气的最高价格较2021年平均价格上涨四倍之多。[①]

粮食供应上，俄乌两国是世界重要粮仓，乌克兰危机严重影响两国粮食生产和出口。联合国报告显示，危机将直接导致俄乌两国2022年小麦和玉米出口同比减少23%和43%，推动全球粮价屡创历史新高。3月粮农组织食品价格指数升至159.3点，超过2011年高点。[②]

与此同时，美拜登政府持续将经贸关系政治化、武器化。拜登政府继承特朗普政府时期对华加征的关税，不仅不采取措施予以取消，还以国家安全和保护人权为幌子，推出所谓的“维吾尔强迫劳动预防法”、《芯片与科学法案》和《通胀削减法案》，将部分中国企业和中国商品列入美国商务部的实体清单，进行出口管制，以产业保护手段推动“脱钩”。美国联合盟友，以维护国家安全为幌子，力推“友岸外包”战略，试图在所谓可信任友好国家间构建供应链合作和贸易关系，实为冷战思维主导下的经贸“去中国化”行动。这严重扰乱业已形成的全球稳定供应链产业链，降低经济生产效率，进一步加剧世界经济碎片化、区域化趋势，全球化面临更大挑战。

（三）世界经济下行风险空前

新冠疫情叠加乌克兰危机影响，世界经济增速进一步放缓。2022年初以来，新冠疫情波动反复，乌克兰危机的爆发彻底打断全球经济活动复苏节奏。国际货币基金组织总裁格奥尔基耶娃指

① 《欧洲能源困局背后，多重金融风险不容忽视》，新华财经，https://m.cnfin.com/yb-lb//zixun/20221108/3738980_1.html。

② 《粮农组织食品价格指数和农产品价格指数》，联合国粮农组织官网，https://www.fao.org/worldfoodsituation/foodpricesindex/zh/。

出，全球经济正面临“一个历史性脆弱时期”。[①] 根据最新IMF测算数据，受疫情和乌克兰危机影响，2022年全球经济增速将降至3.2%，2023年将进一步放缓至2.7%。[②] 超过三分之一的经济体将在2022年或2023年出现萎缩，而美国、欧盟和中国这三个最大的经济体将继续增长放缓，[③] 使世界经济增长乏力。

通胀威胁叠加强势美元，新兴经济体面临更大压力。为应对新冠疫情对经济的负面冲击，多国采取大规模财政与货币政策支持措施，以改善民生、提振经济。然而，政府支出的快速扩张也为高通胀埋下隐患。2022年，通胀持续攀升，发达国家的物价增速创下数十年来新高。为抑制通胀，美联储连续四次加息0.75个百分点，[④] 但仍无法平抑物价。美9月核心通胀率达8.2%，刷新40年来新高。[⑤] 美联储加息引发的美元快速升值进一步恶化全球通胀环境，世界主要大宗商品价格多以美元计价，各国面临因本币贬值而引发的输入型通胀。据国际货币基金组织评估，2022年

---

① 《“最糟糕情况还没到来”IMF警告全球经济前景的四个重点》，IMF官网，https://www.bbc.com/zhongwen/simp/world-63248244。

② 《全球经济阴云密布，政策制定者需要沉稳应对》，IMF官网，https://www.imf.org/zh/Blogs/Articles/2022/10/11/policymakers-need-steady-hand-as-storm-clouds-gather-over-global-economy。

③ 同上。

④ 《美联储连续四次加息75个基点》，新华社，http://www.news.cn/fortune/2022-11/03/c_1129096674.htm。

⑤ 《美国9月核心通胀率创40年新高》,《华尔街日报》，https://cn.wsj.com/articles/%E7%BE%8E%E5%9B%BD9%E6%9C%88%E9%80%9A%E8%83%80%E7%8E%87%E9%99%8D%E8%87%B38-2-%E4%BD%86%E6%A0%B8%E5%BF%83%E9%80%9A%E8%83%80%E7%8E%87%E5%88%9B40%E5%B9%B4%E6%96%B0%E9%AB%98-11665703806。

全球通胀率将从2021年的4.7%上涨至8.8%。[①] 新兴经济体面临因美元走强导致的金融环境收紧、进口成本增加的严峻形势。低收入国家恐面临债务困境，甚至债务危机。

三、全球气候治理任重道远

当前，世界各国应对全球挑战国际合作的裂痕加深，应对气候变化合作首当其冲。欧洲深陷能源危机、部分回归煤电；发达国家经济疲弱，更难向发展中国家提供资金、技术、能力建设等支持，应对气候变化国际合作的南北鸿沟更深。

（一）全球极端天气频发，气候风险正在上升

2022年极端气候席卷全球。一是北半球旱灾频发。全球多地出现持续高温，北美洲、欧洲、地中海地区和中国同时遭受破纪录的热旱影响。非洲之角地区遭受“40年来最严重旱灾”，连续四个雨季滴水未降，“未到的”雨季将对5000万人构成粮食安全风险。[②] 二是世界多国山火肆虐。2022年夏季，包括英国、意大利、法国、西班牙、葡萄牙、德国在内的欧洲多国遭遇罕见高温天气，局地最高气温达到45摄氏度。高温天气和干旱少雨导致多国山林火灾不断。[③] 三是高温导致死亡人数攀升。根据西班牙

---

① 《世界经济展望：应对生活成本危机》，IMF，https://www.imf.org/zh/Publications/WEO/Issues/2022/10/11/world-economic-outlook-october-2022。

② 《干旱与气候变化：当2022年成为了旱灾与高温之年》，BBC，2022年8月25日，https://www.bbc.com/zhongwen/simp/science-62669925。

③ 《全球山火频发 祸起气候变化》，光明网，https://m.gmw.cn/2021-09/10/content_1302567233.htm?source=sohu?source=sohu。

卡洛斯三世健康研究所当地时间8月26日发布的估算数据，自6月1日以后，西班牙2022年因高温天气导致死亡的人数约为4601人，这一数据几乎是2021年同期的4倍之多。[①] 四是南亚出现前所未有的洪涝灾害，巴基斯坦遭遇罕见洪灾，全国约三分之一国土被淹没，超过3300万人流离失所，超过1200人死于因洪水引发的灾害。[②]

（二）COP27缔约方承诺有限

2022年11月6日至20日，《联合国气候变化框架公约》第二十七次缔约方大会（COP27）在埃及沙姆沙伊赫举行。大会重点围绕减少温室气体排放、适应气候变化、资金、损失与损害等议题展开讨论。发展中国家与发达国家博弈加剧，最终在加时36小时和彻夜谈判后，大会就《公约》及《京都议定书》《巴黎协定》落实和治理事项通过数十项决议。

COP27取得了相对平衡的一揽子成果，为推动《巴黎协定》全面有效实施注入了新的动力。与此同时在气候资金承诺方面，尽管大会批准设立专门的基金，致力于帮助受气候变化影响的发展中国家，但发达国家何时能兑现1000亿美元资金支持的承诺，

① 《西班牙今年夏季超过4600人因高温天气死亡》，央视新闻，https://content-static.cctvnews.cctv.com/snow-book/index.html?item_id=9043613228709096933&channelId=1119&toc_style_id=feeds_default&module=ccnews%3A%2F%2Fappclient%2Fpage%2Ffeeds%2Fdetail%3Furl%3Dhttps%253A%252F%252Fcontent-static.cctvnews.cctv.com%252Fsnow-book%252Findex.html%253Fitem_id%253D9043613228709096933%2526channelId%253D1119%2526toc_style_id%253Dfeeds_default。

② 《卫星图看巴基斯坦洪水：三分之一国土被淹》，央视网，https://photo.cctv.com/2022/08/31/PHOASdTQB2xoR20hp5uMKdPo220831.shtml#OhJkdhavolm7220831_1。

以及提出的全球适应资金翻倍路线图仍不明朗；减排承诺方面，仅有20余国提交了新的“国家自主贡献”减排目标。并且所提交的减排目标也多为“渐进式”，较之前承诺未见明显提高。[①]

（三）全球气候治理仍任重道远

早在COP27大会召开之前，联合国环境规划署就发布了《2022年适应差距报告：行动太少，进展太慢——如果气候适应失败，世界将会面临风险》报告。报告指出，全球在适应气候变化的规划、融资和实施方面的付出仍无法跟上日益增长的风险。随着全球气候影响的加剧，各国必须大幅增加帮助发展中国家和社区适应气候变化的资金，并强化落实相应行动。[②]

在发展中国家强烈要求下，COP27首次将“损失与损害”资金问题列入正式议程，最终通过决议设立“损失与损害”基金，援助受气变影响的发展中国家，并发布《为气候行动融资》主题报告。然而，相较于应对和适应气候变化所需要的资金，现有融资成果仍是杯水车薪。联合国秘书长古特雷斯指出，到2030年，发展中国家的气候变化适应需求将飙升至每年3400亿美元之多。然而，目前对适应的支持还不到这个数额的十分之一。[③]

拜登政府上台后美国高调回归全球气候治理舞台。2022年，拜登政府派出由总统气候问题特使克里领衔的高级别代表团参加

① 《COP27落幕：唯一拿得出手的成果却缺乏细节》，《中国能源报》，https://m.in-en.com/article/html/energy-2320949.shtml。

② 《气变影响加速，全球必须将适应气变作为当务之急》，联合国环境规划署，https://www.unep.org/zh-hans/xinwenyuziyuan/xinwengao/qibianyingxiangjiasuquanqiubixujiangshiyingqibianzuoweidangwuzhiji。

③ 《2022年适应差距报告》，联合国环境规划署，https://www.unep.org/zh-hans/resources/2022nianshiyingchajubaogao。

COP27大会。拜登总统本人亦出席大会并发表演讲，宣传美国气候倡议，强调美将致力于成为全球应对气候变化的领袖，并开出口头支票。[①] 然而以美国为代表的发达国家在历史上所作出的气变援助承诺屡屡“跳票”，成为阻碍国际气候治理合作的主要不确定性因素。

四、中国引领作用显著增强

习近平主席站在人类前途命运高度，在联合国等重大场合提出中国的全球治理观，倡导坚持开放包容、不搞封闭排他，坚持以国际法为基础、不搞唯我独尊，坚持协商合作、不搞冲突对抗，坚持与时俱进、不搞故步自封，引领全球治理体系和国际体系变革，为站在十字路口的世界指引前进方向。

（一）倡导真正的多边主义，为完善全球治理提供中国方案

习近平主席强调，“当今世界正在经历百年未有之大变局”。“这场变局不限于一时一事、一国一域，而是深刻而宏阔的时代之变。”当前，世界进入新的动荡变革期，百年未有之大变局加速演进。与此同时，全球和平赤字、安全赤字、信任赤字、治理赤字有增无减，人类社会面临的安全挑战愈发突出。

全球治理赤字表明，当前全球治理理念、体系和方式已经不

① 《拜登在COP27上宣布收紧对甲烷排放的规定》,《华尔街日报》, https://cn.wsj.com/articles/%E6%8B%9C%E7%99%BB%E5%9C%A8cop27%E4%B8%8A%E5%AE%A3%E5%B8%83%E6%94%B6%E7%B4%A7%E5%AF%B9%E7%94%B2%E7%83%B7%E6%8E%92%E6%94%BE%E7%9A%84%E8%A7%84%E5%AE%9A-11668222006。

能适应全球化迅速发展和全球性问题大量涌现的现实。一是以美国为代表的发达国家所主导制定的全球治理规则远远落后于现实，现有全球治理体系愈来愈无法适应时代需要。二是以美国为首的西方发达国家不再是全球化主要的动力源，严重瓦解了人们对美国引领全球化的信心。

中国始终坚持真正的多边主义，始终是世界和平的建设者、全球发展的贡献者、国际秩序的维护者、公共产品的提供者和热点问题的斡旋者，坚定站在团结合作一边，站在时代潮流一边，站在绝大多数国家共同利益一边，切实为应对全球挑战提供中国智慧、中国方案。

（二）落实全球发展倡议，推动构建全球发展命运共同体

习近平主席站在全人类福祉的高度提出的全球发展倡议，以构建全球发展共同体为目标，秉持发展优先、以人民为中心等理念，推动加快落实联合国2030年可持续发展议程。一年来，已有100多个国家和包括联合国在内的多个国际组织支持倡议，60多个国家加入“全球发展倡议之友小组”。[①]“之友小组”已经成为各国团结协作、共谋发展的重要力量。2022年6月，习近平主席主持全球发展高层对话会，各国领导人共同推动将发展议题重新置于国际议程的核心，构建团结、平等、均衡、普惠的全球发展伙伴关系，为加速落实联合国2030年可持续发展议程注入强劲动力。

---

① 《携手推进全球发展倡议 合力谱写共同发展新篇章——王毅国务委员兼外长在“全球发展倡议之友小组”部长级会议上的主旨发言》，中华人民共和国外交部网站，https://www.fmprc.gov.cn/wjbzhd/202209/t20220921_10769127.shtml。

中国提出全球发展倡议，为聚焦发展议题、加快实现联合国2030年可持续发展议程贡献中国力量，得到国际社会积极响应支持。这个重大倡议符合国际期待、顺应历史大势，为世界经济复苏和共同发展提供可行路径，得到国际社会广泛赞誉。

（三）提出全球安全倡议，推动构建人类安全命运共同体

2022年4月，习近平主席在出席博鳌亚洲论坛2022年年会开幕式的主旨演讲中提出全球安全倡议，[①] 为弥补和平赤字、破解全球安全困境指明了方法路径。习近平主席从人类前途命运出发，提出全球安全倡议，倡导共同、综合、合作、可持续的安全观，为弥补和平赤字、破解安全困境提供中国方案。全球安全倡议以“六个坚持”为核心要义：一是坚持共同、综合、合作、可持续的安全观，共同维护世界和平和安全；二是坚持尊重各国主权、领土完整，不干涉别国内政，尊重各国人民自主选择的发展道路和社会制度；三是坚持遵守联合国宪章宗旨和原则，摒弃冷战思维，反对单边主义，不搞集团政治和阵营对抗；四是坚持重视各国合理安全关切，秉持安全不可分割原则，构建均衡、有效、可持续的安全架构，反对把本国安全建立在他国不安全的基础之上；五是坚持通过对话协商以和平方式解决国家间的分歧和争端，支持一切有利于和平解决危机的努力，不能搞双重标准，反对滥用单边制裁和“长臂管辖”；六是坚持统筹维护传统领域和非传统领域安全，共同应对地区争端和恐怖主义、气候变化、网络安全、生物安全等全球性问题。

---

① 《习近平提出全球安全倡议》，新华社，http://www.news.cn/politics/leaders/2022-04/21/c_1128580296.htm。

全球发展倡议和全球安全倡议呼应和平与发展的时代潮流，二者相互促进、相辅相成、辩证统一，“安全是发展的前提，发展是安全的目的，没有安全就没有发展，没有发展也就没有真正的安全”。两大倡议为解决世界和平与发展两大问题提供了新方案，为完善全球治理提供了新思路，为构建人类命运共同体注入了强大思想动力。

五、结语

2022年，全球治理面临更加分裂、风险挑战更加突出的局面。大变局时代的全球治理，迫切需要世界各国尤其是主要大国一道大力弘扬全人类共同价值，倡导践行真正的多边主义，以构建人类命运共同体为目标，为全球发展和安全事业形成更多共识，汇聚更大力量，采取更多行动。

（中国国际问题研究院外联处副处长　李晓玉）

第十三章

国际军控与裁军：挑战严峻　前景堪忧

2022年，受个别国家国安战略、核政策及地区安全形势影响，国际军控与裁军进程遭逢严峻挑战，尤其核不扩散议程的推进面临重重障碍，前景令人担忧。中国积极提出相关倡议主张，履行国际义务，为国际军控与裁军进程做出重要贡献。

一、多边议程的进展

以联合国为主要代表的国际组织继续推进国际军控与裁军，但受多重复杂因素影响，未取得重大突破性进展。

（一）联大及安理会通过多项决议

2022年12月7日，第77届联合国大会通过裁军与国际安全委员会（即第一委员会）提交的66项决议草案和8项决定，分别涉及军费透明、非洲无核区条约、拉美与加勒比地区禁核条约、东南欧国际安全、国际安全背景下的信息与电信发展、在中东建立无核区、不对无核国家使用或威胁使用核武器、防止外空军备竞赛、科技在国际安全与裁军中的作用、全面与彻底裁军等内容。联大在相关决议中表达了对国际安全环境恶化的深切忧虑，认为世界面临着冷战以来程度最高的核武器威胁。[①]

截至2022年12月12日，联合国安理会通过47项决议，其中三项分别涉及不扩散大规模毁灭性武器[②]和朝鲜半岛核问题[③]。有关决议认为，核生化武器及其运载工具的扩散继续对国际和平与安全构成威胁，决定将安理会负责防止大规模杀伤性武器扩散的1540委员会任期延长10年至2032年11月30日。[④]

（二）联合国秘书长发布《我们的共同议程》报告

9月，联合国秘书长古特雷斯在联合国大会发布《我们的共同议程》报告，阐述对未来全球合作的愿景，提出加强多边主义是应对世界危机的方法。其中，在“大小各国：提供全球公益物和应对重大风险的全球新政”一章，提出“新和平纲领”的六个核心领域，降低战略风险、更新裁军愿景排在第一位。此外，该报告还就“和平、安全和可持续利用外层空间”和增强数字合作

① “General Assembly Adopts over 100 Texts of First, Sixth Committees Tackling Threats from Nuclear Weapons, International Security, Global Law, Transitional Justice,” December 7, 2022, https://press.un.org/en/2022/ga12478.doc.htm.

② 2022年2月25日联合国安理会通过的第2622号决议《不扩散大规模毁灭性武器》，文件号S/RES/2622 (2022)，可经由联合国正式文件系统查询（https://documents-dds-ny.un.org/doc/UNDOC/GEN/N22/269/93/PDF/N2226993.pdf?OpenElement）。

③ 2022年3月25日联合国安理会通过的第2627号决议《不扩散/朝鲜民主主义人民共和国》，文件号S/RES/2627(2022)，可经由联合国正式文件系统查询（https://documents-dds-ny.un.org/doc/UNDOC/GEN/N22/301/02/PDF/N2230102.pdf?OpenElement）。

④《耿爽大使在安理会1540委员会授权延期决议表决后的解释性发言》，中国常驻联合国代表团网站，2022年11月30日，http://un.china-mission.gov.cn/hyyfy/202211/t20221130_10983461.htm。

提出建议。[1]

（三）裁审会、裁谈会完成年度会期

4月，联合国裁军审议委员会（裁审会）举行了2022年实质性会议，继续就本轮审议周期两次议题展开深入讨论。9月，日内瓦裁军谈判会议（裁谈会）2022年度会议闭幕。中国担任2022年裁谈会首任轮值主席国，国务委员兼外长王毅向裁谈会致贺信，对会议召开表示祝贺。在中国的积极推动下，裁谈会就工作计划问题达成共识，并解决了非成员国与会问题，重新激发了裁谈会的活力。

（四）《不扩散核武器条约》审议未达成共识

《不扩散核武器条约》第十次审议大会于8月在纽约联合国总部结束，会议未能就成果文件达成一致。会议决定，为加强条约后续审议进程，将成立一个对所有缔约国开放的工作组，第十一次审议大会于2026年在纽约举行。[2]

（五）《禁止生物武器公约》实施推进仍有障碍

《禁止生物武器公约》第九次审议大会于11月28日至12月16日在日内瓦举行。《公约》的有效性因缺乏有法律约束力的核查机制议定书而大打折扣，美国在过去20多年里一直独家反对此项

---

① 《我们的共同议程——秘书长的报告》，联合国网站，2021年9月，https://www.un.org/zh/content/common-agenda-report/assets/pdf/common_agenda_report_zh.pdf。

② 《〈不扩散核武器条约〉审议大会未能就成果文件达成一致》，新华网，2022年8月28日，http://www.news.cn/world/2022-08/28/c_1128954160.htm。

谈判。

二、美俄核裁军前景渺茫

尽管五核国领导人发表了《关于防止核战争与避免军备竞赛的联合声明》，但美俄均突出核力量在国家安全中的地位和作用。美新版防务报告更是大肆渲染大国竞争和研发新武器系统以及战术核武器的必要性，给全球战略稳定前景蒙上阴影。

（一）五核国领导人声明

1月3日，中、俄、美、英、法五个核武器国家领导人共同发表《关于防止核战争与避免军备竞赛的联合声明》。这是五国领导人首次就核武器问题共同发声，也是继2000年五国领导人在纽约举行会晤并发表声明后，再次就重大国际议题共同发声。联合声明强调“核战争打不赢也打不得”，重申不将核武器瞄准彼此或其他任何国家，强调维护和遵守双多边军控协议和承诺的重要性及避免军事对抗、防止军备竞赛。

（二）美俄核武库现状

10月，按照美俄《新削减战略武器条约》的规定，俄罗斯公布了2022年俄军核武库最新数据。截至2022年10月，俄军处于部署状态的核弹头数量为1549枚，包括战略核潜艇、战略轰炸机、移动式洲际弹道导弹发射车以及洲际导弹发射井在内的核武器发射载具/装置共有540套。美国处于部署中的核弹头数量为1420枚，战略核潜艇、战略轰炸机以及洲际导弹发射井在内的核武器发射载具/装置共有659套。

（三）美俄均突出核力量在国家安全中的地位和作用

2022年，俄罗斯和北约分别举行三次和一次核演习。美国B–21战略轰炸机亮相，标志着美国新“三位一体”核打击力量，即B–21轰炸机、“哥伦比亚级”潜艇、新型陆基弹道导弹正在加快研发步伐。俄罗斯则不断展示其核鱼雷、核潜艇及高超音速武器。显然，在乌克兰危机背景下，美俄都更加仰仗核武器的威慑力。

8月，俄罗斯外交部发表声明称，俄方被迫作出暂时退出《新削减战略武器条约》设施核查机制的决定，原因是“华盛顿一直希望在不考虑当前现实条件的情况下重启核查活动，为美国创造单边优势并剥夺俄罗斯在美国领土进行核查的权利”。原定于11月29日至12月6日在埃及首都开罗举行的美俄《新削减战略武器条约》双边协商委员会会议也推迟召开。俄罗斯外交部发言人扎哈罗娃表示，在美国继续为乌克兰供应武器的情况下，俄方认为没有可能与华盛顿恢复美俄《新削减战略武器条约》谈判。[①]

10月，美国国防部同时发布新版《国防战略报告》《核态势审议报告》和《导弹防御评估报告》三份战略指导文件。《国防战略报告》指出，五角大楼将推行聚焦中国的国防战略，声称并强调中国对美国国家安全构成步步紧逼的挑战。俄罗斯被界定为“严峻威胁”。《核态势审议报告》强调，保持战略核威慑是五角大楼最重要任务，声称到2030年之前，美将在历史上首次面临两

① 《扎哈罗娃：俄重视〈新削减战略武器条约〉，但美必须首先停止向乌供武》，环球网，2022年12月1日，https://mil.huanqiu.com/article/4Agv3aslj5O。

个核大国作为战略竞争者和潜在对手的局面。[①]《导弹防御评估报告》强调美军应关注“更全面的空中和导弹威胁”，并特别提及无人机系统。该报告认为，无人机系统具有廉价、灵活、可消耗等特点，可以进行战术级攻击，也可以完成大规模打击。[②]

上述报告表明，美将在国家安全战略、军事技术发展等多个层面进行调整转变。一是明确将有关大国作为美国的主要作战对象。二是明确美国对军事优势的争夺，特别是在军事技术领域，强调对新型武器系统以及战术核武器的研发。三是军事同盟将成为美军未来在全球范围内活动的重要支撑。在亚太地区，强化与韩、日、澳、菲等国的军事同盟关系；在欧洲方向，继续强化对北约的控制。美国继续强化核武器在国家安全政策中的作用，降低核武器使用门槛，这将严重损害大国互信，挑动核军备竞赛与核对抗，刺激核扩散，威胁国际和地区和平稳定。[③]

三、核不扩散体系面临的挑战有增无减

朝鲜半岛局势轮番升级的局面没有改变。恢复履行伊朗核协议的第八、九轮维也纳谈判未能取得进展。美同澳日韩和波兰等国“核共享”问题也引起国际社会广泛担忧。

---

① 张一帆：《美三大防务报告，这六点值得警惕！》，环球网，2022年10月31日，https://mil.huanqiu.com/article/4AGzeFfVrqX。

② 梁国宏：《美导弹防御文件老调重弹》，中国军网，2022年11月4日，https://www.81.cn/bq/2022-11/04/content_10196999.htm。

③《美国发布3份防务报告　滕建群：显示出美国将在多个层面进行调整转变》，央广网，2022年11月1日，https://military.cnr.cn/jsrp/20221101/t20221101_526048399.shtml。

（一）朝鲜半岛无核化举步维艰

朝鲜半岛形势紧张升温。拜登上台以来，美国政府虽向朝鲜提出“无条件对话”建议，但同时对朝加强威慑、制裁和人权攻势，特别是继续与韩国进行海上、空中和计算机模拟等多批次多类型联合军演。美还向韩方表示，将加强包括核武器在内的“延伸威慑”。2022年9月下旬，美韩在朝鲜半岛水域进行大规模海上军演，美国“里根”号核动力航母于10月再次进入朝鲜半岛水域，并与韩国舰船举行联合演习。美韩同步开展针对朝鲜的外交施压，韩方重启对朝单边制裁，美方将朝鲜发射导弹问题提交安理会公开讨论。朝鲜认为美国毫无诚意，作为回应，朝鲜撤回了暂停核试验及试射洲际弹道导弹的承诺，并于2022年进行多次导弹和侦察卫星试射。其中，11月18日试射的“火星炮–17”新型洲际弹道导弹飞行距离达999.2公里，飞行时间4135秒，最后准确落在朝鲜东部公海预定水域。[①] 9月，朝鲜发布“核政策法”，明确使用核武器的五大条件。对此，美韩宣称将对朝任何核武攻击采取压倒性、决定性措施，甚至在朝使用生化等大规模杀伤性武器攻击时也进行核反击。

均衡解决各方关切言易行难。半岛问题的症结在于和平机制缺失。朝方认为，美方只把“对话”停留在口头上，没有真正回应朝合理关切，美实际目的是让朝放弃自卫权。美虽表示愿实现半岛无核化，但过分依赖武力威胁和单边制裁等手段，令朝对美更加不信任。韩国新政府则认为上届政府对朝政策软弱，阻止朝核导开发的效果不彰，转而采取强硬政策，韩朝军备竞赛加剧。

---

① 《朝鲜试射新型洲际弹道导弹》，新华网，2022年11月19日，http://www.news.cn/world/2022-11/19/c_1129141336.htm。

韩国考虑2023年5月或10月派兵前往美国加利福尼亚州参加韩美联合军演。若该方案实现，此次军演将成为首场在美国本土举行的韩美联合军演。美、日、韩政府都认为，朝鲜随时可能进行第七次核试验。未来朝鲜半岛局势可能进一步螺旋升级，半岛核问题或更加复杂严峻。

（二）伊朗核协议谈判仍陷僵局

从2021年4月开始，恢复履行伊朗核协议的维也纳谈判持续了一年半多。第八轮谈判于2021年年底启动，2022年3月暂停。在欧盟协调下，伊朗和美国6月底在卡塔尔首都多哈举行间接谈判，但未取得进展。8月，第九轮谈判结束。9月，英、法、德三国发表联合声明，指责德黑兰消极对待恢复履行伊朗核协议谈判，认为伊朗企图把不相关的内容纳入谈判中。伊朗随之回应称，欧洲三国站在美国一边，他们的态度受到反对伊朗核协议的以色列影响。

近期伊朗的关键诉求有两点：第一是捍卫和平利用核能的权利，国际原子能机构要了结对伊保障监督未决问题；第二是确保本国的经济获益和美国不再退出全面协议的国际保障。[①] 对伊朗根深蒂固的负面认识、两党政治和以色列等第三方的钳制，使拜登政府对维也纳谈判的积极性不高。此外，伊朗国内政治形势和乌克兰危机也影响了美国的考虑。11月，美国负责政治事务的国防部副部长科尔表示，美国认为，伊朗持续爆发的抗议活动以及供应武器给俄罗斯，使恢复伊朗核协议在近期内失去迫切性。

---

① 范鸿达:《伊朗核协议恢复履行还有希望吗?》，中国网，2022年9月23日，http://www.china.com.cn/opinion2020/2022-09/23/content_78434389.shtml。

科尔还表示，目前伊朗比以往任何时候都接近制造核武器的临界点。[①]

（三）“核共享”带来新扩散风险

美英澳核潜艇合作。2021年9月宣布的美英澳核潜艇合作明显违反《不扩散核武器条约》目的和宗旨，具有严重核扩散风险，威胁地区和全球安全与稳定。2022年8月，在《不扩散核武器条约》第十次审议大会上，美国、英国、澳大利亚三国向大会提交“三边安全伙伴关系”的工作文件，试图为自身开展核潜艇合作辩护，引发国际社会广泛批评。一年多来，国际原子能机构理事会和大会连续六次设置单独正式议题审议三国核潜艇合作问题，包括中国在内的广大成员国纷纷表达严重关切。

日本“核共享”闹剧。日本政客一段时间以来鼓噪要同美国进行“核共享”，日方向《不扩散核武器条约》第十次审议大会提交的报告中也删除了以往报告提及的“无核三原则”（即“不拥有、不生产、不引进核武器”）。中方在十审会严厉批驳日消极行为，迫使日方代表公开申明日政府坚持“无核三原则”，不寻求“核共享”安排，并提请大会将日方表态记录在案。关于“核共享”，一些政府之外的专家确曾指出，日本应审视是否引入“核共享”安排。这并非日本政府的政策，日本政府明确表示没有考虑寻求“核共享”安排。

美对韩延伸威慑问题。韩国外交部10月透露，韩美正就加强延伸威慑力的具体合作方案进行讨论，包括经协商适时部署美国

① 《俄媒：美副防长称恢复伊核协议已无迫切性》，参考消息网，2022年11月19日，http://m.cankaoxiaoxi.com/world/20221119/2496012.shtml。

战略武器等，将“以核制核”作为针对朝鲜核“威胁”的基本方针。美国政府在这个问题上非常谨慎。美国驻韩大使戈德堡称，“所有这些关于战术核武器的讨论，无论是来自俄罗斯还是朝鲜，都是不负责任和危险的”。韩国媒体分析认为，戈德堡虽然点名的是俄罗斯和朝鲜，但表达的是反对在韩国重新部署核武器。[①]

波兰核共享问题。波兰总统杜达10月表示，波兰正与美国就参与核武器共享计划进行谈判。乌克兰危机爆发后，俄罗斯在相关地区加强核武器部署，波兰有意推行“选边站队”政策。对此，美国国务院副发言人在回应相关消息时澄清，华盛顿并没有在波兰领土上部署核武器的计划。有分析认为，虽然美国目前在与波兰进行“核共享”一事上态度谨慎，但未来是否会将战术核武器部署至波兰等欧洲东部国家，值得国际社会高度关注和警惕。

四、乌克兰危机引发的担忧

乌克兰危机爆发以来，乌有关核电站的安全和安保、俄使用核武器的可能性、美可能在乌研发生物武器等问题引起外界极大关注。

（一）乌核设施安全和安保问题

3月以来，位于乌克兰境内的欧洲最大核电站扎波罗热核电站及周边地区多次发生炮击事件，俄罗斯和乌克兰方面相互指责对方发射了炮弹。国际原子能机构核安全和安保专家对该国有关

① 《韩国探讨重新部署战术核武器　可能性有多高?》，新浪网，2022年10月25日，https://news.sina.com.cn/w/2022-10-25/doc-imqqsmrp3660171.shtml。

核电站进行了考察并评估。到目前为止，扎波罗热核电站区域的辐射水平保持正常，没有伤亡报告。此前在冲突中曾多次遭到切断的外部电力供应也没有受到影响。该机构紧急呼吁，要求冲突双方同意尽快在扎波罗热核电站周围建立核安全和安保保护区。

（二）俄使用核武器的可能性

俄罗斯总统普京2月下令将俄军威慑力量调至特殊战备状态。各方对俄在乌克兰危机中可能使用核武器深表关切。10月，俄罗斯常驻联合国代表涅边贾致函联合国秘书长称，“俄罗斯过去和现在都不打算在乌克兰使用核武器，俄罗斯的领导层和国防部都没有谈到使用这种武器的可能性”。涅边贾还要求将这封信作为正式文件在联合国安理会和联合国大会散发。[①] 11月，俄外交部专门发表《俄罗斯联邦关于防止核战争的声明》，重申遵循“核战争打不赢也打不得”的原则。

（三）美国在乌克兰研发生物武器问题

俄罗斯国防部发言人3月对外宣布，美国在乌克兰研发生物武器。俄媒称，美国在乌克兰境内共建立15个生物实验室，分布在乌克兰的多个重要城市。在过去20年里，美国花费大约1000亿美元来研发生物武器。为了掩盖违反美国法律的行为并降低病原体从美国实验室泄漏的风险，五角大楼和美国卫生部将实验室迁出美国。原苏联加盟共和国中，乌克兰是美国建立生物实验室

① 《俄罗斯称不打算在乌克兰使用核武器》，环球网，2022年10月25日，https://world.huanqiu.com/article/4ACLifDcjP0。

最多的国家。[①]

五、美国太空战略带来的新挑战

（一）“星链”项目的非“民用”

目前美国太空探索技术公司（SpaceX）的“星链”网络已经拥有3500多颗近地轨道卫星。[②] 美国联邦通信委员会12月表示，已批准美国太空探索技术公司新部署多达7500颗卫星。“星链”项目虽然以提供高速互联网服务为名打着“民用”的幌子，但其背后却有着深厚的美国军方背景。乌克兰危机中，美国太空探索技术公司为乌输送大量“星链”卫星通信终端，提供高速互联网服务。除支持通信外，还有专家推测，“星链”与无人机交叉互动，利用大数据和人脸识别技术，可能已介入乌对俄的有关军事行动。“星链”项目的军事化应用很可能使美军占据未来战场的主动，成为美国称霸太空的“帮凶”。[③]

（二）“暂停”反卫星武器实验背后

4月，美国副总统哈里斯宣布美国暂时放弃反卫星武器试验。9月，美向联大提出相关倡议。事实上，美国是最早开展直升式反卫试验和开展此类试验次数最多的国家。目前美国已经对反卫

① 《美在乌克兰建15个生物实验室被曝光　俄国防部称拿到相关证据》，新华网，2022年3月8日，http://www.xinhuanet.com/mil/2022-03/08/c_1211599861.htm。

② 《英媒：美国批准SpaceX再部署7500颗“星链”卫星》，参考消息网，2022年12月2日，http://www.cankaoxiaoxi.com/science/20221202/2497364.shtml。

③ 《助力美国称霸太空　警惕“星链”的野蛮扩张和军事化应用》，新华网，2022年5月5日，http://www.news.cn/mil/2022-05/05/c_1211643872.htm。

星武器库进行了所有必要的测试。美国长期奉行主导外空战略，公然将外空界定为“作战疆域”，美方有关倡议并未对自身外空军力发展构成任何限制和束缚，对推动国际外空军控进程没有实际价值。

六、国际军控领域的中国贡献

中国启动有关国际规约的国内批准程序，积极履行相关国际义务，支持相关国际组织工作，并与有关国家就军控、网络安全开展磋商或合作。

（一）积极参与国际军控进程

9月，在纽约联合国总部出席第77届联合国大会一般性辩论并发表演讲时，中国国务委员兼外长王毅表示，中国积极推进国际和平事业，参与国际军控、裁军和防扩散进程。中国还是世界上唯一将“坚持和平发展道路”载入宪法的国家，是五核国中唯一承诺不首先使用核武器的国家。①

11月，第77届联合国大会裁军与国际安全委员会（联大一委）表决通过中国提交的“在国际安全领域促进和平利用国际合作”决议草案。这是中国连续第二年向联大一委提交并推动通过“和平利用”决议。同月，联大一委先后表决通过“防止外空军备竞赛的进一步切实措施”“不首先在外空放置武器”“从国际安全角度看信息和电信领域的发展”三项决议，其中均写入中国提

① 《为和平发展尽力　为团结进步担当——在第77届联合国大会一般性辩论上的演讲》，中华人民共和国外交部网站，2022年9月25日，https://www.fmprc.gov.cn/wjbzhd/202209/t20220925_10771110.shtml。

出的人类命运共同体理念。

（二）积极履行国际义务

启动批准《枪支议定书》国内程序。9月，王毅国务委员兼外长在出席第77届联大一般性辩论并发表演讲时宣布，中国已启动批准《枪支议定书》的相关国内法律程序。这是中方积极落实全球安全倡议、维护国际和地区和平稳定的重要积极举措，体现了中方支持多边主义、践行人类命运共同体理念的决心。

积极支持禁化武组织工作。9月，禁止化学武器组织总干事阿里亚斯和执行理事会代表团以视频方式访华。访问期间，各方听取了中日关于日本遗弃在华化学武器总体情况及销毁进展介绍，在线参观了日遗化武最大的埋藏点吉林省敦化市哈尔巴岭，并就加快推进销毁进程深入交换看法。中国认真履行公约义务，截至2022年9月，已顺利接待禁化武组织599次视察。2022年，中国疾控中心传染病预防控制国家重点实验室首次牵头举办“使用生化武器事件联合国秘书长调查机制”实验室能力测试活动。[①]

提交有关国家报告或立场文件。4月，中国发布《关于在国际安全领域促进和平利用国际合作的国家报告》，强调出于和平目的利用科学技术并开展相关国际合作是国际法赋予各国不可剥夺的权利。5月，中国向《武器贸易条约》秘书处提交首份国家年度报告，介绍中国2021年七大类常规武器和轻小武器进出口情况。11月，中国向《特定常规武器公约》2022年缔约国大会提交《中国关于加强人工智能伦理治理的立场文件》，强调人工智能治

① 《使用生化武器事件联合国秘书长调查机制》，中华人民共和国外交部网站，2022年10月，https://www.fmprc.gov.cn/web/wjb_673085/zzjg_673183/jks_674633/zclc_674645/hwhsh_674653/200901/t20090116_7669106.shtml。

理应坚持伦理先行，通过制度建设、风险管控、协同共治等推进人工智能伦理监管。

（三）开展军控和网络安全国际磋商

3月，中国与巴基斯坦举行新一轮军控与防扩散磋商。5月，中国主持召开金砖国家网络安全工作组第八次会议。6月,《“中国+中亚五国”数据安全合作倡议》发表，第四轮中法网络事务磋商举行。7月，中国建设性参与联合国信息安全开放式工作组、上海合作组织国际信息安全政府专家组会。10月，第二轮中国–东盟网络事务对话在新加坡举行。

七、结语

2022年，受大国战略竞争和地区安全形势双重影响，国际军控与裁军进程依旧举步维艰，在不扩散等传统领域和外空、网络等新兴领域甚至有倒退之势，国际安全面临冷战结束以来最严峻挑战。中国主张超越你输我赢的冷战思维，坚持推动公平公正、合理可行的多边军控进程，为推进国际军控与裁军进程做出积极贡献。

（中国国际问题研究院美国研究所助理研究员　郭金月）

第十四章

国际恐怖主义与反恐合作态势：挑战严峻　任重道远

2022年，大国博弈激烈，乌克兰危机持续升级，地区动荡冲突多点爆发，新冠疫情继续肆虐，传统安全与非传统安全挑战日趋严峻，国际安全形势发生深刻复杂变化，世界进入新的动荡变革时期。国际社会需要通力合作，在百年未有之大变局中奋力开拓出通往世界和平稳定之路，中国也将为推动全球安全治理改革与创新贡献中国智慧与中国力量。

一、全球恐怖主义发展态势

2022年，全球主要恐怖主义组织继续在南亚、中东与非洲等地盘踞、扩张与肆虐，严重损害上述地区安全稳定与经济发展。

（一）南亚安全形势异常严峻

在南亚地区，“基地”组织、“伊斯兰国”等二十余个联合国认定的国际恐怖主义组织在阿富汗生存发展。2021年8月，美国撤出所有在阿富汗作战力量，塔利班重新执掌阿富汗政权，阿富汗安全形势进入新阶段，“伊斯兰国呼罗珊省”趁乱在阿富汗迅速扩张，针对阿富汗什叶派穆斯林及哈扎拉等少数民族发动多起恐怖袭击，导致阿富汗经济和安全局势不断恶化，对阿富汗塔利班政权构成最主要安全挑战。2022年4月19日，阿富汗首都喀布尔西部发生多起连环爆炸袭击事件，袭击目标为教育机构，造成5人死亡，多名学生受伤。4月21日，"伊斯兰国呼罗珊省"对巴尔赫省首府马扎里沙里夫一座清真寺进行袭击，造成31人死亡；4月22日，该组织对昆都士省一座清真寺发起袭击，造成33人死亡。恐怖组织发起一系列密集暴力袭击事件，不但令阿富汗安全形势雪上加霜，还使得塔利班政权在国家政治与经济重建事务中举步维艰。

此外，"'伊斯兰国呼罗珊省'采取'三步走'的全球圣战战略：第一步是在阿富汗起步，第二步是在中亚和南亚地区建立伊斯兰教法统治的'哈里发'，第三步是将'哈里发'扩张至其他地区乃至全球"。[①] 当前，阿富汗恐怖主义活动态势对南亚地区安全构成严峻威胁，并向中亚方向外溢，蛰伏在阿境内的中亚籍恐怖分子，也借助阿与中亚国家的交通通道，回流进入母国继续传播极端主义思想，从事暴力恐怖活动。

（二）主要国际恐怖主义组织在中东盘踞与扩张

"伊斯兰国"作为中东地区最主要恐怖主义势力，自2018年起实施"化整为零""外线扩张"战略调整后，使其实力得以保存，在叙利亚巴迪亚沙漠、伊拉克库尔德斯坦地区以及叙利亚与伊拉克边境地区盘踞和扩张，并在叙伊发动多起恐怖袭击或劫狱行动。2022年1月20日，"伊斯兰国"对叙利亚东北部城市哈塞克的格威兰监狱发动袭击，使数百名恐怖组织领导人成功逃亡，

① 王世达：《"伊斯兰国"呼罗珊分支的前世今生》，《国际研究参考》2021年第9期，第39页。

这也是自2019年“伊斯兰国”在叙利亚溃败以来最大规模的袭击活动。1月21日，“伊斯兰国”对伊拉克迪亚拉省一处政府军营发动恐怖袭击，造成11人死亡。10月26日，“伊斯兰国”一名枪手在伊朗法尔斯省设拉子市一处宗教场所向人群开火，造成15人死亡。

此外，中东地区恐怖主义势力受到“伊斯兰国呼罗珊省”在阿富汗猖獗活动的鼓舞，其组织扩张与恐怖主义活动更具战略进取性，期望通过“圣战”逐步实现政治目标，一个重要动向是2022年，“伊斯兰国”与“东伊运”加大力度相互勾连，拓展其恐怖威胁。联合国安理会1267委员会监测小组在2月发布报告指出，“叙利亚境内有1000—3000名‘东伊运’作战人员，他们不仅在当地发动袭击，还招募、训练和派遣恐怖分子到中亚国家和中国境内实施恐袭”。[①] 另一个重要动向是，3月27日，“伊斯兰国”首次对以色列城市哈代拉发动袭击，“开始以实际行动来兑现‘灭亡以色列’的政治宣示，意图在伊斯兰世界进一步扩展社会基础”。[②]

（三）非洲是国际恐怖主义肆虐的重灾区之一

非洲一些国家长期存在政局动荡、民族、宗教冲突等问题，政府治理能力欠缺，人口快速增长，贫富分化严重，恐怖主义和宗教极端势力活动猖獗。此外，由于西亚北非地区多国加大反恐力度，大量恐怖主义组织向撒哈拉以南非洲国家转移，成为加剧非洲恐怖主义活动严峻形势的重要因素，萨赫勒地区是世界恐怖

① 《中国常驻联合国代表强调综合施策遏制恐怖主义新一轮回潮》，人民网，2022年2月11日。

② 董漫远：《拜登政府中东政策调整与中东形势新特征》，《当代世界》2022年第5期，第48页。

活动的重灾区。“在马里，2022年上半年在恐怖袭击中死亡人数近2700人，比2021年全年总数约增加了40%。在尼日尔，2022年恐怖袭击中的死亡人数超过1000人。在布基纳法索，2022年上半年已有约2100人被打死。”[①]

“伊斯兰国”与“基地”组织继续深入渗透非洲，“索马里‘青年党’已是世界规模最大、财力最雄厚、杀伤力最大的‘基地’组织分支”。[②] 2022年5月3日，索马里“青年党”袭击了中谢贝利州的非盟驻索马里过渡特派团军事基地，造成10名士兵死亡；10月29日，索马里“青年党”在首都摩加迪沙发动袭击，造成至少121人死亡，333人受伤。此外，自2014年利比亚的“巴塔尔旅”宣誓效忠“伊斯兰国”后，在阿尔及利亚、埃及西奈半岛、西非乍得湖地区、萨赫勒地区、索马里与莫桑比克又陆续出现“伊斯兰国省”，与“伊斯兰国”相关的分支组织发起多起恐怖袭击，造成严重破坏，“仅在2022年前半年，相关恐怖组织在当地杀害了2000名平民，仅在萨赫勒地区就有250万人被驱逐”。[③]

二、国际反恐斗争的进展

2022年，数名恐怖主义组织重要头目遭到击杀，致使恐怖主义组织实施行动的能力受到削弱，其嚣张气焰受到打击。联合国相关机构与机制继续引领与推动国际社会形成更大反恐合力，同时相关国家和地区组织加强反恐合作，拓展反恐空间，提升反恐

① 《“基地”组织和“伊斯兰国”组织正在如何深入非洲》，《经济学人》2022年8月11日。

② 同上。

③ 克里斯蒂安·普奇：《全球恐怖主义的未来正在非洲成形》，《世界报》2022年9月4日。

能力，在全球与地区治理中发挥更为重要作用。

（一）数名恐怖主义组织重要头目遭到击杀

美国奥巴马政府、特朗普政府与拜登政府持续进行中东战略收缩政策，但美仍坚持维护对中东事务主导权，担忧其会旁落于中国与俄罗斯。继续在中东反恐是美保持地区影响力、维护美在中东军事存在与地区盟友伙伴关系两大战略资产的重要举措。2022年，美国追剿与击毙多名恐怖主义组织领导人，美军于2月3日对叙利亚北部伊德利卜省进行袭击行动，“伊斯兰国”最高头目阿布·易卜拉欣·哈希米·库莱希被迫引爆炸药身亡。美军在2019年击毙“伊斯兰国”前最高头目阿布·巴克尔·巴格达迪后，库莱希成为该组织领导人，美国曾悬赏1000万美元缉拿库莱希。2022年7月12日，美军在叙利亚西北部发动无人机袭击，打死“伊斯兰国”五名最高领导人之一、该组织叙利亚分支头目马希尔·阿贾勒，他负责推进伊拉克和叙利亚以外地区“伊斯兰国”的扩大发展。美国总统拜登称此次行动“歼灭了一名关键恐怖分子，大大削弱了‘伊斯兰国’组织在该地区准备、资助和实施行动的能力”。[①] 10月6日，美军在叙利亚击毙两名“伊斯兰国”高级头目，一个是该组织叙利亚分支的第二号头目阿布·阿拉，另一个为负责俘虏事务的头目。在南亚，7月31日，美国在阿富汗喀布尔实施无人机行动，击毙71岁的“基地”组织领导人艾曼·扎瓦希里。扎瓦希里号称该组织的“首席战略家”，曾参与策划1998年美国驻坦桑尼亚和肯尼亚使馆爆炸案以及震惊世界的“9·11”恐怖袭击。

---

① 《五角大楼称在叙杀死“伊斯兰国”组织一重要头目》,《参考消息》2022年7月13日。

（二）相关国家为稳定阿富汗局势做出努力

美国从阿富汗撤军，意图彻底甩掉战略包袱，全力聚焦以大国竞争为核心的全球战略。阿富汗局势直接关乎中国西部边陲安全稳定与“一带一路”建设顺利推进，同时阿富汗局势发展还会辐射至周边，影响俄罗斯、巴基斯坦、伊朗与中亚国家安全形势。2022年3月31日，第三次阿富汗邻国外长会在中国安徽屯溪举行，阿富汗六个邻国的外长或代表、俄罗斯外长和阿富汗临时政府外长出席，是阿邻国外长集体与阿临时政府外长第一次直接对话，体现阿邻国高度重视阿富汗问题，致力于维护地区和平与稳定。会议重点之一是敦促阿富汗临时政府采取相应举措，确保阿富汗不再沦为恐怖主义滋生地、庇护所和扩散源。与会国代表还表示将共同打击对阿富汗及其邻国构成重大安全威胁的恐怖主义组织，并帮助阿富汗提升反恐能力。此外，会后还将启动阿富汗邻国阿问题特使（特别代表）定期会晤机制，建立政治外交、经济与人道、安全稳定三个工作组，为会议成果落实落地提供组织保障。本次会议由中国外长主持召开，是中国为阿富汗实现持久和平、稳定发展所作的又一次重要贡献，展现中国负责任大国的担当。

（三）联合国及其他地区组织的反恐努力

2022年8月9日，联合国安理会举行“恐怖行为威胁国际和平与安全”会议，中国常驻联合国代表张军大使主持会议，并阐述中国立场。10月28日，联合国安理会反恐怖主义委员会特别会议在印度召开，聚焦讨论互联网和社交媒体、全球恐怖主义网络融资、无人机等无人驾驶航空系统的普及对全球反恐带来的挑战，并推动联合国会员国加强合作，共同应对新兴技术对国际安全构成的新威胁。

在中亚地区，除了本土长期蛰伏的恐怖组织如伊扎布特、达瓦宣教团、“圣战”萨拉菲派等组织频繁活动之外，更多中亚籍恐怖分子从南亚与中东转战回流，加剧地区反恐严峻形势，也愈发凸显上合组织在维护地区和平稳定与打击“三股势力”中至关重要的作用。2022年9月15—16日，上合组织成员国元首理事会第22次会议在乌兹别克斯坦名城撒马尔罕举行，上合组织新一轮扩员加速推进，上合大家庭由18个国家扩展为26个国家，活动区域由中亚、南亚扩展到西亚、中东地区，上合组织区域反恐合作空间得到大幅拓展，区域反恐整体实力与国际影响力进一步提升，从而使上合组织未来在全球与地区治理中必将发挥更为重要作用。

三、中国为全球反恐事业做出积极贡献

新疆历来是中国反恐和去极端化斗争的主战场，美西方继续利用涉疆问题牵制中国崛起进程。中国在新疆采取的反恐与去极端化措施，为全球反恐事业做出积极贡献。

（一）美西方继续利用涉疆问题牵制中国崛起进程

2022年，美西方继续抹黑中国新疆政策，极力破坏中国与伊斯兰国家友好关系，利用涉疆问题牵制中国崛起进程。2021年12月23日，美国将所谓的“维吾尔强迫劳动预防法案”签署成法。2022年6月9日，欧洲议会通过所谓的“新疆人权形势”决议，攻击中国治疆政策构成“反人类罪”及“种族灭绝”风险，呼吁欧盟委员会效仿美国，禁止进口涉及“强迫劳动”的中国产品。6月22日，美国正式实施所谓的“维吾尔强迫劳动预防法案”，将中国新疆地区生产的全部产品均推定为所谓的“强迫劳

动”产品，禁止进口与新疆相关的任何产品，不但打击中国企业，也表明美国以人权为借口祸乱新疆、遏制中国的政治操弄进一步升级。一些西方国家还多次就涉疆问题在联合国人权理事会、联大三委对中国攻击抹黑，遭到包括广大伊斯兰国家在内的近百个国家的坚决反对。

（二）建设美好新疆卓有成效

2022年，中国继续在新疆依法开展反恐、去极端化工作，巩固反恐战果，这是全球反恐事业的重要组成部分。中共中央一直高度重视新疆工作，习近平总书记指出，“做好新疆工作事关大局，是全党全国的大事”。2022年7月12日至15日，习近平主席赴新疆考察调研，强调“要坚决贯彻党中央决策部署，完整准确贯彻新时代党的治疆方略，牢牢扭住社会稳定和长治久安总目标，坚持稳中求进工作总基调”，“统筹发展和安全”，奋力建设美好新疆。[①] 中国在依法严厉打击新疆暴力恐怖主义活动的同时，重视推动新疆高质量发展，注重从源头铲除恐怖主义、宗教极端主义的生存土壤。“60多年来，新疆地区经济总量增长了160倍，人均地区生产总值增长了30倍，维吾尔族人口从220万增长到约1200万，人均预期寿命从30岁提高到了74.7岁……所谓‘种族灭绝’‘强迫劳动’‘宗教压迫’完全是编造出来的谎言。”[②] 新疆经济社会持续稳定发展，各族人民安居乐业，中国为国际反恐事

① 《学习贯彻习近平总书记在新疆考察时的重要讲话精神》，共产党员网，2022年7月16日，https://www.12371.cn/2022/07/16/ARTI1657940687538270.shtml?from=groupmessage。

② 王毅：《坚持公平正义，推动全球人权事业健康发展》，2022年2月28日，https://www.mfa.gov.cn/web/wjbz_673089/zyjh_673099/202202/t20220228_10646313.shtml。

业做出重要贡献，值得国际社会充分肯定。

四、未来国际反恐面临的严峻挑战

展望未来，恐怖主义组织滋生与泛滥的土壤将长期存在，恐怖主义组织还加强对互联网与高科技手段的运用，多种不利因素加剧国际反恐合作的困难性与复杂性，未来国际反恐依然是任重道远的持久之战。

（一）恐怖主义势力借大国博弈与地缘政治冲突之机发展壮大

2022年2月乌克兰危机发生后，俄与美西方关系空前紧张。乌克兰危机将深刻影响叙利亚问题发展走向，关系到俄罗斯在中东的战略地位与影响力，而拜登政府的中东政策重要内容之一就是“美国不会离开中东，以免被中国、俄罗斯或伊朗填补真空”。[①] 当前叙利亚问题相关各方都在密切关注乌克兰危机走向，关注俄罗斯如何调整部署在叙利亚的军事力量与资源投入，各方势力相机行事，叙利亚问题政治解决与重建前景更加复杂难测，为恐怖主义势力喘息与坐大提供良机。“2022年以来极端势力寻找机会在叙利亚和伊拉克频繁发动袭击，大有卷土重来之势。”[②] 当前大国博弈呈白热化、尖锐化态势，加之2022年新冠疫情继续肆虐，使本已严峻的国际经济形势雪上加霜，国际社会共同合作

① “Remarks by President Biden at the GCC+3 Summit Meeting,” July 16, 2022, www.whitehouse.gov/briefing-room/speeches-remarks/2022/07/16/remarks-by-president-biden-at-the-gcc-3-summit-meeting/.

② 唐志超：《外溢与突围：乌克兰危机升级对中东的影响》，《俄罗斯东欧中亚研究》2022年第6期，第79页。

反恐的动力与资源不足，互信严重缺失，难以形成合力反恐，致使恐怖主义势力腾挪躲闪空间增大，持续发展壮大。

（二）恐怖主义组织滋生与泛滥的土壤将长期存在

在中东地区，多个热点问题长期久拖不决，利比亚和也门内战难以平息，经济与社会发展无从谈起。叙利亚战乱自2011年开始至今，国家生灵涂炭，长期无法实现政治和解与国家重建，经济和社会发展遭受严重摧残，并由此引发严重人道主义危机。伊拉克长期无法走出经济与政治困境，2021年议会选举后伊拉克陷入政治僵局，“萨德尔运动”退出议会后多次爆发严重政治冲突，朝野内讧不止。此外，2022年新冠疫情蔓延和乌克兰危机持续升温，再次给中东国家安全形势、政权稳定与经济发展造成重创。“乌克兰危机给阿拉伯地区带来严重经济社会影响，其中包括新增370万贫困人口，阿拉伯经济体今明两年分别损失110亿美元和169亿美元，地区经济增长降低，政府债务升高，货币加速贬值，等等。”[①] 地区长期战乱与动荡，国家经济贫穷落后，国际公平正义缺失，成为各类恐怖主义组织滋生与泛滥的土壤。

（三）恐怖主义组织借助高科技进行升级换代，增加国际反恐合作难度

当前国际反恐合作的复杂性与困难性在不断上升，恐怖分子除了使用传统的爆炸、绑架、暗杀等手段外，还借助互联网与新技术进行人员招募、远程遥控、联手跨国袭击与开拓融资渠道等

---

① “Impacts of the War in Ukraine on the Arab Region,” https://www.unescwa.org/news/war-ukraine-will-lead-record-about-126-million-poor-arab-region.

多元化手段，其掌握并使用核与生化武器进行恐怖袭击的可能性也在增大。随着无人机人工智能化的不断升级，各国还需要从立法、人防、技防等领域，早寻应对方法。新冠疫情持续蔓延使生物反恐提上日程，生物安全也已进入国家安全体系建设之中。国际反恐是个庞大复杂的系统工程，要求国际社会通力合作，建立能够有效防范与打击恐怖主义的综合能力与机制，当前较之国际恐怖主义组织与有组织犯罪活动在运行中的协调与高效，国际反恐合作就显得明显滞后和难以有效开展。

五、结语

2022年4月21日，习近平主席在博鳌亚洲论坛年会开幕式发表主旨演讲，首次提出全球安全倡议，具有重要理论意义与时代价值。当今世界战乱冲突多点爆发，大国博弈异常激烈，乌克兰危机持续升级，新冠疫情继续肆虐，全球经济遭受重创，传统安全与非传统安全挑战日趋严峻，习近平主席提出的全球安全倡议就是针对困扰世界安全的诸多问题，提出的指导性方案与切实可行路径，倡议为进一步推动构建均衡、有效、可持续的安全架构，实现世界长治久安提供了新方向。展望未来，中国将为推动全球安全治理改革与创新，实现世界持久和平与繁荣贡献中国智慧与中国力量。

（中国国际问题研究院美国研究所副研究员　孙立昕）

第十五章

朝鲜半岛形势：暗流涌动　博弈加剧

2022年朝鲜半岛形势复杂演变，博弈加剧。韩追随美“印太战略”和价值观外交，着力打造韩美经济安全同盟、技术同盟、价值观同盟。中韩隆重纪念建交30周年，两国关系继续取得新发展，同时双方摩擦分歧有所增多，民众相互好感度下降。两国仍本着互尊互信、合作共赢、开放包容精神，努力推动中韩关系行稳致远。朝韩官民对话、经贸往来和人员交流中断，试射导弹、卫星等军备竞赛加剧，韩“大胆构想”遭拒，南北关系僵持中紧张对立。朝美对话停滞，美不断收紧对朝制裁施压，朝撤回暂停核试验、试射洲际弹道导弹承诺，发布“核政策法”。朝核武战略由守转攻，美加强对朝核威慑。韩日关系有所缓和，美日韩合作愈发强硬。各利益攸关方明争暗斗，半岛形势紧张，暗流涌动，存在进一步升级风险。

一、韩追随美“印太战略”，韩美构筑全球全面战略同盟

尹锡悦政府把加强韩美同盟作为外交政策核心，将韩美同盟提升为全球全面战略同盟，以“共同应对各种挑战，共建基于规

则的秩序”，试图发挥韩“全球枢纽国家”作用。韩声称，韩美同盟根植于“两国共享的价值、民主、自由、尊重主权和人权”，韩美不仅是军事安全同盟，也是经济安全同盟、技术同盟、价值观同盟，“基于民主、市场经济、法治、人权和国际规则共建秩序”对两国而言十分重要。通过迎合美“印太战略”、推动“萨德”系统正式部署、加入“印太经济框架”、意欲参与美“芯片四方联盟”等，韩从政治外交、军事安全、经贸投资、高新科技等方面巩固与美战略合作。

政治外交上，韩有意将韩美同盟外延从东北亚拓展至“印太”地区乃至全球。韩宣称“坚持捍卫自由民主、人权法治立场”，明确欢迎美“印太战略”，推出韩版“印太战略”框架文件，探讨韩“印太战略”与欧洲伙伴的对接方案。韩与北约谋建超越传统军事安全合作的“新型战略合作关系”，签订双边合作计划，增设韩驻北约代表团。此外，韩对参与美日印澳四边机制表现出兴趣，重申所谓“维护台海和平稳定、尊重国际法以及南海航行和飞越自由”。

军事安全上，韩扩大与美在半岛及周边地区联演范围和规模，重启美韩“延伸威慑战略磋商”机制，决定2023年完成修改“定制型威慑战略”，每年定期举行“延伸威慑手段运用演习”（TTX）[①]，加深韩美国防太空伙伴关系，借机提升韩军太空力量。2022年4月，韩美启动以计算机模拟方式推进的联合指挥所演习，8月底，韩美举行“乙支自由护盾”军演，9月举行有美军“里根”号核航母助阵的联合海上演习和反潜演习，10月举行“护国军演”和“西海（黄海）联合海上演习”，11月举行有240余架

① TTX是假定朝鲜利用核导威胁、即将使用核武器、使用核武器等一系列情况，研究韩美针对各情况的军事应对方案的演习。

军机参演的“警戒风暴”韩美空中演习，大秀军事肌肉，动作频频。美还声称将利用核武、常规武器和导弹防御力量等所有可用的军事力量，继续向韩方提供“延伸威慑”。此外，美决定加大在朝鲜半岛出动战略资产的频率和强度，以达到等同于定期部署的效果。另据悉，韩美拟修订“作战计划5015”，其中包含针对中国和朝鲜的内容。[①]

经贸投资上，韩以创始国身份参与美鼓吹的“印太经济框架”，图谋“参与共建基于规则的印太地区秩序”。[②]韩美构建经济安全同盟，开启国安委间经济安全对话，讨论尖端技术、供应链、核能等领域合作。三星、现代、LG等大型韩企扩大对美投资，韩对美出口同比上升。韩还宣称要“基于芯片、核电、环保等先进技术与北约盟国及伙伴国一道维护经济安全”。

高新科技上，韩美扩大并深化在半导体、绿色动力电池、人工智能、生物医药、能源、供应链、网络安全、宇宙开发、核能开发等关键技术和新兴领域合作。韩加入“芯片四方联盟”预备会议，欲搞尖端技术同盟、供应链同盟。韩美已将现有司局级产业合作对话升格为部长级“韩美供应链及产业对话”，韩积极参与美主导的“矿物安全伙伴关系”。但是，美《通胀削减法案》将韩系电动汽车排除在税额减免对象之外，给急切贴靠美的韩政府“背后一刀”。韩表示,《韩美自贸协定》有“国民待遇”原则，

---

① 2015年6月韩美两军制定并签署针对朝鲜的《作战计划5015》，将作战重点放在摧毁朝鲜的核武器、导弹和生化武器等大规模杀伤性武器上。按该计划，如果半岛出现紧急情况，韩美将对朝鲜进行先发制人攻击。作战计划中的前两位数字“50”是美国国防部用来指代韩半岛的作战暗号，后两位数字代表着不同的详细计划。

② 《韩美商定将建立全球全面战略同盟关系》，韩联社，2022年5月21日，https://cn.yna.co.kr/view/ACK20220521003000881?section=search。

世贸组织也有“最惠国待遇”原则，美通过《通胀削减法案》有违背《韩美自贸协定》和世贸组织规范之嫌，已通过多方渠道向美转达忧虑，要求确保进军美市场的韩企享受无差别待遇。韩还要求美方对北美地区提供的新能源汽车税收抵免条件同样适用于韩方，或者将新能源汽车税收抵免条款生效时间推延3年等，以“消除歧视性因素”。

二、中韩摩擦分歧增多，着力互尊互信，推动关系行稳致远

2022年是中韩建交30周年，双方认真总结建交30年的经验和教训，积极评价建交30年以来两国在各领域合作取得丰硕成果，给双方国民带来实实在在利益，也有力地促进了地区和平与发展。双方均认为应以中韩建交30周年为契机，坚持相互尊重，加强政治互信，扩大互利合作，增进民间友好，推动中韩关系行稳致远。

尹锡悦政府上台后，攻击文在寅政府对华实行“低姿态外交”，涉华外交基调出现新变化。韩宣称，中韩应“在相互尊重和积累互信的基础上构建平等的伙伴关系”，要“在重视普世价值和规则的基础上发展韩中关系，积极参与国际社会为维护人权、法治所付出的行动，希望中方为解决朝核问题发挥建设性作用”。显然，中韩对于“萨德”“印太经济框架”“芯片四方联盟”“四边机制”等问题的态度立场存在不少差异，尹锡悦对华外交取向发生一定程度的转变。

韩新政府不承认“萨德”部署上存在“三不”承诺（即韩不再部署新的“萨德”系统、不加入美导弹防御系统、不谋求韩美日军事同盟），辩称“三不”仅仅是上届政府的立场，并非两国

达成的协议或韩方对中方的承诺。尹政府还宣称，“萨德”是能确保国民生命与财产安全不受朝核导威胁的自卫性防御手段，事关韩国家安全与主权，应由韩自行判断并决定，不容妥协。[①] 韩国防部以2023年上半年结束环境影响评估为目标，正加速推动“萨德”基地正常运转。

韩积极参与美主导的“印太经济框架”，不认为“印太经济框架”是美主导下的经济“小集团”、旨在牵制中国。韩声称，“印太经济框架”是基于透明、开放和包容原则的经济合作协商机制，并不瞄准特定国家，韩作为创始国参与国际规则制定符合韩利益。韩表示将在“印太经济框架”覆盖的所有领域与各方共享经验，开展合作，将在巩固供应链、数字转型、新能源、脱碳等领域提出合作方案；韩中之间也可进行供应链合作，通过韩中自贸区为稳定供应链制定合作框架。

韩辩称，美主导成立“芯片四方联盟”并不是为了排挤特定国家，韩绝无排斥中国等特定国家或搞“小圈子”的意图，将基于经济和战略层面的国家利益而决定是否加入“芯片四方联盟”。[②] “为参与新一代半导体供应链，确保技术优势，不在制定标准和技术积累方面被冷落”，韩决定参加“芯片四方联盟”预备会议，争取“芯片四方联盟”明确保证在韩企转型升级、扩建在华半导体生产线时能获得制造装备和材料的稳定供应。目前，美暂时允许三星电子和SK海力士两家韩企的在华工厂在未获美政府审批的情况下自美进口相关设备，期限仅为1年。

---

① 《韩总统室：萨德问题不容妥协》，韩联社，2022年8月11日，https://cn.yna.co.kr/view/ACK20220811003900881?section=search。

② 《韩产业部长：将基于国家利益决定是否加入芯片联盟》，韩联社，2022年8月8日，https://cn.yna.co.kr/view/ACK20220808005100881?section=search。

此外，韩有意参加美日印澳四边机制（Quad）框架下疫苗、气候变化、新技术工作组，并探索正式加入该机制的方案。韩声称支持一个中国政策，同时强调“维护台海和平稳定是实现区域内安全与繁荣的前提条件，对韩方也很重要”，[①] 并在东亚峰会外长会上跟风鼓噪“不能容忍用力量改变现状”，在联合国人权理事会对涉疆决定草案投赞成票。此外，受北京冬奥会上“韩服”和短道速滑判罚争议等事件影响，中韩民间对彼此的好感度大幅下滑。

回顾中韩建交30年，两国关系在政治、经济、人文等各领域实现飞跃式发展，取得丰硕成果，但两国如何进一步加强战略对话、深化政治互信，正面临一些亟待解决的重要课题，包括：如何正确认识对方的发展道路和政策选择并相互尊重对方的社会制度和意识形态；如何最大限度降低第三方因素给中韩关系带来的干扰破坏，并在地区安全问题上照顾对方重大关切和核心利益；如何处理好经贸摩擦，防止脱钩断链，挖掘合作新模式和新动力；如何进一步拉近两国民间友好感情，巩固中韩关系行稳致远的基础。为了规划两国关系未来发展蓝图，“中韩关系未来发展委员会”及时向两国政府提交了共同报告，“提出许多具有战略性、前瞻性、可操作性的政策建议”，“为未来中韩关系政策制定提供重要参考”。[②]

中方高度重视中韩关系的长远稳定发展。习近平主席在二十国集团会议期间同尹锡悦总统举行会谈，表示愿同韩方一道，维

① 《韩中外长会在即　敏感议题磋商引关注》，韩联社，2022年8月7日，https://cn.yna.co.kr/view/ACK20220807001700881?section=search。

② 《王毅出席“中韩关系未来发展委员会”共同报告提交仪式》，中华人民共和国外交部网站，2022年8月24日，https://www.fmprc.gov.cn/wjbzhd/202208/t20220824_10751022.shtml。

护、巩固、发展好中韩关系，尹锡悦表示愿同中国发展基于相互尊重和互利成熟的关系。习近平主席还总结出登高望远、互尊互信、合作共赢、开放包容四条宝贵经验，为中韩关系长远发展提供了根本指引。王岐山副主席出席尹锡悦总统就职典礼，就双边关系下步发展提出五点建议，包括加强战略沟通、深化务实合作、增进国民友好、加强多边领域沟通协调、加强半岛事务协调合作。中韩高层保持友好交往。王毅国务委员兼外长和韩外长朴振多次会晤和通话，双方同意尽早举行两国外交部门高级别战略对话和外交安全“2+2”对话，加快中韩自贸协定第二阶段谈判，争取尽快达成一致；同意就维护产供链稳定事宜开展对话，致力于产供链的完整、安全、畅通、开放和包容；坚持贸易投资自由化，遵守世贸规则，坚持非歧视、非排他、公开、透明原则；[①]在“萨德”问题上，双方认为应重视彼此安全关切，努力予以妥善处理，不使其成为影响两国关系的绊脚石；中方还支持朝鲜半岛北南双方改善关系，坚持“分阶段、同步走”和“双轨并进”思路，推进半岛无核化和构建半岛和平体制，中方将继续发挥建设性作用。王毅还强调，面向下一个30年，中韩双方要总结有益经验，把握好两国关系发展稳定大局；应当坚持独立自主，不受外界干扰；应当坚持睦邻友好，照顾彼此重大关切；应当坚持开放共赢，维护产供链稳定畅通；应当坚持平等尊重，互不干涉内政；应当坚持多边主义，遵守《联合国宪章》宗旨原则。[②]

① 《王毅同韩国外长朴振举行会谈》，中华人民共和国外交部网站，2022年8月10日，https://www.fmprc.gov.cn/wjbzhd/202208/t20220810_10738776.shtml。

② 《王毅：坚持五个“应当”，推动中韩战略合作伙伴关系健康稳定发展》，中华人民共和国外交部网站，2022年8月9日，https://www.fmprc.gov.cn/wjbzhd/202208/t20220809_10738350.shtml。

三、朝韩军备竞赛加剧，对话、经贸、人员交流全面中断

尹锡悦政府声称，文在寅政府对朝过于软弱和迁就，没能阻止朝核导开发步伐，决定出台“讲原则”的对朝政策，采取慑止朝核威胁、制裁与施压、通过对话与外交促进无核化三种对策。朝方谴责韩新政府对朝政策基调，称这是把朝韩对话作为实现半岛无核化的手段，在“可验证的朝鲜无核化”实现之前维持对朝强力制裁措施，与李明博政府的“无核、开放、3000”[①]、朴槿惠政府的“韩半岛信任进程”一脉相通[②]，因而完全无视韩无条件举行南北对话的提议，朝韩关系在僵持中更趋紧张对立。朝强调，半岛对抗与紧张的恶性循环持续至今，归根到底是韩历届政府罔顾自主、和平、团结的三大统一原则，不认真执行南北协议所致。尹锡悦政府则认为，韩朝合作未能顺利推进，原因在于朝研发核武并引发国际社会对朝制裁，导致韩朝合作项目告吹；为打破韩朝对话僵局，应从根本上解决朝核问题。

尹锡悦还提出对朝所谓“大胆构想”，宣称朝出台“核武政策法”刺激韩寻求美核保护。尹锡悦在韩光复节讲话中谈及对朝政策路线图，称若朝采取实质性无核化措施，韩将助朝划时代地改善经济状况和居民生活质量；若朝真诚参加无核化谈判，韩将

---

① 韩前总统李明博在竞选时提出“无核、开放、3000”的对朝策略，其核心内容就是在朝鲜完全弃核（无核）、对外完全开放的前提下，韩国帮助朝鲜10年内人均收入达到3000美元。

② 《朝媒谴责尹锡悦沿袭前两届政府对朝敌对政策》，韩联社，2022年3月27日，https://cn.yna.co.kr/view/ACK20220327001900881?section=search。

在谈判初期先行推进大规模粮援项目（以矿产换粮食）、覆盖卫生和饮用水等在内的改善民生项目；若达成一揽子无核化协议，韩将视无核化具体进展，在基建、民生、经济三大领域推进五大支援项目，即向朝支援发电及输电设施，助朝港湾和机场现代化建设，提供农业生产技术扶持，援朝医疗设施现代化，对朝进行国际投资和金融支援，等等，并成立韩朝共同经济发展委员会，全面开展经济合作；若有必要，可谋求部分或分步放宽联合国安理会制裁措施；此外，通过常规武器裁军建立韩朝互信，推动美朝关系正常化。韩国表示，无核化路线图并不意味着“先弃核后补偿”，而意味着只要朝表明对无核化的坚定决心，韩将为其提供力所能及支援。朝鲜劳动党中央委员会副部长金与正强烈批评尹锡悦“大胆构想”并不新鲜，称核武是朝国体，不容讨价还价，“用区区经济合作换弃核是天真幼稚的幻想”。[①] 9月8日，朝颁布“核武政策法”后，韩国内出现鼓吹在韩部署战术核武器及“核共享”的呼声，受到美驻韩大使戈德堡反驳。[②] 韩高官后辩称，韩单独进行核武装、引进美军战术核武、与美军分享核武器等观点都不是韩执政党的官方立场。韩美举行所谓“延伸威慑战略磋商”机制会议，决定加强延伸威慑执行力。韩国会还通过“关于谴责朝鲜接连发射弹道导弹并敦促其停止准备第七次核试验的决议案”。

朝韩关系“政冷经冷”局面日益突出，政府间对话停摆，经贸和人员往来中断，双向军事示强动作步步升级。对于韩提议无

① 《金与正贬低韩方对朝路线图　称不会理睬》，韩联社，2022年8月19日，https://cn.yna.co.kr/view/ACK20220819000500881?section=search。

② 《韩媒：韩国内热议“重新部署战术核武器”，美驻韩大使表明反对立场》，环球网，2022年10月19日，https://cj.sina.com.cn/articles/view/1686546714/6486a91a02001s0qc。

条件举行韩朝对话，朝表示应先具备对话条件。朝不仅没有回复韩政府提出的有关药品、医疗设备、医务人员等的抗疫合作提议和解决离散家属问题的官方会谈提议，也未回应韩红十字会提出的抗疫援助和举行视频探亲活动提议，仅接受韩民间团体的防疫物资援助。韩“脱北者团体”对朝空飘口罩、泰诺等抗疫物资和传单，挑衅意味甚浓，被朝指责为新冠疫情源头。韩指责朝方擅自拆除或占用金刚山旅游区和开城工业园区内韩方设施属于侵犯韩方财产权，违背韩朝协议精神，并以应对朝战术核武威胁为名，将与朝研发核导和规避制裁有关的15名个人和16家实体列入单边制裁名单。

与此同时，朝韩军事相互示强步步升级，《九一九军事协议》存亡受到挑战。朝先后发射短程导弹、中远程导弹、洲际弹道导弹、潜射导弹、高超音速导弹、巡航导弹等，宣布将在前沿部署战术核武器。朝媒大幅谴责韩美联合军演“乙支自由护盾”是以军事攻朝为前提的侵朝实战演习，指责韩撕毁《九一九军事协议》。朝还在《九一九军事协议》设定的朝鲜半岛东部和西部海域缓冲区进行了1000多发炮击，11月2日发射的弹道导弹多年来首次坠入东部海域“北方界线”（NLL）以南26公里、束草市以东57公里的海域。韩则作出对等强硬反应，在朝射导后同步实施联合地对地导弹射击，发射卫星、潜射弹道导弹，向“北方界线”以北的公海进行空地导弹射击，开展有美核动力航母群参加的韩美联合军演、大规模韩美联合空演、韩美日反导联演、韩美日反潜联演等。韩军还加快推进“韩国型三轴体系”建设，包括专门打击朝导弹发射装置的“杀伤链系统”、拦截来袭导弹的“韩国型导弹防御系统”和打击朝指挥部的“大规模打击报复作战计划”，半岛北南紧张军事对峙局面螺旋升级。

四、朝美对话停滞，美韩警惕朝核战略由守转攻，加强所谓“延伸威慑战略”

美欲利用威慑、制裁、对话等手段，促使朝实现完全无核化。朝认为美只是把“外交和对话”挂在嘴边，实际上执行孤立和打压朝的敌视政策，违背约定继续美韩联合军演，把核战略武器部署在半岛周边，数十次单边制裁朝。朝鲜劳动党举行第八届中央委员会第六次政治局会议，决定做好与美长期对抗准备，“以实际行动进一步可靠地、切实地巩固物质力量”。朝还发布“核政策法”，提出有事时使用核武器的五个条件，标志朝核武战略由守转攻。韩美则威胁称，朝一旦对韩动用核武，将面临韩美同盟和韩军的“压倒性反制”，“朝政权将走向终结”。

美宣称愿实现半岛无核化，对无条件与朝对话持开放态度，同时表示有意向朝提供疫苗等人道主义援助，不与任何政治条件挂钩。但朝方均未回应美方有关对话和援助提议。朝最高领导人金正恩10月10日表示，在敌军进行军事威胁的情况下，没什么可与敌人谈的，也没必要谈。朝常驻联合国代表金星强调，朝鲜半岛局势紧张责任在于美，美不应再为韩提供核保护伞并进行韩美联合军演；只有美带头无核化并撤回核保护伞，朝才能完全实现无核化；美应停止发展军备，不再举行动用核武的联合军演，并解散“联合国军司令部”，无条件消除对朝威胁。[①]

朝还强调，朝关闭丰溪里核试验场等无核化措施并未得到应有积极回应，美未遵守停止联合军演约定，朝只能决定撤回其暂

① 《朝驻联大使要求美国停止提供核保护伞》，韩联社，2022年10月12日，https://cn.yna.co.kr/view/ACK20221012001800881?section=search。

停核试验及洲际弹道导弹试射的承诺。朝同时表示加强军事能力系朝合法自卫权，先后试射高超音速导弹、近程弹道导弹、中远程弹道导弹、洲际弹道导弹、远程巡航导弹、潜射弹道导弹、新型战术制导武器等。美谴责朝试射弹道导弹违反联合国安理会决议，美日韩还试图在安理会提议追加对朝制裁。韩试射成功“韩国型导弹防御系统”的核心远程地对空导弹、固体燃料运载火箭、“世界”号运载火箭等，朝媒谴责联合国等国际社会在航天技术开发方面搞双重标准，称允许韩部署顶尖武器、进行航天技术开发却禁止朝发射弹道导弹的做法是“双标”。

针对朝核武战略出现的重大变化，金正恩在朝第14届最高人民会议第7次会议上表示，美表面目的是半岛无核化，但终极目的是让朝放弃行使自卫权，或让朝处于劣势进而亡国；要改变朝核武政策，必须先改变世界，先改变朝鲜半岛的政治军事环境；绝对不会有先弃核，不会有任何以先无核化为前提的谈判，也无可供讨价还价的筹码。[①] 9月8日，朝通过最高人民会议法令，明文规定核武装力量的使命、构成、指挥控制等，还提出使用核武器的五大条件。[②]

美韩高度重视朝发布“核政策法”，宣称将通过韩美联防态势和韩美日安全合作，以压倒性的力量强化对朝威慑。美韩在“延伸威慑战略协商”机制会议结束后发布联合声明称：两国今

① 《金正恩：美欲颠覆政权　朝绝对不弃核》，韩联社，2022年9月9日，https://cn.yna.co.kr/view/ACK20220909000500881?section=search。

② 朝动用核武的五大条件包括：朝遭受或即将遭受核武器和其他大规模杀伤性武器攻击；国家领导班子和核武力量指挥机关遭受或即将遭受敌对势力的核或非核攻击；国家重要战略设施遭受或即将遭受致命的军事攻击；有事时防止战争扩大和长期化，以及为掌握战争主导权，在作战上必不可少；对国家存亡和人民生命安全带来重大危机的事态发生，不能不用核武器应对。

后将对朝任何核武攻击采取压倒性、决定性应对措施，朝发动生化等大规模杀伤性武器攻击时也进行核反击；在适宜时，如朝核试验前后，在域内有效部署战略资产，并适时机制化；持续加强宇宙、网络空间合作，利用宇宙技术探知朝导弹及网络战，预防核攻击等。韩防长李钟燮10月26日宣称，韩此前一直致力于遏制朝进行核试验或加强核武能力，今后要集中力量遏制朝使用核武器。[①] 美韩媒体还报道称朝方出现修复丰溪里核试验场部分坑道、重启宁边部分核设施、扩建西海卫星发射场入口通道等迹象，预判朝可能进行第七次核试验。美韩密集商讨采取额外单边制裁措施，考虑将涉及朝核导开发的个人和实体列入单边制裁名单，以切断朝核导开发资金来源。

五、韩日关系有所缓和，美日韩力推军事安全经济合作

尹锡悦上台后，有意改善韩日关系，提出基于正确的历史认识，建立面向未来的韩日合作关系。韩日举行了首脑会晤、外长会谈和司局级磋商，但在强征劳工索赔、日军慰安妇、日本对韩贸易限制等问题上并未取得进展。尽管如此，在美大力推动下，韩日关系出现一定程度缓和，美日韩合作大幅加强。

与文在寅政府不同，尹锡悦政府在解决强征劳工索赔案等韩日间悬而未决问题上与日积极对话，承认韩日2015年签署的《韩日慰安妇问题协议》为两国正式协议，希两国遵照协议精神解决

① 《韩防长：应对朝核战略需转向遏制使用核武》，韩联社，2022年10月26日，https://cn.yna.co.kr/view/ACK20221026002800881?section=search。

相关问题。但日方态度消极，主张韩日历史问题（包括强征劳工问题）已经由1965年的《韩日请求权协定》、2015年《韩日慰安妇问题协议》获得解决，要求韩方就慰安妇和强征劳工问题拿出日方能够接受的具体解决方案，但始终将韩方变现日企资产视为“不可逾越的底线”。[①] 强征劳工案受害方考虑到日本政府强硬态度，强调至少涉事日企必须道歉，如不执行日企在韩财产变现，可采取筹资代付涉事日企对受害方的赔偿金形式，底线是涉事日企要参与其中。韩外长称，韩国会前议长文喜相提出的“1+1+α”方案（即成立韩日企业、政府、市民参与的共筹基金向受害者赔偿精神损失费）值得参考。[②] 据日本共同社报道，韩日政府就由韩国财团代替日本企业向受害者赔款的方案进行磋商，但韩方坚持要求日方道歉，采取有诚意措施。此外，针对日方再次向联合国教科文组织提交对佐渡金山申遗报告一事，韩方提出日本政府先要遵守其在2015年为军舰岛申遗时所做的承诺，即设置缅怀韩籍强征劳工的信息中心。

美在推动韩日和解的同时，极力助推美日韩三边同盟，意欲牵制朝鲜和中国。美总统拜登鼓吹，美日韩三边合作对实现朝鲜半岛完全无核化、“自由开放”的“印太”地区等共同目标十分关键。美日韩首脑会谈就加强三国合作应对朝核导方面达成共识，并恢复美日韩军事安全合作。尹锡悦政府还改变了文在寅政府不愿举行美日韩联合军演的立场，宣称将通过韩美协防态势和韩美

① 《韩拟组建民官联合机构解决二战劳工索赔问题》，韩联社，2022年6月21日，https://cn.yna.co.kr/view/ACK20220621005400881?section=search。

② 《韩外长出席国会问政会强调加强与中方沟通》，韩联社，2022年7月25日，https://cn.yna.co.kr/view/ACK20220725007000881?section=search。

日安全合作，以压倒性力量提升对朝威慑力。三国外长商定通过密切合作让朝接受尹政府涉朝“大胆构想”，用好“大胆构想”的各项激励机制，促朝重返对话。三国防长则讨论加强三边安全合作应对朝核导方案，并妄议“台海和平稳定、航行及飞行自由的重要性”。美日韩三国举行导弹预警演习、反潜联演、反导演习，美日韩等五国大搞探测追踪朝导的“太平洋龙”联合演习，美日韩等21国为落实“防扩散安全倡议”举行多国联合军演“命运卫士–22”（Fortune Guard 22）。此外，韩还派遣海军舰艇参加纪念日本自卫队成立70周年阅舰式。

值得关注的是，美日韩合作内涵还从军事安全扩展至“印太经济框架”经济、技术、能源、基础设施等领域合作。美宣称“印太经济框架”“基于共同价值观”，图谋在促进贸易、数字经济和技术标准、供应链韧性、碳减排与清洁能源、基建、劳工标准等六大领域伙同“印太”盟友伙伴“制定高门槛的国际标准和协议草案”。三国决定新设三国经济安全对话机制，共同应对三国在尖端技术、供应链、能源、抗击疫情、气候变化等领域共同面临的地区及全球性挑战。

六、结语

2023年，朝鲜半岛紧张局势面临着螺旋升级的风险。各有关方应本着理性、冷静、克制态度，展现灵活姿态，避免导致半岛紧张轮番升级的言行，共同维护半岛及本地区和平稳定。

（中国国际问题研究院亚太研究所研究员　吴晶晶）

第十六章

伊核履约谈判：僵而未亡　前景诡谲

2022年是维也纳伊核协议重新履约谈判（以下简称“履约谈判”）最重要的一年，最大特点是谈判虽陷入长期僵持，但美伊都未贸然放弃。2022年初，美伊已就多数问题达成共识，8月，欧盟以协调员名义散发伊核全面协议恢复履约安排“最终案文”，伊朗还与国际原子能机构（IAEA）达成了解决国内保障监督未决问题的路线图和时间表，国际舆论普遍看好履约谈判前景。但美伊最终未能达成履约协议，其中原因很多，但最根本的是美伊各自的最主要目标相悖。拜登总统曾多次明确表示，美国不是简单地重返伊核协议，而是要通过“重返”使该协议变得“更长、更强”，从而遏制伊朗在地区的影响力，证明他比特朗普“更精明”。伊朗的目的是迫使美国解除更多制裁，抬高美国再次爽约代价，并从履约中得到应有的政治和经济红利。此外，乌克兰危机、美国中期选举、伊朗自9月以来的社会动荡都从不同层面上对履约谈判产生了影响。

一、第八轮谈判功亏一篑

伊朗最高领袖哈梅内伊对鲁哈尼政府前六轮履约谈判政策不

满，认为在谈判中过于迁就美国，特别是认为与美国就履约之外的事宜进行谈判，损害了国家利益。因此，莱希政府决定“重起炉灶”，在谈判中持强硬立场。经过半年精心准备，莱希政府于2021年11月启动了第七轮履约谈判。莱希政府谈判立场与前届政府最大的不同是拒绝讨论履约之外的问题，如伊朗导弹问题和伊朗地区政策问题。美欧虽反对莱希政府改变前六轮谈判形成的共识，但经过激烈交锋，最后双方妥协，形成了一个以前六轮谈判共识为基础，增加了莱希政府新想法的共同文本，作为之后履约谈判基础。

第八轮谈判（2021年12月27日至2022年3月10日）是履约谈判耗时最长，也是最艰难的一轮谈判，前后历时两个多月，多次“休会”。谈判主要围绕美国解除对伊朗制裁范围、双方履约先后次序、核查解除制裁机制，以及伊朗要求美国“保证”今后不再爽约等问题，分技术和政治层面展开。相对而言，在前六轮谈判成果的基础上，美伊谈判在技术层面上还算比较顺利。经过两个多月激烈交锋后，谈判取得了很大进展，双方分歧逐步缩小。美国认为，双方谈判取得了“实质性进展”。[①] 伊朗表示，履约谈判“从未有像现在这样接近达成协议的终点线”。[②] 据外媒报道，双方技术层面工作小组形成了一个25页履约草案协议，包括三个具体实施附件：美国解除对伊朗制裁措施；伊朗重新履约应采取的步骤；以及实施前两项的安排，包括具体实施排序和对解

---

① “Iran Nuclear Deal: ‘Agreement or Collapse Next Week’,” *The Jerusalem Post*, Feb. 23 2022, https://www.jpost.com/middle-east/iran-news/article-698389.

② “Khamenei Backs Iran’s Negotiators as Nuclear Talks Enter Final Stretch,” Feburary 21, 2022, https://amwaj.media/media-monitor/what-did-khamenei-s-speech-mean-for-iran-s-negotiators.

除制裁核查等。

与技术层面谈判相比，美伊政治层面谈判，尤其是涉及某些需要做出“政治决定”问题的谈判异常困难，一直未取得实质突破。2月下旬，伊朗方面明确指出，谈判虽已有一个非常接近协议的草案，“但伊朗红线中的几个问题仍未解决，伊朗打算坚持这些红线”。这些问题是美国解除对伊朗制裁的范围和程度、美国提供今后不再爽约保证、终结国际原子能机构在伊朗几处地点发现未申报铀痕迹的问题。美伊在这三个“核心”问题争执的焦点是:（1）伊朗坚决要求美国必须将伊朗伊斯兰革命卫队从“外国恐怖组织”黑名单上删除，并视此为“红线”。美国坚持认定，伊朗伊斯兰革命卫队定性问题是“反恐”和“人权”领域问题，不属于履约谈判范畴。但美国也表示，“如果他们（伊朗）想要谈履约范围之外的问题，那么我们也会这样做，但需要互惠地谈判这些问题”。[①] 美国提出的条件是：伊朗需公开承诺将为降低中东地区紧张局势做出努力。[②] 伊朗断然拒绝了美国的交换提议。（2）伊朗坚持美国必须提供今后不再爽约保证，并提出如拜登政府无法提供保证，可由美国国会通过支持履约协议的议案，或设立某种经济保障机制等。[③] 伊朗的主要目的是确保其政治和经济利益不再因美国再次爽约而蒙受二次损失，或提高美国今后爽约代价。美国以“三权分立、相互制衡”为由加以拒绝。（3）在履约谈判的关键阶段，伊朗与国际原子能机构达成解决问题的路线

① “US not Sure Nuclear Deal with Iran Is a Done Deal,” *The Jerusalem Post*, April 19, 2022, https://www.jpost.com/international/article-704547.

② https://www.yahoo.com/news/u-hardens-position-designation-irans-154155634.html.

③ “Khamenei backs Iran’s Negotiators as Nuclear Talks Enter Final Stretch”, Feb. 21,2022.

图和时间表，并要求美欧向国际原子能机构施加影响，如美伊达成履约协议，国际原子能机构将终结对伊朗三处未申报铀痕迹问题的调查。但遭到美欧拒绝，他们坚持，这是伊朗与国际原子能机构间的问题，他们“将始终拒绝任何损害国际原子能机构独立性的企图”，拒绝与伊朗就解决该问题展开讨论。

在美伊履约谈判僵持不下时，美欧联手以“最后期限”和“最后机会”等对伊朗加大施压力度，试图迫使伊朗退让。3月1日，美国警告，“如伊朗对（谈判）取得进展表现出不妥协的态度，我们准备离开（谈判）”。“如果在未来几周内不能达成协议，伊朗持续的核进展将使我们不可能回到伊核协议”。德国和法国也指责伊朗推延谈判进程，敦促伊朗尽早做出退让的“政治决断”。伊朗则针锋相对表示，绝不接受任何侵犯伊朗国家和人民利益（红线）的协议，也绝不接收任何谈判的最后期限。双方谈判陷入僵持。

2月底爆发的乌克兰危机增加了履约谈判的不确定因素。3月5日，俄罗斯提出，要求美国书面保证（履约协议达成后）俄伊间的贸易、投资和军事技术合作不因美西方对俄制裁受到任何阻碍。美国国务卿布林肯以对俄制裁与伊核协议无关为由，加以拒绝。3月10日，欧盟外交与安全政策高级代表博雷利宣布，维也纳履约谈判由于“外部因素”干扰暂停。一直被外界看好的第八轮履约谈判最终还是无果而终。

二、履约谈判步履艰难

欧盟以“外部因素”为由叫停第八轮履约谈判，很明显是想将履约谈判失利归咎于俄罗斯，并有离间俄伊关系嫌疑。在履约谈判进入关键时刻后，美伊国内的强硬派力量都以不同形式明显加大了对政府施压力度。美国共和党甚至包括一些民主党议员警告拜登政府，他们反对也不会批准与伊朗达成履约新协议。前副总统彭斯甚至表示，如拜登政府与伊朗达成履约协议，下一届共和党政府执政后的当天就废除该协议。在伊朗，250名议员联名敦促莱希政府不要在没有有效保证的情况下与美国达成履约协议。伊朗最高领袖哈梅内伊表示，“为取消制裁而在美国或其他大国面前退让是一个巨大的错误，是对国家政治权利的打击”。[①] 面对国内压力，美伊在谈判中已无回旋余地，谈判已难以继续，俄罗斯此时的要求正好给了欧盟叫停的一个良好借口。

在谈判中止后，美欧对俄罗斯和伊朗展开了舆论攻击，将谈判失利归咎于俄罗斯和伊朗。3月12日，法、英、德三国联合发声称，没有人（暗指俄罗斯）可以利用履约谈判来获得不相关的保证。美国则警告伊朗，对美国而言，履约谈判“已不再迫在眉睫”，并一直在与法、德、英、以色列和海湾国家讨论“替代方案”，为无法达成协议做好准备。俄罗斯指责美欧企图把谈判失利的责任归咎于俄罗斯是“肮脏的游戏”。针对美国的替代方案，伊朗表示，如果另一方讨论B方案，伊朗也有B方案。但伊朗也表示，谈判暂停可为解决剩余问题提供动力，仍希望履约谈判能继续。

不断升级的乌克兰危机对履约谈判进程产生了直接影响，其中最突出的是分散了美欧对解决伊朗核问题的精力和紧迫感。美欧认为，乌克兰危机已直接危及欧洲安全格局和他们自身安危，因此对美欧来说怎样通过一切可能的手段全力支持乌克兰、避免

① “Leader: Iran Will Not Forgo Regional Presence, Nuclear Program,” March 10, 2022, https:www.presstv.ir/Detail/2022/03/10/678311/Leader-meets-members-of-Iran%E2%80%99s-Assembly-of-Experts.

乌克兰溃败，并通过乌克兰危机最大限度削弱俄罗斯政治、经济和军事力量已成为美欧全球安全战略中最重要、最紧迫的议题。

维也纳谈判的暂停给极力反对履约谈判的美国强硬派和以色列提供了空间，他们联手向拜登政府施加更大压力。4月，拜登总统对到访的时任以色列总理贝奈特表示，他不会解除伊朗伊斯兰革命卫队是“恐怖组织”的定性。两周后，美国参议院以62票赞成、33票反对通过一个两党联合提案，反对将伊朗伊斯兰革命卫队从“外国恐怖组织”的黑名单上删除。面对美国在伊朗伊斯兰革命卫队定性问题上的强硬立场和杜绝任何扩大履约谈判范围的企图，伊朗在伊朗伊斯兰革命卫队定性问题上的立场出现了微妙变化。5月，欧盟外交政策事务副代表莫拉访问德黑兰，在与伊朗商讨恢复履约谈判相关议题时，伊朗已不再将伊朗伊斯兰革命卫队定性问题视为谈判的“红线”了。伊朗履约谈判顾问、德黑兰大学教授穆兰迪更明确表示，从“恐怖主义”黑名单上删除伊朗伊斯兰革命卫队并不是伊朗达成履约谈判协议的先决条件。[①] 6月24日，博雷利在德黑兰与伊朗领导人会谈后对外表示，伊朗和欧盟“同意在未来几天恢复履约谈判，以解决谈判中的最后关键问题”。

6月29日至30日，应卡塔尔政府邀请，美伊和欧盟在多哈进行了接触。据报道，伊朗在谈判中放弃了之前坚持美国将伊朗伊斯兰革命卫队从“外国恐怖组织”黑名单上删除的要求，取而代之的是要求美国解除对伊朗伊斯兰革命卫队隶属的经济部门制裁。但美国拒绝了这一要求，使多哈谈判未能解决双方争议问

① “Don’t Write off the Iran Nuclear Deal Just yet,” June 24, 2022, https://www.al-monitor.com/originals/2022/06/dont-write-iran-nuclear-deal-just-yet#ixzz7agpVQVlc.

题。7月26日，博雷利提出了一个履约协议草案，并表示该协议草案尽管不完美，但是可行的、最好的协议。他警告，“如果该协议被拒绝，我们将面临一场危险的核危机”。不过，博雷利提出的草案以第八轮谈判工作小组形成的草案为基础，并没有满足伊朗的三个要求。[①] 但伊朗并没有拒绝博雷利提出的草案，而是提出修改意见。

8月4日，履约谈判在中止了近五个月后再次启动。在这轮谈判中，伊朗对几个关键问题的立场有了较大变化，其中较突出的有三点：一是在美国保证不再爽约问题上，伊朗提出在执行履约协议后，将伊核协议限制的先进离心机封存在伊朗国内，由国际原子能机构监控，从而减少美国今后再次爽约给伊朗造成的伤害；二是改变了要求美国将伊朗伊斯兰革命卫队从“外国恐怖组织”黑名单上除名，但要求美国解除对其下属的经济部门的制裁；三是要求美欧向国际原子能机构施加影响，在美伊正式重新履约之前，国际原子能机构将公开发表声明，对伊朗三处疑问地点的调查将一劳永逸地终结。[②] 但相关意见遭到美欧拒绝，谈判再次陷入僵局。

8月8日，在美伊僵持不下的第九轮谈判最后一天，博雷利向美伊提交了履约协议的“最终文本”。他在递交时特别强调，该文本是“不能再进行商谈”的，要求美伊接受该文本，并在一周内做出决定。据悉，博雷利的“最终文本”虽考虑了伊朗的一

① “Are Iran, US Headed for Final Attempt ‘In Vienna’ to Restore Nuclear Deal?” August 1, 2022, https://amwaj.media/media-monitor/iran-wants-amendments-to-draft-text-to-revive-nuclear-deal.

② “The Takeaway: Iran Deal’s Fate Could Again Hinge on IAEA Probe,” August 10, 2022, https://www.al-monitor.com/originals/2022/08/takeaway-iran-deals-fate-could-again-hinge-iaea-probe#ixzz7bi9pmnlM.

些诉求，但基本反映了美欧立场。伊朗在最后期限（8月15日）之前提出了一些需要修改的要求，相当于婉转拒绝了博雷利的“最终文本”。8月23日，博雷利在谈及“最终文本”时表示，“可以谈判的内容都已谈过了，现在已形成了一个最终文本”。他承认，“在每一个技术问题和每一段话的背后，都有一个需要相关国家做出的政治决定。如果这些答案是积极的，那么我们就可以签署这项协议”。在伊朗婉拒欧盟“最终文本”后，法、德、英指责伊朗“没有选择抓住这个关键的外交机会”，继续升级其核计划，还重新提出核保障问题（要求国际原子能机构终结对三处疑问地点调查），三国“严重怀疑”伊朗对履约的“意愿和承诺”。对此，伊朗反驳称欧洲三国声明“不具有建设性”，不利于谈判取得成果，同时警告欧洲国家不要威胁伊朗。履约谈判再次陷入僵持。

三、伊朗与国际原子能机构关于保障监督问题的争执

目前，伊朗与国际原子能机构关于调查伊朗三处未申报铀痕迹的争执已成了履约谈判最后达成协议的主要障碍。伊朗总统莱希坚定地表示：“如这些调查不结束，一份持久的协议从何谈起？”此问题的由来是2018年以色列特工在从伊朗窃取的一集装箱与伊核相关的废弃资料中发现，伊朗有四处曾有过核活动的地点一直未向国际原子能机构申报相关信息。以色列在同年向国际原子能机构提供了相关材料。根据以色列提供的信息，国际原子能机构从2019年开始要求伊朗提供这些尚未申报的核材料和核活动的情况，并坚持要对四处问题地点进行实地勘察。此后，国际原子能机构在对四处问题地点实地勘察后，在德黑兰省马里万（西部）、法拉明和图尔库扎巴德三处发现非天然铀痕迹，第四处并未发现

任何疑问。之后，国际原子能机构将伊朗未申报的问题地点改为三处。在2020年和2021年，伊朗与国际原子能机构曾就此问题进行过多次技术性讨论，但未有结果。

客观地说，伊朗尚有未申报铀痕迹这个问题是一个可大也可小的问题。“可大”是因为它涉及伊朗未能完全履行《不扩散核武器条约》义务，如实向国际原子能机构申报其全部核活动，从而使伊朗有曾经试图生产核武器的嫌疑。“可小”是因为：一是国际原子能机构所根据的以色列提供的信息都是从“废弃”的资料中发现的，更何况所说的也都是过去“老黄历”的事，难以准确判定事实；二是国际原子能机构对伊朗核计划性质问题已有明确结论。伊核协议具体实施步骤中有明确要求，国际原子能机构确定伊朗核计划的“非军事化用途”性质是实施该协议的一个必要的先决条件。伊朗认为，伊核协议在2016年初得以顺利执行，是因为在之前国际原子能机构对伊朗核计划“和平利用”性质已做出了明确结论，伊朗核计划的性质问题也就此解决了。

伊朗希望套用2015年的方式与国际原子能机构解决在问题地点上的争执。因此，在普遍看好的第八轮谈判后期，伊朗邀请国际原子能机构总干事格罗西访问德黑兰。格罗西在临行前表示，他的德黑兰之行可能会为履约谈判达成协议“铺平道路”，“如果（伊朗）与国际原子能机构存在尚未解决的问题，人们很难想象美伊能重新返回伊核协议”。3月5日，在与伊朗相关部门商讨后，国际原子能机构与伊朗原子能组织（AEOI）达成了在三个月内解决该问题的“路线图”和“时间表”，其主要内容为：第一，伊朗原子能组织用两周时间向国际原子能机构提供与三个疑问地点相关解释文件；第二，在收到伊朗原子能组织相关文件两周内，国际原子能机构将审议这些文件，并向伊朗原子能组织反馈任何疑问；第三，在国际原子能机构向伊朗原子能组织提出任何意见后的一周内，两个机构将在德黑兰开会解决这些问题，每个地点将分别举行会议；第四，在完成前三个事项，并在国际原子能机构做出相应评估后，总干事将在2022年6月的国际原子能机构理事会上报告他的结论。耐人寻味的是，国际原子能机构与伊朗达成的“路线图”和“时间表”与履约谈判商议的执行协议草案时间表高度契合。格罗西甚至暗示，他做出结论报告的时间是在正式开始“重新实施履约协议日”之前。在舆论当时对履约谈判普遍看好的氛围下，格罗西私下认为，国际原子能机构对伊朗疑问地点调查的问题“已不再是突出的问题”。

但在美伊没有达成协议后，国际原子能机构的态度也随之发生了明显变化，认为伊朗3月9日提供的材料“没有答复国际原子能机构所有的疑问”。5月30日，格罗西更加明确表示，伊朗对国际原子能机构问题的答复在“在技术上是不可信的”。在国际原子能机构态度转变后，伊朗的立场也趋于强硬。在国际原子能机构理事会召开的前一天，伊朗表示，根本不存在所谓的三处未申报可疑地点的问题。伊朗进一步表示，像伊朗这样幅员辽阔的国家，有人要搞一点核污染是可能的，暗示不排除是以色列特工人为破坏的可能性。[①] 6月8日，国际原子能机构理事会通过由美、英、法、德四国起草的指责伊朗在保障监督问题上的决议，称由于伊朗没有与国际原子能机构展开充分实质性合作，伊朗三处问题地点的问题仍然悬而未决。伊朗强烈谴责美和欧洲三国推动国际原子能机构做出的反对伊朗的决议，认为该决议是基于国际原子能机构总干事“仓促和不平衡的报告”，以及以色列提供的虚假和不实信息，将会削弱伊朗与国际原子能机构合作和互动

① “Iranian ‘Messages’ to US Fail to Avert Censure at IAEA,” June 9, 2022, https://amwaj.media/media-monitor/iaea-resolution.

进程。之后，伊朗拆除了根据伊核协议安装的27个监控摄像头，在纳坦兹核设施安装两组伊朗最先进的IR–6型离心机。对此，格罗西表示，伊朗这些措施对国际原子能机构核查工作的能力构成了“严峻的挑战”。他警告，如果国际原子能机构失去对伊朗核计划不间断的了解，将会对伊核协议形成“致命打击”。伊朗与国际原子能机构相互指责，双方的关系再度紧张。

尽管伊朗对国际原子能机构非常不满，但也清楚如想在履约谈判中结束与国际原子能机构的争执，还是离不开与国际原子能机构合作。9月25日，伊朗表示，愿意与国际原子能机构就保障监督问题进行对话，但“那些反对伊朗的指控需要首先排除”。第二天，伊朗原子能组织主席与格罗西进行了对话，双方探讨加强合作及“重新开始澄清突出的保障问题的对话”。

11月17日，美、英、法、德不顾伊朗的警告再次推动国际原子能机构通过指责伊朗在核材料申报问题上缺乏与国际原子能机构合作的声明，并对伊朗铀浓缩水平一直处于高位“表示担忧”。对于美欧的谴责，伊朗强烈反对与谴责，认为这是美欧试图将国际原子能机构当作实现政治目的的工具。作为回应，伊朗于11月22日开始在福尔多核设施将提炼浓缩铀的丰度提高到60%，并向伊斯法罕的纳坦兹核设施的离心机输送六氟化铀气体。

在某种程度上可以说，伊朗与国际原子能机构在伊朗三处可疑地点上的博弈主要反映出美伊在履约谈判上的徘徊。美欧利用国际原子能机构这个平台向伊朗施压，试图迫使伊朗在美欧所关注的其他问题上退让；而伊朗则利用发展核计划，突破伊核协议对其核计划的限制来向美欧施压。目前看来，只要美伊履约谈判未能达成协议，伊朗与国际原子能机构间关于对伊朗三处可疑地点调查的问题就不会得到解决。

四、前景展望

2021年4月至今，美伊维也纳履约谈判历时18个多月、九轮谈判，取得了一系列重大进展，解决了双方履约大部分的问题，形成了一个履约技术层面的协议草案，但最后卡在了几个需要做出“政治抉择”的问题上。11月23日，伊朗外长表示，与美国履约谈判目前在三个问题上仍存在分歧：一是解决伊朗与国际原子能机构间的争执问题；二是伊朗要求获得经济保障，使外国公司有信心到伊朗投资；三是伊朗要求西方国家不能将制裁扩大到第三方。[①] 以上三点要求反映出，在与美欧18个多月履约谈判激烈博弈后，伊朗对履约谈判策略和关注的焦点有明显变化，更加看重经济利益，争取使伊朗能在一个相对长的时间内，不受美国制裁干扰地享有从履约中获得的经济利益。

重新履约是拜登总统执政后的一个外交优先目标。拜登政府的主要目的和手段是与欧盟联手，以解除相关制裁为诱饵，迫使伊朗接受一些伊核协议以外的要求，使伊核协议“更长、更强”，从而实现遏制伊朗地区扩展势头和地区影响力。使伊核协议“更长、更强”是拜登试图赢得盟友支持，说服国内外反对派的主要说辞，也是证明他比特朗普“更精明”的重要证据。但莱希政府立场强硬，完全拒绝谈论履约以外的议题，打乱了拜登通过履约要实现的战略目标，使拜登政府陷入战略困境。在面对国内外强烈反对下，在执政后对外领域鲜有建树的情况下，美国只是“单纯”重返协议，而没有兑现竞选和执政后反复强调要使伊核协

① 《伊朗外长说伊美核谈判存在三个分歧》，2022年11月24日，http://news.xiancity.cn/system/2022/11/24/030994238.shtml。

议“更长、更强”的内容，对拜登总统来说是无法接受的。但如断然拒绝伊朗谈判立场，美国将承担履约谈判失败的责任。更何况伊朗核发展现状和能力，使伊朗掌握生产核武器所需的时间比特朗普时间更短，对美国更紧迫，届时美国在中东的外交困境将更大。

伊朗最高领袖哈梅内伊对前六轮谈判结果不满，批评鲁哈尼政府同意与美国商讨伊朗地区政策问题为美国再次爽约开了“后门”，是过于轻信美欧“口头”承诺，并敦促莱希总统引以为戒。因此，在重新恢复履约谈判之初，伊朗就明确表示只谈履约问题，决不谈其他问题。伊朗非常清楚国际原子能机构对伊朗问题地点调查的问题是美欧向伊施压的一个手段，但如不能在履约谈判中终结此问题，该问题就会成为美欧在履约协议后继续打压和制裁伊朗，乃至再次爽约的“合理”借口。这也是为什么伊朗坚持将解决与国际原子能机构争执问题与最终达成重新履约协议捆绑在一起的原因。

自第九轮谈判后，美欧明显利用伊朗出现的动乱、伊朗向俄罗斯提供无人机、导弹问题和伊朗与国际原子能机构间的争执，加大了对伊压力，导致伊朗与美欧间关系紧张，进一步增加了履约谈判的难度。客观地说，由于拜登政府执政时间已过半，履约谈判迟迟僵持不下，导致美伊重新评估达成履约协议可能带来的实际利益。在美国，曾支持伊核协议的专家学者也开始质疑重新履约的实际效益。奥巴马总统当初签订伊核协议的最主要目的是通过限制伊朗离心机功率和浓缩铀丰度，使伊朗生产一枚核武器的时间不少于一年。但在美国退出该协议后，伊朗的核技术突飞猛进，不仅能生产先进的IR–6型离心机，还将浓缩铀丰度提高到60%，还扬言拥有将浓缩铀丰度提高到武器级——90%以上的技术。他们认为，即使伊朗现在重新回到伊核协议的限制内，协议也无法改变伊朗已掌握的核知识和核技术大大缩短了伊朗生产核武器所需的时间，因此，重新履约已失去了当初的意义。

伊朗也同样认为，即使现在签署履约协议，加上半年准备时间，真正留给拜登政府的也只有一年半时间。没有美国政府提供的保证，届时不会有任何外国大公司对伊朗投资和进行大宗贸易交易，伊朗最大的经济利益可能只是多卖几桶油、收回被冻结的海外资产，但伊朗会失掉近几年获得的核领域成果，两者相较，盈亏两说。

五、结语

目前，伊朗与美欧（三国）都非常清楚在相互关系持续恶化的状态下，双方达成重新履约协议的概率正在变得越来越小，但同时双方都不愿意看到因履约谈判破裂所产生的严重恶果。在这种情况下，让谈判僵局延续，争取以拖待变可能是双方目前最好的选择。

（中国国际问题研究院美国研究所研究员　李国富）

第十七章

乌克兰危机：大国博弈　世纪对决

2022年2月24日爆发的乌克兰危机是冷战结束30多年来俄美结构性矛盾激化的必然结果，是美国坚持冷战思维、谋求维护世界霸主地位，持续推进北约东扩的必然结果，标志着俄罗斯同美西方关系从竞争与合作走向全方位深层对抗，从近年来的冰点跌落至冰谷。乌克兰危机折射出俄罗斯同美西方前所未有的全球地缘政治大博弈，以及俄美围绕世界新秩序的世纪对决，深刻影响全球地缘政治格局和世界经济格局走向。

一、乌克兰危机背后的俄美战略博弈由来已久

冷战结束以来，俄罗斯同美西方围绕乌克兰等独联体国家展开激烈争夺。2014年乌克兰危机后，美国通过北约东扩、“颜色革命”等手段实现军事进入乌克兰的突破，并在黑海水域进行频繁的针对俄罗斯的实战演习。俄罗斯视乌克兰为战略缓冲地带，美国与北约在乌克兰的军事存在不断升级，令俄罗斯战略安全忧虑上升。

第一，美西方通过北约和欧盟双东扩挤压俄战略安全空间和经济发展空间，凭借“颜色革命”不断蚕食俄势力范围，俄美结

构性矛盾不断加剧。乌克兰危机集中折射出俄美之间激烈的地缘政治大博弈，是美国坚持冷战思维、谋求维护全球霸主地位的必然。俄著名政治家卡拉加诺夫认为，这场危机并非始于2022年，而是始于1990年中期，西方拒绝与俄建立公正的和平。“一个基于北约扩大和西方主导地位的世界，必然会导致战争”。[①] 冷战结束30多年来，美西方长期奉行遏俄弱俄政策，在后苏联空间同俄角逐乌克兰等独联体国家，政治上渗透美式“民主”“普世价值观”，安全上不断推进北约东扩，对俄进行战略围堵。

冷战结束以来，为防俄东山再起，维护一超独霸地位，美国统领西方盟友在后苏联空间广泛策动街头“颜色革命”，以所谓民主自由插手独联体国家内务，扶持亲美反俄政权。自2003年底到2005年，格鲁吉亚、乌克兰、吉尔吉斯斯坦政权在“玫瑰革命”“橙色革命”“郁金香革命”中相继更迭。在“街头革命”中上台的格鲁吉亚、乌克兰新政府全力推进“脱俄入欧”政策，均把加入欧盟和北约作为对外政策的首要目标，并竭力为加入北约创造相应条件。遍地燃烧的“颜色革命”，加剧了美俄在独联体地区的争夺，加速了独联体走向分化。[②] 格鲁吉亚、乌克兰“脱俄入欧”的选择触及了欧亚大陆地缘政治的核心问题，反映了在经济领域俄主导的欧亚经济联盟与欧盟之间的角逐，以及在安全领域美国主导的北约与俄为盟主的独联体集安条约组织在后苏联

① Сергей Караганов: Мы наблюдаем появление нового мира в момент его создания, https://rg.ru/2022/10/26/osypavshijsia-mir-uroki-na-budushchee.html.

② 陈玉荣:《“颜色革命”与美俄角逐独联体》,《国际问题研究》,2005年第4期。

空间的竞争。[①]

俄视后苏联空间为“传统利益范围”，视独联体为其重振大国地位的政治、经济和安全依托。针对美西方对独联体的分化和渗透，俄不断强化独联体经济一体化，不断加强独联体集安条约组织建设。在独联体国家中，俄高度重视同乌克兰的经济、军事安全合作，视乌克兰为抵御北约东进的战略缓冲地带。2013年，俄试图以付出巨大经济为代价把乌克兰拉入欧亚经济联盟。在此背景下，2013年11月，在乌克兰即将同欧盟签署联系国协定前夕，时任总统亚努科维奇做出缓签决定。但未料想，这一决定成为乌克兰危机的导火索，亚努科维奇政府被推翻。紧随其后，亲美反俄的基辅新政权坚决要求，待租借期期满后，俄驻克里米亚半岛的黑海舰队必须撤出黑海。这意味着，俄将永远失去黑海出海口。可以说，俄与西方围绕黑海地缘战略要冲的争夺成为2014年之春乌克兰危机的引爆点。

第二，美国与北约在乌克兰的军事存在全面升级，俄战略安全忧虑空前上升。2014年3月，俄通过全民公决方式归并克里米亚，俄军黑海舰队一劳永逸解决了租期难题。俄乌反目后，乌克兰在“脱俄入欧”“加盟入约”的道路上坚定前行。基辅视北约为主权独立和国家安全的保障，视欧盟为国家发展的未来。2014年9月，乌克兰议会批准与欧盟的联系国协定。同年12月，乌克兰议会通过法案废弃亚努科维奇政府2010年签署的确立不结盟地位法案。2019年初，乌克兰正式把加入北约写入宪法。2020年6月，北约赋予乌克兰“能力增强伙伴”地位。在该“伙伴”框架下，乌克兰拥有了北约“准成员”地位，以美国为首的北约实现

① 陈玉荣：《从克里索契之行看乌克兰危机走势》，《当代世界》2015年第6期。

了在乌克兰的全面军事存在。此后，乌克兰同北约成员国双边、多边军事安全合作全面深入展开，北约向乌方提供越来越多的军事技术支持，乌方也更加深度地参与北约的联合军事行动，并与北约加强信息情报交流。在乌克兰东部顿巴斯地区，北约教官对乌武装人员进行战地军事培训。

近年来，以美国为盟主的北约以黑海水域为重要博弈场，对俄战略纵深地带不断加强威慑和围堵。自1997年起，北约与乌克兰开始进行机制性的“海上微风”联合军演。近两年，北约在乌克兰黑海水域的联合军演异常频繁。“海上微风–2021”更是规模空前，大约30个国家参演，共有5000多名军人、32艘舰艇、40架飞机和18支特种作战和潜水部队。其演练科目涉及广泛，其中有接近实战的海上登陆和反潜等敏感科目。以俄为假想敌的北约联合军演招致俄军黑海舰队的亮剑回应。俄与北约在黑海水域剑拔弩张，地区紧张局势升级。美官方毫不掩饰地称，自2014年到2021年4月，美国累计向乌克兰提供超过20亿美元包括致命性防御武器在内的安全援助。“换言之，凭借乌克兰危机，美国麾下的北约在乌克兰实现了军事存在的突破，从而在俄乌边界上对俄形成新的地缘战略压力。”①

二、乌克兰危机背景下俄同美西方展开全方位激烈对抗

在以美国为主导的北约拒绝安全保障倡议后，俄罗斯在乌克兰展开“特别军事行动”。美西方借军事援乌弱俄，并对俄实施

① 陈玉荣：《从克里索契之行看乌克兰危机走势》，《当代世界》2015年第6期。

前所未有的全方位无差别的金融、能源、科技等领域的制裁，试图彻底拖垮俄。美国统领西方盟友不断扩大规模、不断升级对乌克兰战场的军事武器装备援助，致使“特别军事行动”演变为持久战。

第一，北约不断东扩，持续挑战俄安全底线，最终点燃了乌克兰战火。北约不断东扩挤压俄战略空间，以及美西方拒绝俄安全保障要求和进行挑衅威胁在先，俄被迫应对。首先，北约通过多轮东扩，从16个国家扩展到30个国家，特别是在吸纳波罗的海三国之后，美国把北约边界向东推进到俄西北边陲，并在东欧部署反导系统。这些严重践踏了俄划定的所有红线，成为地区局势紧张的根源。[①] 其次，以美国为首的北约不断向俄“软腹部”渗透扩张，持续深度武装乌克兰，不断提升美乌双边军事安全合作等级，令俄安全忧虑加剧。俄无法接受北约在自家门口的乌克兰境内建立军事基地，不能接受北约吸纳乌克兰的前景。[②] 最后，美西方完全不顾及俄安全关切，拒绝俄安全倡议。在俄乌关系严重恶化，以及双方在俄乌边界部署大规模军队的紧张局势之下，2021年12月15日，俄向美国正式递交安全保障倡议，要求北约排除进一步扩张和乌克兰加入北约的可能，撤回2008年布加勒斯特峰会关于让乌克兰和格鲁吉亚加入北约的承诺，在法律上保证美国和北约不在俄周边邻国部署进攻性武器，放弃在乌克兰、东欧、外高加索、中亚的任何军事活动，呼吁以美国为首的北约尽快与俄围绕安全倡议进行对话。然而，美国与北约对俄的安全利益关切强硬回应，摆出一副不妥协姿态。正是北约借东扩不断挤

---

① 《俄罗斯外长：北约践踏俄罗斯红线致局势升级》，http://military.cnr.cn/gj/20221202/t20221202_526083316.shtml。

② 《梅德韦杰夫：俄不接受北约可能在乌克兰境内驻军的情况》，https://sputniknews.cn/20220825/1043347770.html。

压俄战略安全空间，以及以美国为首的北约不断强化武装乌克兰，不断挑战俄安全底线，致使俄最终选择了“先发制人”的“特别军事行动”。美国有媒体指出，美欧对引发冲突负有责任，让世界为此付出了高昂的代价。[①]

第二，美西方援乌弱俄是“特别军事行动”演变为持久战的关键因素。正是美西方借乌克兰之手，操弄代理人战争，实现其消耗俄国力、拖垮俄经济、颠覆俄政权的图谋，才导致乌克兰战火持续不断，和平曙光难现。以美国为首的北约持续不断向乌克兰输送各种武器弹药。截至8月底，拜登政府向乌克兰提供了近20批次军事装备，其中单批次价值最高达30亿美元。到2022年11月，美国政府共向乌克兰提供了186亿美元的军事援助，自2014年以来对乌军援总额超过214亿美元。欧盟对乌军援总额达80亿欧元。乌克兰危机演变为持久战也正是美国和北约不断对乌克兰战场火上浇油的结果。俄历史学家斯塔里科夫称，西方国家的故意挑唆导致乌克兰危机持续。如果不是西方（火上浇油），乌克兰危机早就结束了。[②]《美国保守派》杂志刊文直言，乌克兰在美欧眼里只是对抗俄的“炮灰”，美欧其实并不支持乌克兰人最需要的和平。[③]

第三，俄同美西方在乌克兰展开的激烈对弈史无前例。俄乌战事开始以来，美国、英国、加拿大和欧盟国家对乌克兰军援规模不断扩大，武器级别不断提升，军事参与度不断深入，距离西

① 《华盛顿将同俄罗斯战斗到最后一个乌克兰人》，《美国保守派》2022年4月14日。

② Стариков: «Если бы не Запад, то военные действия в Украине закончились бы давно» https://argumenti.ru/opinion/2022/08/783364.

③ “Washington Will Fight Russia to the Last Ukrainian,” https://newkontinent.org/washington-will-fight-russia-to-the-last-ukrainian/.

方军队入场作战只有一步之遥。首先，美西方通过大规模军援乌克兰与俄角力。北约国家源源不断向乌克兰提供轻型、重型武器和尖端技术，从最初的头盔、弹药、肩扛“标枪”导弹、M777榴弹炮到后来的“海马斯”多管火箭系统、“复仇者”防空系统、防无人机系统、“毒刺”导弹、“霍克”地空导弹等，甚至帮助乌克兰军方协调打击目标。美西方不断升级的大量军援，不仅为乌克兰抵抗俄军队提供了强大后方补给，更给乌政府在战场上与莫斯科一决胜负加油鼓劲。这是俄乌战事演变为持久战的关键因素。其次，美西方不断升级的军事援助加剧了俄乌双方军事对抗的烈度。除常规武器外，美西方还向乌军方提供各种通信器材、侦察和监视设备，甚至太空侦察设备和预警机侦获的作战情报，并对乌军事行动进行遥控。从战事开始以来，美国一直向乌方提供美国太空探索技术公司的“星链”（Starlink）网络服务。“星链”卫星终端在乌方部队作战行动中的协调管理方面发挥着至关重要的作用。乌军凭借西方尖端武器袭击俄军指挥所和后勤补给基地等行动，致使乌克兰硝烟弥漫战场上的厮杀愈加惨烈。凭借西方尖端武器和情报，乌军方击沉了“莫斯科”号巡洋舰，轰炸了安东诺夫大桥和克里米亚大桥。俄乌鏖战导致乌克兰大面积粮田变焦土，致使数百万民众背井离乡。

第四，美西方对俄发起大规模全面制裁史无前例。作为俄全球地缘政治博弈的对手，美国紧紧抓住乌克兰危机，联手盟国穷尽一切手段弱化遏制俄，首要手段就是高高挥舞制裁大棒，试图动用“最狠的手段”，将俄置于死地。拜登总统表示，要通过制裁将“俄罗斯经济撕成碎片”。美西方对俄的制裁主要表现在三个方面。一是在金融领域全面封杀俄。美国及其盟友限制俄使用美元、欧元、英镑和日元进行国际贸易结算；到6月底冻结俄央行资产约3000亿美元；将俄最大银行俄罗斯储蓄银行在内的三家银行排除在环球银行间金融通信协会系统之外，使俄银行同国际金融体系完全脱钩；停止万事达卡和维萨卡两种信用卡在俄境内业务。7月，欧盟出台实施第七轮对俄制裁措施，包括禁止从俄购买、进口或运输黄金和黄金产品。西方疯狂的金融制裁一度导致卢布出现断崖式贬值，卢布对美元汇率从70∶1跌落到120∶1。二是在能源领域与俄彻底脱钩。美国自3月8日开始禁止进口俄石油及某些石油产品、液化天然气和煤炭，禁止对俄能源行业进行新投资。多数长期依赖俄能源的欧元区国家紧随美国宣布对俄实行能源禁运。6月3日，欧盟宣布对俄实施第六轮制裁措施，包括在6个月内停止进口俄海运石油，在8个月内停止购买俄石油产品。到2022年底，从俄进口的石油减少90%。自2022年8月开始停止进口俄煤炭。长期仇俄的保加利亚、波罗的海三国等率先停止进口俄油气。长期高度依赖进口俄油气的德国同时停止启动“北溪2号”原油管道。12月5日，作为新一轮对俄制裁措施，欧盟对俄石油“限价令”正式生效。欧盟国家决定，俄海运出口原油的价格上限为每桶60美元。如果原油价格超过每桶60美元，将禁止欧盟企业为俄原油运输提供保险、金融等服务。三是在科技经贸领域扼杀俄。欧盟对可能用于军事、石油加工和航空制造的产品列入限制对俄出口清单。美国宣布对俄出口的特定产品和技术实行严格管控，禁止向俄出口。美国还取消了对俄永久性正常贸易关系待遇。与此同时，美国戴尔等大型企业已全部撤出在俄的业务。自2月24日以来，美欧国家对俄采取的制裁措施已经达数千项。

第五，乌克兰危机进一步升级的风险增大。乌克兰战火长时间持续依然未见尽头。其中主要原因是美国与北约继续“拱火”，不断升级和加大对乌克兰战场的军事援助。美国要拖垮俄经济，最大限度削弱全球军事竞争的头号对手。拜登政府计划大幅扩展美国军方对乌克兰军队提供的培训内容，包括在德国境内的美军基地每月训练2500名乌克兰士兵。根据这项新提议，美国将开始培训大量乌克兰士兵学习如何协调步兵机动与炮兵支援等“强度更大也更全面”的实战战术。11月14日，欧盟成员国外长正式宣布启动训练任务，至少1.5万名乌克兰军人将在欧盟国家接受培训。俄外交部发言人扎哈罗娃表示，随着对乌克兰军援任务的启动，欧盟已走上激化乌克兰危机的道路。为打击俄后方目标，美国酝酿向乌克兰提供射程150公里的高精度导弹。美国国防部透露的消息称，正在考虑直接向乌克兰提供“爱国者”导弹系统。北约秘书长斯托尔滕贝格称，北约准备扩大在东欧的存在，包括从黑海到波罗的海一带，希望在乌克兰危机愈演愈烈之际向俄传递“明确的信息”。对此，俄警告说，如果北约向乌克兰提供“爱国者”导弹系统和工作人员，那么将立即会成为俄军合理打击目标。拉夫罗夫外长称，西方国家将乌克兰视为地缘政治工具，无意和平解决乌克兰问题；北约把乌克兰变成了“对抗俄罗斯利益的桥头堡”；西方正通过北约在乌克兰发动一场针对俄的共同战争，并有可能使世界大国关系出现“失控的升级”。

三、乌克兰危机深刻影响全球地缘政治和经济格局

乌克兰危机致使俄美、俄欧关系跌入冰谷，濒临冷战边缘。欧盟国家在金融、能源、科技领域与俄脱钩，反噬效应凸显。美国作为乌克兰危机的最大赢家，继续推进北约新一轮扩张。

第一，乌克兰危机是二战以来最严重的地缘政治危机，深刻影响全球地缘政治格局走势。乌克兰危机致使俄同美西方关系走向全方位深层对抗。俄美双边关系从近年来的冰点跌落至冰谷，近于回归冷战边缘。乌克兰危机严重冲击欧洲地缘政治格局，直

接带来欧洲地缘政治版块的分裂。欧洲国家随美起舞对俄制裁，俄欧关系断崖式下跌，双边竞争与合作关系跌入全面对抗，在金融、经贸、能源领域的合作近乎停滞。伴随美欧对乌克兰军事援助的不断增加和升级，俄同美西方之间的对峙不断增强。截止到11月初，至少有25个国家参与向乌克兰供应武器，其中21个是北约国家。有60多个国家和地区的8000多名雇佣兵到乌克兰作战，其中大多数来自波兰、美国、加拿大、罗马尼亚和英国。①西方国家不仅向乌方提供武器，还在英国、德国、意大利和其他国家境内对乌克兰士兵开展大规模培训，甚至大量北约教官直接现身乌克兰战场。据此，拉夫罗夫外长指责称，美国和北约“直接参与”了乌克兰危机，俄同西方关系已经回不到过去了。

第二，乌克兰危机外溢效应严重阻碍经济全球化步伐。在世界百年变局叠加世纪疫情大背景之下，这场地缘政治危机不仅阻碍了经济全球化步伐，同时给全球经济的疫后脆弱复苏带来新的复杂因素。乌克兰危机外溢效应对世界经济的负面影响突出体现在欧元区经济发展的困境之中。欧盟国家在能源领域同俄脱钩，选择能源替代政策，招致欧元区国家深陷能源危机，通胀高企，物价飙升。西方针对俄罗斯的金融、能源、科技等全方位制裁带来全球能源、粮食价格攀升。欧洲国家对俄油气禁运严重冲击了全球产业链、供应链的稳定，导致全球粮食危机、能源危机、金融危机风险攀升，并对世界上最脆弱的人群、国家和经济体造成冲击，其影响是全球性和系统性的。

第三，乌克兰危机表明北约东扩无益于世界和平与稳定。乌克兰危机的残酷事实表明，北约持续扩张不仅加剧大国地缘政治

① 《“克里米亚”突击队指挥官：乌军外国雇佣兵的薪金降至每天1000欧元》，https://sputniknews.cn/20221124/1045770869.html。

博弈，而且日益成为地区和世界局势动荡和不稳定的祸根。在乌克兰危机爆发4个月后，北约马德里峰会再次做出扩张决定，邀请瑞典、芬兰加入北约，并将俄定义为北约“最重要和直接的威胁”，称中国为“系统性挑战”。显然，以美国为首的北约根本无视乌克兰危机给乌克兰等欧洲国家和世界带来的灾难，依然抱守冷战思维，不断在世界范围内挑起阵营对抗，大搞集团政治。美国一再扩大北约，甚至欲将北约扩展到亚太地区，无疑是在毒化地区和全球安全环境。

美国不断挑唆阵营对抗，推进北约无限扩张，其目的终究是巩固冷战成果，继续搞单极世界、维护其世界霸权地位。事实证明，在乌克兰危机中美国成为最大赢家。美国利用乌克兰危机强化了自身的全球地位，巩固了在欧洲的安全主导权，强化了北约盟主地位，让俄失血，让欧洲国家购买其高价液化天然气并取代俄天然气。欧洲国家被绑在北约战车上，而美国军火商则大发战争之财。美联储多轮加息和美国2022年《通胀削减法案》硬是把欧洲盟友拖入困境之中。“事实证明，冷战思维、集团对抗坚决要不得。冷战结束30多年，北约一再东扩，非但没有让欧洲更安全，反而埋下冲突的种子”。①

乌克兰危机仍在发展，美俄世纪对决还在持续。2022年10月，普京总统在瓦尔代年会上指出，“西方在世界事务中占据不可分割的主导地位的历史时期现在即将结束，单极世界正在成为过去。我们站在一个历史关头，未来可能是自二战结束以来最危

① 《中国常驻联合国代表：决不允许世界滑向“新冷战”》，新华网，http://www.news.cn/world/2022-08/25/c_1128944457.htm。

险、最不可预测但又最重要的十年”。[①]

四、结语

旷日持久的乌克兰危机实质是俄罗斯同美西方之间的地缘政治大博弈，是冷战结束30多年后俄美角逐后苏联空间的“大决战”。世界百年变局激荡之下的乌克兰危机，不仅导致俄罗斯同美西方关系走向新冷战边缘，也必将对世界政治格局、全球经济格局产生重大而深远的影响。

（中国国际问题研究院欧亚研究所研究员　陈玉荣）

① «Будущее мировое устройство формируется на наших глазах»: о чем говорил Владимир Путин на заседании Международного дискуссионного клуба «Валдай», https://rg.ru/2022/10/27/o-chem-govoril-vladimir-putin-na-zasedanii-mezhdunarodnogo-diskussionnogo-kluba-valdaj-stenogramma-i-video.html.

下篇

2022年中国外交评析

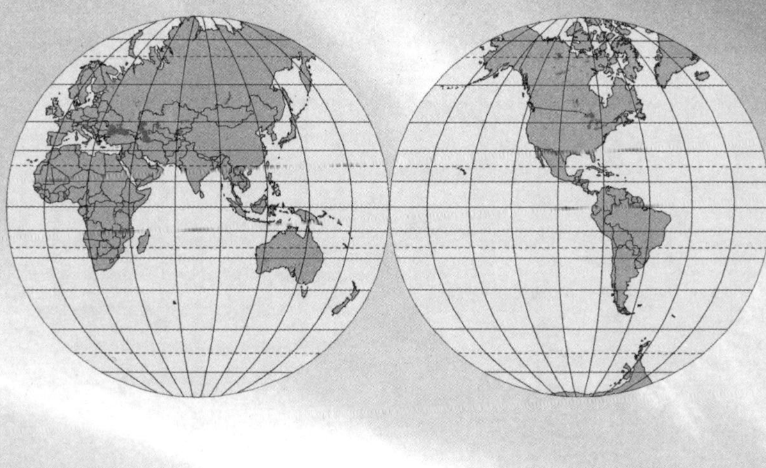

International Situation
and China's Foreign Affairs

第十八章

中国外交：
踔厉奋发　勇毅前行

2022年是中国外交踔厉奋发、勇毅前行的一年。这一年中，在以习近平同志为核心的党中央坚强领导下，中国外交保持战略定力，发扬斗争精神，坚定维护国家尊严和核心利益，牢牢掌握我国发展和安全的主动权，积极开展双多边活动，有力促进了新形势下我国同各方关系发展，充分彰显了中国特色、中国风格、中国气派，为维护世界和平、促进共同发展贡献了中国智慧、中国方案、中国力量。

一、敢于斗争，坚决维护国家主权和安全

一年来，中国不畏强权，同形形色色危害中国主权、安全和发展利益的霸权行径做坚决的斗争，有力地捍卫了国家的尊严和核心利益。坚持人民至上，坚决维护中国公民海外安全。

（一）涉台斗争亮剑碰硬

坚决反击美国掏空一中原则。2022年，美国干涉中国台湾事务动作不断，公布的“印太战略”报告涉中国台湾事务，对台销售进攻性武器。美国国会多批议员窜访台湾，尤其是众议长佩洛

西不顾中方警告，公然窜访，严重违反一个中国原则和中美三个联合公报规定。对美方的不断挑衅，中方向美方提出严正交涉。中国人民解放军在台岛周边开展一系列联合军事行动。新华社发布《佩洛西窜台的若干事实》。中方宣布对佩洛西实施制裁。国务院台湾事务办公室、国务院新闻办公室发表《台湾问题与新时代中国统一事业》白皮书，向国际社会宣示维护国家统一的决心和对台方针政策。

坚决驳斥七国集团涉台错误言论。2022年以来，七国集团在美国串通下发表涉台消极声明，干涉中国内政。在佩洛西窜台后，七国集团外长及欧盟外交与安全政策高级代表发表声明，称中方针对佩洛西的行动可能升级紧张局势，造成地区不稳。对此，中方坚决回击，紧急召见有关欧洲国家和欧盟驻华使节，提出严正交涉，同时谴责该声明颠倒黑白。中国驻欧盟使团等驻外机构利用国际舆论，谴责七国集团外长和欧盟外交与安全政策高级代表声明插手台湾事务，阐释台湾问题的历史经纬。

中国坚决开展反分裂、反干涉重大斗争，极大地震慑“台独”分裂分子的分裂活动和外部势力干涉。100多个国家站出来坚持一个中国，支持中国维护国家主权和领土完整，反对侵犯中国的主权，联合国秘书长古特雷斯及其发言人相继表示联合国将继续坚持第2758号决议，其核心就是一个中国、台湾是中国的一部分。[①]

（二）人权交锋见招拆招

反击美国发布涉华人权报告。4月，美国国务院发表“2021

① 王毅:《七国集团涉台声明是“废纸一张”》，上观，2022年8月5日，https://www.jfdaily.com/news/detail?id=514793。

年国别人权报告”，对中国新疆、西藏政策指指点点。6月，美国宣布“维吾尔强迫劳动预防法”正式实施。中方批驳美国报告充斥谎言和偏见，国务院新闻办公室发布《2021年美国侵犯人权报告》，以大量事实和翔实数据揭批美国“人权卫士”的虚伪性，揭露美国侵犯人权的状况；揭批美国践踏他国人权，列举其颠覆他国政府、发动侵略战争、造成难民潮的斑斑劣迹。

揭批欧洲议会涉华人权决议。6月，欧洲议会通过决议，称新疆存在“种族灭绝”的严重风险，呼吁欧盟国家对中国进行制裁。对此，中方向国际社会充分展示新中国成立以来新疆人权发展取得的历史性成就，揭露“种族灭绝”等说法是彻头彻尾的世纪谎言，使国际社会进一步看清了欧洲议会散布虚假信息、抹黑新疆人权状况和粗暴干涉中国内政的嘴脸，维护了新疆各族人民的发展权利。

挫败美西方多边反华人权活动。10月，美国伙同一些西方国家，在联合国人权理事会第51届会议上提交涉疆决定草案，企图利用联合国人权机构干涉中国内政，推进“以疆制华”。这一行径遭到人权理事会多数成员，特别是广大发展中成员的强烈反对，最终以失败告终。11月，美国等国又到联合国大会第三委员会平台上挑衅滋事。中方当场予以严厉驳斥。古巴代表66国作共同发言支持中国，沙特代表6个海湾国家、也门和利比亚，委内瑞拉代表“捍卫《联合国宪章》之友小组”19个成员国也作共同发言支持中国，还有很多国家作国别发言支持中国。会场内形成了支持中国的强大声势，美国等少数国家抹黑中国人权状况的图谋再遭惨败。[①]

邀请联合国人权事务高级专员巴切莱特访华。5月，联合国人权高级专员巴切莱特参访了广州和新疆，亲身感受了一个社会安全、稳定发展、持续向好、人民安居乐业的真实新疆。

（三）撤侨行动彰显担当

乌克兰危机发生后，党中央、国务院始终高度牵挂每一位在乌同胞安危。习近平总书记亲自关心，亲自部署，多次作出重要指示批示，要求全力确保中国公民的安全。外交部第一时间启动领事保护应急机制，与乌克兰、俄罗斯及周边国家保持外交沟通，并向在乌同胞发出安全预警，为遇到困难的中国同胞提供帮助。2022年2月底，外交部会同各方并指导中国驻乌克兰使馆、驻敖德萨总领馆开展撤侨行动。驻乌使领馆一线外交人员多次深入火线，克服重重困难，为中国公民撤离打开安全通道。驻乌克兰邻国的多个使馆也迅速行动，昼夜运转，与驻乌使馆密切衔接，全力安置转运我国同胞。短短数日，约5200名同胞安全撤离至周边多国。随后，在外交部的统筹协调下，国内各部门、各地方政府通力协作，迅速派出多架包机，从欧洲陆续接回4600多名中国同胞。

此次撤侨行动有力维护了在乌克兰同胞的生命安全和正当权益，充分彰显了中国特色社会主义的制度优越性和“外交为民”的使命担当。

① 许弢:《美国等少数国家借人权问题抹黑中国的图谋再次以失败告终》，北方网，2022年11月2日，http://news.enorth.com.cn/system/2022/11/02/053287766.shtml。

二、公平务实，积极斡旋国际地区热点问题

2022年，旧的地区热点并没有平息，而新的热点冲突频发。中国提出全球安全倡议，坚持共同、综合、合作、可持续安全观，努力探索和践行中国特色热点问题解决之道，建设性参与热点问题政治解决。

（一）促进朝核问题协商解决

中方积极促进南北和解、引领国际社会妥处朝核问题。5月，习近平主席特别代表、国家副主席王岐山出席韩国新任总统尹锡悦就职仪式。在会见韩国总统文在寅时，王岐山表示，要加强双方在半岛事务上的协调合作，妥处敏感问题；中方真诚支持半岛南北双方改善关系，推进和解合作，愿同韩方加强沟通，推动半岛无核化和持久和平。8月，国务委员兼外长王毅同韩国外长朴振举行会谈，强调解决朝鲜半岛核问题，要正本清源，中方支持南北改善关系，坚持“分阶段、同步走”和“双轨并进”思路，推进半岛无核化，构建半岛和平机制。3月底4月初，中国政府朝鲜半岛事务特别代表刘晓明在纽约联合国总部会见了联合国相关领域负责人和美、俄、英、法等安理会成员国常驻代表，敦促安理会和相关各方为政治解决半岛问题发挥建设性作用。

（二）凝聚解决阿富汗问题共识

搭建阿富汗问题多边对话机制。3月，王毅国务委员兼外长访问阿富汗，与阿临时政府就第三次邻国外长会议进行磋商。同月，中国举办第三次阿富汗邻国外长会，习近平主席发表书面致辞。外长会发表《联合声明》和《屯溪倡议》，宣布启动阿邻国

阿富汗问题特使（特别代表）定期会晤机制，成立相应工作组跟进落实历次外长会成果。其间，中方还主持了阿富汗问题“中美俄+”磋商机制会议和“阿富汗邻国+阿富汗”外长对话，进一步凝聚各方在阿富汗问题上的共识，推动地区国家和国际社会加大对阿富汗和平重建的支持。

推动地区机制帮助解决阿富汗问题。9月，习近平主席在出席上海合作组织成员国元首理事会第二十二次会议时发表重要讲话，强调要继续发挥“上海合作组织–阿富汗联络组”、阿富汗邻国协调合作机制等平台作用，鼓励阿富汗当局搭建广泛包容的政治架构，根除恐怖主义滋生土壤。上合组织《撒马尔罕宣言》表示，尽快协调阿富汗局势，支持阿富汗成为独立、中立、统一、民主、和平的国家，消除恐怖主义、战争和毒品。

（三）客观公允应对乌克兰危机

根据是非曲直独立作出判断。乌克兰危机爆发后，习近平主席强调应坚持“四个应该”，即各国主权、领土完整都应该得到尊重，联合国宪章宗旨和原则都应该得到遵守，各方合理安全关切都应该得到重视，一切有利于和平解决危机的努力都应该得到支持。这“四个应该”是中方看待处理乌克兰危机的根本遵循。

努力推动接触对话。3月18日，习近平主席在与美国总统拜登视频通话中强调，乌克兰危机当务之急是继续对话谈判，避免平民伤亡，防止出现人道主义危机，早日停火止战。9月，国务委员兼外交部长王毅出席了联合国安理会乌克兰问题外长会，提出中方四点主张：一是必须坚持对话谈判方向，二是必须共同推动局势缓和，三是必须切实缓解人道局势，四是必须全力遏制外溢影响。10月，王毅与俄罗斯外长拉夫罗夫通电话，表示希望有关各方加大外交努力，通过谈判等政治途径尽快推动局势缓和乃至解决。

支持加大对乌人道救援。3月，国务委员兼外交部长王毅在两会记者会上就防止乌克兰出现大规模人道主义危机提出六点倡议，包括：人道主义行动必须遵守中立、公正原则；全面关注乌克兰的流离失所者；切实保护平民；保障人道援助活动顺利、安全开展；确保在乌外国人安全；支持联合国在对乌人道援助方面发挥协调作用。截至2022年3月底，中方先后两次向乌克兰提供价值1500万元人民币的人道主义物资援助。

（四）坚定维护中东和平与稳定

促进巴以和谈重回正轨。中国一如既往支持巴勒斯坦人民恢复民族合法权利的正义事业，敦促相关各方采取实际步骤推进“两国方案”，推动巴以和谈重回正轨。2021年3月，王毅国务委员兼外长访问沙特阿拉伯，表示中东由乱向治的根本出路，在于摆脱大国地缘争夺，以独立自主精神探索具有中东特色的发展道路。

支持多边共促中东和平稳定。2022年2月，在安理会中东巴勒斯坦问题公开会上，中方敦促以色列停止驱逐巴勒斯坦民众，停止拆除巴勒斯坦民众房屋，停止扩建定居点，为约旦河西岸巴勒斯坦社区的发展创造条件。6月，中方举办金砖国家峰会，促成金砖国家领导人共同呼吁国际社会支持中东维稳促和努力。

举办中东安全对话会。9月，中方举行第二届中东安全论坛，王毅国务委员兼外长出席论坛，就推动构建中东安全新架构提出四点建议：一是秉持共同、综合、合作、可持续的新安全观，二是明确中东国家主导地位，三是遵守联合国宪章宗旨和原则，四是加强区域安全对话。中方倡议设立海湾安全对话平台，通过对话建立互信，共建安全。

三、协调合作，深化拓展全球伙伴关系

一年来，中国积极推进大国协调与合作，构建和平共处、总体稳定、均衡发展的大国关系格局；秉持真实亲诚理念和正确义利观加强同发展中国家团结合作。

（一）中俄协作排除干扰

政治互信持续提升。2022年中俄关系经受住国际风云考验，继续保持正确前进方向。年初，普京总统访问中国，出席冬奥会开幕式，表达了对北京冬奥会的支持和赞赏。6月，习近平主席同普京总统通电话，双方继续在涉及主权、安全等核心利益和重大关切问题上相互支持，密切两国战略协作。9月，习近平主席在撒马尔罕同普京总统举行双边会见，就中俄关系和共同关心的国际和地区问题交换意见。12月，中俄元首举行视频会晤，讨论双边关系及地区问题。中俄加强在联合国、二十国集团、金砖国家、上海合作组织等重要国际和地区组织中的沟通协调，促进新兴市场国家和发展中国家团结合作，推动国际秩序和全球治理朝着更加公正合理的方向发展。面对个别国家的无理攻击与抹黑，双方相互支持，彼此仗义执言，体现了中俄高水平的战略协作。

经贸合作稳步推进。2022年，中俄贸易总额达到创纪录的1902.71亿美元，同比增长29.3%。[①] 2022年，中俄黑龙江公路大桥、中俄同江铁路大桥相继开通，两国互联互通的新通道打通。双方还深化在农业机械、数字经济、人工智能、生物制药等领域

① 倪浩:《今年前10个月中俄贸易突破1万亿元，创历史新高》，环球网，2022年11月7日，https://www.huanqiu.com/a/5e93e2/4ANM3MSUDiM。

的合作，推动中俄经贸关系规模和质量“双提升”。

（二）中欧关系展示韧性

坦诚沟通促互信。4月，李克强总理同欧洲理事会主席米歇尔、欧盟委员会主席冯德莱恩，以视频方式共同主持第二十三次中国–欧盟领导人会晤。李克强总理表示，中方始终从战略和长远角度看待中欧关系，希望中欧双方增进理解和互信，加强对话沟通，深化务实合作，妥处矛盾分歧。米歇尔和冯德莱恩表示，欧盟和中国都是多边体系的重要成员，中国是重要的利益攸关方，双方应加强对话，深化合作，坚持多边主义，确保世界和平稳定，共同应对全球性挑战。11月，习近平主席在印尼巴厘岛参加二十国集团峰会期间，会见了法国总统马克龙。12月，欧洲理事会主席米歇尔访华。习近平主席同米歇尔举行会谈，双方就中欧关系以及共同关心的国际和地区问题深入交换意见。此次访问显示出，中欧双方均高度重视发展与对方的关系，希望通过战略沟通稳定中欧关系，凝聚合作共识，共同推动中欧关系持续健康稳定发展，为复杂动荡的国际局势注入更多稳定性。

经贸合作持续上升。2022年前10个月，中欧贸易额达到7114亿美元，增长6.3%。中国保持欧盟第一大贸易伙伴地位，欧盟继续成为中国第二大贸易伙伴。[①] 中欧班列比2021年提前10天开行过万列。7月，中国三大航空公司国航、南航和东航订购法国空客292架客机，涉及总金额超过2000亿元人民币。[②] 11月，

① 《中方称中欧形成经济共生关系》，参考消息网，12月3日，http://www.cankaoxiaoxi.com/china/20221203/2497378.shtml。

② 《斥资近2500亿元！国内三大航空公司“集采式”订购292架空客飞机》，澎湃网，2022年7月4日，https://www.thepaper.cn/newsDetail_forward_18864601。

中国航材与德国空客还签署了140架飞机大单。2022年1—8月，欧盟总体对华投资增长123.7%，80%以上的在华欧洲企业维持或扩大了生产业务规模。[①]

（三）中美磨合斗而不破

中美元首保持对话沟通。3月18日，习近平主席应约同美国总统拜登视频通话，强调中美领导人都赞同中美要相互尊重、和平共处、避免对抗，都同意双方在各层级各领域要加强沟通对话。拜登重申美方不寻求打“新冷战”，不寻求改变中国体制，不寻求通过强化同盟关系反对中国，不支持“台独”，无意同中国发生冲突（“四不一无意”）。7月28日，中美两国领导人再次进行电话会谈，双方讨论了一系列双边关系以及其他区域和全球的重要议题。11月在印尼举行二十国集团峰会期间，两国元首举行三年来第一次线下会晤。习近平主席指出，双方应该坚持相互尊重、和平共处、合作共赢，共同确保中美关系沿着正确航向前行；台湾问题是中国核心利益中的核心，是中美关系政治基础中的基础，是中美关系第一条不可逾越的红线。拜登表示，尊重中国的体制，不寻求改变中国体制，不寻求“新冷战”，不寻求通过强化盟友关系反对中国，不支持“台湾独立”，也不支持“两个中国”“一中一台”；无意同中国发生冲突，无意寻求同中国“脱钩”，无意阻挠中国经济发展，无意围堵中国（“五不四无意”）。[②] 在元首外交引领下，两国各领域工作团队继续开展对话沟通。

① 《商务部召开例行新闻发布会（2022年9月22日）》，中国商务部，2022年9月22日，http://www.mofcom.gov.cn/xwfbh/20220922.shtml。

② 杜尚泽、王云松：《习近平同美国总统拜登在巴厘岛举行会晤》，《人民日报》2022年11月15日第1版。

两国高层密集互动。3月，中共中央政治局委员、中央外事工作委员会办公室主任杨洁篪同美国总统国家安全事务助理沙利文在意大利罗马举行会晤。双方就中美关系以及共同关心的国际与地区问题进行了坦诚、深入和建设性沟通，同意共同落实好两国元首共识，增进了解，管控分歧，扩大共识，加强合作，为推动中美关系重回健康稳定发展的正确轨道积累条件。7月，在二十国集团外长会期间，王毅国务委员兼外长与美国务卿布林肯进行会晤，就如何改善中美关系和妥善应对国际地区重大挑战进行了充分、坦诚的沟通。中方向美方明确提出确保中美关系稳定的"四项清单"，明确指出美方在对华关系中应当更正的错误言行、应当取消的对华错误做法、应当撤销的对华敌意法案、中美间可展开系列合作的八大领域。中方还提出探讨中美在亚太地区良性互动的设想。9月，国务委员兼外长王毅在出席第77届联合国大会期间，在亚洲协会纽约总部发表题为《中美新时代正确相处之道》的主旨演讲，就中方对中美关系的现状、症结以及应如何相处作出全面阐述。

经贸往来继续增长。前11个月，中美贸易额同比增长2.4%，达到6976.94亿美元。[①] 11月，爱达荷州政府组织企业参加第五届中国国际进口博览会，一些美国半导体巨头也亮相本届进博会。中储粮与美国几个大型公司陆续签订了采购大豆的协议，采购总量约1000万吨，较上一年增长19%。一年来，纵然美国一直在叫嚣减少与中国的贸易合作，但中美贸易不降反增。可见，与中国的合作是美国一些企业实实在在的需求。

① 《中国前11月进出口总值保持增长》，参考消息网，2022年12月8日，https://www.cankaoxiaoxi.com/finance/20221208/2497917.shtml。

（四）与发展中国家合作持续提升

中非关系持续深化。1月，国务委员兼外长王毅应邀访问厄立特里亚、肯尼亚、科摩罗三国。王毅表示，中方提出“非洲之角和平发展构想”，建议地区国家召开非洲之角和平会议，协调共同行动；中方将任命外交部非洲之角事务特使，为这一进程提供必要支持。9月，习近平主席同非洲联盟轮值主席、塞内加尔总统萨勒互致贺电，庆祝非盟成立20周年和中国非盟建立外交关系20周年。11月，习近平主席会见来华进行国事访问的坦桑尼亚总统哈桑。两国元首宣布，将中坦关系提升为全面战略合作伙伴关系。同月，习近平主席在二十国集团峰会中提出，中方支持非洲联盟加入二十国集团。

中阿关系提质升级。4月，习近平主席与沙特王储穆罕默德通电话，表示中方将发展对沙特关系置于优先方向。12月9日，中国与阿拉伯国家在沙特首都利雅得举办首届中国–阿拉伯国家峰会，习近平主席发表题为《弘扬中阿友好精神　携手构建面向新时代的中阿命运共同体》的主旨讲话，提出中阿务实合作“八大共同行动”。同日，中国–海湾阿拉伯国家合作委员会（简称“海合会”）举行首届峰会，习近平主席强调中国愿同海合会国家在五个重点合作领域做出努力。习近平主席全面总结了中阿友好精神和中海关系跨越式发展经验，指明中阿、中海关系发展方向和路径，擘画务实合作蓝图。

中拉关系展示韧性和活力。2月，习近平主席分别与前来出席冬奥会开幕式的厄瓜多尔总统拉索、阿根廷总统费尔南德斯进行会晤，商讨进一步深化中厄、中阿全面战略伙伴关系。11月，中阿领导人在二十国集团峰会期间再次会晤，双方一致同意深化新时代平等、互利、创新、开放、惠民的中拉关系。同月，中智两国领导人在APEC会期会晤，探讨推动深化中智全面战略伙伴关系继续发展。古共中央第一书记、古巴国家主席迪亚斯-卡内尔对中国进行国事访问。2022年中拉贸易总额为4857.9亿美元，较2021年增长7.7%。除了贸易领域，中拉在投资、金融、基础设施、绿色经济、数字经济、高新科技等领域的合作也在推进，在共建“一带一路”、全球发展倡议等框架内开展国际合作的共识越来越多。

中国同太平洋岛国合作成果丰硕。5月底6月初，国务委员兼外长王毅访问太平洋岛国，并主持召开第二次中国-太平洋岛国外长会。其间，中方同各建交岛国签署并达成了52项双边合作成果，成果涵盖应对气候变化、抗击疫情、防灾减灾等15个领域。中方发布《中国关于同太平洋岛国相互尊重、共同发展的立场文件》，提出15条原则倡议和24项具体举措，并宣布将任命中国政府太平洋岛国事务特使，持续打造减贫、气变、防灾、农业、菌草中心等六个新合作平台。[①]

四、同力协契，推进构建周边命运共同体

一年来，在习近平主席亲自擘画下，中国周边外交精彩纷呈，与地区国家携手推动构建周边命运共同体。

（一）打造高水准中国东盟全面战略伙伴关系

推进中国东盟命运共同体建设。继与柬埔寨、老挝、缅甸宣

---

① 《中国关于同太平洋岛国相互尊重、共同发展的立场文件》，中华人民共和国外交部网站，2022年5月30日，https://www.mfa.gov.cn/web/ziliao_674904/tytj_674911/zcwj_674915/202205/t20220530_10694631.shtml。

布构建命运共同体之后，2022年又与印尼、泰国宣布构建命运共同体。7月，印尼总统佐科访华，两国领导人同意确立共建中印尼命运共同体的大方向。11月，习近平主席出席印尼举办的二十国集团峰会并与佐科总统会晤，双方发表《联合声明》，表示将共建中印尼命运共同体，打造发展中大国相互尊重、互利共赢的典范，共同发展的样板，公平正义的表率，南南合作的先锋。11月，习近平主席出席亚太经合组织领导人非正式会议并访问泰国。习近平主席同巴育总理举行会谈，双方共同宣布，构建更为稳定、更加繁荣、更可持续的中泰命运共同体，赋予“中泰一家亲”新的时代内涵。党的二十大后，越、老最高领导人率先受邀访华，推动双边关系进入新时代。11月，李克强总理在出席第25次中国–东盟领导人会议时强调，中国视东盟为周边外交的优先方向，始终支持东盟共同体建设。

推进经贸合作迈上新台阶。2022年是中国–东盟关系升级为全面战略伙伴关系和《区域全面经济伙伴关系协定》（RCEP）生效实施的开局之年，双方基础设施和贸易投资合作捷报频传。金港高速公路通车，柬埔寨迈入“高速时代”；中老铁路顺利运行，助力老挝实现“陆联国”梦想；雅万高铁测试运行，中泰铁路、马来西亚东海岸铁路建设提速。中马、中印尼“两国双园”做大做强。国际陆海贸易新通道高效联通欧亚。中国东盟贸易逆势增长，前10个月已达7984亿美元，同比增长13.8%，目前已互为最大贸易伙伴。[①] 中国连续13年保持东盟最大贸易伙伴地位。截至7月底，累计双向投资额超过3400亿美元，中国和东盟已成为

① 薛鹏:《合作向未来　中国–东盟贸易规模30年扩大100余倍》，光明网，2022年11月20日，https://m.gmw.cn/baijia/2022-11/20/36172329.html。

相互投资最活跃的合作伙伴。[1]

次区域合作成果显著。7月，澜湄合作第七次外长会发表了联合新闻公报和关于深化海关贸易安全和通关便利化合作、农业合作和保障粮食安全、灾害管理合作、文明互鉴4份联合声明。中方建议未来重点推动六方面合作：加强战略引领；深化经济融合；做大农业合作；坚持绿色发展；促进数字合作；密切人文往来。中方推出六大惠湄举措，与湄公河国家分享合作红利、增添发展动力。下一步，六国将携手推动澜湄合作提质升级，共同致力于打造高质量共建“一带一路”示范区、全球发展倡议先行区、全球安全倡议合作区，构建更加强韧的澜湄流域经济发展带，建设更为紧密的澜湄国家命运共同体。

安全合作更加积极。6月，第十三次中国–东盟防长非正式会晤以视频会议方式举行。中方表示，中国和东盟是不可分割的安全共同体。中国军队愿同东盟进一步深化战略互信，完善交流合作机制，聚焦共同安全需求，拓展防务安全领域对话交流与务实合作，切实担负起维护地区安全的共同责任。

（二）推动上合组织发展行稳致远，建设中国–中亚命运共同体

开启合作新征程。2022年是《上海合作组织宪章》签署20周年和《上海合作组织成员国长期睦邻友好合作条约》签署15周年。9月，习近平主席出席上合组织成员国元首理事会第二十二次会议并发表重要讲话，提出“加大相互支持、拓展安全合作、深化

① 《截至7月底中国和东盟累计双向投资额超3400亿美元》，光明网，2022年8月29日，https://m.gmw.cn/baijia/2022-08/29/1303115207.html。

务实合作、加强人文交流、坚持多边主义”五点建议，为推动上合组织行稳致远提供正确理念指引。峰会签署并发表《撒马尔罕宣言》，为推动构建更加紧密的上合组织命运共同体注入正能量。本次峰会有序推进上合组织扩员进程，签署关于伊朗加入上海合作组织义务的备忘录，启动接收白俄罗斯为成员国程序，签署给予埃及、沙特、卡塔尔对话伙伴地位的备忘录，同意接收巴林、马尔代夫、阿联酋、科威特、缅甸为新的对话伙伴，再次彰显出“上海精神”的凝聚力和吸引力。

促进中国中亚合作。1月，习近平主席与中亚五国领导人举行建交30周年视频峰会，宣布在兼顾彼此利益基础上，继续合力构建内涵丰富、成果丰硕、友谊持久的战略伙伴关系，打造中国–中亚命运共同体。6月，中国与中亚五国外长会通过了“落实共识路线图”，发表了《关于深化“中国+中亚五国”互联互通合作的倡议》和《“中国+中亚五国”数据安全合作倡议》等成果文件。9月，习近平主席对哈萨克斯坦和乌兹别克斯坦进行国事访问，中哈、中乌签署多项双边合作文件，在双边层面践行命运共同体。

（三）迎难而上推进东北亚合作

加强中日韩对话沟通。2022年是中日邦交正常化50周年。11月，习近平主席在曼谷出席亚太经合组织领导人非正式会议期间会见了日本首相岸田文雄。习近平主席指出，中方愿同日方一道，从战略高度把握好两国关系大方向，构建契合新时代要求的中日关系。双方一致同意，保持高层交往和对话沟通，增进政治互信，推进务实合作，扩大人文交流，加强国际地区事务协调合作，共同致力于构建契合新时代要求的稳定和建设性的中日关系。2022年是中韩建交30周年。习近平主席在二十国集团峰会期间会见了韩国总统尹锡悦。习近平强调，双方要加强战略沟通，增进政治互信。中韩经济高度互补，要推进发展战略对接，实现两国共同发展繁荣。

推进中日韩经贸合作。尽管面临复杂严峻的国内外经济形势，但中日、中韩经贸合作继续保持较快发展。2022年前10个月，中国对日本、韩国出口额依然逆势增长，同比分别增长16.3%和8.1%，韩国、日本实际对华投资分别增长106.2%和36.8%。[①]

（四）推进中国南亚国家关系协调发展

致力于构建健康稳定的中印关系。中印关系总体呈现恢复势头。10月，习近平主席就印度古吉拉特邦拉索桥断裂倒塌事故向印度总统穆尔穆、总理莫迪致慰问电，体现对印度人民的关怀。2022年以来，两国外长密切互动。3月，国务委员兼外交部部长王毅对印度进行工作访问，同印外长苏杰生举行会谈。双方认为，恢复边境地区和平安宁符合两国共同利益，要在脱离接触基础上实现常态化管控，采取有效措施防止误解误判。双方同意就深化经贸合作，便利人员往来，跨境河流水文交流等开展对话沟通。7月，王毅在二十国集团外长会期间再次会见苏杰生，强调双方要以实际行动将两国领导人“互为合作伙伴、互不构成威胁、互为发展机遇”的重要共识落到实处，推动双边关系早日重归正轨。

推动南亚国家发展合作。3月，王毅访问巴基斯坦、阿富汗、

① 《中日韩经贸合作活力焕发》，广东省商务厅走出去公共服务平台，2022年12月2日，http://com.gd.gov.cn/go/article.php?typeid=32&contentId=24116。

印度、尼泊尔，并出席伊斯兰合作组织外长会。11月，巴基斯坦总理夏巴兹对中国展开友好访问，中巴就国际形势、全球防疫、经贸合作等议题展开交流。2022年是中斯建交65周年，也是象征两国传统友谊的《米胶协定》签署70周年。7月，斯里兰卡深陷主权债务危机，中方通过各种方式向斯方提供大量金融支持和人道主义援助。中方呼吁有关国家和国际金融机构同中方一道，继续为斯里兰卡应对当前困难、缓解债务负担、实现可持续发展发挥积极作用。11月，中国举办“中国–印度洋地区发展论坛”，邀请包括南亚国家在内的19个国家参加，就经济合作、海洋环保等议题进行讨论，促进地区经贸合作再上一层楼。

五、凝聚共识，推动完善全球治理

中国积极参与全球治理体系改革和建设，践行共商共建共享的全球治理观。一年来，中国以联合国为平台积极推进全球发展倡议，支持构建开放型的区域经济，推动气候大会取得积极成果，坚决维护全球核不扩散体系。

（一）落实全球发展倡议

2021年9月，习近平主席在第76届联合国大会一般性辩论上提出全球发展倡议，不到一年，倡议得到100多个国家和国际组织积极响应，60多个国家加入中国在联合国平台成立的“全球发展倡议之友小组”。

2022年6月，中国成功举办全球发展高层对话会，来自五大洲18个新兴市场国家和发展中国家领导人相聚“云端”。习近平主席强调，要把发展置于国际议程中心位置，落实联合国2030年可持续发展议程，打造人人重视发展、各国共谋合作的政治共识，并宣布中方推进全球发展倡议、支持联合国2030年可持续发展议程落实的重要举措。9月，国务委员兼外长王毅在纽约主持“全球发展倡议之友小组”部长级会议。近40国外长及小组成员常驻联合国代表、联合国开发计划署、联合国粮农组织、国际移民组织、国际可再生能源署等国际机构负责人出席。王毅代表中国政府向联合国赠送了全球耕地、森林覆盖等6套全球可持续发展数据产品，为各国更好实现粮食安全、陆地生态保护等可持续发展目标提供数据支持。古特雷斯秘书长和与会各方高度赞赏习近平主席提出全球发展倡议的远见卓识，认为这对提振国际发展合作、助力落实2030年议程意义重大，将为发展中国家，特别是中小国家加快发展发挥催化剂作用。

（二）推进开放区域合作

推进与东盟开放型合作。中国和东盟是开放的区域主义的倡导者，也是践行者。7月，王毅国务委员兼外交部长在东盟秘书处发表题为《坚定践行开放的区域主义》的演讲，表示中国东盟取得当前成就和奇迹的关键所在，就是我们始终坚持开放的区域主义，并就此提出了四点建议：始终坚持和平共处的理念、始终坚持发展振兴的目标、始终坚持独立自主的原则、始终坚持开放包容的精神。

高质量落实《区域全面经济伙伴关系协定》。2022年以来，中国同区域全面经济伙伴关系协定成员国一道，积极推动在高水平开放中优化区域全面经济伙伴关系协定区域产业链、供应链、价值链，着眼长远夯实产业链供应链安全，进一步促进自贸区内产业链的相互交融。稳步推进“一带一路”建设，持续推动基础设施互联互通，取得了一系列丰硕成果。7月，国务委员兼外交部长王毅在会见东盟秘书长林玉辉时提出，中方愿同东盟共同倡导开放的区域主义，共创团结繁荣的光明前景。

构建更加开放的亚太经济格局。11月，习近平主席在亚太经合组织工商领导人峰会上发表书面演讲，强调亚太国家要走开放包容之路；在出席亚太经合组织非正式领导人峰会时，习近平主席强调打造更高水平、制度型的对外开放格局，要深化亚太经合组织框架内合作，推进亚太自由贸易区进程，落实布特拉加亚愿景，要全面深入参与世贸组织改革，推动《区域全面经济伙伴关系协定》《全面与进步跨太平洋伙伴关系协定》《数字经济伙伴关系协定》相互衔接，构建开放型亚太经济。

（三）践行真正的多边主义

积极参加全球经济治理。11月，习近平主席出席二十国集团峰会，发表题为《共迎时代挑战　共建美好未来》的重要讲话。习近平强调，要推动更加包容、更加普惠、更有韧性的全球发展。他表示，各方要继续深化抗疫国际合作，为经济复苏营造良好环境；要遏制全球通胀，化解系统性经济金融风险，特别是发达经济体要减少货币政策调整的负面外溢效应，将债务稳定在可持续水平。中方全面落实二十国集团缓债倡议，缓债总额在二十国集团成员中最大，为有关发展中国家渡过难关提供了支持。

推动多边气候会议取得成果。11月，中国积极参加联合国气候变化沙姆沙伊赫大会，为会议取得一揽子积极成果做出重要贡献。中方在大会期间向《联合国气候变化框架公约》秘书处正式提交了《中国落实国家自主贡献目标进展报告（2022）》。《进展报告》反映了中国落实国家自主贡献目标的进展和成果，体现了中国推动绿色低碳发展、积极应对全球气候变化的决心和努力。

坚决捍卫国际防扩散体系。1月，中、俄、美、英、法五个核武器国家共同发表《关于防止核战争与避免军备竞赛的联合声明》，重申“核战争打不赢也打不得”，全面阐述关于加强核领域全球治理的主张，强调维护和遵守双、多边不扩散、裁军和军控协议和承诺的重要性。10月，中方在第77届联合国大会第一委员会强调：大国特别是核武器国家必须摒弃战略竞争、以意识形态划线、阵营对立对抗理念，放下独享安全、绝对安全的执念，不将本国安全凌驾于他国安全之上，不利用核武器称王争霸、欺凌胁迫无核武器国家；“核共享”与《不扩散核武器条约》宗旨和原则背道而驰。11月，在国际原子能机构理事会上，中国代表批评美英澳核潜艇合作严重违反核不扩散原则，反对该机构将预算用于美英澳核潜艇合作这样的核扩散活动，呼吁三国重返国际防扩散体系的正轨。

六、结语

2022年，在以习近平同志为核心的党中央坚强领导下，中国外交以推动构建人类命运共同体为主线，在变局乱局中砥柱中流，在大风大浪中开拓前行，为维护世界和平、促进共同发展做出了新的贡献。2023年是全面落实党的二十大精神开局之年，中国外交将坚定站在历史正确一边，站在人类文明进步一边，以更宏阔的视野、更有力的行动，为动荡变革的国际形势注入稳定性和正能量，为推动民族复兴谱写新华章。

（中国国际问题研究院副院长、研究员　刘卿）

第十九章
大国关系：主动塑造　迎难而上

2022年，中国外交继续维持总体稳定的大国关系框架。中国对美国以斗争促合作，深刻影响国际格局的演变。中俄关系保持良好发展势头，新时代全面战略协作伙伴关系深入发展。中欧关系延续开放合作势头，为世界注入稳定性和正能量。中国从对世界、对历史负责的高度，积极推动构建和平共处、总体稳定、均衡发展的大国关系格局。

一、中美关系以斗争促合作

（一）中国坚决维护国家核心利益

2022年，美国变本加厉介入台海事务，对中美关系造成严重损害。首先，美国政客频繁窜访台湾。根据美方媒体统计，全年共有10个国会议员代表团，共计33位民主、共和两党参众议员进行“访问”。其中，8月2日，美国国会众议长佩洛西不顾中方强烈反对和严正交涉，窜访中国台湾地区，成为美国25年来窜台最高级别官员。

其次，美国国会推动涉台立法。9月14日，美国国会参议院外交委员会以17票赞成4票反对通过了“2022年台湾政策法案”

（Taiwan Policy Act of 2022）。美方认为这是自1979年4月美国国会通过“与台湾关系法”以来，该国在对台方面最重要的立法动议。北京时间12月24日，美国总统拜登将“2023财年国防授权法案”签署成法。该法案夹带的“强化台湾韧性法”，内容长达50余页，为历年之最，也是美国首个对台“国防”现代化计划。该法案授权美国从2023年至2027年向台提供100亿美元军事财政援助以及高达10亿美元的武器和弹药，以建立应对紧急事态的“地区应急储备”。

再次，美国多次纠结盟伴对台海局势表达“关切”，渲染大陆“军事威胁”。当地时间2月12日，韩国、美国、日本三国外长于夏威夷举行面对面会谈。会谈结束之后，三国发表联合声明，反对改变当前状态、造成区域紧张的任何单方面行为，强调维持台湾海峡和平与稳定的重要性。这是三国外长联合声明中首次出现“台湾海峡”的字样。8月3日，七国集团外长会发表联合声明，就中国反制佩洛西窜台倒打一耙，称对中国最近宣布的威胁性行动表示关切，重申七国对维护“基于规则的国际秩序”、台湾海峡两岸和平与稳定的共同承诺。美国国务卿布林肯还在推特上转发了这一声明。8月5日，美澳日外长发表联合声明，就中国在台湾岛附近海域开展军事演训活动表达关切，并对中方导弹落入所谓日本专属经济区予以谴责，还在一个中国政策后面加括号标注“在适用的情形下”。12月1日，法国总统马克龙访美，两国总统进行会谈后发表联合声明，重申了维护台湾海峡和平与稳定的重要性。

最后，美台意图联手对大陆进行经济遏制和围堵。6月1日，就在美国启动“印太经济框架”（IPEF）后不久，美台便宣布推动“美台21世纪贸易倡议谈判”。8月18日，“美台21世纪贸易倡议谈判”正式启动。尽管台湾当局迫切希望加入“印太经济框架”，但由于台湾问题的敏感性，美国不得已将其排除在外。然而，美国不会轻易放弃台湾这枚遏制大陆的棋子。从“美台21世纪贸易倡议”的内容、安排和做法来看，其基本与“印太经济框架”一致，可以说是美台版的“印太经济框架”。它既是美国对台湾不能直接加入“印太经济框架”的补偿，也是对大陆进行经济遏制与围堵的又一张经济拼图。[①]

对于美方上述行径，中方及时有力反应，强调底线红线，采取一系列应对和反制措施，坚决维护国家利益。

针对美国众议院议长佩洛西窜台，8月2日深夜，中国外交部副部长谢锋奉命紧急召见美国驻华大使伯恩斯，代表中国政府向美方提出严正交涉和强烈抗议。8月2日，中国外交部就佩洛西窜访中国台湾发表声明，指出佩洛西众议长是现任美国国会领导人，她以任何形式任何理由赴台活动，都是升级美台官方交往的重大政治挑衅，中方绝不接受，中国人民绝不答应。8月5日，外交部随即宣布针对佩洛西窜台反制措施：一、取消安排中美两军战区领导通话；二、取消中美国防部工作会晤；三、取消中美海上军事安全磋商机制会议；四、暂停中美非法移民遣返合作；五、暂停中美刑事司法协助合作；六、暂停中美打击跨国犯罪合作；七、暂停中美禁毒合作；八、暂停中美气候变化商谈。当地时间11月14日，国家主席习近平在印度尼西亚巴厘岛同美国总统拜登举行会晤。会晤期间，针对近期美方在台湾问题上的错误言行以及要为中美关系划线兜底，习近平主席全面系统阐述了台湾问题的由来以及中方原则立场，强调台湾问题是中国核心利益中的核心，是中美关系政治基础中的基础，是中美关系第一条不可逾越

① 王建民:《“美台21世纪贸易倡议”：美台版“印太经济框架”?》,《世界知识》2022年第18期。

的红线。“台独”同台海和平稳定水火不容，任何人想把台湾从中国分裂出去，中国人民都绝不会答应。

针对美国不断打“台湾牌”的动作，中方强调一个中国原则是中美关系的政治基础，也是中美三个联合公报的核心内涵。任何搞“以台制华”、支持纵容“台独”分裂势力的图谋只会进一步加剧台海紧张局势，进一步冲击中美关系政治基础。一个中国原则是国际社会的普遍共识，是公认的国际关系基本准则，构成二战后国际秩序的组成部分，为联大第2758号决议所确认，也是中国和有关国家建立和发展外交关系的政治基础。美方无权将国内法凌驾于国际法之上，更不得借此干涉中国内政。

（二）中国有力抵制美方战略围堵企图

2022年，美国对华政策呈现明显负面动向。尽管美国总统拜登多次重申“四不一无意”的承诺，即不寻求“新冷战”，不寻求改变中国体制，不寻求通过强化盟友关系反对中国，不支持“台湾独立”，也不支持“两个中国”“一中一台”，无意同中国发生冲突，但并未将表态转化为实际行动。

2022年2月，美国公布了新版“印太战略”，意图在南亚到太平洋诸岛各地区加强美国的领导地位。10月，美国发布新版《国家安全战略》，将中国定位为“唯一一个有意向重塑国际秩序的竞争者，并且越来越多地拥有经济、外交、军事和技术力量来实现这一目标”。根据该战略，美国的目标是“竞胜（out-compete）中国”。拜登政府随后公布国防战略文件，将中国作为美国安全面临的最大威胁，并呼吁采取紧急协调行动来打造军事能力，以便在未来几十年遏制中国。

针对美方战略意图和对华围堵目标，中国坚决抵制美错误对华政策，推动探索中美两个大国正确相处之道。

元首间进行坦诚深入交流是两国避免误判的重要基础。2022年11月，中美元首在巴厘岛举行三年来首次面对面会晤。元首外交对两国关系发展发挥着不可替代的战略引领作用。尤其是两国元首巴厘岛会晤创下了三个“首次”，即中美元首三年来首次面对面会晤，是拜登总统执政后两位领导人首次面对面会晤，也是中美各自完成当年国内重大议程后两国最高领导人的首次互动。会晤持续了三个多小时，超过事先商定的时长，而且使用的是同传。两位元首的交流全面、深入、坦诚，富有建设性和战略性。①

习近平主席深刻剖析中美关系实质，针对美方一段时期以来的错误言论和外界误解，掷地有声地重申，中国党和政府的内外政策公开透明，战略意图光明磊落，中国坚定不移走和平发展道路、坚定不移推进高水平对外开放。中方还强调，当前中美关系面临何去何从的关键节点。此次会晤成为G20峰会期间国际社会最为关注的一场双边活动，反映出世界各国关心中美关系的走向，普遍期待两国关系重回健康稳定发展轨道。

同时，中方主动塑造中美关系未来走向。中方强调应从把握世界大势的高度看待和处理中美关系，摒弃你输我赢、你兴我衰的零和博弈思维，确立对话而非对抗、双赢而非零和的交往基调，坚持相互尊重、和平共处、合作共赢，共同确保中美关系沿着正确航向前行，不偏航，不失速，更不能相撞。鲜明指出中美关系最重要的防护和安全网就是遵守国际关系基本准则和中美三个联合公报。中方再次强调，中美两国各自的制度和道路不同，

---

① 《王毅就中美元首会晤向媒体介绍情况并答问》，中华人民共和国外交部网站，2022年11月15日，https://www.fmprc.gov.cn/wjbzhd/202211/t20221115_10975081.shtml。

两国相处很重要的一条就是承认并尊重这种不同。中美不冲突、不对抗、和平共处，这是两国最基本的共同利益；两国经济深度融合，需要从对方发展中获益，这也是共同利益；全球经济疫后复苏、应对气候变化、解决地区热点问题离不开中美协调合作，这还是共同利益。双方应该相互尊重，互惠互利，着眼大局，为合作提供必要氛围和稳定关系。

（三）中国有效应对美“脱钩断链”

2022年，拜登政府急于应对国内严重通胀压力，考虑撤销特朗普政府时期对部分中国商品加征的高额关税。然而，美国国内对此出现意见分歧。美国贸易代表戴琪认为，关税是美方“重要筹码”，可以提高美国经济中长期竞争力，对于缓解当前美国面临的高通胀效果有限。戴琦还强调，无论是301调查还是关税，重点在于如何强化美国竞争力。美国还应善用手中所有可用的手段以及找寻新手段。美国贸易代表办公室（USTR）的任务则是，通过双多边协议与安排，努力深化与关键贸易伙伴的往来，包括启动印太经济架构。与戴琪的论调不同，美国财长耶伦指出，对华关税伤害美国企业和消费者，造成严重通货膨胀，撤销关税并非万能，但有助于压低价格，拜登政府正在寻求“重新配置”关税。另外，美国商务部长雷蒙多也曾表示，为压低通胀撤销某些商品的关税是合理的做法。美方一度有消息传出，拜登总统曾签署一项新的排除程序，以豁免从中国进口的制造材料的关税，但此后又推迟作出决定。

美加大对华科技竞争力度。最受瞩目的是7月国会通过的《芯片与科学法案》（CHIPS and Science Act 2022），将对高科技产业补贴2800亿美元，更奠定未来五年支持企业与中国竞争的主旋律。10月，美国出台了更广泛的出口管制措施，限制中国企业获取高科技计算机芯片的能力，并阻碍中国在人工智能方面的进步，成为20世纪90年代以来美国在向中国输出技术方面最大的政策转向。美国还扩大对中国芯片产业的打击，将中国存储器芯片制造商长江存储（YMTC）等36家科技公司列入出口管制“实体清单”。

关于关税问题，中方的立场是一贯的、明确的。7月，刘鹤副总理与美国财政部长耶伦进行了通话。中方表达了对美国取消对华加征关税和制裁、公平对待中国企业等问题的关切。取消全部对华加征关税，有利于中美两国，有利于整个世界。中方特别指出，据美国智库机构测算，取消全部对华加征关税将使美国通胀率下降1个百分点。在当前高通胀形势下，早日取消对华加征关税，消费者和企业就能早受益。12月，世贸组织专家组就中国起诉美国钢铝232关税措施案发布裁决，认为美国相关措施违反世贸规则，并驳回了美国援引世贸组织安全例外条款进行的抗辩。

12月，中国在世贸组织对美国对华芯片等出口管制措施提起诉讼。商务部在官网发布答记者问表示，美方近年来不断泛化国家安全概念，滥用出口管制措施，阻碍芯片等产品的正常国际贸易，威胁全球产业链供应链稳定，破坏国际经贸秩序，违反国际经贸规则，违背基本经济规律，损害全球和平发展利益，是典型的贸易保护主义做法。中方在世贸组织提起诉讼，是通过法律手段解决中方关注，是捍卫自身合法权益的必要方式。

在2022年国际形势与中国外交研讨会上，中国国务委员兼外长王毅强调，事实一再说明，中美之间脱不了钩，断不了链。新形势下，中美共同利益不是减少了，而是更多了。渲染竞争有百弊而无一利，寻求合作是必需而不是选择。

二、中俄关系保持良好发展势头

2022年，面对全球性动荡变革，中俄进一步深化互信，保持战略沟通，推进务实合作，两国关系保持良好发展势头。

（一）元首频密互动体现中俄关系高位运行

新冠疫情之下，习近平主席和普京总统以“云外交”的创新方式保持频密互动。通电话，视频会晤，在重要节日互致信函，向中俄执政党对话机制会议致贺信，“云见证”中俄核能合作项目开工仪式，“云出席”对方重大主场外交活动。百年变局叠加世纪疫情，两国元首定向领航，中俄关系航向不偏、动力不减。2022年2月，北京举办第二十四届冬季奥林匹克运动会。普京总统践行“冬奥之约”，是最早宣布和最早确认来华出席开幕式的外国元首，并且他多次表达对中方成功办赛充满信心。访华期间，两国元首在北京举行会谈，发表《中华人民共和国和俄罗斯联邦关于新时代国际关系和全球可持续发展的联合声明》。9月，习近平主席在出席上合组织撒马尔罕峰会期间同普京总统举行双边会晤，就中俄关系和共同关心的国际和地区问题交换意见。普京表示，当今世界正在发生许多变化，唯一不变的是俄中友谊与互信，俄中全面战略协作伙伴关系稳固如山。中共二十大胜利闭幕后，普京总统等俄方领导人第一时间向习近平总书记和中共中央发贺电，热烈祝贺习近平当选中国共产党第二十届中央委员会总书记，强调大会所作出的各项决定将助力中国成功实现经济社会发展的宏伟目标，不断提升中国国际地位。

（二）中俄保持战略沟通并增强互信

2022年，中俄保持了卓有成效的战略沟通。双方在涉及彼此核心利益的问题上相互有力支持。普京表示，俄方坚定恪守一个中国原则，谴责个别国家在涉及中国核心利益问题上采取挑衅行动，反对任何势力借口所谓新疆、香港、台湾等问题干涉中国内政。

中方推动两国在国际舞台上密切协调，维护国际关系基本准则。2022年9月15日下午，中国国家主席习近平在撒马尔罕同俄罗斯总统普京举行双边会见时强调："面对世界之变、时代之变、历史之变，中方愿同俄方一道努力，体现大国担当，发挥引领作用，为变乱交织的世界注入稳定性。"俄方指出，俄中都主张推动更加公平合理的国际秩序，树立了国际关系典范。俄方愿同中方加强多边协作，为推动世界多极化和建立更加公正合理的国际秩序做出建设性努力。2月4日，普京总统访华期间，中俄发布的《关于新时代国际关系和全球可持续发展的联合声明》表示，双方将加强在联合国等多边机制合作，推动国际社会将发展置于全球宏观政策协调重要位置，呼吁发达国家切实履行官方发展援助义务，为发展中国家提供更多资源，解决国家间和各国内部发展不平衡等问题，促进全球发展和国际发展合作。

俄罗斯支持中国贡献的国际公共产品。在《关于新时代国际关系和全球可持续发展的联合声明》中，俄方重申愿就推进中方提出的全球发展倡议继续开展相关工作，包括参与联合国平台"全球发展倡议之友小组"活动。双方认为各国人民命运与共，任何国家都不能也不应脱离世界安全、以他国安全为代价而实现自身安全。普京总统在6月15日下午同习近平主席通电话时表示，俄方支持中方提出的全球安全倡议。

（三）中俄务实合作呈现积极态势

两国经贸合作稳步推进。2022年前11个月，中俄贸易额增长32%，创下1724.06亿美元的纪录。其中中国对俄出口673.34亿美元，与去年同期相比增长13.4%，俄罗斯对中国出口增长47.5%，达到1050.72亿美元。[①] 中俄本币结算已有很好实践。人民币在中俄双边贸易结算中占比从2014年的3.1%已提升至2021年的17.9%，两国企业对本币结算需求不断上升。[②] 6月，黑河–布拉戈维申斯克公路桥实现通车，打通一条两国互联互通的新通道。在开通仪式上，中国国务院副总理胡春华表示，黑河–布拉戈维申斯克公路桥是习近平主席和普京总统共同关心推动的重大跨境基础设施项目。中方愿与俄方相向而行，以大桥开通为契机，持续推进互联互通合作，为双方人员和贸易往来提供更好更便捷的通关、物流服务，推动中俄“东北–远东”合作不断迈上新台阶。[③]

11月17日，中俄共同主持召开中国东北地区和俄罗斯远东及贝加尔地区政府间合作委员会第四次会议。在会上，中国国务院副总理胡春华表示，中方愿与俄方一道，落实好两国元首重要共识，在已有良好合作的基础上，进一步加强“东北–远东”发展战略对接，推进跨境物流和口岸基础设施建设，深化产业合作尤

---

① 《俄中贸易额升至创纪录的1724.06亿美元》，透视俄罗斯，2022年12月9日，http://tsrus.cn/kuaixun/2022/12/09/676191。

② 《中俄经贸合作强劲发展，呈逆势飙升态势》，俄罗斯卫星通讯社，2022年9月7日，https://sputniknews.cn/20220907/1043775484.html。

③ 《中俄黑河–布拉戈维申斯克公路桥开通仪式举行》，人民网，2022年6月11日，http://world.people.com.cn/n1/2022/0611/c1002-32443724.html。

其是农业领域合作，密切人文领域交流合作，加强地方间务实合作，推动“东北–远东”合作取得更多成果，为巩固和深化新时代中俄全面战略协作伙伴关系做出积极贡献。俄罗斯副总理特鲁特涅夫表示，在双方共同努力下，俄中“远东–东北”合作成效显著，在基础设施互联互通、农业、能源等领域取得新的积极进展。俄方愿与中方加强协作，为深化各领域务实合作营造良好环境。会议期间，双方围绕跨境物流及口岸基础设施建设、扩大农业合作、投资合作、人文旅游合作、地方合作等议题进行了深入交流。[①]

三、中欧关系延续开放合作势头

2022年，在世界进入新的动荡变革期背景下，中欧作为世界多极化格局中的两支重要力量，保持了沟通和合作势头。中国与德国、法国、欧盟等方面开展互动，达成共识，为世界注入稳定性和正能量。

（一）中欧均重视对话沟通

11月，习近平主席会见来华正式访问的德国总理朔尔茨。朔尔茨是中共二十大召开后首位来访的欧洲国家领导人，此次访问也是其就任以来首次访华。朔尔茨开启行程之前，美国媒体密集恶意炒作，称德国应看到与俄罗斯合作紧密的中国具有“巨大不确定性”，指责德国对中国市场“过度依赖”。美政府则不

① 《胡春华与俄罗斯副总理特鲁特涅夫共同主持召开中国东北地区和俄罗斯远东及贝加尔地区政府间合作委员会第四次会议》，中国政府网，2022年11月17日，http://www.gov.cn/guowuyuan/2022-11/17/content_5727595.htm。

断施压欧洲盟友搞“脱钩断链”。然而，朔尔茨强调“与中国直接对话”的重要性，多次表示对华脱钩不是选项，顶着压力来华访问，强调德方坚定支持贸易自由化，支持经济全球化，反对“脱钩”。习近平主席会见朔尔茨时表示，相信访问将增进双方了解和互信，深化各领域务实合作，为下阶段中德关系发展做好谋划。

11月，习近平主席在巴厘岛会见法国总统马克龙。习近平强调，中国将坚定不移推进高水平对外开放，努力推进中国式现代化，将为包括法国在内的世界各国提供新机遇。马克龙表示，热烈祝贺习近平主席连任中共中央总书记，祝贺中共二十大取得圆满成功。法中两国都致力于促进全球和平发展，促进世界经济繁荣。中国式现代化发展模式令人钦佩。法方秉持独立外交，反对阵营对抗。

12月，欧洲理事会主席米歇尔访华。尽管西方舆论中唱衰此访的杂音此起彼伏，但米歇尔在与习主席会谈期间，强调了增进相互了解、促进对话合作、妥善处理分歧的目标。米歇尔祝贺习近平再次连任中共中央总书记，表示欧方珍惜在中共二十大后不久即同中方进行最高层次面对面会晤的机会。欧盟重申，坚持一个中国政策，尊重中国的主权和领土完整，不会干涉中国内政。欧盟愿做中方可靠、可预期的合作伙伴，愿共同应对能源危机、气候变化、公共卫生等全球性挑战。欧方愿同中方继续推进欧中投资协定的进程，增强供应链稳定互信，深化欧中各领域互利合作。

（二）中欧就经贸合作凝聚共识

7月，第九次中欧经贸高层对话以视频会议形式举行。中欧双方围绕宏观经济、产业链供应链、贸易与投资、金融合作四个专题，进行了务实、坦诚、高效的讨论，交流富有建设性。双方就宏观经济政策协调、产业链供应链合作、世贸组织改革、扩大市场开放、中欧地理标志协定实施、动植物检验检疫、金融业双向开放和监管合作等达成一系列成果和共识。双方认为，世界政治经济形势正在发生深刻变化，健康稳定的中欧关系和中欧经贸关系有利于世界发展与繁荣。双方同意共同应对全球经济面临的挑战，加强宏观经济政策沟通协调，维护全球产业链供应链稳定，维护和加强以世贸组织为核心、以规则为基础的多边贸易体制，为企业创造更好的营商环境，进一步推进金融业双向开放和监管合作。[①]

德国总理朔尔茨11月访华时表示，愿同中方继续深化经贸合作，支持两国企业相互赴对方开展投资合作。法国总统马克龙11月在巴厘岛会见习近平主席时，建议深化中法经贸、航空、民用核能等领域合作，欢迎中国企业赴法国开展合作。

四、结语

中国共产党第二十次全国代表大会胜利闭幕。中国特色大国外交将开启新征程。中国致力于推动构建人类命运共同体，推动构建新型国际关系。在处理大国关系方面，中国坚守原则，坚定维护国际公平正义，倡导践行真正的多边主义，旗帜鲜明反对一切霸权主义和强权政治，毫不动摇反对任何单边主义、保护主义、霸凌行径。同时，在应对全球性挑战、共同维护地区和国际

① 《商务部新闻发言人就第九次中欧经贸高层对话有关情况答记者问》，中国商务部，2022年7月19日，http://www.mofcom.gov.cn/article/xwfb/xwfyrth/202207/20220703334529.shtml。

稳定、实现共同发展方面，中国积极拓展与各大国合作的空间。

（中国国际问题研究院美国研究所副所长、副研究员　苏晓晖）

第二十章

周边外交：
开拓进取　异彩纷呈

2022年，中国高举和平、发展、合作、共赢的旗帜，坚持将周边置于外交全局中的首要位置，坚持亲诚惠容和与邻为善、以邻为伴的周边外交方针，坚持和践行开放的区域主义，深化同周边国家互利合作与融合发展，周边命运共同体建设再上新台阶为中国与周边国家关系注入新的时代内涵和强劲的发展动能。

一、周边命运共同体建设成绩显著

2022年，中国奋发有为开展周边外交，加强与周边国家的战略沟通和互信，深化利益交融和民心相通，周边命运共同体建设迈出坚实步伐，取得一系列成绩。

（一）元首外交，引航致远

面对百年变局和世纪疫情交织叠加带来的共同挑战和复杂局面，习近平主席密集开展元首外交，同周边各国领导人密切来往、深入沟通，共商合作大计，不断凝聚起构建周边命运共同体的共识。据不完全统计，截至2022年12月2日，习近平主席全年共开展70余次周边外交活动，其中与周边国家领导人进行23起线下会见会谈、8次通话，致贺信或贺电16次，致慰问电或唁电12次等。[①]

在新冠疫情发生的第三个年头，2022年的元首外交具有多重特殊性：一是习近平主席将周边地区作为2022年首次外访目的地，分别对哈萨克斯坦、乌兹别克斯坦进行国事访问，对泰国进行访问取得了一系列重要成果。二是习近平主席线下出席重要多边会议，分别是上海合作组织成员国元首理事会第二十二次会议、二十国集团领导人第十七次峰会和亚太经合组织第二十九次领导人非正式会议，与周边国家共同擘画亚太地区合作蓝图。三是以周边国家为主场外交的重点，2月邀请俄罗斯、蒙古国、新加坡、巴基斯坦、柬埔寨及中亚五国领导人来华出席北京2022年冬奥会开幕式。7月至12月，印尼总统佐科、越南共产党中央委员会总书记阮富仲、巴基斯坦总理夏巴兹、蒙古国总统呼日勒苏赫和老挝人民革命党中央总书记、国家主席通伦先后应邀访华，巩固传统友谊，全面深化合作，开启双边关系新篇章。

（二）深化共建，方兴未艾

在高层交往战略引领下，中国与诸多周边国家确立或深化构建命运共同体的共识，为双边关系注入新的时代内涵。2022年，中国与印尼就共建中印尼命运共同体达成重要共识，致力于打造发展中大国互利共赢的典范、共同发展的样板、南南合作的先锋；与泰国构建更为稳定、更加繁荣、更可持续的中泰命运共同体，为“中泰一家亲”赋予新的时代内涵；与马来西亚就秉持“天下一家”理念，朝着构建中马命运共同体方向共同努力达成

① 根据中华人民共和国外交部网站的有关新闻条目统计得出，参见https://www.fmprc.gov.cn/web/zyxw/。

共识；中柬同意续签共建命运共同体新的五年规划；与老挝携手共建高标准、高质量、高水平的中老命运共同体，为构建人类命运共同体做出积极努力和示范；与越南同意推动新时代中越全面战略合作伙伴关系长期健康稳定发展；与哈萨克斯坦同意朝着打造世代友好、高度互信、休戚与共的两国命运共同体的愿景和目标努力；与乌兹别克斯坦进一步深化亲密友好、休戚与共、共享繁荣的新时代中乌全面战略伙伴关系，致力于践行中乌命运共同体；与蒙古国同意朝着共建和平共处、守望相助、合作共赢的两国命运共同体方向做出努力；与巴基斯坦共同深化中巴全天候战略合作伙伴关系，为加快构建新时代更加紧密的中巴命运共同体注入新动力。

与此同时，中国领导人积极参与地区及多边活动，提出携手构建更加紧密的中国–中亚命运共同体，推动构建更加紧密的上海合作组织命运共同体，同湄公河五国一致同意打造更加紧密的澜湄国家命运共同体，系统阐述构建亚太命运共同体的中国方案，提出建设和平稳定、共同富裕、清洁美丽、守望相助的亚太。这一系列主张和倡议，得到有关国家和地区组织的广泛认同和积极响应，为推动构建人类命运共同体打下坚实基础。

（三）雪中送炭，命运与共

患难见真情，烈火炼真金，中国始终用实际行动践行命运共同体理念。2022年6月以来，巴基斯坦遭遇严重洪涝灾难，截至9月，造成近1200人死亡，3300万人受灾，预计经济损失超100

亿美元。[1] 中方感同身受，第一时间作出响应并多次追加救灾物资，对巴援助实现全政府、全社会、全方位覆盖。据不完全统计，中方对巴援助金额达到6.6亿元人民币，居各国首位。[2] 巴基斯坦总理夏巴兹表示，中方的援助行动生动诠释了中巴久经考验的全天候战略合作伙伴关系。[3]

6月22日，阿富汗发生20多年来最为严重的地震，造成至少1500多人死亡，2000多人受伤，3000多间房屋被毁。[4] 地震发生后，中国政府第一时间宣布提供5000万元人民币的紧急人道主义援助，在不到两周时间里动用6架次运-20运输机和4架次商业包机将绝大部分物资运往阿富汗。中国成为向阿抗震救灾提供援助最多、最实、最快的国家之一。[5] 中国地方政府、中国红十字会及在阿中国企业、机构和个人等也纷纷行动，通过各种方式提供帮助，这一团结抗震的佳话书写了中阿友好新的篇章。

患难之交，弥足珍贵。2022年初以来，斯里兰卡陷入经济和

---

① 《患难见真情，烈火炼真金——中国积极援助巴基斯坦抗洪救灾》，新华网，2022年9月14日，http://www.news.cn/world/2022-09/14/c_1211684600.htm。

② 《大盘稳稳、挑战多多——外交部亚洲司司长刘劲松向亚洲周边国家记者宣介党的二十大精神和中国式现代化》，中华人民共和国外交部网站，2022年11月1日，https://www.fmprc.gov.cn/web/wjdt_674879/sjxw_674887/202211/t20221101_10795060.shtml。

③ 《中华人民共和国和巴基斯坦伊斯兰共和国联合声明》，中华人民共和国外交部网站，2022年11月2日，https://www.mfa.gov.cn/web/zyxw/202211/t20221102_10799301.shtml。

④ 《阿富汗地震已致逾千人遇难　东部霍斯特省受灾严重》，新华网，2022年6月28日，http://www.news.cn/2022-06/28/c_1128783465.htm。

⑤ 《2022年7月6日外交部发言人赵立坚主持例行记者会》，中华人民共和国外交部网站，2022年7月6日，https://www.fmprc.gov.cn/web/fyrbt_673021/jzhsl_673025/202207/t20220706_10716331.shtml。

债务困难，中方第一时间宣布提供5亿元人民币的紧急人道主义援助，包括1万吨大米和9000吨柴油等援助。中方还通过政府、地方、友好组织等多种渠道，向斯社会各界提供多批次、多元化、惠民生的援助，得到了斯方的高度评价。斯里兰卡总理古纳瓦德纳感谢中方的持续援助，称赞中国是斯里兰卡的“心灵朋友”和“患难之交”。[①]

二、互联互通网络开花结果

习近平主席曾指出，“一带一路”倡议的首要合作伙伴是周边国家，首要受益对象也是周边国家。[②] 2022年，中国与周边国家进一步凝聚战略共识，深化互利合作，共建“一带一路”项目取得诸多突破性进展，为加快构建区域互联互通网络释放强音。

（一）加强战略对接，高质量共建“一带一路”

2022年，中国继续秉持共商共建共享原则，推动共建“一带一路”倡议同周边各国发展战略和区域合作倡议更好、更精准对接，为实现更大范围、更加便捷的互联互通奠定坚实的政策基础。在双边层面，中国持续深化推动共建“一带一路”倡议与越南“两廊一圈”框架、老挝“变陆锁国为陆联国”战略、印尼“全球海洋支点”构想、蒙古“草原之路”发展战略、“新乌兹别克斯坦”2022—2026年发展战略等对接合作；与泰国签署共建“一带

① 《庆祝中华人民共和国成立73周年暨“中斯友谊荣耀之夜”招待会在科伦坡隆重举行》，中国驻斯里兰卡大使馆，2022年9月30日，http://lk.china-embassy.gov.cn/dssghd/202209/t20220930_10775208.htm。

② 习近平：《深化合作伙伴关系　共建亚洲美好家园——在新加坡国立大学的演讲（2015年11月7日）》，《人民日报》2015年11月8日第2版。

一路”合作规划；与尼泊尔同意尽早商签共建“一带一路”实施方案；与新加坡同意进一步深化战略对接，协同推进陆海新通道建设；等等。

在地区层面，第25次中国－东盟领导人会议通过《关于加强中国－东盟共同的可持续发展联合声明》，双方决定加快落实《中国－东盟关于“一带一路”倡议与〈东盟互联互通总体规划2025〉对接合作的联合声明》，推动“一带一路”倡议同东盟印太展望开展互利合作。9月撒马尔罕峰会期间，上合组织成员国领导人批准《上合组织成员国发展互联互通和建立高效交通走廊构想》，致力于打造多式联运交通走廊，建立国际物流、贸易和旅游中心。“一带一路”倡议成为在周边地区深受欢迎的国际公共产品和国际合作平台。

（二）互联互通合作，捷报频传

一批标志性项目竣工运营。11月16日，在习近平主席和佐科总统的共同见证下，雅万高铁成功试验运行有力促进当地社会经济发展，提升区域互联互通水平。11月26日，由中企承建的孟加拉国卡纳普里河“国父隧道”项目举行南线隧道竣工仪式。该隧道是孟首条河底隧道和南亚地区首条水下隧道，是孟中印缅经济走廊的重要一环，对改善当地交通、完善亚洲公路网、促进孟加拉国与周边国家的互联互通有重要意义。[①] 11月9日，在李克强总理访问期间，柬埔寨金边—西港高速公路正式通车。作为中柬

① 《“一带一路”基础设施项目有序落地实施》,《人民日报》2022年12月1日第6版。值得一提的是，2022年是中孟基础设施建设项目的丰收之年，3月孟最大发电站项目——帕亚拉燃煤发电站建成，6月孟当前最大基建项目——帕德玛大桥正式通车，8月孟西南部重要交通枢纽——孟中友谊八桥项目正式移交孟方。

在“一带一路”框架下高质量合作的重点项目，金港高速公路的建成使柬进入高速公路时代，将有力带动沿线地区的发展和产业升值。此外，中国企业承建的柬埔寨11号国家公路扩改建项目、泰国素万那普机场新候机楼、越南河内轻轨二号线等项目实现竣工。

既有运营项目成绩喜人。自2021年12月开通运营以来，中老铁路新购置“澜沧号”动车组和普速旅客列车，常态化开行“澜湄快线”国际货物列车，货物运输能力和效率不断攀升，备受跨境企业青睐。截至12月2日，中老铁路累计发送旅客850万人次，运输货物1120万吨，跨境货物运输覆盖10余个国家和地区。这条中老人民的发展路、幸福路、友谊路，为两国人民带来巨大福祉，成为加速地区互联互通、推动共同发展的“钢铁丝路”。[①]

互联互通远景可期。面向未来，中国致力于推进中老经济走廊建设，落实中老泰联通发展构想，打造高标准、可持续、惠民生的沿线经济带。在中巴经济走廊框架下，中国和巴基斯坦将加快推进瓜达尔港、一号铁路干线升级改造、卡拉奇环城铁路等项目，进一步构建健康走廊、产业走廊、数字走廊和绿色走廊，推动走廊实现更全面、可持续、高质量发展。中国还与俄罗斯和蒙古国确认《建设中蒙俄经济走廊规划纲要》延期5年，正式启动中蒙俄经济走廊中线铁路升级改造和发展可行性研究，商定积极推进中俄天然气管道过境蒙古国铺设项目。

① 《打造互联互通共同发展的黄金线路——中老铁路实现客货运输量质齐升》，新华网，2022年12月3日，http://www.news.cn/2022-12/03/c_1129181738.htm。

三、区域经济一体化方兴未艾

2022年，全球地缘政治紧张与经济格局演变叠加，新冠疫情反复延宕，世界经济下行压力增大，粮食、能源、债务多重危机同步显现，地区经济发展大局遭受严重冲击。在此背景下，中国积极深化同周边国家互利合作，维护周边产业链供应链稳定，引领区域经济合作创新升级，推进区域经济一体化。

（一）《区域全面经济伙伴关系协定》开局良好，显著带动区域贸易增长

2022年1月1日起，《区域全面经济伙伴关系协定》（简称RCEP）对文莱、柬埔寨、老挝、新加坡、泰国、越南、中国、日本、新西兰和澳大利亚等10国正式生效，并分别于2月1日、3月18日和5月1日在韩国、马来西亚、缅甸正式生效，成为全球经贸规模最大、覆盖人口最广、最具发展潜力区域的自由贸易协定。RCEP实施以来，通过关税减让、原产地累积规则等方式持续释放政策红利，加速区域产供链融合，推动区域一体化深入发展。2022年上半年统计数据显示，区域整体对外贸易快速增长，大多数成员对区内贸易增速超过两位数、吸引外资增幅显著。从1—9月数据看，中国、日本、韩国、澳大利亚、泰国、新西兰等成员的贸易均呈现积极增长态势。[①] 同时中国与RCEP成员国贸易呈现持续快速增长态势。据中国海关总署数据显示，2022年1—10月，中国对RCEP其他成员国进出口总额达10.61万亿元人民

① 《“RCEP是迷雾中的一束光”——专家学者热议〈区域全面经济伙伴关系协定〉实施进展》，《光明日报》2022年11月11日第12版。

币，同比增长8.4%，占进出口总值的30.6%，[①] 凸显RCEP对进出口贸易的拉动效应。

（二）中国–东盟经贸合作势头强劲，有力引领区域经济一体化

2022年是中国与东盟建立全面战略伙伴关系的开局之年，双方经贸往来不断深入，产供链合作日益深化，两大市场联动效应持续增强，双边贸易展现韧性和增长势头，成为拉动地区疫后复苏的主要引擎。据中国海关总署数据显示，2022年1—10月，中国对东盟进出口总额达5.26万亿元人民币，同比增长15.8%，占中国外贸总额的比重提高至15.2%。[②] 中国连续13年保持东盟最大贸易伙伴地位，东盟作为中国最大贸易伙伴的地位得到进一步巩固。在第25次中国–东盟（10+1）领导人会议上，李克强总理与东盟国家领导人共同宣布启动中国–东盟自贸区3.0版谈判。双方将围绕共同感兴趣的领域展开谈判，包括数字经济、绿色经济、供应链互联互通、竞争、消费者保护和中小微企业等，使中国–东盟自贸区更好地服务企业、面向未来、应对全球性挑战。[③]

① 《（2）2022年10月进出口商品国别（地区）总值表（人民币）》，中华人民共和国海关总署网站，2022年11月28日，http://www.customs.gov.cn/customs/302249/zfxxgk/2799825/302274/302277/302276/4686742/index.html。

② 《（6）2022年10月进出口商品主要国别（地区）总值表（人民币值）》，中华人民共和国海关总署网站，2022年11月7日，http://www.customs.gov.cn/customs/302249/zfxxgk/2799825/302274/302275/4668436/index.html。

③ 《商务部召开例行新闻发布会（2022年11月17日）》，中华人民共和国商务部网站，2022年11月17日，http://www.mofcom.gov.cn/xwfbh/20221117.shtml。

中国与东盟经贸合作的持续升级，将为推进区域经济一体化注入更加强劲的动力，描绘更加光明的前景。

（三）澜湄合作走实走深，助力区域经济整合

2022年，澜湄合作机制迎来第六个年头，也是《澜湄合作五年行动计划（2018—2022）》的收官之年。一年来，澜湄六国认真落实第三次领导人会议共识，携手抗击新冠疫情，共建“免疫护盾”；加快推进互联互通，共造“发展引擎”；积极开展地方合作，共筑“友谊桥梁”；着力拓展民生合作，共创“幸福家园”，为促进区域稳定繁荣做出了重要贡献。[①] 澜湄合作“天天有进展、月月有成果、年年上台阶”，“澜湄速度”在区域合作中被传为佳话，[②] 成为各方公认的成果最多、活力最足、潜力最大的次区域合作“金色样板”。据中国海关总署数据显示，2022年1—10月，中国与湄公河国家贸易额达3842.3亿美元，同比增长19%，[③] 充分展现澜湄合作的强大生机活力。2022年7月，澜沧江—湄公河合作第七次外长会在缅甸成功举行，六国外长达成一系列新的合作共识，审议通过《澜湄合作五年行动计划（2023—2027）》，同意打造高质量共建“一带一路”示范区、全球发展倡议先行区、全球安全倡议实验区，欢迎中方提出的六大惠湄举措，推动澜湄

① 《澜沧江—湄公河合作第七次外长会在缅甸举行》，中华人民共和国外交部网站，2022年7月4日，https://www.mfa.gov.cn/web/wjbz_673089/xghd_673097/202207/t20220704_10715100.shtml。

② 刘卿：《勠力同心绽芳华，携手同行向未来》，新华网，2022年7月8日，http://www.news.cn/world/2022-07/08/c_1211665121.htm。

③ 《（2）2022年10月进出口商品国别（地区）总值表（美元值）》，中华人民共和国海关总署网站，2022年11月18日，http://www.customs.gov.cn/customs/302249/zfxxgk/2799825/302274/302277/302276/4686672/index.html。

合作不断迈上新台阶，为区域经济整合累积更为强大的正能量。

四、维护公平正义，促进地区长治久安

2022年，周边地区形势保持总体稳定，和平发展、合作共赢是地区国家普遍共识与诉求。同时，冷战思维、霸权主义、单边主义、保护主义上升，一些域外势力加快构筑“小圈子”“小集团”，企图建立“亚太版北约”，制造地区分裂对抗，挑拨地区国家间关系，地区和平与发展面临严峻挑战。对此，中国坚持站在历史正确的一边，秉持公道正义，为解决地区热点问题、促进地区和平稳定做出积极贡献。

一是重申坚持共同、综合、合作、可持续的安全观。中方提出全球安全倡议，指出应尊重各国主权、领土完整，不干涉别国内政，尊重各国人民自主选择的发展道路和社会制度，重视各国合理安全关切，要通过对话协商以和平方式解决国家间的分歧和争端。在中方的不懈努力下，共同践行真正的多边主义、坚决反对强权霸凌行径、抵制冷战思维回潮成为本地区的普遍共识。

二是频繁开展高层交往，加强周边战略沟通协作，为亚太地区和平稳定注入信心、贡献方案。中国坚持并行推进朝鲜半岛和平机制和半岛无核化进程，均衡解决各方合理关切；与日本就稳定和发展双边关系达成五点共识；与印度一致认为恢复边境地区和平安宁符合两国共同利益，要在脱离接触基础上实现常态化管控，采取有效措施防止误解误判；与菲律宾新政府就坚持睦邻友好、妥处涉海分歧达成共识。中国还持续深化与上海合作组织成员国的战略沟通，为亚欧大陆和平发展注入正能量；与东盟各国发表《纪念〈南海各方行为宣言〉签署20周年联合声明》，重申争取早日达成有效、富有实质内容、符合包括《联合国海洋法公

约》在内的国际法的“南海行为准则”。

三是有效维护国家主权、安全和发展利益。2022年8月，美国时任众议长佩洛西窜访中国台湾地区，发起政治挑衅，制造台海紧张。中国对此采取坚决有力反制措施，并第一时间向周边国家讲清事实、阐明立场，中方正义合理主张得到广泛理解和支持。绝大多数周边国家明确表示坚持一中政策，希望维护和平稳定的国际地区环境。

四是创新探索中国特色热点问题解决之道。在朝鲜半岛核问题上，中国坚持“分阶段、同步走”和“双轨并进”思路，推进半岛无核化，构建半岛和平机制，与各方一道共同维护半岛和平稳定。中国以中韩建交30周年为契机，充分发挥元首外交的引领作用，加强与韩国各层级对话沟通，支持南北改善关系，共同推动半岛问题政治解决进程，并为此发挥建设性作用。阿富汗问题上，中国发挥邻国优势，主动开展国际协调斡旋，为阿局势平稳过渡发挥建设性作用。2022年3月31日，国务委员兼外长王毅在安徽屯溪主持召开第三次阿富汗邻国外长会和“阿富汗邻国+阿富汗”首次外长对话会，商讨支持阿富汗和平重建的举措、设想和建议，形成《第三次阿富汗邻国外长会联合声明》《阿富汗邻国关于支持阿富汗经济重建及务实合作的屯溪倡议》，为阿和平重建和稳定发展发挥重要推动作用，得到了国际社会的高度关注和普遍欢迎。缅甸问题上，中国提出推进政治和解、重启民主转型进程、建设性落实东盟“五点共识”和三个期待，为化解缅甸危机持续扮演建设性角色。

五、结语

2022年，周边外交在世界变局中开拓前行，以高层交往为引领，不断加强战略沟通与深化务实合作，巩固升级了与周边友好国家的传统友谊，推动周边命运共同体建设迈上新台阶；中国通过坚决有力的斗争，挫败了一些域外国家粗暴干涉中国内政、挑拨中国与周边邻国关系、破坏地区和平稳定的图谋；中国通过继续融入地区经济一体化进程，与周边国家高质量共建“一带一路”，为地区经济社会民生发展做出积极贡献。但“新冷战”没有市场，选边站队不是答案，求和平、谋合作、促发展仍是亚太地区国家的共同心声，地区蓬勃向前发展的大势仍将得到延续。展望2023年，在习近平新时代中国特色社会主义思想和习近平外交思想指引下，中国将坚持亲诚惠容和与邻为善、以邻为伴的周边外交方针，深化同周边国家友好互信和利益融合，共同致力于建设美好的亚太家园。

（中国国际问题研究院亚太研究所副所长、副研究员　张腾军）

第二十一章

中国与发展中国家：真实亲诚　携手共进

加强与广大发展中国家的团结合作，是中国外交坚定不移的战略选择。2022年，全球动荡变革深入演化，对广大发展中国家的稳定与繁荣构成严峻挑战。阵阵逆风中，中国秉持真实亲诚理念和正确义利观，推动落实全球发展倡议和全球安全倡议，加强同发展中国家团结合作，维护发展中国家共同利益，与发展中国家携手共迎挑战。

一、真实亲诚，广结伙伴

2022年，中国继续加强同广大发展中国家和地区合作，多点发力，凝聚共识，倡导同发展中国家和各地区构建命运共同体，夯实与非洲、拉美、中东等各地区国家友好关系。

（一）加快构建新时代中非命运共同体

中国是世界上最大的发展中国家，而非洲是发展中国家最集中的大陆。发展同非洲国家的团结合作是中国对发展中国家外交的重要基石，也是中方长期而坚定的战略选择。

发展合作是中非近年来合作重点。2021年中非合作论坛第八届部长级会议后，中非双方一批基础设施建设项目落地，建成了包括肯尼亚机场快速路、喀麦隆克里比—罗拉贝高速公路、埃及“斋月十日城”轻轨等一批重大工程，有力助推了非洲工业化进程。截至2022年8月中旬，中方向非洲金融机构提供的100亿美元授信额度已落实超过30亿美元，向非洲重点项目贷款近25亿美元，向非洲提供的100亿美元贸易融资额度安排已超过20亿美元，7个月内自非洲进口商品总额达706亿美元，同非洲12国就98%输华产品零关税签署换文，中国企业对非投资新增21.7亿美元。此外，中国已准备好通过国际货币基金组织（IMF）的“减贫与增长信托”“韧性和可持续性信托”渠道向非洲转借100亿美元特别提款权，并推动IMF将中方资金定向用于非洲方向。①

中国鼎力协助非洲应对新冠疫情与粮食危机。截至2022年8月，中国已向非洲27国提供1.89亿剂新冠疫苗，在非洲本地化合作生产年产能达到约4亿剂。2022年以来，中国已向吉布提、埃塞俄比亚、索马里和厄立特里亚等国提供紧急粮食援助。7月，王毅国务委员兼外长在二十国集团（G20）外长会上提出国际粮食安全合作倡议，中国政府决定2022年内向17个有需要的非洲国家提供新一批粮食援助，同时鼓励更多企业投资非洲农业生产和加工，帮助非洲实现粮食自给自足。②

中国还致力于协助非洲维护地区和平稳定。2022年，中国提

① 《王毅：中方言出必行，积极推进对非合作》，中华人民共和国外交部网站，2022年8月18日，https://www.mfa.gov.cn/web/wjbzhd/202208/t20220818_10745561.shtml。

② 《加快构建新时代中非命运共同体——驻加纳大使卢坤在加媒体发表署名文章》，中华人民共和国外交部网站，2022年8月29日，https://www.fmprc.gov.cn/web/zwbd_673032/wjzs/202208/t20220829_10757187.shtml。

出“非洲之角和平发展构想”，任命外交部非洲之角事务特使，支持地区国家成功举办首届非洲之角和平会议，并成功举办第二届中非和平安全论坛、几内亚湾安全形势研讨会。

2022年8月，中非合作论坛第八届部长级会议成果落实协调人会议以视频方式成功举行，中非各方就加快构建新时代中非命运共同体，壮大发展中国家团结合作，不断擦亮中非合作论坛这一“金字招牌”达成重要共识。[①] 11月初，坦桑尼亚联合共和国总统萨米娅·苏卢胡·哈桑访华，中坦两国宣布将中坦关系提升为全面战略合作伙伴关系，彰显了中非传统友谊在当下的蓬勃生命力。

（二）中拉关系稳中有进

中国同拉美和加勒比国家虽相距遥远，但具有广泛共同利益，始终相互支持帮助。中拉合作是互利共赢的南南合作。2022年，中国和拉美继续保持深度互动，在各领域合作中取得切实成果。

高层互动为中拉关系提供战略引领。2022年2月，阿根廷总统费尔南德斯来华出席北京冬奥会开幕式并访华，中阿两国在建交50周年之际决定深化全面战略伙伴关系，推进各领域务实合作；11月，古共中央第一书记、古巴国家主席迪亚斯-卡内尔对中国进行国事访问，中古双方发表《中华人民共和国和古巴共和国关于深化新时代中古关系的联合声明》，并签署了党际交流、外交部间政治磋商机制、共建“一带一路”、务实合作等双边文

① 《王毅主持中非合作论坛第八届部长级会议成果落实协调人会议》，中华人民共和国外交部网站，2022年8月18日，https://www.mfa.gov.cn/web/wjbzhd/202208/t20220818_10745538.shtml。

件，为中拉关系增添了浓墨重彩的一笔。

“一带一路”倡议在拉美的朋友圈不断扩大。伴随尼加拉瓜和阿根廷的加入，截至2022年12月，已有21个拉美国家与中国签署“一带一路”合作谅解备忘录或合作文件。[①] 中拉经贸合作彰显韧性与活力，目前已全面恢复并超过疫前水平。中国海关总署数据显示，2021年中拉贸易额创新高，首次突破4500亿美元。2022年中拉贸易总额为4857.9亿美元，较2021年增长7.7%。

（三）中阿战略伙伴关系进入新阶段

阿拉伯世界是中国战略伙伴关系网络高度密集的地区。中阿建立了全面合作、共同发展、面向未来的战略伙伴关系，并在双边层面建立了12对战略性质的伙伴关系。2022年，面对复杂动荡的国际局势，中阿携手应对，打造面向新时代的中阿命运共同体。

2022年12月7日至10日，习近平主席赴沙特首都利雅得出席首届中国–阿拉伯国家峰会、中国–海湾阿拉伯国家合作委员会峰会并对沙特进行国事访问。此访是新中国成立以来中国与包括海合会国家在内的阿拉伯世界规模最大、规格最高的外交行动，开创了中阿关系发展史上多个“第一”，是具有划时代意义的里程碑。

在首届中国–阿拉伯国家峰会上，习近平主席发表题为《弘扬中阿友好精神　携手构建面向新时代的中阿命运共同体》的主旨讲话，指出中阿互利共赢，树立南南合作典范。未来3到5年，中方愿同阿方一道，在支持发展、粮食安全、卫生健康、绿色创

① 李嘉宝：《中拉经贸合作潜力不断释放》，《人民日报》海外版，2022年12月2日第9版。

新、能源安全、文明对话、青年成才、安全稳定等8个领域推进“八大共同行动”，争取早期收获。峰会发表《首届中阿峰会利雅得宣言》，宣布中阿双方一致同意全力构建面向新时代的中阿命运共同体。同一天，在出席首届中国–海湾阿拉伯国家合作委员会峰会时，习近平主席指出，中国愿与海合会国家做共促团结、共谋发展、共筑安全、共兴文明的伙伴，未来双方将在构建能源立体合作新格局、推动金融投资合作新进展、拓展创新科技合作新领域、实现航天太空合作新突破和打造语言文化合作新亮点领域做出努力。

中阿双方支持彼此维护核心利益。中国坚定支持阿拉伯国家自主探索发展道路，尽快实现稳定和发展；在台湾、新疆、香港、人权等涉及中国核心利益和重大关切的问题上，阿拉伯国家始终给予中方坚定有力的支持。2022年8月，美国国会众议长佩洛西窜访台湾后，全部22个阿拉伯国家重申一个中国原则，其中18国政府公开发声支持中方立场。阿盟秘书处发表声明，表示支持中国主权及领土完整，坚定奉行一个中国原则。10月，美国牵头在联合国人权理事会第51届会议期间推动涉疆决定草案，妄图以此干涉中国内政。阿拉伯国家站在正义一边，给予中方坚定支持。

近年来，中阿经贸和投资合作再上台阶，实现倍数级增长。2021年，中阿双向直接投资存量达到270亿美元，比10年前增长2.6倍；中阿贸易额达到3303亿美元，比10年前增长1.5倍；2022年前三季度，中阿贸易额达3192.95亿美元，同比增长

35.28%，接近2021年全年水平。[①] 中国同海湾阿拉伯国家合作委员会自贸协定谈判继续推进，双方着力提升贸易自由化便利化水平。

中阿还致力于文明对话，扩大交流互鉴。截至2022年10月，已有4个阿拉伯国家宣布将中文纳入国民教育体系，15个阿拉伯国家在当地高校开设中文院系，13个阿拉伯国家建有20所孔子学院、2个独立孔子课堂。2022年，中国以决议共提国身份支持联合国大会通过决议，将每年3月15日定为“打击‘伊斯兰恐惧症’国际日”，充分体现了中国坚持文明对话、反对文明冲突的一贯立场。[②]

二、分享机遇，引领复苏

2022年，受新冠疫情和乌克兰危机双重冲击，全球经济复苏疲软，经济全球化继续遭遇逆风，世界经济面临衰退风险。发展中国家身处其中，经济发展、社会民生面临尤为严峻的挑战。中国始终心系发展中国家，主动营造发展机遇，积极协助发展中国家经济复苏。

（一）“一带一路”为发展中国家发展增添新动能

2022年，“一带一路”倡议继续助力发展中国家的基础设施建设与工业化进程，成就令人瞩目。中老铁路自开通后客货运输增长迅速，截至9月1日，中老铁路累计发送旅客671万人次，货物

① 《新时代的中阿合作报告》，中华人民共和国外交部网站，2022年12月1日，https://www.fmprc.gov.cn/zyxw/202212/t20221201_10983991.shtml。

② 同上。

运量达717万吨，呈现客货运输两旺态势。[①] 2月，印尼雅万高铁最长隧道——6号隧道实现全隧贯通；3月，匈塞铁路塞尔维亚境内贝诺段顺利通车。此外，吉布提港铁路场站正式投产，瓜达尔港具备了全作业能力，成为区域物流枢纽和临港产业基地。中欧班列保持安全高效畅通运行。截至2022年8月底，中欧班列已铺画了82条运行线路，通达欧洲24个国家200个城市，形成新时代亚欧陆路运输的骨干通道。截至2023年1月，累计已有151个国家签署了共建"一带一路"的合作文件。从水坝、桥梁到港口、铁路，共建"一带一路"倡议的落地带来了沿线国家基础设施的升级，释放出全新的发展机遇。[②]

众多惠民生项目有效提升发展中国家民生水平。一是中企在发展中国家援建饮用水井、小学、健康中心、体育设施和其他项目，提高其社会可持续发展能力，菌草、杂交水稻等援外项目有效增进了共建国家民众获得感、幸福感。二是教育文化交流与合作进一步深化。2022年以来，中国与巴基斯坦签署高等教育学历学位互认协议，与阿根廷教育部续签教育领域交流协议，品牌项目鲁班工坊已在19个国家和地区落地生根，有力增进了彼此交流、理解和认同。

（二）开放国内市场，共享发展机遇

党的二十大报告提出，中国坚持对外开放的基本国策，坚定奉行互利共赢的开放战略，不断以中国新发展为世界提供新机遇，推动建设开放型世界经济，更好惠及各国人民。

① 《焦点访谈：十年·答卷　一带一路　大道同行》，央视网，2022年10月14日，https://news.cctv.cn/2022/10/14/ARTIMmha292Di2SnjR4E0WS6221014.shtml。

② 同上。

中国坚持对外开放，向发展中国家敞开市场。2012—2022年十年间，中国主动降低商品关税，关税总水平降至7.4%，低于9.8%的入世承诺，同时还给予16个最不发达国家98%的税目产品零关税待遇。[①] 至2022年，中国对外签署的自贸协定由10个增加到19个，其中多数是与发展中国家签订的。2022年1月1日生效实施的《区域全面经济伙伴关系协定》创建了全球最大的自贸区，为域内发展中国家提供了更便捷的贸易通道、更广阔的市场机遇，加速了相关产业向发展中国家转移。

2022年11月，第五届中国国际进口博览会在上海举行。习近平主席在讲话中指出，“进博会已经成为中国构建新发展格局的窗口、推动高水平开放的平台、全球共享的国际公共产品”。[②] 为了让更多国家分享中国发展红利，推动其融入全球价值链，解锁其贸易发展中的制约与瓶颈，进博会广邀最不发达国家参展，并且向每一个最不发达国家免费提供两个标准展位，此外还提供一系列优惠减免和专项活动，更加精准匹配最不发达国家的需求。2022年，近30个最不发达国家企业签约使用免费展位，展位数比上届进博会增加了近一倍。[③]

① 《外交部：中方推进高水平对外开放的决心不会改变》，央视新闻，2022年10月20日，https://tv.cctv.com/2022/10/20/VIDEqjcmwelDRRl50Hg5tnuB221020.shtml。

② 《习近平在第五届中国国际进口博览会开幕式上发表致辞》，新华网，2022年11月4日，http://www.news.cn/world/2022-11/04/c_1129102455.htm。

③ 《第五届中国国际进口博览会 |“特殊展位”传递迎天下客的开放理念》，央视网，2022年11月10日，https://news.cctv.com/2022/11/10/ARTIN1tU1KTp95ellBYTywFs221110.shtml。

三、贡献全球治理的中国方案

（一）落实全球发展倡议

新冠疫情吞噬各国发展成果，全球发展事业遭受严重冲击。为因应各国特别是发展中国家面临的紧迫挑战，习近平主席在2021年的联合国大会首次提出全球发展倡议，推动发展问题回归国际核心议程，得到世界各国特别是广大发展中国家的普遍响应和支持。

2022年6月24日，习近平主席以视频方式主持全球发展高层对话会并发表重要讲话，提出要共同凝聚促进发展的国际共识、共同营造有利于发展的国际环境、共同培育全球发展新动能、共同构建全球发展伙伴关系四点主张，宣布了中方同各方一道推动落实全球发展倡议的32项务实合作措施。为推进全球发展事业和国际发展合作指明方向。

在中国同各方的一道努力下，全球发展倡议取得了多项早期成果。一是广泛凝聚了推进倡议合作、加快落实2030年议程的国际共识。目前已有100多个国家和多个国际组织支持倡议，60多个国家加入“全球发展倡议之友小组”，全球发展倡议写入中国同东盟、中亚、非洲、拉美、太平洋岛国等的合作文件。二是建立了两大资金平台。目前，“全球发展和南南合作基金”已落地，中国–联合国粮农组织第三期南南合作信托基金也正式启动。三是有序推进各领域合作机制建设。中方成立“全球发展促进中心”，为推动落实全球发展倡议提供行动平台；发起并创建世界职业技术教育发展联盟、中国–太平洋岛国应对气候变化合作中心、国际减贫合作网络等合作平台，同各方携手在农业、教育、抗疫、应对气候变化等领域打造合作网络。2022年9月，中方成功举办“全球发展倡议之友小组”部长级会议，提出七大方面新的举措，发布全球发展倡议项目库首批项目清单，包括50个减贫、粮食安全、工业化等领域的务实合作项目及1000期能力建设项目。四是加强发展知识分享。2022年6月，中国发布首期《全球发展报告》，为全球发展事业提供智力支持，并加快建设全球发展知识网络，同世界各国积极开展治国理政和发展经验交流，促进互学互鉴。[①]

（二）推进应对气候变化南南合作

近年来，中国生态文明建设取得突出成就，为推动全球气候治理做出重要贡献。在自身坚持走绿色发展道路的同时，中国还建设性参与气候变化多边进程，持续推进应对气候变化南南合作，尽己所能帮助发展中国家提高应对气候变化能力。

2022年11月，《联合国气候变化框架公约》第二十七次缔约方大会（简称COP27）在埃及举行，中国气候变化事务特使解振华表示，发达国家有责任和义务为应对气候变化提供更多资金。尤其是在损失与损害资金安排问题上，中国明确表态，支持发展中国家和脆弱国家提出的“损失与损害”诉求。在设立损失与损害基金问题上，中国主张发达国家负有出资的责任和义务，基金应该首先给在气候变化面前最脆弱、最有需要的发展中国家，[②]希望大会能够解决发展中国家在减排、资金、适应气候变化和能

① 《2022年10月19日外交部发言人汪文斌主持例行记者会》，中华人民共和国外交部网站，2022年10月19日，http://new.fmprc.gov.cn/web/fyrbt_673021/jzhsl_673025/202210/t20221019_10785945.shtml。

② 《解振华：发达国家有责任和义务为应对气变提供更多资金》，新华社，2022年11月20日，http://www.news.cn/world/2022-11/20/c_1129143751.htm。

力建设等方面的需求，并在解决发展中国家因气候变化而蒙受的损失方面取得进展。[①] 在中国及其他各方的集体呼吁下，大会决定建立损失与损害基金，并启动建立全球适应目标框架。

作为发展中国家和负责任大国，中国一直是气候变化南南合作的积极倡导者和务实实践者。截至2022年11月，中国已与38个发展中国家签署45份气候变化合作文件，实施3个低碳示范区建设项目，开展42个减缓和适应气候变化项目，累计在华举办45期应对气候变化南南合作线下培训班和7期线上培训班，为120多个发展中国家培训约2000名气候变化领域的官员和技术人员。[②] 中国开展气候变化南南合作的成果“看得见、摸得着、有实效”，受到广大发展中国家的欢迎和高度评价。

（三）引领多边合作，提升发展中国家话语权和影响力

2022年，面对世界范围内冷战思维和集团政治的回潮，以及乌克兰危机等地缘政治事件的干扰，中国高举多边主义大旗，与新兴经济体和发展中国家在金砖机制、上合组织、二十国集团等多边框架内开展务实合作，推动这些机制焕发旺盛生命力。

金砖国家机制是新兴经济体和发展中国家参与全球治理的重要平台。2022年6月23日，习近平主席在北京以视频方式主持金砖国家领导人第十四次会晤，并发表题为《构建高质量伙伴关

① 《境外媒体：中国呼吁尽力满足发展中国家气候诉求》，参考消息网，2022年11月8日，http://www.cankaoxiaoxi.com/china/20221108/2494806.shtml。

② 《COP27中国角举行应对气候变化南南合作高级别论坛》，新华网，2022年11月15日，http://www.news.cn/world/2022-11/15/c_1129128717.htm。

系 开启金砖合作新征程》的重要讲话，呼吁成员国坚持和衷共济，维护世界和平与安宁；坚持合作发展，共同应对风险和挑战；坚持开拓创新，激发合作潜能和活力；坚持开放包容，凝聚集体智慧和力量，号召金砖成员国在历史发展的关键当口做出正确选择，采取负责任行动。

对于多边机制而言，扩员意味着其国际地位、影响力和话语权的不断提升，具备更大的能力参与全球和区域治理。作为2022年的金砖主席国，中方积极支持金砖国家启动扩员进程，并推动“金砖+”合作不断迈上新台阶。习近平主席在会上指出，金砖国家不是封闭的俱乐部，也不是排外的“小圈子”，而是守望相助的大家庭、合作共赢的好伙伴。在中国的主持下，五国领导人就金砖扩员问题达成重要共识。目前，多个新兴市场国家和发展中国家对加入金砖表达积极意愿，有的已正式申请加入金砖国家。金砖扩员前景展现了金砖国家开放包容的形象，也回应了广大新兴经济体和发展中国家的期待，有利于提升金砖国家的代表性和影响力，为世界和平与发展做出更大贡献。

中方坚定支持上合组织扩员。在这一精神指导下，上合组织成员国元首理事会第二十二次会议签署了关于伊朗加入上海合作组织义务的备忘录，启动接收白俄罗斯为成员国的程序，批准埃及、沙特、卡塔尔对话伙伴地位的备忘录，同意接收巴林、马尔代夫、阿联酋、科威特、缅甸为新的对话伙伴，有效壮大了上合组织力量。

中国致力于提升发展中国家在国际多边体制中的话语权。在出席二十国集团巴厘岛峰会时，习近平主席指出，要建设全球经济复苏伙伴关系，坚持发展优先、以人民为中心，始终想着发展中国家的难处，照顾发展中国家关切。鉴此，中方率先支持非洲联盟加入二十国集团，[①] 积极帮助非洲国家在国际多边舞台获得更大的话语权和影响力。

四、结语

长期以来，发展中国家一直是中国对外关系的重要方向，新形势下，发展中国家更是中国推动构建人类命运共同体、构建新型国际关系的关键伙伴。党的二十大报告明确指出要“维护发展中国家共同利益”。可以预见的是，发展中国家在中国外交中的基础性地位将进一步强化。站在新的历史起点上，中国将继续坚定同广大发展中国家站在一起，风雨同舟、休戚与共，共建人类命运共同体，共同为世界和平稳定和发展繁荣做出更大贡献。

（中国国际问题研究院发展中国家研究所副研究员　宁胜男）

① 《习近平会见塞内加尔总统萨勒》，2022年11月15日，中华人民共和国外交部网站，https://www.fmprc.gov.cn/web/zyxw/202211/t20221115_10975701.shtml。

第二十二章

多边外交：聚焦发展　维护和平

世界正在经历百年未有之大变局，进入新的动荡变革期。2022年，中国践行真正的多边主义，弘扬全人类共同价值，推动构建全球发展共同体和人类安全共同体。

一、践行真正的多边主义

中国践行真正的多边主义，维护以联合国为核心的国际体系，认真履行安理会常任理事国职责，推动国际人权交流合作，与各国携手应对全球治理挑战。

（一）维护联合国权威与地位

多边主义是现有国际秩序的基石，联合国是多边主义的重要实践平台。中国坚定维护联合国权威和地位，主要表现如下。

一是中国领导人多次会晤联合国秘书长，展现对联合国支持。2022年2月、11月，习近平主席两次会见联合国秘书长古特雷斯。在2月会晤时他指出，人类生活在同一个地球村，共同坐上新时代的“诺亚方舟”，人类才会有更加美好的明天。在11月会晤时他指出，大国应该以身作则。要实现世界和平，《联合国宪章》宗旨和原则必须遵守。中方愿同联合国加强合作，共同推进全球发展倡议（以下简称“发展倡议”）、全球安全倡议（以下简称“安全倡议”）取得实实在在的成果，坚定支持联合国的工作。古特雷斯在2月会见习近平主席时表示，同中国的伙伴关系是联合国和多边主义的重要支柱，期待同中国加强合作。

二是支持维护联合国在国际体系中的核心地位。在金砖国家领导人第十四次会晤（以下简称“金砖峰会”）上，中国呼吁加强在联合国等多边框架内协调，维护联合国权威和《联合国宪章》宗旨原则。6月全球发展高层对话会上，中国支持联合国在全球发展合作中发挥统筹协调作用。9月上海合作组织成员国元首理事会第二十二次会议（以下简称“上合峰会”）上，中国强调要维护以联合国为核心的国际体系和以国际法为基础的国际秩序，反对各类“小圈子”。11月第25次中国–东盟领导人会议（以下简称“10+1领导人会”）上，中方表示愿与各方一道维护以联合国为核心的国际体系，践行多边主义。

三是巩固国际社会坚持一个中国原则的格局。在联合国等多边平台，中国坚决反击反华势力利用台湾、涉疆、香港、涉藏等问题对中国进行攻击抹黑。中国常驻联合国代表团通过声明、媒体谈话等多种方式就台湾问题、美国众议长佩洛西窜台等表明立场，强调联合国系统、各专门机构和联合国秘书处任何涉及台湾的事务均应遵循一个中国原则和联大第2758号决议。

（二）积极发挥安理会常任理事国作用

中国认真履行安理会常任理事国责任，大力倡导对话合作，增进理解互信，维护公平正义。

一是凝聚共同安全国际共识。根据中方倡议，安理会8月22日举行主题为“加强对话合作，维护共同安全”公开会。安理会成员达成了包括实现共同安全必须遵守以《联合国宪章》宗旨和原则为基础的国际关系基本准则等共识，为联合国秘书长起草“新和平纲领”提供参考。

二是关注非洲和平能力建设。根据中方倡议，安理会8月8日举行主题为“非洲和平与安全：加强能力建设，实现持久和平”的公开辩论会，通过中方起草的主席声明。该声明成为安理会首份关于非洲能力建设的成果文件，得到了各会员国高度赞赏。

三是推动政治解决热点问题争端。乌克兰危机爆发后，中方认真履行安理会常任理事国责任，敦促各方保持克制，开展对话协商，在平等和相互尊重的基础上寻求解决彼此关切的合理方案。与此同时，中方努力调动积极因素，为也门、利比亚、阿富汗等热点问题政治解决创造有利条件。

（三）推动国际人权交流与合作

推进国际人权事业，离不开践行真正的多边主义。中方支持联合国为促进国际人权事业做出积极努力，推动全球人权治理朝着更加公平公正合理包容的方向发展。

一是在多边场合阐述中国的人权观。2022年2月，中国在联合国人权理事会第49届会议高级别会议上指出，人权是历史的、具体的、现实的，人民过上幸福生活是最大的人权。3月、9月中国在人权理事会第49届、51届会议分别代表40余国、30余国作共同发言，呼吁人权高专办尊重各国根据本国国情自主选择的人权发展道路，反对将人权作为政治工具的做法。

二是加强与联合国人权高专合作。5月23日至28日，中国邀请联合国人权高专巴切莱特访华，加强双方人权交流。5月25日，习近平主席以视频方式会见巴切莱特时指出，要坚持以人民为中心，尊重各国人权发展道路，统筹兼顾各类人权，加强全球人权治理，共同推进国际人权事业。

三是坚决反对人权政治化工具化。8月，亚非发展中国家驻日内瓦使节参访广东和新疆，使节们表示人权问题不应被政治化，中国的正当维权举措理应得到国际社会坚定支持。10月人权理事会第51届会议上，中国成功挫败美国等西方国家提交的涉疆决定草案，体现了国际社会反对将人权问题政治化的严正立场。

（四）共同应对全球治理挑战

为推动国际社会有效应对全球挑战，中国努力凝聚全球治理改革共识，推动全球治理改革进度，提升全球治理效能。

一是凝聚全球治理改革共识，推动全球治理改革。中国在2022年1月世界经济论坛视频会议（以下简称“达沃斯论坛”）等场合提倡以公平正义为理念引领全球治理体系改革，践行共商共建共享的全球治理观。金砖峰会、上合峰会、二十国集团领导人第十七次峰会（以下简称“G20峰会”）等多边机制上，中方支持推进金砖国家、上海合作组织扩员进程，支持非洲联盟加入G20。

二是积极参与全球治理，提升全球治理绩效。第一，为共同构建人与自然生命共同体做出中国贡献。中方积极参加5月干旱与土地可持续治理领导人峰会、9月联合国气候变化高级别会议、11月《联合国气候变化框架公约》第二十七次缔约方大会，强调发达国家应提前实现碳中和，为发展中国家腾挪发展空间，在可持续发展框架下推进能源高质量公正转型。11月，中国承办《湿地公约》第十四届缔约方大会，通过《武汉宣言》，推进了湿地保护全球进程。亚太经合组织第二十九次领导人非正式会议（以下简称“APEC峰会”）上，中国推动制定生物循环绿色经济曼谷目标（以下简称“曼谷目标”），并宣布为落实曼谷目标提供支持。

第二，为推进全球粮食安全治理提供中国智慧。中方提出发展倡议，将粮食安全列为八大重点合作领域之一。中方在G20提出国际粮食安全合作倡议，推动达成首份《金砖国家粮食安全合作战略》，签署《中国–东盟粮食安全合作联合声明》，表示未来5年将向10+3大米紧急储备机制捐资，助力维护全球粮食安全。

二、推动构建全球发展共同体

全球发展面临政治化、边缘化风险，中国多边外交聚焦发展主题，坚持开放发展，坚持建设开放型世界经济，积极落实发展倡议，推动全球化健康发展。

（一）坚持开放发展，分享中国机遇

中国奉行互利共赢的开放战略，以中国新发展为世界提供新机遇。2022年1月，中国同中亚五国建交30周年视频峰会上，中方倡议建立中国–中亚五国电子商务合作对话机制，力争到2030年将贸易额提升至700亿美元。中方相继举办2022年中国国际服务贸易交易会、第十九届中国–东盟博览会和中国–东盟商务与投资峰会、第五届中国国际进口博览会（以下简称“进博会”），体现了中国更加主动、更大范围、更宽领域、更深层次对外开放的坚定信心和与世界分享中国市场机遇的强烈意愿。

（二）构建开放型世界经济

一是加强宏观经济政策国际协调，反对形形色色的保护主义。在达沃斯论坛等多边论坛，中国倡导主要经济体树立共同体意识，加强政策协调防止世界经济再次探底。金砖工商论坛、G20峰会上，中国强调坚决反对把世界经济政治化、工具化、

武器化，主张构建大宗商品合作伙伴关系，推动世界经济走出危机。

二是推动全球化健康发展。在博鳌亚洲论坛2022年年会（以下简称“博鳌论坛”）等场合，中国指出各国要坚持拆墙而不筑墙、开放而不隔绝、融合而不脱钩，使经济全球化朝着更加开放、包容、普惠、平衡、共赢的方向发展。中国以实际行动维护产业链供应链的公共产品属性，深化产业链供应链国际合作。在金砖峰会、G20峰会等机制，中国发起“金砖国家加强供应链合作倡议”“贸易投资与可持续发展倡议”，签署《金砖国家政府间关于海关事务的合作与行政互助协定》，举办产业链供应链韧性与稳定国际论坛、10+3产业链供应链合作论坛，发起“构建稳定和富有韧性的产业链供应链国际合作倡议”，呼吁建设“全球经济复苏伙伴关系”，推动更加包容、更有韧性的全球发展。

三是建设开放型亚太区域经济。第一，坚持10+3的东亚合作主渠道地位。在东盟与中日韩（10+3）外长会、第25次东盟与中日韩领导人（以下简称“10+3领导人”）会议、10+1领导人会等东亚合作领导人系列会议上，中方宣布设立RCEP经济技术合作专项捐款、中国东盟共同发展专项贷款，支持成立RCEP秘书机构，中国东盟发表《关于加强中国–东盟共同的可持续发展联合声明》，启动中国–东盟自贸区3.0版谈判，持续推进区域经济一体化。第二，维护APEC在亚太区域合作中的主渠道地位。联合国亚太经社会第78届年会上，中方强调亚太概念不应被稀释，亚太合作不应受干扰。

（三）推动“一带一路”国际合作高质量发展

一是推动贸易畅通。在进博会上，中方宣布创建“丝路电商”合作先行区。9月、11月，中国相继举办第七届中国–亚欧博览会和第六届中国–南亚博览会。二是加强政策沟通。11月，中国分别同印尼、泰国签署《中印尼共建"一带一路"合作规划》《中泰共同推进"一带一路"建设的合作规划》。三是加快设施联通。第三次"中国+中亚五国"外长会上通过《关于深化"中国+中亚五国"互联互通合作的倡议》，建立中国与中亚国家发展互联互通协调理事会。上合峰会通过《上合组织成员国发展互联互通和建立高效交通走廊构想》。四是加快资金融通。上合峰会通过《上合组织成员国扩大本币结算份额路线图》，加强本币跨境支付结算体系建设。五是增强一带一路合作动能。亚太经合组织第二十九次领导人非正式会议上，中国宣布将在2023年考虑举办第三届"一带一路"国际合作高峰论坛。

（四）推动全球科技创新合作

一是打造开放、公平、公正、非歧视的科技发展环境。金砖峰会上，中国强调，企图通过搞科技垄断、封锁、壁垒，干扰别国创新发展，维护自身霸权地位，注定行不通。全球发展高层对话会等多边场合，中国主张要打破创新要素流动壁垒，深化创新交流合作，共享创新成果。

二是加强与周边地区科创合作。第一，深化上合组织及中国与中亚国家科技合作。"中国+中亚五国"外长会达成《"中国+中亚五国"数据安全合作倡议》，深化高技术领域合作。上合峰会上，中方宣布于2023年建立中国–上海合作组织大数据合作中心，同各方开展航天领域合作。第二，中国东南亚科技合作提速。7月，澜沧江–湄公河合作第七次外长会（以下简称"澜湄合作外长会"）上，中方宣布实施"澜湄数字经济合作计划""澜湄太空合作计划""澜湄英才计划"。9月，举办第10届中国–东盟技术转移与创新合作大会，宣布建立中国–东盟清洁能源合作中心，落实《中国–东盟建设面向未来更加紧密的科技创新伙伴关系行动计划（2021—2025）》。10+1领导人会上，中国东盟达成《中国东盟技术合作协议》，中方宣布实施“中国东盟数字人才培养计划”。

三是推动全球科创合作。在金砖峰会，中方推动建立“金砖国家技术转移中心网络”“金砖国家航天合作机制”“金砖国家职业教育联盟”，达成“金砖国家数字经济伙伴关系框架”，举办“可持续发展大数据论坛”，发出“金砖制造业数字化转型合作倡议”，为全球科技创新合作注入金砖能量。G20峰会上，中方提出《二十国集团数字创新合作行动计划》，期待在“数字丝绸之路”倡议和发展倡议下与各国加强合作。

四是推动完善全球科技治理。中国批准《马拉喀什条约》、加入《海牙协定》，体现了中国深度参与全球知识产权治理。中国推动成立世界互联网大会国际组织，发布《携手构建网络空间命运共同体》白皮书，为全球互联网发展治理贡献智慧和力量。中国发布《2021中国的航天》白皮书，举办联合国/中国空间探索与创新全球伙伴关系研讨会，通过《海南倡议》，推动构建外空领域人类命运共同体。

（五）落实全球发展倡议

全球发展进程正在遭受单边主义、霸权主义严重冲击。中国积极落实发展倡议，重整全球发展事业。

一是在多边场合积极宣介全球发展倡议。发展是每个国家的平等权利，现代化不是哪个国家的特权。达沃斯论坛上，中国强调全球发展倡议是向全世界开放的公共产品，愿同各方共同推进发展倡议落地。金砖工商峰会上，中国指出发展是破解各种难题的关键，要推动构建团结、平等、均衡、普惠的全球发展伙伴关系。G20峰会上，中国强调发展倡议着眼全球共同发展的长远目标和现实需要。发展倡议为破解全球发展难题提供了中国方案，截至2022年9月，100多个国家和包括联合国在内的多个国际组织表达了积极支持态度，60多个国家加入了“全球发展倡议之友小组”（以下简称“之友小组”）。

二是加强发展倡议与联合国对接。2022年1月，“之友小组”在联合国正式成立。5月，中国在联合国召开“之友小组”高级别视频会议，促进联合国发展议程同各国别、地区、国家集团和多边合作机制的发展战略沟通对接。9月，“之友小组”部长级会议在纽约举行，就深化倡议各领域合作、推进“之友小组”机制化安排、加强同联合国发展系统合作对接等问题进行深入交流，谋划了倡议推进的下步路径，达成广泛共识。各方发表“之友小组”部长级会议新闻声明，明确了发展倡议的推进路径和原则。

三是召开全球发展高层对话会。6月，中国召开了全球发展高层对话会，包括金砖五国领导人在内的17国领导人共同参与，对话会具有广泛代表性和国际影响力。会上宣布了中方落实发展倡议的重要举措，包括创设“全球发展和南南合作基金”、加大对中国–联合国和平与发展基金的投入、成立全球发展促进中心、发布《全球发展报告》、建立全球发展知识网络等，为动员全球发展资源、加快落实2030年可持续发展议程做出中国贡献。

四是依托区域合作，打造发展倡议先行区。中国中亚峰会上，中国宣布未来3年向中亚国家提供5亿美元无偿援助。4月中国和加勒比建交国视频外长会上，中方决定设立中国–加勒比防灾减灾资金，向加勒比国家提供更多政府奖学金名额。5月第二次中国–太平洋岛国外长会上，中方宣布打造减贫、气变、防灾、农业、菌草中心等六个中国–太平洋岛国合作新平台。7月澜湄合作外长会上，中方宣布实施“澜湄农业合作百千万行动计划”“澜湄兴水惠民计划”。上合峰会上，中方宣布向有需要的发展中国家提供价值15亿元人民币的紧急人道主义援助。

三、推动构建人类安全共同体

当前，冷战思维和强权政治阴霾不散，传统领域和非传统领域安全威胁层出不穷，交织激荡。中国推动国际社会践行全球安全倡议，共同完善全球安全治理体系。

（一）提出全球安全倡议，贡献中国智慧

面对“世界需要什么样的安全理念、各国怎样实现共同安全”的时代课题，习近平主席在博鳌亚洲论坛2022年年会开幕式的主旨演讲中提出全球安全倡议。安全倡议以“六个坚持”为核心要义，即坚持共同、综合、合作、可持续的安全观；坚持尊重各国主权、领土完整；坚持遵守《联合国宪章》宗旨和原则；坚持重视各国合理安全关切；坚持通过对话协商以和平方式解决国家间的分歧和争端；坚持统筹维护传统领域和非传统领域安全。全球安全倡议为弥补和平赤字、破解全球安全困境指明了方法路径，是中国在国际安全领域提出的重要公共产品。

（二）推动践行全球安全倡议，共同完善全球安全治理体系

一是中国积极参与全球核、生物、化学等传统安全与非传统安全治理，反对任何形式的扩散活动。2022年1月，中国发挥引领作用，推动中、俄、美、英、法五核国领导人共同发表《关于防止核战争与避免军备竞赛的联合声明》。在中方主张下，国际原子能机构理事会和大会多次将美英澳核潜艇合作问题列入正式

议程，维护《不扩散核武器条约》的完整性、有效性和权威性。中国积极参加联合国“负责任外空行为准则”开放式工作组，呼吁各国和平利用外空，防止外空军备竞赛。11月，中国参加《禁止化学武器公约》第27届缔约国大会，呼吁各方践行安全倡议，敦促美、日两国加快完成化武销毁进程。中方积极参与《禁止生物武器公约》第9次审议大会，敦促美国澄清其生物军事活动，呼吁各方践行安全倡议，强化公约机制，重启公约核查议定书多边谈判。

二是推动政治解决国际和地区热点问题。乌克兰危机爆发以来，中国坚持对话谈判方向，与国际社会共同推动局势缓和，切实缓解人道局势，全力遏制外溢影响。中法德视频峰会上，中方提出了应对乌克兰问题的“四个应该”。G20峰会场外多个双边会谈中，中国重申中方处理乌克兰问题的“四个应该”，阐明中方应对乌克兰局势最新演变的“四个共同”。1月，中国提出“非洲之角和平发展构想”，助力建设持久和平的非洲之角。7月、9月，中方相继举办第二届中非和平安全论坛、第二届中东安全论坛，推动落实安全倡议，助力地区共同安全。

（三）共筑人类卫生健康共同体，维护世界公共卫生安全

新冠疫情给人类安全带来严重威胁，也对全球安全产生了间接负面影响。中国为全球彻底战胜疫情继续做出重要贡献，维护世界公共卫生安全。

一是呼吁树立共同体意识，引领国际抗疫合作。达沃斯论坛上，中国宣布2022年再向非洲国家提供10亿剂疫苗，其中6亿剂为无偿援助，还将无偿向东盟国家提供1.5亿剂疫苗。76届联大新冠疫苗高级别会议上，中方强调疫苗全球公共产品的属性不能

变，主要大国应尽的责任不能丢，多边机制发挥的作用不能减。

二是加强全球公共卫生治理，弥合国际“免疫鸿沟”。2月，中国向“新冠疫苗实施计划”捐赠1亿美元，用于向发展中国家分配新冠疫苗。[①] 中国同中亚五国建交30周年视频峰会、金砖峰会、上合峰会等场合，中方提出了一系列务实举措，如向中亚国家提供5000万剂疫苗援助，启动金砖国家疫苗研发中心，建立金砖国家预防大规模传染病早期预警机制，未来3年内为上合组织国家民众免费实施2000例白内障手术和提供5000个人力资源培训名额。中国举办青蒿素问世50周年暨助力共建人类卫生健康共同体国际论坛，在澳门设立中国–葡语国家防疫交流中心，实施“澜湄公共卫生合作计划”，加快建设人类卫生健康共同体。

（四）努力搭建地区安全新架构，共同维护亚洲和平稳定

中方主张落实全球安全倡议，秉持和平、发展、自主、包容的理念，以亚洲方式建立起多元化多层次的安全架构。

一是呼吁建立与经济基础相适应的安全新架构。中国主张根据亚洲国家发展程度、社会制度、文化价值观的多样性，打造相互尊重、开放共融的亚洲安全模式。博鳌论坛上，中方强调要弘扬和平共处五项原则和“万隆精神”，坚定维护亚洲和平。在亚太经合组织工商峰会上，中方呼吁地区国家共同反对冷战思维和阵营对抗，搭建亚太安全架构。在亚太经合组织领导人非正式

① 常驻联合国日内瓦办事处和瑞士其他国际组织代表团：《中国与全球疫苗免疫联盟签署“新冠疫苗实施计划”捐款协议》，中华人民共和国外交部网站，2022年2月11日，https://www.mfa.gov.cn/web/gjhdq_676201/gjhdqzz_681964/lhg_681966/zwbd_681986/202202/t20220212_10641811.shtml。

会议上，中国指出亚太是各国安身立命之所，要践行全球安全倡议，携手构建亚太命运共同体。

二是积极参与区域安全合作。8月中国–东盟外长会上，中方发表《中国支持东盟中心地位的立场文件》，受到东盟各国欢迎。中国主办4月东盟地区论坛国防官员对话会视频会议、6月第十三次中国–东盟国防部长非正式会晤视频会议，积极参与第19届东盟地区论坛安全政策视频会议、第19届香格里拉对话会、11月第9届东盟防长扩大会议，呼吁各国践行安全倡议，共同构牢地区安全屏障。

四、弘扬全人类共同价值

永续发展的世界应该承载多彩的文明，人类的现代化应当兼容多样的道路。中国反对组建价值联盟、划分价值阵营、搞价值对抗。

（一）为构建人类命运共同体凝聚价值共识

全人类共同价值是全人类共同利益的高度凝练，反映各国人民普遍认同价值理念的最大公约数，为化解当今国际关系中的矛盾问题提供科学指引。2022年2月，习近平主席会见古特雷斯时指出，世界没有定于一尊的制度样板，没有放之四海而皆准的发展模式。达沃斯论坛上，中方呼吁不同国家、不同文明要在彼此尊重中共同发展，在求同存异中合作共赢。在第77届联大一般性辩论上，中国强调民主和人权更不应被政治化、工具化、武器化。亚太经合组织工商领导人峰会上，中国主张平等、互鉴、对话、包容的文明观，为世界文明朝着平衡、积极、向善的方向发展提供助力。

（二）推动国际社会践行全人类共同价值

一是借助多边机制开展人文交流。中国同中亚五国建交30周年视频峰会上，中国宣布未来5至10年努力将同中亚五国友好城市增加至100对，今后5年向中亚五国提供1200个中国政府奖学金名额。澜湄合作外长会发表《关于在澜沧江–湄公河合作框架下深化文明交流互鉴的联合声明》，10+3峰会启动10+3移民和领事负责人磋商机制，中方宣布将实施10+3执法菁英奖学金项目，深化文明交流互鉴。

二是推进人大、政协对外交往。3月、4月，全国人大分别参加各国议会联盟第144届、第145届大会，举办全国人大与非洲法语国家议会线上研讨会，推动立法机构间交流互鉴。2月、7月，全国政协分别举行欧盟驻华代表团及欧盟成员国驻华外交官座谈交流会、“东盟国家驻华使节进政协”活动，增进国际社会对中国民主制度了解。

三是加强政党对外交流。中国相继举办中国共产党与世界马克思主义政党论坛、第三届中国–中亚政党论坛、第二届中国–阿拉伯国家青年政治家论坛、第三届中国–阿拉伯国家政党对话会、第二届中国–太平洋岛国政党对话会，加强中外政党交流互鉴，加强治国理政经验互鉴，弘扬全人类共同价值。

（三）冬奥外交推动国际团结

中国全力克服新冠疫情影响，确保北京冬奥会、冬残奥会如期顺利举行，为推动全球团结合作发挥了重要作用。来自近70个国家和国际组织的约170位官方代表出席北京冬奥会，包括31位国家元首、政府首脑、重要王室成员和国际组织负责人。中国领导人与参会领导人进行了密集会谈会见，增进了国际社会对中国的理解，为促进世界和平、推动共同发展做出了重要贡献。北京冬奥会、冬残奥会的成功举办有力挫败了个别国家企图将冬奥政治化的图谋。

五、结语

面对世界之变、时代之变、历史之变，中方顺应和平、发展、合作、共赢的历史潮流，为破解和平赤字、发展赤字、安全赤字、治理赤字提供了中国方案，贡献了中国智慧。党的二十大报告指出，中国始终坚持维护世界和平、促进共同发展的外交政策宗旨。展望未来，中国将坚定维护以联合国为核心的国际体系、以国际法为基础的国际秩序，以联合国宪章宗旨原则为基础的国际关系基本准则，大力弘扬全人类共同价值，推动落实全球发展倡议、全球安全倡议，推动构建人类命运共同体。

（中国国际问题研究院国际战略研究所助理研究员　张蛟龙）

第二十三章

中美关系：
博弈激烈　先急后缓

2022年，受美方对华错误认知和大肆打压挑衅、美台勾连和佩洛西窜台、美国中期选举等消极影响，中美关系陷入建交以来低谷。中方坚决抵制美国的错误对华政策，开展一系列对美重大斗争，同时不断阐述中美应坚持相互尊重、和平共处、合作共赢的“三原则”，推动探索中美正确相处之道。元首会晤为中美关系发展指明方向、注入动力，推动双边交往在年底回暖。受美方影响，中美关系走向缓和仍面临风险。

一、美国强化对华竞争遏压，升级矛盾分歧

拜登政府明确了美国对华“竞而胜之”目标的首要性，把中国作为“最主要竞争对手”，进一步强化遏压力度，细化竞争策略，在外交、政治、经济、高科技等多个领域升级双方矛盾分歧。

（一）强化对华战略顶层设计

2022年5月26日，美国国务卿布林肯在发表的对华政策演讲中，提出所谓“投资、结盟、竞争”（即投资自己、团结盟友、

与中国竞争）的“三点论”。10月12日，白宫正式发布2022年《国家安全战略》报告，将中国定位为所谓美国“最严重的地缘政治挑战”和“唯一一个既有意图又有能力重塑国际秩序的竞争者”。该报告渲染“后冷战时代已经结束”和“民主对抗威权”论调，提出美国既要在“未来决定性的十年”实现对华“竞而胜之”的战略目标，又要管控对华竞争，在全球性挑战上保持对华合作。美国随后发布的《国防战略报告》《导弹防御评估报告》《核态势审议报告》《中国军力报告》等延续上述基调，极力渲染大国竞争、阵营对抗，充斥着冷战思维、零和理念。

美国国会在对华政策中的作用更加负面，涉华消极法案迎来新一轮高潮。在参议院通过“2021年美国创新与竞争法案”后，2022年2月4日众议院又通过了众院版本的“2022年美国竞争法案”。随后，两党开展协商并将两个版本合并成“两党创新法案”。该系列法案对华“竞争”指向之明确，涉及领域之广，计划拨款之多，为近年来各类涉华消极法案之首，试图把对华“战略竞争”框架化和制度化。8月9日，脱胎于“两党创新法案”、聚焦强化芯片等尖端领域对华竞争的《芯片和科学法案》最终成法，内含527亿美元的投资补贴、税收抵免和2800亿美元科研投入，为近年来美各类涉华消极法案中计划资金投入最多者。“2023年国防授权法案”（NDAA）于12月下旬通过，预算同比增长约10%、总额高达8580亿美元，包含大量涉华消极条款并极力渲染“中国威胁”。

（二）加大干涉中国内政力度，空前强化对台勾连

为进一步强化对华遏压，拜登政府继续“打台湾牌”，“挺台抗陆”“以台遏华”的冒进性、危险性不断加强。美国政府持续加强与台当局“官员互访”，美国军舰基本保持每月一次过航台

湾海峡的频率。2022年，美国国会提出内含多项严重挑衅举措的“台湾政策法案”，并由参院外委会表决通过。9月2日，拜登批准上任以来的第六批对台军售，金额高达11.6亿美元，超出前五批军售总额。美国鼓吹要把台湾打造成所谓“武器库”，对台防务合作不断升级。美台启动“21世纪贸易倡议”谈判，在操弄半导体合作、供应链韧性、台经济“去陆融美”等议题上大做文章。美国不断鼓噪支持台参与联合国系统活动、加入国际民航组织等论调，意在扩大台当局“国际空间”。12月，包含“台湾政策法案”多项消极条款的2023财年NDAA通过并成法，授权未来5年对台“军事援助”和“军事贷款”的总额从此前的60亿美元扩大到100亿美元。

美国会持续纵容和支持“台独”势力，涉台错误言行不断升级。出于个人私利、抬拉民主党中选选情等政治算计，美国会众议长佩洛西不顾中方严重关切和坚决反对执意于8月2—3日窜台，严重干涉中国内政，严重损害中国主权和领土完整，严重践踏一个中国原则，严重威胁台海和平稳定。作为25年来首位窜台的美国众议长，佩洛西的空前挑衅行径造成极其恶劣的影响。拜登本人和美军方高官多次发出所谓“协防台湾”极端论调。美国会议员和州一级官员，美西方多个国家和台当局“邦交国”的政府高官、议会成员等相继“窜台打卡”。一时间，美西方少数政客在歪曲台湾问题的性质和现状、挑战一个中国原则上掀起一股妖风。

在新疆问题、涉港问题、西藏问题等中国内政议题上，美国及一些西方国家继续造谣生事，打着“民主人权”旗号搞政治操弄，企图恶化中国环境，遏制中国发展。6月21日，美国所谓“维吾尔强迫劳动预防法案”正式生效并进入全面执行阶段。美国全面禁止进口中国新疆地区生产的全部产品的恶劣做法，严重侵害新疆人民基本人权和中国企业合法权益，严重威胁全球产业链供应链安全。美国和部分西方国家对香港特别行政区第六任行政长官选举等说三道四，以涉俄合作为借口威胁对港制裁。佩洛西、美国家安全委员会印太事务协调员坎贝尔以及国务院高官等会见窜访美国的“藏独”头目边巴次仁等人，“西藏事务特别协调员”泽亚攻击西藏宗教自由，部分议员继续提出涉藏消极法案。12月2日，美国国务院以“参与或纵容严重侵犯宗教自由”为由将中国等多国列为宗教自由“特别关注国”。

（三）拼凑放大对华“联盟合力”

2022年，拜登政府在整合美国全球盟伴网络上表现出新特点。一是强化跨大西洋联盟。随着北约出台新版“战略概念”文件、美欧举行第四轮中国问题对话、美欧贸易和技术委员会举行第二次会议等进程，美欧双方在强化对华“威胁性认知”和“竞争”、价值观“对抗”、关键领域“脱钩”等议题上的共识增多。二是深化“印太战略”。拜登政府发布执政以来首份“印太战略”报告，强调加强对“印太”关注和投入已是两党共识。2023财年NDAA用于“太平洋威慑计划”的拨款高达115亿美元，显著高于2022财年的70亿美元。美日印澳“四边机制”召开第二次线下峰会，四方在气候、医疗、新兴技术、网络安全等领域合作增多，并启动“印太海域态势感知伙伴关系”等合作计划。美国提出包含13个初始成员国的“印太经济框架”，试图弥补在地区经济合作上的短板，打造弱化中国的地区经济体系。三是鼓噪“乌台联动”和“两洋联动”。美国借拱火乌克兰危机不断炒作所谓“中俄轴心论”“乌（克兰）台（湾）联动论”，以中国对俄合作为由威胁对华制裁。美国歪曲抹黑中俄关系并把乌克兰危机与台湾问题错误类比，意在强化盟友对华“威胁认知”。美国还推动北约及相关盟国加大“印太关注”，鼓动其亚太盟国更多参与北约机制。四是打造“供应链联盟”。围绕半导体、关键矿物等领域供应链的“去中国化”、回流美国和“友岸外包”，美国推动与盟伴共同加强外交造势、政策协调和产业合作。

（四）推动对华“脱钩”激烈化

相比特朗普时期和拜登执政第一年，2022年美国在推动“脱钩”上呈现出新特点。一是更新“脱钩”思路。美国政府认为，美过往贸易协定以削减关税为主，未能有效应对中国，导致离岸外包、去工业化、供应链脆弱等问题，未来应贸易政策和产业政策并重。二是暂缓降低关税。面临美国内通胀危机，拜登团队内部曾开展是否大规模取消对华加征关税的辩论。财政部长耶伦等人希望削减其中多项关税以降低通胀，贸易代表戴琪等人则主张暂缓减税，最终后者在辩论中更占上风。2022年，除零星调整以外，美国政府并未取消对华加征关税或实施大规模排除豁免措施。三是推动关键供应链“去中国化”。在就多个关键和新兴行业开展供应链审查后，为推动制造业回流美国和供应链降低对华依赖，拜登政府在芯片、电动汽车及电池、生物制造和技术等领域加大财政补贴。《芯片和科学法案》和《通胀削减法案》的通过成法和“国家生物技术和生物制造倡议”的启动为这一做法确立了立法、政策和拨款框架。四是空前加强出口管制。在持续将中企、科研院所等拉入各类“黑名单”同时，美国重点围绕芯片出台极其严厉的出口管制新规，并施压荷兰等国共同加强对华芯片禁运。五是加快投资“脱钩”。美出台新规强化外国投资委员会对中企投资美高科技行业审查，鼓噪加强对美企对华投资的审查和监管。

（五）中期选举折射美国内涉华消极政治生态

2022年美国中选凸显了美国内特别是国会涉华负面影响。一是两党特别是共和党欲重建对华政策架构。中选前，两党参议员提出成立委员会制定对华“大战略”。共和党众议员透露出搭建“中国特设委员会”以升级“中国工作组”的动向。中国议题在国会政治和府会联动中进一步升温。二是中国议题“内政化”趋向更突出。选举期间，候选人利用中国议题相互攻讦的现象屡见不鲜。中选后，一批支持“特朗普主义”，主张本土主义、保护主义、右翼保守主义的新当选议员增强了国会中极端强硬对华力量。共和党人已提出要对拜登发起调查，其中包含“新冠疫情溯源”等对华极具攻击性的议题。美国会议员通过恶炒涉华议题积累国内政治资本的做法将更加频繁。三是两党对华态度进一步“合流”。在“战略竞争”“脱钩”“挺台”等消极议程上，两党在认知上的共识进一步凝聚，两党在行动上也共同推动《芯片和科学法案》等重大立法出台。中选前后，多名两党议员已在鼓噪加强对台防务合作、禁止中资收购美农业用地、减少对华能源出口、强化投资“脱钩”等论调，部分人甚至已提出消极法案。

二、中方坚决抵制美错误对华政策，反对美借台湾问题遏制中国

面对美方执意把中国作为最主要竞争对手，大肆围堵打压挑衅，致使中美关系陷入严重困难，中方采取坚决行动，反制强权霸凌。

（一）坚决反制美国侵害我国主权安全发展利益

中方在涉港、西藏、人权等问题上持续强化斗争，坚决反对美动辄制裁施压、“脱钩”“断链”等错误做法。

中方挫败了美西方试图操纵联合国人权事务高级专员巴切莱特访华、强推人权理事会涉疆决定草案等图谋。应中国政府邀请，巴于5月23日至28日对中国进行了访问。这是时隔17年后中国首次接待联合国人权高专访华。习近平主席以视频方式会见巴切莱特高专。巴到访了广州和新疆，并在乌鲁木齐、喀什等地实地参访，听取了关于中国的民族和宗教政策、新疆反恐和去极端化举措与成效的全面介绍。巴表示，访华期间进行了不受监督的广泛交流，并肯定了中国人权事业的发展。10月6日，联合国人权理事会第51届会议对美国牵头提交的涉疆决定草案进行表决。虽然美西方竭力向其他成员国施压，但这份决定草案仍遭到多数成员特别是广大发展中成员的强烈反对，最终以失败告终。

面对美方借口“西藏人权”问题对两名中方官员进行非法制裁，严重干涉中国内政，严重违反国际关系基本准则，中方表示坚决反对并予以强烈谴责。外交部于12月23日决定对长期在涉华和涉藏问题上表现恶劣的美国前国务卿中国事务顾问余茂春和现“国会–行政部门中国委员会”办公室副主任托德·斯坦恩采取实施冻结财产、禁止交易、禁止本人及直系亲属入境等反制裁措施。

面对美持续泛化国家安全概念，大搞逆全球化操弄，破坏国际经贸规则和秩序，中方坚定维护和推动经济全球化，坚定捍卫自身合法利益。面对美国在芯片领域持续滥用并扩大对华出口管制，中方于12月12日将美方措施诉诸世贸组织争端解决机制。中方还不断强调中美之间脱不了钩、断不了链，并敦促美方放弃零和博弈思维，及时纠正错误做法，维护中美正常经贸往来，维护全球产业链供应链稳定。

（二）多管齐下开展反霸权、反干涉、反分裂重大斗争

面对美台不断升级勾连的恶劣行径，以及佩洛西窜台的重大挑衅，中方敢于亮剑、坚决斗争，坚决捍卫一个中国原则和中美三个联合公报精神，打出了掷地有声的反制“组合拳”。

在佩洛西窜台前，中方在各个层级多次向美方提出严正交涉，反复强调佩洛西窜台的严重性、危害性，明确指出由此造成的一切后果由美方承担，勿谓言之不预。8月2日佩洛西窜台当天深夜（当地时间2日中午），驻美大使秦刚接受美国有线电视新闻网采访，表达中方严正立场。同日，外交部副部长谢锋奉命紧急召见美国驻华大使伯恩斯，向美方提出严正交涉和强烈抗议。外交部发表《中华人民共和国外交部声明》。3日，国务委员兼外交部长王毅表明中方的严正立场、重申台湾必将回归祖国的历史大势不可改变。[①] 4日，王毅进一步阐述中方立场，表明中方坚决抵制美方的公然挑衅和政治赌博，并对七国集团外长发表涉台声明予以坚决驳斥。[②] 同日，美参院外委会推迟原定于当日审理“台湾政策法案”的议程。5日，外交部对佩洛西及直系亲属实施

① 《王毅：台湾必将回归祖国的历史大势不可改变》，中华人民共和国外交部网站，2022年8月3日，https://www.fmprc.gov.cn/wjbzhd/202208/t20220803_10733006.shtml。

② 《王毅：坚决抵制美方的公然挑衅和政治赌博》，中华人民共和国外交部网站，2022年8月4日，https://www.fmprc.gov.cn/wjbzhd/202208/t20220804_10734202.shtml;《王毅坚决驳斥七国集团涉台声明》，中华人民共和国外交部网站，2022年8月4日，https://www.fmprc.gov.cn/wjbzhd/202208/t20220804_10734353.shtml。

制裁，并对美采取“三取消五暂停”反制措施。[①] 10日，中国发布《台湾问题与新时代中国统一事业》白皮书，全面阐述了台湾问题的历史经纬和政策主张，旨在正本清源，向世界发出最权威的声音。这期间，全国人大常委会、全国政协、中央台办（国台办）、国防部、香港特别行政区、澳门特别行政区、中国驻外使领馆团等纷纷发声对美表示坚决反对和强烈谴责，中央台办、商务部、海关总署等相继推出惩戒和反制措施，国际社会掀起强烈谴责佩洛西和美方的高潮。

中方还推出了力度空前的军事反制行动，对台湾海空域形成“准封锁”态势。8月2日晚，中国人民解放军东部战区开始在台岛周边开展一系列联合军事行动，在台岛北部、西南、东南海空域进行联合海空演训，在台湾海峡进行远程火力实弹射击，在台岛东部海域组织常导火力试射。4日12时开始，解放军在相关海域和空域进行重要军事演训行动，并组织实弹射击。

中方坚决驳斥美方“中方单边改变现状”“重新解释联大第2758号决议”等歪理邪说。9月22日，王毅在纽约对台湾问题的真实现状进行阐述，重申台湾在历史上、现在和将来都不是一个国家，中国只有一个，决议不仅确认了台湾是中国的一部分，还完全封堵了任何制造“两个中国”“一中一台”的空间[②]。

---

① 即取消安排中美两军战区领导通话、国防部工作会晤、海上军事安全磋商机制会议，暂停中美非法移民遣返合作、刑事司法协助合作、打击跨国犯罪合作、禁毒合作和气候变化商谈。《外交部宣布针对佩洛西窜台反制措施》，中华人民共和国外交部网站，2022年8月5日，https://www.mfa.gov.cn/fyrbt_673021/dhdw_673027/202208/t20220805_10735604.shtml。

② 《王毅阐述台湾问题的真实现状》，中华人民共和国外交部网站，2022年9月23日，https://www.fmprc.gov.cn/wjbzhd/202209/t20220923_10770450.shtml。

三、元首会晤努力校正航向，推动双边关系止跌回稳

元首外交是外交的最高形式，是中美关系的“指南针”和“定盘星”，对两国关系发展发挥着不可替代的战略引领作用。在加强对美反制的同时，中方开诚布公沟通，指明正确方向。习近平主席两次应约同拜登总统通话，在巴厘岛举行三年来中美元首首次面对面会晤，剖析中美关系实质，划出中方底线红线，强调应摒弃你输我赢、你兴我衰的零和博弈思维，确立对话而非对抗、双赢而非零和的交往基调，按照相互尊重、和平共处、合作共赢三原则，推动中美关系重回健康稳定发展的正轨。两国元首都重视中美关系的世界性意义，都强调探索确立中美关系指导原则的重要性，都希望双边关系尽快止跌回稳，都同意有效管控分歧、推进务实合作。[①]

（一）中方不断重申落实元首会晤精神和相互尊重、和平共处、合作共赢三原则

2021年11月16日，习近平主席在与拜登总统视频会晤中总结中美半个多世纪交往的经验教训，明确提出了相互尊重、和平共处、合作共赢三原则，为中美关系的健康发展指明了方向。拜

① 王毅：《胸怀天下，勇毅前行，谱写中国特色大国外交新华章——在国际形势和中国外交研讨会上的演讲》，中华人民共和国外交部网站，2022年12月25日，https://www.mfa.gov.cn/wjbzhd/202212/t20221225_10994826.shtml。

登总统对此做出积极回应，并多次表态“四不一无意”。[①]

2022年以来，中美高层互动持续开展。1月27日和2月22日，王毅应约同布林肯两次通话。3月14日和6月13日，杨洁篪在意大利罗马和卢森堡分别与沙利文举行两次会晤，并于5月18日应约同沙利文通话。中方不断重申，当前中美双方最重要的工作就是把两国元首重要共识落到实处，并强调习近平主席提出的相互尊重、和平共处、合作共赢三原则是中美正确相处之道，反对美方简单用竞争定义双边关系。

7月9日，王毅同布林肯会晤时再次强调中美关系摆脱困局的根本遵循是认真落实两国元首达成的共识，并在中方对美已提出的“两份清单”[②]基础上向美方提出“四项清单”，增加了“中方重点关切的涉华法案清单”和“中美8个领域合作清单”。双方还达成一系列推动双边交往的重要共识。[③]

中方继续向美国社会加强政策阐释、促进民心相通。9月19日，王毅在纽约与美中关系全国委员会、美中贸易全国委员会、美国商会代表成员进行座谈交流时有针对性地阐述了中国的五个

① 即美方不寻求“新冷战”，不寻求改变中国的体制，不寻求通过强化同盟关系反对中国，不支持“台独”，无意同中国发生冲突。

② 即“要求美纠正错误对华政策和言行的清单”和“中方关切的重点个案清单”。

③ 包括对等互惠推动中美联合工作组磋商取得更多成果，相互为双方外交领事人员履职创造更好条件，重启人文议题交流磋商，加强气变和公共卫生等合作。《王毅同美国国务卿布林肯举行会晤》，中华人民共和国外交部网站，2022年7月9日，https://www.mfa.gov.cn/wjbzhd/202207/t20220709_10717967.shtml。

“确定性”。[①] 22日，王毅在亚洲协会纽约总部发表《中美新时代正确相处之道》主旨演讲。[②] 12月26日，驻美大使秦刚在美《国家利益》杂志发表署名文章，强调从命运共同体看世界，开放、合作、共赢是终极选项，中美双方同处同一个世界，需要也完全有可能通过相互倾听，拉近对当今世界的根本看法。[③]

（二）元首外交为中美关系发展指明方向、注入动力

7月28日，习近平主席在应约同拜登总统通电话时强调，从战略竞争的视角看待和定义中美关系，把中国视为最主要对手和最严峻的长期挑战，是对中美关系的误判和中国发展的误读，会对两国人民和国际社会产生误导。拜登表示，美中合作不仅有利于两国人民，也有利于各国人民。美国的一个中国政策没有改变也不会改变，美方不支持台湾“独立”。[④]

接下来，中美多场高层交往为元首会晤营造了积极氛围。9

① 即中国自身的发展前景、改革开放的决心、对美政策、继续加强两国经贸合作的态度、同美方开展多边协调的意愿这五个方面是确定的。《王毅与美中关系全国委员会、美中贸易全国委员会、美国商会代表座谈》，中华人民共和国外交部网站，2022年9月20日，https://www.fmprc.gov.cn/wjbzhd/202209/t20220920_10768354.shtml。

② 《王毅在亚洲协会发表演讲》，中华人民共和国外交部网站，2022年9月23日，https://www.fmprc.gov.cn/wjbzhd/202209/t20220923_10770512.shtml。

③ 《中国的世界观——秦刚大使在美国〈国家利益〉杂志发表署名文章》，中国驻美国大使馆，2022年12月26日，http://us.china-embassy.gov.cn/dshd/202212/t20221227_10995610.htm。

④ 《习近平同美国总统拜登通电话》，中华人民共和国外交部网站，2022年7月29日，https://www.mfa.gov.cn/zyxw/202207/t20220729_10729582.shtml。

月23日，王毅在纽约会见布林肯时强调，中美关系正处于关键当口，中美亟须建立两个大国正确相处之道，推动两国关系止跌回稳，布表示推动双边关系重回稳定轨道符合双方利益。[①] 10月28日，王毅接受了美国驻华大使伯恩斯到任拜会，欢迎其来华履新，并有针对性地介绍了党的二十大的主要成果和重大意义。31日，王毅应约同布林肯通电话。布表示美方密切关注中共二十大和大会报告，王毅强调美方如果真想了解中国，就请认真研读二十大报告。布还表示，世界期待美中合作，美方愿就下阶段美中关系同中方保持沟通，开展合作。[②]

11月14日，习近平主席在印度尼西亚巴厘岛同拜登总统举行会晤。此次会晤时长超过三小时，两国元首就中美关系中的战略性问题以及重大全球和地区问题坦诚深入交换了看法。

习近平主席介绍了党的二十大的主要情况和重要成果，指出，中国党和政府的内外政策公开透明，战略意图光明磊落，保持高度连续性和稳定性。习近平指出，中美关系不应该是你输我赢、你兴我衰的零和博弈，中美各自取得成功对彼此是机遇而非挑战。宽广的地球完全容得下中美各自发展、共同繁荣。习近平强调，台湾问题是中国核心利益中的核心，是中美关系政治基础中的基础，是中美关系第一条不可逾越的红线。任何时候世界都有竞争，但竞争应该是相互借鉴、你追我赶，共同进步，而不是你输我赢、你死我活。拜登祝贺习近平主席再次连任中共中央总

① 《王毅会见美国国务卿布林肯》，中华人民共和国外交部网站，2022年9月24日，https://www.fmprc.gov.cn/wjbzhd/202209/t20220924_10770872.shtml。

② 《王毅同美国国务卿布林肯通电话》，中华人民共和国外交部网站，2022年10月31日，https://www.mfa.gov.cn/wjbzhd/202210/t20221031_10794377.shtml。

书记，并重申一个稳定和发展的中国符合美国和世界的利益。拜登还在重申“四不一无意”的基础上增加了“一不三无意”，做出了不支持“两个中国”“一中一台”，无意寻求同中国“脱钩”，无意阻挠中国经济发展，无意围堵中国的重大表态。拜还强调，美方致力于保持两国元首以及政府各层级沟通渠道畅通，就双方存在分歧的问题开展坦诚对话，为应对重要全球性挑战加强必要合作。①

两国元首在此次会晤中就推动中美交往达成一系列重大共识。② 此次会晤具有重大深远意义，创下了中美元首三年来首次面对面会晤、拜登总统执政后两位领导人首次面对面会晤、中美各自完成国内重大议程后两国最高领导人的首次互动三个“首次”。会晤明确了防止中美关系脱轨失控、找到两个大国正确相处之道的方向，确定了共同探讨确立中美关系指导原则的框架，启动了将两国元首重要共识落到实处、管控和稳定中美关系的进程，达到了深入沟通、明确意图、划清红线、防止冲突、指明方向、探讨合作的预期目的。③ 国际社会高度关注中美元首会晤，

① 《习近平同美国总统拜登在巴厘岛举行会晤》，中华人民共和国外交部网站，2022年11月14日，https://www.mfa.gov.cn/zyxw/202211/t20221114_10974651.shtml。

② 包括：两国元首同意继续保持经常性联系；双方外交团队保持战略沟通，开展经常性磋商；两国财金团队就宏观经济政策、经贸等问题开展对话协调；共同努力推动《联合国气候变化框架公约》第二十七次缔约方大会取得成功；开展两国公共卫生、农业和粮食安全对话合作；用好中美联合工作组，推动解决更多具体问题；同意中美人文交流十分重要，鼓励扩大两国各领域人员交往；责成两国工作团队及时跟进和落实两国元首达成的重要共识，采取切实行动，推动中美关系重返稳定发展轨道。

③ 《王毅就中美元首会晤向媒体介绍情况并答问》，中华人民共和国外交部网站，2022年11月15日，https://www.mfa.gov.cn/wjbzhd/202211/t20221115_10975081.shtml。

并普遍积极评价此次会晤所取得的重大积极成果。

四、结语

2022年11月中旬以来，为落实中美元首会晤重大共识，中美快速开展高级别、多领域对话。双方外交团队持续保持沟通，国防、财金、贸易、气候变化等领域对话逐渐恢复。同时，双边人文交流开始回暖，线下交流逐渐重启。

美国对华仍然存在强硬遏压和言行不一致的一面。元首会晤后，美方仍在继续炒作渲染“中国威胁论”，干涉中国内政，损害中国主权安全发展利益，加码“脱钩”力度。白宫不仅重申支持议员“自由出访”的立场，而且透露继续强化对台军售信号。美国国会涉华政治生态更趋消极，新一届众议长窜台或将成为2023年双边关系重大风险。受美国护持一己霸权之私利以及冷战零和思维等因素影响，中美关系走向缓和仍面临诸多不确定性。

稳定的中美关系攸关我们星球的前途命运。[①] 中美关系要回归正途并不断前行，关键在于共同秉持相互尊重、和平共处、合作共赢的相处之道。美方尤应言行一致，树立客观理性的对华认知，奉行积极务实的对华政策。展望2023年，双方应继续落实元首共识，共同为中美关系健康稳定发展搭建“四梁八柱”，夯实“坚实地基”，争取双边关系校准并重回正确航向。

（中国国际问题研究院美国研究所副研究员　龚婷）

① 《稳定的中美关系攸关我们星球的前途命运——外交部长秦刚大使在美国〈华盛顿邮报〉发表署名文章》，中华人民共和国外交部网站，2023年1月5日，https://www.mfa.gov.cn/wjbzhd/202301/t20230105_11001084.shtml

第二十四章

中俄关系：
保持定力　坚韧发展

2022年，全球疫情、地区冲突、大国博弈等复杂因素相互交织，世界面临的不稳定不确定性更加突出。在变乱交织的国际形势下，中俄两国排除外部干扰，始终保持正确的前进方向，有序推进各领域合作，展现出新时代中俄全面战略协作伙伴关系的良好态势，彰显出两国关系的强大韧性和战略定力。

一、中俄关系发展面临的新形势

2022年2月底，乌克兰危机全面升级，延宕迄今，呈现长期化、扩大化、复杂化态势，对国际政治、经济、安全格局造成巨大冲击，给世界未来发展带来更大不确定性。严峻复杂的外部环境亦给新时代中俄全面战略协作伙伴关系的发展带来三重挑战。

（一）促进世界多极化的战略合作面临考验

俄罗斯对乌克兰采取特别军事行动后，美西方对俄罗斯展开了全方位制裁，极力要将俄罗斯踢出国际政治经济体系，同时借机煽动冷战思维，塑造“中俄轴心”论，渲染阵营对立，试图制造新冷战。在此背景下，俄罗斯全球议程设置权和多边事务参与权受到一定程度的挤压，中俄共同维护以联合国为核心的国际体系，以国际法为基础的国际秩序，践行“真正的多边主义”的战略协作，面临着前所未有的“压力测试”。

（二）美西方借机分化中俄关系

新时代中俄全面战略协作伙伴关系建立在“不结盟、不对抗、不针对第三方”的基础之上，却一直受到来自第三方的干扰和挑拨。特别是乌克兰危机升级以来，美国不再遮掩，一方面，对中俄之间正常且正当的合作公开进行抹黑，借机大肆炒作中俄领土问题，宣扬中国正远离俄罗斯等无稽之谈，蓄意对中俄关系挑拨离间。另一方面，质疑中国的中立立场，要求中国切断与俄经贸联系，迫使中国加入美西方阵营，共同谴责俄罗斯。遭到拒绝后，美又威胁对华制裁，挖空心思破坏中俄合作。

虽然中俄关系面临的外部环境恶化，但中俄关系具有强大的内在发展逻辑，两国正在不断深化新时代全面战略协作伙伴关系的道路上不断前进，纵然有些许杂音，但其都不足以改变两国合作持续稳健发展的方向。

二、各领域合作稳步推进

2022年，在中俄两国元首擘画引领下，两国有序推进各领域合作，两国关系展现出坚韧发展势头。

（一）高层保持密切交往

元首外交是中俄关系健康稳定发展的最大优势和根本保障。2022年，中俄两国元首在“冬奥之约”后又“相聚撒马尔罕”，为双边关系发展掌舵领航。2月4日，习近平主席与来访的俄罗斯总统普京共同出席北京冬奥会开幕式，这是近两年来两国元首首次线下会晤。双方发表了《关于新时代国际关系和全球可持续发展的联合声明》，签署了15份涉及经贸、能源、科技、金融等领域的合作文件。9月15日，在上海合作组织撒马尔罕峰会期间，两国元首再次举行双边会见，一致表示将继续推动各领域合作，为变乱交织的世界注入稳定性。12月30日，中俄元首还进行了岁末视频会晤，总结中俄关系发展新成果，为今后一段时期两国关系发展提供战略引领。中俄元首还通话2次，聚焦乌克兰问题和双边关系。此外，习近平主席还应邀以视频形式出席第二十五届圣彼得堡国际经济论坛全会并致辞，表示愿同俄罗斯一道为深化全球发展合作、推动构建人类命运共同体做出新的贡献。中国共产党第二十次代表大会胜利召开后，普京总统第一时间向习近平总书记和中共中央发贺电，体现了中俄之间高水平的互信和坚定的相互支持。年底，习近平主席还会见了来华访问的统一俄罗斯党主席梅德韦杰夫。双方一致表示，两国执政党将继续互学互鉴，为深化中俄全面战略协作贡献智慧和力量。

在两国元首的战略引领和持续推动下，两国高层通过各种方式保持频繁互动，各层级、各领域合作机制正常运转。2022年9月7—10日，全国人大常委会委员长栗战书出席俄罗斯主办的东方经济论坛，并分别会见总统普京、国家杜马主席沃洛金、联邦委员会主席马特维延科、国家杜马五大党团负责人等，高度评价中俄关系以及两国政党间对话的积极作用。9月19日，中俄第十七轮战略安全磋商和中俄执法安全合作机制第七次会议在福建举行，双方就维护两国国家安全和全球战略稳定展开深入探讨。12月5日，中俄总理第二十七次定期会晤线上举行，有效指导和推动下一阶段中俄各领域务实合作。2022年中俄外长互动更为频繁，共进行了6次会晤和3次通话，就中俄关系、乌克兰危机以及国际地区问题进行沟通和协调。

（二）战略协作卓有成效

一是在涉及彼此核心利益问题上相互坚定支持。对于乌克兰危机，中国提出“四个应该”“四个共同”和“三点思考”，秉持劝和促谈的核心立场化解危机。中国立足是非曲直，立场客观公正，得到包括俄方在内的各方认同。在美国众议院议长佩洛西窜访台湾后，俄罗斯外交部立即发表声明表示，俄罗斯视佩洛西访台为公然挑衅。俄罗斯自始至终认为，世界上只有一个中国，台湾是中国领土不可分割的一部分，中华人民共和国政府是代表全中国的唯一合法政府。

二是携手促进国际关系民主化和全球可持续发展。在2022年初中俄共同发表的《关于新时代国际关系和全球可持续发展的联合声明》中，双方呼吁要尊重各国人民自主选择发展道路的权利及各国主权安全发展利益，捍卫以联合国为核心的国际体系和以国际法为基础的国际秩序，践行真正的多边主义，推进国际关系民主化，实现世界和平、稳定与可持续发展。两国还在联合国、上海合作组织、金砖国家等多边框架下密切协作，不断增强新兴市场国家和发展中国家在全球事务中的代表性和发言权；在推动阿富汗维稳止乱、和平重建方面，中俄也进行了双、多边的战略沟通与协作。

（三）军事合作有序推进

2022年，中俄军事合作排除干扰，按照既定的议程向前推进，继续开展不针对第三方的务实合作。10月27日，中国国务委员兼国防部长魏凤和与俄罗斯国防部长绍伊古通电话，就双方关心的国际和地区问题交换意见。根据年度军事合作计划，中国、伊朗、俄罗斯三国海军在阿曼湾海域举行第二次海上联合军事演习，中俄组织开展了两次联合空中战略巡航，中国军队赴俄参加“东方–2022”军事演习，承办并参加“国际军事比赛–2022”等，进一步深化两军之间的战略协作水平，增强应对各种安全威胁的能力，为维护世界和地区的和平稳定积极贡献力量。

（四）务实合作稳步推进

面对新冠疫情、全球经济下行、国际和地区形势复杂多变等考验，中俄共同克服美西方制裁带来的困难，合力应对外部因素干扰，双方务实合作呈现积极态势。

贸易规模稳步增长。双方签署了《关于完成制定〈中俄货物贸易和服务贸易高质量发展的路线图〉的联合声明》，为实现两国贸易目标作出路径规划。2022年，双边贸易额达到1902.71亿美元，同比增长29.3%，创历史新高。其中，中国对俄出口761.22亿美元，增长12.8%；自俄进口1141.49亿美元，增长43.4%。其中，能源贸易是中俄贸易增长的最大贡献者。

贸易结构持续优化。中国汽车、机电产品、化学品等对俄出口快速增长。中国汽车品牌首次超越韩国品牌，成为俄罗斯市场位居俄本土品牌之后的第二大品牌，在俄罗斯市场份额达到24.3%。2022年中国品牌的手机、电脑和家用电器也扩大了在俄罗斯的市场份额。[①]

互联互通积极发展。跨境电商持续发力，在俄的海外仓和电商平台建设稳步推进，营销和配送网络不断完善，助力双边贸易持续增长。中国对俄班列增加，为中俄经贸往来提供安全、稳

---

① 《中国手机将占据90%俄市场，表现出色》，中国网，2022年7月6日，http://henan.china.com.cn/m/2022-07/06/content_42027247.html。

定、便捷的国际物流运输通道。两国顺利签署“经认证的经营者”（AEO）互认协议，通关便利化水平不断提升。

战略性大项目稳步实施。两国能源、航空、航天、基础设施、加工制造等领域合作项目进展良好，产业链不断延伸。黑河—布拉戈维申斯克公路桥顺利通车，同江—下列宁斯科耶铁路桥完成建设并于年底开始试运行。

中俄投资合作优化整合。主要涉及矿产资源开采和加工、工业生产、基础设施项目建设和农业领域。两国转向用卢布和人民币结算能源贸易。

人文交流日益密切。人文交流始终对中俄关系可持续发展具有重大作用。2022年是俄罗斯中国友好协会成立65周年，习近平主席和普京总统致贺信，高度评价两国人民友谊不断加深，中俄民间友好事业前景广阔、大有可为。另外，两国举办了中俄“两国六城”市长“云会晤”、中国文化节、中俄青年论坛、“微课+”俄语教学创新大赛、中俄视听传播周等一系列丰富多彩的活动。此外，俄罗斯主流媒体、各界人士高度关注党的二十大，并给予充分报道和高度评价。

中俄科技合作持续推进。普京访华期间，两国元首特别强调，要推进中俄科技创新合作，推动人工智能、物联网、国际月球科研站等前沿领域合作。这为未来两国科技创新合作提质升级指明方向。2022年，两国在技术应用开发、IT技术、数字经济合作方面取得一定成绩。

三、推动新时代中俄关系持续高质量发展

百年变局和世纪疫情叠加影响，国际形势中不稳定、不确定、不安全因素日益突出。一方面，和平、发展、合作、共赢的

历史潮流不可阻挡。另一方面，和平赤字、发展赤字、安全赤字、治理赤字加重，人类社会面临前所未有的挑战。[①] 新形势下，新时代中俄全面战略协作伙伴关系大有可为，两国应合作互补，共同发展，在实现各自振兴的道路上携手同行，为维护世界和平、促进共同发展、构建人类命运共同体贡献力量。

（一）持续巩固和提升政治互信

中俄应继续携手维护国家政权安全、制度安全和意识形态安全；相互尊重和支持各自根据本国国情选择的发展道路，坚定支持对方发展振兴；坚持互为发展机遇，互为全球伙伴；牢牢把握中俄关系正确发展方向，不受任何外部因素干扰和破坏。正如王毅国务委员兼外长表示的，不管国际形势如何变化，中俄作为两大邻国都将推进战略互信和务实合作，共同维护国际公平正义。[②]

（二）进一步拓展务实合作，实现共同发展繁荣

中国经济韧性强，长期向好的基本面不会改变。在全球供应链、产业链均不断调整的背景下，双方应进一步深化产融结合、优势互补，确保重要产业链供应链等经济安全；拓展新兴贸易领域，高质量推进“一带一路”建设与欧亚经济联盟对接，实现中俄务实合作向更深层次、更广泛的方向发展。

① 习近平:《高举中国特色社会主义伟大旗帜　为全面建设社会主义现代化国家而团结奋斗——在中国共产党第二十次全国代表大会上的报告》，人民出版社，2022。

② 《王毅会见俄罗斯新任驻华大使莫尔古洛夫》，中国政府网，11月28日，http://www.gov.cn/guowuyuan/2022-11/28/content_5729150.htm。

（三）加强战略协作，推动全球治理朝着更加公正合理的方向发展

王毅国务委员兼外长在中俄智库高端论坛开幕式上的视频致辞中指出，世界上的事情理应由各国共同商量着办，国际规则理应由各国共同书写，公认的国际法、国际机制、国际正义理应由各国共同维护。全球治理体系应该更加平衡地反映大多数国家特别是新兴市场国家和广大发展中国家的意愿和利益。中俄要继续携手爱好和平、致力发展的国家，坚决维护以联合国为核心的国际体系和以国际法为基础的国际秩序，不断推进国际关系民主化，为人类社会实现共同发展、持续繁荣、长治久安贡献力量。

（四）进一步密切人文交流，巩固传统友谊

人文交流在中俄关系发展中具有基础性、先导性、持久性的作用，要坚持落实好各领域合作共识、创新机制和方式，推进人文合作走深走实。推动两国地区间扩大合作；更加注重年轻一代的交流互动，将更多年轻人团结在发展中俄友好的伟大事业中，确保世代友好大业永葆生机活力。

四、结语

世界进入新的动荡变革期，中俄作为拥有强大战略定力和自主能力的国家，作为彼此最大邻国和新时代全面战略协作伙伴，两国关系没有因国际格局的剧烈变化、来自第三方的压力而改变初心和航向，始终保持着自己的逻辑和节奏。中俄关系的这种独立自主价值，既是对历史经验的总结，也是对国际关系的创新。正如张汉晖大使在《新时代　新征程　新伟业——论中国式现代

化的本质与特征》一文中指出的，在国际关系深刻调整演变背景下，中俄双方更加感受到两国睦邻友好、互利共赢的重要成果，更加体悟到双方不结盟、不对抗、不针对第三方的宝贵经验，更加认识到中俄作为两个大国肩并肩加强合作、背靠背相互支持的重大意义。

对中俄两国而言，维护和发展稳定良好的双边关系至关重要。2022年，中国共产党第二十次全国代表大会胜利召开，中国进入新的发展阶段，这必将为中俄关系发展带来新机遇。有理由相信，未来，面对世界之变、时代之变、历史之变，中俄两国将不断深化政治互信和战略协作，加强相互支持，拓展务实合作，密切人文交流，体现大国担当，发挥引领作用，为促进世界和平与发展做出更多贡献。

（中国国际问题研究院欧亚研究所副所长、副研究员　韩璐）

第二十五章
中欧关系：合作承压　挑战增多

在内外挑战增多的情况下，2022年的中欧关系进入深度调整期。一方面，双方经贸合作基础稳固，在贸易、投资、能源和数字等领域的相互依赖度不降反升。另一方面，乌克兰危机加速欧盟转型，地缘政治和安全议题占据欧盟主要议程，其经济政策的保护主义和防御色彩也更加浓重，对华“合作伙伴、竞争者和制度性对手”的三重定位进一步强化并向后两者倾斜。尽管政治化、安全化因素上升对中欧互信造成影响，但中欧关系在复杂因素影响下仍体现出强大韧性，中欧在双边、地区和全球领域不断增进合作共识。随着党的二十大胜利召开和中欧首脑外交的密集展开，中欧关系进一步稳定向好的态势愈发明朗。

一、经贸合作基础稳固

中欧经贸合作不断克服疫情等不利因素的影响，继续在双边关系中发挥着“压舱石”的作用。2022年中欧贸易、投资和物流等各项合作稳中有升，继续为双边关系提供强大支撑。中欧经贸合作仍是双方深度参与全球产业分工合作、维护多元稳定的国际经济格局的重要方式。

（一）双边贸易持续增长

2022年全球通货膨胀高企、能源市场波动和供应链不稳定给经济需求和贸易合作带来下行压力，但中欧贸易仍保持稳中有升的积极发展态势。继在2021年创下8281亿美元总额新高、同比增长18.3%后，[①] 2022年前11个月，欧盟27国对华贸易额为7898亿欧元，同比增长26.3%。其中，对华出口2099亿欧元，增长2.9%；自华进口5799亿欧元，增长37.0%；逆差3700亿欧元，增长69.7%。中国保持欧盟第二大贸易伙伴、第一大进口来源地、第三大出口市场的地位。[②] 双边服务贸易格局稳定，1—10月我国服务进出口总额49186亿元，同比增长17.2%，逆差为2023亿元，其中大部分来自美国和欧洲。[③]

（二）投资增速继续回升

2021年中欧双向投资规模累计超过2700亿美元。在此基础上，2022年1—8月，欧盟对华投资同比增长120%以上，欧洲企业持续看好中国发展前景。[④] 同时，为应对全球供应链动荡的冲击，多数欧洲在华企业积极推进本地化战略，通过扩大本地经

---

① 《中欧贸易继续保持良好发展势头　货物贸易额达8281亿美元》，央视网，https://news.cctv.com/2022/03/17/ARTI3jPMfy09sFqmV1cbDvPD220317.shtml。

② 《2022年前11个月欧中贸易增长26.3%》，驻欧盟使团经济商务处，http://eu.mofcom.gov.cn/article/jmxw/202301/20230103380198.shtml。

③ 周密：《2022年中欧经贸合作：亮点频现，稳定可期》，中国网，http://www.china.com.cn/opinion2020/2023-01/03/content_85037924.shtml。

④ 《商务部：今年1—8月欧盟对华投资增长123.7%》，中国新闻网，2022年9月22日，https://www.chinanews.com.cn/cj/2022/09-22/9858273.shtml。

营、缩短供应链等措施以降低企业运营风险。目前，计划在中国实现供应链本地化的欧洲企业数量是打算转移供应链的企业数量的8倍。

（三）物流运输发挥动脉作用

中欧班列在2021年开行量和货运量创出历史新高的基础上，2022年累计开行1.6万列，运送货物160万箱，同比分别增长9%和10%，充分发挥战略通道作用，[①] 在促进中欧货物贸易、稳定全球供应链、支持“一带一路”高质量发展和缓解欧洲输入型通胀方面发挥了重要作用。年初中欧之间还新增两条货物运输航线，进一步优化了双边物流运输格局。

（四）在华欧企对中国市场保持信心

欧洲企业对中国14亿消费者的巨大市场、完备的制造业集群和近年来迅速发展起来的创新生态系统保持高度兴趣，继续融入中国市场的态势明显。中国欧盟商会《商业信心调查2022》显示，40%的受访欧企认为中国的研发环境优于世界平均水平。此外，37%的受访企业已经增持合资企业股份，还有更多企业正积极考虑扩大并巩固本土供应链来抵御外部风险。[②]

---

① 《国铁集团：2022年开行中欧班列1.6万列、发送160万标箱》，中国新闻网，https://www.chinanews.com/cj/2023/01-03/9926745.shtml。

② 中国欧盟商会:《商业信心调查2022》，https://european-chamber.oss-cn-beijing.aliyuncs.com/upload/documents/documents/Business_Confidence_Survey_CN_2022[1020].pdf。

二、绿色和数字领域合作发力

中欧都将绿色和数字产业作为未来重点发展领域，为双边经贸带来新的合作空间。中欧在绿色和数字领域的发展路径、发展阶段、市场需求等方面有很强的互补性，拓宽了既有的经贸合作渠道。

（一）强化绿色领域对话和机制建设

中欧绿色伙伴关系是习近平生态文明思想和人类命运共同体重要理念的充分体现，是中欧增长、文明伙伴关系的重要实践。习近平主席在中法德领导人视频峰会上指出，中欧在谋和平、求发展、促合作方面有很多共同语言，双方要继续本着互利共赢原则，持续深化绿色伙伴关系和各领域务实合作。李克强总理在第23次中国–欧盟领导人会晤中强调，中欧双方应依托现有对话机制在气候变化和能源安全领域加强协调，共同助力世界经济可持续复苏。2022年3月中欧举行第十次能源对话，中欧双方就能源安全、全球能源转型、电力市场与能源改革和能源国际合作等议题深入交换意见，并就下一步合作重点和方向达成共识。今年以来，中国同欧盟及成员国、英国等在高温燃料电池发电、氢能、海上风电等新能源开发、储能技术合作、绿色金融等领域展开对话合作，并取得了具有实效的阶段性进展。

（二）推进数字领域互补合作

当前数字技术快速发展，成为驱动全球经济复苏的主要动能，加快数字化转型也是中欧面临的共同挑战和机遇。双方建立对话机制并不断拓宽合作渠道，取得了初步成果。首先是数字设备产品和零部件贸易已成为中欧货物贸易中的重要门类，自动数据处理设备、网络电信设备、集成电路、半导体器件和电感器等产品在中欧贸易中的份额不断上升；其次是数字服务贸易，包括电信、计算机和信息服务业，其比重在中欧服务贸易中的比重不断上升；再次是数字经济产业相关投资合作明显增多，占中国对欧投资比重不断上升；最后是中国跨境电商发展迅猛，并借助中欧班列实现协同发展。中欧班列自2021年开通跨境电商专列后，有效地带动了跨境电商在欧的蓬勃发展，目前中国已成为近一半欧盟成员开展跨境电商的首选合作伙伴。[①] 中欧在数字领域合作前景广阔，已成为经贸关系中的新亮点。

（三）中欧合作应对能源危机

乌克兰危机引发欧洲能源危机并造成欧洲企业的“外迁潮”，产能转移带来中欧合作新机遇。由于能源短缺和价格剧烈波动，欧洲能源密集型行业如化工、钢铁、陶瓷和化肥等行业面临长期减产或关闭，在一些行业这种压力与绿色转型同时发生，导致电动汽车电机、电池以及太阳能和风力涡轮机等行业处于成本劣势。受此影响，一些企业已在考虑将部分产能转移到能源价格更低、供应链更为安全的全球其他地区，美国和中国成为企业外迁主要选择。在该趋势下，中欧有望在经济结构调整、优化能源资源利用和拓展产业链互补性等方面展开进一步合作。

① 姚铃：《数字经济合作为中欧贸易增添新动能》，《进出口经理人》2002年第4期。

三、欧方经贸政治化因素上升

中欧经贸合作基础稳固、势头良好，但今年年初以来也遭遇一些复杂因素的影响，其中欧方出于地缘政治目的将经贸关系政治化、安全化以及欧美加强对华政策协调是其中的主要消极因素。

（一）对华经贸政策中的地缘政治因素上升

欧盟加速调整其对外战略，经贸政策的政治化、安全化程度上升。欧盟贸易总司司长萨宾·韦恩德（Sabine Weyand）在2022年初即表示，中美竞争产生的地缘政治挑战导致世界正由“基于规则的国际秩序”向“基于权力的国际秩序”转变，欧盟需要把国际经济政策和外交政策更加紧密地结合起来，以“确保有能力实现真正系统性的国际地缘经济政策”。[①] 欧盟为此加紧调整其经贸政策并从“自由开放”向“防御保护”转变。在此背景下，中国与立陶宛之间的矛盾被欧方视为“威胁欧盟单一市场完整性”的挑战，并且欧盟欲通过所谓“反经济胁迫工具”对中方施压。

（二）在“战略自主”名义下强化产业政策

为提升对中美的竞争力，欧盟继2020年出台《欧盟产业政策》并进行升级后，进一步以提升供应链、产业链安全、保护“关键战略产业”发展的名义强化其产业政策，加强成员国间协

① Sébastien Lumet, “Doctrine de la double intégration, une conversation avec Sabine Weyand”, *Le Grand Continent*, 31 Janvier 2022 , https://legrandcontinent.eu/fr/2022/01/31/doctrine-de-la-double-integration-sabine-weyand/.

调和欧盟的引导和干预，这是对原有“自由市场、自由竞争”理念的重大调整，客观上突出了中欧经贸关系中的竞争面。其典型代表是2022年2月出台的《欧盟芯片法案》。欧盟通过投资430亿欧元提升其在尖端芯片行业的研发和产能，以期振兴欧盟芯片产业并提升全球竞争力。此外，欧盟正在制定的《关键原材料法案》要求建立从开采到提炼、加工和回收的全面储备。欧盟还于2022年10月通过“单一市场紧急工具”（SMEI）提出“危机干预权”，授权欧盟委员会在特殊情况下冻结成员国对商品和服务流通的限制，在生产、采购和监督战略储备的分配上发挥核心作用。

（三）通过对外战略和单边政策工具搞排他性贸易壁垒

欧盟逐渐偏离其支持多边贸易的立场，有选择性地加速建立和强化双边和多边贸易安排。为“降低对中国的单一依赖”，欧盟加速推进对亚太经济体的贸易多元化战略，2022年完成同新西兰的自贸谈判并重启与印度的谈判，并有意加快与东盟国家的谈判进程。为维护其芯片供应链稳定，欧盟还不断加强与台湾地区的经贸联系。同时，欧盟在2022年先后出台《关于企业可持续尽责指令的立法提案》《欧盟国际公共采购条例》《关于禁止在欧盟市场上使用强迫劳动产品的条例》《关于扭曲内部市场的外国补贴条例》等多项单边政策或法案，不断强化排他性的政策立场，形成新的技术性贸易壁垒。

（四）欧洲对华经贸政策受制于欧美协调

近年来欧美在G7、贸易与技术委员会（TTC）以及“中国对话”等机制性框架内加强了对话政策协调，尽管在乌克兰危机影响下欧美政策重心出现偏移，但美国仍在对华搞“小院高墙”

和“脱钩断链”等方面极力对欧洲施加影响。一些欧洲国家盲目跟随美国节奏，开始在舆论和政策层面渲染对中国市场的“过度依赖问题”。欧盟在论证其推出《关键原材料法案》的合理性时，就公开表明其目的是摆脱在稀土和锂等原材料上对中国的依赖。[①] 北约也以“中国试图控制关键基础设施、原材料和供应链”为由要加强对华安全防范。

四、地缘政治冲突影响中欧互信

乌克兰危机是第二次世界大战结束以来欧洲遭遇的最重大的地缘政治挑战，迫使欧盟转入危机应对模式，政策重点从实现疫后经济复苏转向应对地区冲突，安全关切不断上升并更加依赖美国。中欧对危机缘由的认识不同，采取的立场存在差异，双方政治互信受到冲击。部分欧洲舆论还追随美国炒作“中俄结盟”并将乌克兰危机与台湾问题相提并论，试图和美国搞所谓“印太战略对接”，对中欧关系的政治基础造成直接损害。

（一）中欧对乌克兰危机的认识和立场存在差异

危机爆发后，欧盟认为俄罗斯无视国际法和国家主权原则，其行动违背了1975年《赫尔辛基最后文件》和1990年《新欧洲巴黎宪章》充分阐述并由欧洲安全与合作组织加以制度化的“赫尔辛基模式”，破坏了主权平等、国家独立、尊重法治并致力于以和平方式解决争端的诸多原则。在中方表明对乌克兰危机要基

① Ursula von der Leyen, “2022 State of the Union Address by President von der Leyen”, *European Commission*, 14 September 2022, https://ec.europa.eu/commission/presscorner/detail/en/speech_22_5493.

于历史经纬和是非曲直作出独立判断并坚持客观、平衡立场后，欧方一度不满，向中方提出“谴责俄罗斯并参与对俄制裁”等不切实际的要求，随后又担心中国因与俄关系密切而向后者提供实质性支持并“破坏”西方对俄制裁。在4月举行的中欧峰会上，欧方片面地将乌克兰危机与中欧关系挂钩并向中方施压。同时，欧方对中俄关系的错误认识在美国渲染“中俄绑定”和“民主对抗专制”的影响下，扭曲上升为对中国的安全戒心，认为与俄罗斯将能源依赖“武器化”类似，“中国的增长正在被当作武器”，因此欧洲“不能再在没有地缘战略考虑的情况下实施对华政策”。[①]

（二）北约正式将中国纳入战略视野

在乌克兰危机的刺激和美国的主导下，北约作为一个主要关注大西洋两岸安全的军事组织，却首次将中国纳入其战略视野。2022年6月举行的北约“马德里峰会”首次将中国纳入“战略概念”文件，称中国的崛起“对西方安全、价值观和民主生活方式构成系统性挑战”。北约秘书长斯托尔滕贝格甚至试图将中俄绑定，渲染两国对“基于规则的国际秩序”构成挑战。虽然在北约《战略文件》制定进程中，欧洲国家表达过不同看法和反对意见，但最终结果表明，在对美国和北约安全依赖加大的背景下，欧洲国家被美国纳入其“对华竞争”战略轨道的趋势增强。

（三）欧盟插手亚太地区安全事务

自2021年9月出台“印太战略”以来，欧盟在与亚太国家合

---

① Norbert Röttgen, *Nie wieder hilflos! Ein Manifest in Zeiten des Krieges*, DTV, 24.05.2022.

作中更加突出安全议程。2022年年初，欧盟主办和印太国家外长之间的“印太合作部长级论坛”，未邀请中美参与。会议重点关注在欧盟“全球门户倡议”下如何解决安全与国防、数字连通性和全球挑战。欧盟试图将“协调海上存在”（coordinated maritime presence）概念扩大到印度洋西北部，提出“进一步支持印太地区稳定与安全，优化海军部署，促进欧洲行动的一致性，并促进与印太地区伙伴的信息交流与合作，包括通过开展联合海上演习和港口停靠。”等目标。[①] 欧盟还在其战略框架内提升了对所谓东海、南海和台海问题的关注，其动向将使地区安全形势进一步复杂化并影响到中欧关系的稳定性。

五、高层互动引领合作方向

尽管中欧关系在2022年遭遇多重挑战，但务实合作仍是双边关系主流，反对“脱钩”和“新冷战”仍符合双方共同利益，通过对话合作解决问题仍是双方共同坚持的相处之道，双方始终就国际、地区和双边关系的重大问题保持密切沟通。

（一）保持各层级对话机制畅通

为克服疫情等不利因素影响，中欧高度重视保持协商对话机制畅通。3月初习近平主席与法德领导人举行视频会晤，就乌克兰危机交换看法。4月初李克强总理以视频方式同欧洲理事会主席米歇尔、欧盟委员会主席冯德莱恩共同主持第二十三次中国-

① Council of the EU, “Coordinated Maritime Presences: Council Extends Implementation in the Gulf of Guinea for Two Years and Establishes a New Maritime Area of Interest in the North-Western Indian Ocean,” Press Release, 21 February 2022.

欧盟领导人会晤，为稳定中欧关系发挥了重要的引领作用。7月中第九次中欧经贸高层对话举行，双方围绕宏观经济、产业链供应链、贸易与投资、金融合作四个专题进行交流，就宏观经济政策协调、产业链供应链合作、世贸组织改革、扩大市场开放、中欧地理标志协定实施、动植物检验检疫、金融业双向开放和监管合作等达成一系列成果和共识。

（二）高层互动频繁且多样化

2022年适逢中国同马耳他、卢森堡、荷兰、德国和希腊等多个欧洲国家建交五十周年，与乌克兰、摩尔多瓦、克罗地亚建交三十周年，回顾合作发展历程，展望未来合作前景成为中欧领导人之间互致贺信的主题，为中欧关系注入历史积淀和延续性。同时，疫情也未阻断中欧双方的线下交往。年初习近平主席在冬奥会期间接待了来访的波兰总统杜达等多位欧洲国家领导人。9月中旬，国家副主席王岐山作为习近平主席的特别代表，赴英出席伊丽莎白二世女王葬礼。王毅国务委员也与欧洲多国外长进行经常性沟通。

党的二十大胜利举行后，中欧之间迎来了高层互动的高潮。11月初德国总理朔尔茨访华，成为疫情以来首位访华的西方大国领导人。11月中旬习近平主席在印尼巴厘岛参加二十国集团会议期间，密集会见法国总统马克龙、荷兰首相吕特、西班牙首相桑切斯和意大利总理梅洛尼。12月初，欧洲理事会主席米歇尔访华，是疫情以来中国和欧盟机构领导人首次线下会晤，体现了中欧关系的稳定性。习近平主席就中欧关系发展提出四点建议：一是要秉持正确认知；二是要妥善管控分歧；三是要开展更高水平合作；四是要加强国际协调合作。这一系列频繁的会见和访问，为中欧在新阶段增强合作提供了坚实基础，也为共同应对全球性挑战积累更广泛共识。

（三）在乌克兰问题上寻求共识

乌克兰危机对中欧关系产生复杂影响，双方就此保持了密切沟通。中方多次就乌克兰危机发表立场和声明，贡献中国智慧、提供中国方案。3月初习近平主席在同法德领导人举行视频峰会时提出“四个应该”的主张，包括各国主权、领土完整都应该得到尊重，联合国宪章宗旨和原则都应该得到遵守，各国合理安全关切都应该得到重视，一切有利于和平解决危机的努力都应该得到支持，系统阐释了中方立场。在与德国总理朔尔茨会谈时，习近平主席进一步提出“四个共同”的主张：共同支持一切致力于和平解决乌克兰危机的努力；共同反对使用或威胁使用核武器；共同确保全球产供链的稳定；共同为危机地区的平民过冬纾困。

（四）中欧关系重申共识明确方向

在高层互动的引领下，中欧关系正克服干扰重回务实合作轨道，稳定发展的方向更加清晰。德国总理朔尔茨访华前后明确反对与中国“脱钩”，呼吁中德中欧继续在“求同存异”基础上保持合作。欧洲理事会主席米歇尔访华时也表示愿本着相互尊重和坦诚的精神，同中方进行深入讨论，增进相互了解，促进对话合作，妥善处理分歧。欧盟愿做中方可靠、可预期的合作伙伴。习近平主席在会见欧方领导人时均强调，中国式现代化和欧洲一体化是中欧各自着眼未来做出的选择，双方应相互理解、相互支持。中方期待欧盟成为中国走中国式现代化道路的重要伙伴，共享中国超大市场机遇、制度性开放机遇、深化国际合作机遇。高层互动的积极定调为中欧关系下一阶段的发展指明了方向。

六、全球治理携手共进

中欧双方在维护以联合国为核心的国际秩序、共同践行真正的多边主义、共同维护世界和平与发展方面拥有高度共识。当前国际社会面临地缘政治冲突、经济体系动荡、气候、能源及粮食安全和公共卫生等诸多共同挑战，中欧合作比以往任何时候都具有必要性和紧迫性。在全球治理的多个方面，中欧的利益也在不断扩大。

（一）为全球经济注入稳定力量

在当前国际经济格局的震荡中，中欧双方在推动国际宏观经济协调，降低全球经济波动风险方面，需要发挥更突出的作用。中欧经贸合作不仅为中欧关系提供稳定器，也为世界经济提供强力支撑。习近平主席年初出席2022年世界经济论坛视频会议，发表题为《坚定信心，勇毅前行，共创后疫情时代美好世界》的演讲，提出四点倡议：携手合作，聚力战胜疫情；化解各类风险，促进世界经济稳定复苏；跨越发展鸿沟，重振全球发展事业；摒弃冷战思维，实现和平共处、互利共赢。并表示中国将坚定不移推动高质量发展，坚定不移推进改革开放，坚定不移推进生态文明建设，欧方高度评价习近平主席的演讲。双方在避免“脱钩断链”、避免世界出现地区经济集团化和新“经济冷战”方面也存在广泛共识。11月习近平主席在第五届中国国际进口博览会开幕式上，以视频方式发表题为《共创开放繁荣的美好未来》的致辞，表示中国将推动各国各方共享中国大市场机遇，推动各国各方共享制度型开放机遇，推动各国各方共享深化国际合作机遇。同期朔尔茨在来华访问期间也明确表示反对“脱钩”。12月中国务院副总理刘鹤在第五轮中国–欧盟工商领袖和前高官对话上发表书面致辞，双方就共同确保产业链供应链安全稳定可靠，共同反对搞“脱钩断链”、保护主义，共同反对把经贸科技交流政治化武器化，保持欧中长期健康稳定的经贸关系，继续保持目前稳中有增势头，为促进世界经济复苏发挥重要作用等方面有积极共识。欧盟委员会常务副主席兼贸易委员东布罗夫斯基斯也说：“欧盟和中国是重要贸易伙伴。正因为两个经济体的重要性，双方对共同应对全球经济和贸易挑战，如供应链的中断、全球粮食安全问题、最脆弱国家的债务减免和世界贸易组织改革负有共同责任”。[①]

（二）在气候变化、生物多样性等领域深化合作

在应对气候变化、减少温室气体排放方面，中欧有很多共同愿景，展现了共同的决心。9月国务委员兼外长王毅在出席联合国大会期间会见欧盟外交与安全政策高级代表博雷利及多位欧盟国家外长，推动双方年内开展经贸、绿色、数字、人文等领域的新一轮高级别战略对话。11月“欧盟–中国生物多样性基金–赠款框架协议”签约仪式在法国驻华大使馆举行。同月在《联合国气候变化框架公约》第二十七次缔约方大会（COP27）上，中国气候变化事务特使解振华致辞时表示，中国积极落实《巴黎协定》，进一步提高国家自主贡献力量，围绕碳达峰碳中和目标，有力有序有效推进各项重点工作，取得显著成效。12月联合国《生物多样性公约》第十五次缔约方大会（COP15）中，作为主席国的中国一直积极推动谈判取得进展，最终达成各方认可的妥

① 《欧盟和中国：稳定的全球经济是一项共同责任》，欧盟驻华使团，2022年7月19日。

协方案。事实上，自COP15第一阶段会议结束以来，中国利用联合国可持续发展高级别政治论坛、二十国集团环境与气候部长联席会议、第77届联合国大会高级别活动周、COP27生物多样性日等场合和时机，组织召开COP15重要议题交流会、高级别圆桌会等，与各国就推动第二阶段会议成功召开进行沟通协调，有效提振了COP15政治势头。① 欧方对此也给予高度肯定，欧盟驻华大使庞尧诲在会前就祝贺中国在第15届缔约方会议第二部分之前已经完成的令人印象深刻的工作，并保证欧盟将全力支持中国担任第15届缔约方会议主席的工作，争取促成到2030年保护全球30%的土地和海洋的目标（即“30 × 30目标”）。② 在捍卫气候多边规则、践行低碳承诺、对接双边节能减排战略方面，中欧一直保持密切磋商和积极合作态势。乌克兰危机引发的全球能源危机凸显了全球能源问题的困境，中欧作为利益攸关方，目前在重新界定能源安全，确保能源供应的可持续性可及性、监控能源价格波动并加强能源转型方面有共同关切。

（三）共同克服全球粮食安全问题的冲击

乌克兰危机加剧全球粮食安全问题，使中欧双方在推动粮食减损国际合作、呼吁全球粮食贸易开放、畅通国际粮食产业链供应链等多个方面享有广泛共同利益。中方提出的《全球发展倡议》，已经把粮食安全作为落实全球发展倡议的重点合作领域。

---

① 《COP15 进入最后冲刺，中国积极推动框架磋商受肯定》，参考消息网，https://news.china.com/international/1000/20221217/44119949.html，2022-12-24。

② 《欧盟驻华大使庞尧诲（Jorge Toledo）与中国生态环境部黄润秋部长就COP27（气候变化）和COP15（生物多样性）交换意见》，欧盟驻华使团，2022年11月9日。

2022年7月的二十国集团外长会上，王毅国务委员兼外长又进一步提出中方关于国际粮食安全合作的8点倡议，为解决当前世界粮食问题贡献中国智慧。欧方对此积极响应，法国总统外事顾问博纳表示，中方倡议可以同法方“粮食和农业韧性行动”倡议相互呼应，争取形成更多国际共识。[①]朔尔茨访华期间，也呼吁双方在粮食安全问题上开展合作，并邀请中国参与德方发起的“全球粮食安全联盟”。

七、结语

在国际形势的动荡中，中欧关系在2022年继续保持发展势头。作为维护世界和平的两大力量、促进共同发展的两大市场和推动人类进步的两大文明，中欧坚持互利共赢，符合中欧和国际社会的共同利益。尤其是在当前国际格局加速演化、全球治理问题突出的情况下，双方合作具有不可替代的重要性。国际形势越动荡，全球挑战越突出，全球经济越不稳定，就越需要中欧积极合作为世界注入稳定性和确定性，中欧关系的世界意义就越发凸显。中欧合作有着坚实的民意基础、广泛的共同利益和相似的发展目标。只要双方本着求同存异、开放包容、互利共赢的精神，就能找到增进利益、化解分歧的合作之道，中欧关系就能稳中求进、行稳致远。

（中国国际问题研究院欧洲研究所助理研究员　许钊颖）

① 《王毅同法国总统外事顾问博纳通电话》，中国政府网，2022年7月18日，http://www.gov.cn/guowuyuan/2022-07/18/content_5701637.htm。

第二十六章

中日关系：校准方向　直面挑战

2022年是中日邦交正常化50周年。中日两国领导人在时隔三年之后首次面对面会晤，就稳定和发展双边关系达成五点重要共识，为中日关系指明了方向。同时，百年变局、世纪疫情与乌克兰危机叠加冲击下，日本对华政策中的消极因素空前突出。在中日关系承前启后的关键时期，两国应立足邦交正常化初心，顺应地区与世界发展大势，深化互利共赢，加强相互理解，妥善管控分歧，共同推动两国关系回稳改善。

一、主要进展

2022年，以中日邦交正常化50周年为契机，两国克服疫情等因素影响，高层交往、各层级交流及人文沟通均呈现回暖态势。

（一）高层交往擘画中日关系未来方向

中日领导人时隔三年再度会晤并达成五点共识，体现出中日双方对发展契合新时代要求的中日关系的强烈愿望，为两国关系注入“强心针”。11月17日，习近平主席在曼谷会见日本首相岸田文雄。习近平主席指出，中方愿同日方一道，从战略高度把握好两国关系大方向，构建契合新时代要求的中日关系。习近平强调，历史、台湾等重大原则问题涉及两国关系政治基础和基本信义，必须重信守诺、妥善处之。中国不干涉别国内政，也不接受任何人以任何借口干涉中国内政。双方一致同意，保持高层交往和对话沟通，增进政治互信，推进务实合作，扩大人文交流，加强国际地区事务协调合作，共同致力于构建契合新时代要求的稳定和建设性的中日关系。[①] 双方团队经过磋商，就稳定和发展双边关系达成五点共识，明确中日关系的重要性没有变，也不会变，并指出双方将共同恪守中日四个政治文件原则，践行"互为合作伙伴、互不构成威胁"的政治共识；尽早举行新一轮中日经济高层对话；尽早举行新一轮中日高级别人文交流磋商机制会议；加强防务、涉海部门对话沟通；加强国际地区事务协调合作，努力应对全球性挑战。[②]

两国领导人共同纪念中日邦交正常化五十周年。9月29日，习近平主席、李克强总理分别就中日邦交正常化50周年同日本首相岸田文雄互致贺电。习近平主席指出，50年来，在两国政府和两国人民共同努力下，双方先后达成四个政治文件和一系列重要共识，各领域交流合作不断深化，给两国和两国人民带来重要福祉，也促进了地区乃至世界和平与发展。李克强总理表示，中方愿同日方一道，致力和平友好共处，维护两国关系政治基础，深化各领域交流合作，妥善管控矛盾分歧，推动中日关系以邦交正常化50周年为新起点，持续健康稳定前行。岸田文雄表示，日方

① 《习近平会见日本首相岸田文雄》，新华网，2022年11月18日，http://www.news.cn/politics/leaders/2022-11/18/c_1129137822.htm。

② 《中日双方就稳定和发展双边关系达成五点共识》，新华网，2022年11月18日，http://m.news.cn/2022-11/18/c_1129137848.htm。

愿同中方一道，着眼下一个50年，推动构筑建设性、稳定的日中关系，共同促进两国、地区和世界的和平与繁荣。[①] 9月22日，李克强总理在同日本经济界代表举行高级别视频对话会时表示，50年前，两国老一辈领导人以长远战略眼光和巨大政治勇气，作出实现邦交正常化的重大政治决断。展望未来，双方要致力和平友好共处，恪守中日四个政治文件确立的各项原则，客观理性看待对方发展，推动中日关系行稳致远。[②]

（二）中日各层级开展充分坦率沟通

中日举行第九次高级别政治对话。8月17日，中共中央政治局委员、中央外事工作委员会办公室主任杨洁篪在天津同日本国家安全保障局长秋叶刚男共同主持中日第九次高级别政治对话。杨洁篪表示，面对世界复杂形势，中日关系的地区和全球意义更加凸显。和平共处、友好合作是中日两国关系唯一正确选择。台湾问题事关中日关系政治基础和两国间基本信义。

中日外长举行视频会晤。5月18日，国务委员兼外长王毅同日本外相林芳正举行视频会晤。双方表示，在两国邦交正常化五十周年之际，双方应不忘邦交正常化初心，共同落实两国领导人就推动构建契合新时代要求的中日关系达成的重要共识，致力于发展建设性、稳定的双边关系，夯实两国关系的政治基础，深挖两国合作潜力。针对日方在台湾等涉及中国核心利益和重大关

---

① 《习近平同日本首相岸田文雄就中日邦交正常化50周年互致贺电　李克强同岸田文雄互致贺电》，新华网，2022年9月29日，http://www.news.cn/2022-09/29/c_1129041087.htm。

② 《李克强同日本经济界代表举行高级别视频对话会》，新华网，2022年9月22日，http://www.news.cn/politics/leaders/2022-09/22/c_1129024484.htm。

切的问题上出现的消极动向，王毅指出，希望日方汲取历史教训，恪守承诺，遵守两国间基本信义，不让试图破坏中日关系的势力坐大，与中方一道维护好邦交正常化50年来取得的宝贵成果。日美双边合作不应挑动阵营对抗，更不应损害中方的主权、安全和发展利益。

中日开展海洋事务高级别磋商机制第十四轮磋商。11月22日，中日两国外交部门以视频方式共同主持海洋事务高级别磋商机制第十四轮磋商。两国国防、环保、资源、交通等多个政府部门派员参加。双方一致同意认真落实两国领导人曼谷会晤达成的重要共识。在回顾总结该机制成立十年来发挥的重要作用基础上，双方确认尽早建成启用中日防务部门海空联络直通电话，加强海上执法、海上搜救、海洋环保、海洋科研等领域的合作交流，通过谈判磋商解决渔业领域存在的问题，全面落实《中日渔业协定》，为把东海建设成为和平、合作、友好之海做出积极努力。

此外，6月12日，国务委员兼国防部长魏凤和与日本防卫大臣岸信夫在新加坡香格里拉对话会期间举行会晤，就乌克兰危机、台湾问题等内容交换意见。11月28日，中日第八轮企业家和前高官对话以线上方式举办，李克强总理为大会视频致辞。12月23日，中共中央对外联络部部长刘建超同日本公明党党首山口那津男举行视频通话，就中共二十大情况、落实两国领导人共识、加强两国执政党交流等问题交换意见。

（三）中日人文交流有所回暖

两国各界纪念邦交正常化五十周年。9月12日，中国驻日本大使馆和日本经济团体联合会共同主办主题为“不忘初心、开创未来”的纪念中日邦交正常化50周年研讨会，中国社科院和日本日中友好七团体分别协办。两国外长分别在研讨会开幕式上发表视频致辞。国务委员兼外长王毅就构筑契合新时代要求的中日关系提出“践信守诺、着眼大局、深化合作、加强引导、顺应大势”五点看法。[①] 中国驻日使领馆、日本驻华使领馆、两国地方政府、媒体、高校及科研院所等机构及中国人民对外友好协会、中日友好协会等友好团体，总计举办学术讲座、交流研讨、艺术展览、文体赛事等各类纪念活动上百场，共同庆祝邦交正常化五十周年。

中共二十大会议成果引起日本各界密切关注。日本政学界、经济界友好人士高度评价中国过去十年的辉煌成就，认为二十大会议成果具有重大意义。日本前首相鸠山由纪夫表示，中国强调“中国式现代化”令人赞赏，中国提出构建人类命运共同体理念和共建“一带一路”倡议，维护国际社会的公平与正义，倡导和践行真正的多边主义。日本前首相福田康夫表示，期待日中两国携手成为构建人类命运共同体的中坚力量。

二、严峻挑战

乌克兰危机与新冠疫情双重冲击背景下，日本对自身在未来国际格局与秩序中的地位高度敏感，“制衡中国”已成为日本整体外交的重要目标。总体上看，岸田政府在对华政策上仍采取战略上竞争对抗为主、战术上缓和谋稳为辅的“两手”策略，企图通过“精细化管理”，既寻求加强对华遏制，提升自身影响，又期

---

① 《王毅就构筑契合新时代要求的中日关系提出五点看法》，中华人民共和国外交部网站，2022年9月12日，https://www.fmprc.gov.cn/web/wjbzhd/202209/t20220912_10765252.shtml。

待维系中日经贸往来，确保实际收益。2022年初，岸田文雄在日本众议院发表就任首相以来首份施政方针时表示，在处理对华关系时，既要“直言不讳、强力敦促中国采取负责任的行动”，也要“在共同关心的问题上进行合作”。[①]

实践上，日本在台湾问题、涉疆问题、涉海问题等重大敏感领域不断对华示强，战略上倒向美国的趋向更加明显。日方的频繁消极动向激化了中日之间既有的矛盾摩擦，冲击中日两国邦交正常化以来的互信基础，使中日关系面临空前严峻挑战。

（一）以“价值观外交”旗号干涉中国内政

持续置喙台湾问题。岸田政府延续菅义伟政府在台湾问题上的错误动向，继续试探突破中日此前围绕一个中国达成的基本政治共识，加大力度配合美国“以台制华”，提升台湾“国际存在感”，并以“台海有事”为借口加紧推动扩武强军。2022年，日美首相多次会晤及两国外交安保“2+2”会谈均发表联合声明，反复炒作台湾议题，强调“台湾海峡和平与稳定的重要性”，并增加“促进两岸问题的和平解决”表述，为“台独”分子“渐进和平谋独”张目。[②] 乌克兰危机爆发后，包括岸田文雄在内的日本各种政治势力频繁将台湾与乌克兰不当类比，渲染“今日乌克兰即是明日东亚”，将台湾问题与所谓“国际秩序”“地区现状”挂钩，意图制造欧亚安全问题联动，将两岸“现状”固定化、正当化。以前首相安倍晋三为代表的保守右翼更是公然宣称“台湾

① 首相官邸「第二百八回国会における岸田内閣総理大臣施政方針演説」、2022年1月17日、https://www.kantei.go.jp/jp/101_kishida/statement/2022/0117shiseihoshin.html。

② 外務省「日米安全保障協議委員会（『2+2』）共同発表」、2022年1月7日、https://www.mofa.go.jp/mofaj/files/100284738.pdf。

有事即日本有事”“日本将与美国一道介入台海危机”。2022年3月，安倍与台湾地区领导人举行所谓“视频会晤”，表示支持台湾加入“全面与进步跨太平洋伙伴关系协定”（CPTPP）。日本议会、政党与台“立法院”议员频繁交流互动，以视频方式举办首次“台日安保论坛”，年内多位日本政坛重量级人物组团窜访台湾。安倍遇袭身亡后，日本保守势力与岛内“台独”分子勾连，借葬礼机会增加台湾“国际存在感”。日2022年《防卫白皮书》涉台内容篇幅较往年显著增加，妄称台湾是“日本极其重要的合作伙伴”“台湾地区局势的稳定对日本至关重要”。美众议院议长佩洛西窜台后，日本伙同七国集团其他成员及欧盟就台湾问题发表混淆是非、颠倒黑白的“外长声明”，无理指责我反制行动。日本不断以“切香肠”方式，试探性推进有关台湾问题政策冒险举动，使中日关系面临实质性恶化的风险。

在人权问题上对中国抹黑污蔑。岸田政府将“人权外交”作为“价值观外交”的重要一环。2022年1月，日本外相林芳正在国会演讲中妄称，“日本政府对香港局势和新疆维吾尔自治区人权状况表示严重关切。”[①] 2022年2月及12月，日本国会众参两院先后拼凑涉新疆等抹黑中国人权的“决议案”，妄议“新疆、西藏、内蒙古、香港”等地“严重人权状况”。[②] 日美首脑会晤及日美“2+2”会谈均对中国人权加以抹黑污蔑。日本的“人权政治化”

① 外務省「第208回国会における林外務大臣の外交演説」、2022年1月7日、https://www.mofa.go.jp/mofaj/fp/pp/page3_003189.html。

② 衆議院「新疆ウイグル等における深刻な人権状況に対する決議案」、2022年2月1日、https://www.shugiin.go.jp/internet/itdb_annai.nsf/html/statics/topics/ketugi220201-1.html。参議院「新疆ウイグル等における深刻な人権状況に対する決議」、2022年12月5日、https://www.sangiin.go.jp/japanese/gianjoho/ketsugi/210/221205.html。

操作置国与国相处之道于不顾，使中日关系遭遇新的政治壁垒。

（二）炒作涉海问题对华施压

在钓鱼岛及东海问题上罔顾事实、挑衅滋事。岸田政府上台后，继续妄称“钓鱼岛是日本固有领土”，[①] 并借乌克兰危机背景，在双边、多边场合多次污蔑中国“进攻”钓鱼岛周边日本“领海”，炒作“中国威胁”“东亚安全形势严峻”。2022年8月，为反制佩洛西“窜台”挑衅，中国在台海周边举行军事演习，日罔顾中日双方在相关海域尚未划界事实，诬指我导弹落入其“专属经济区”，破坏中日关系大局。

肆意歪曲中国在南海的正当海洋维权行动。作为南海域外国家，日本在双边、多边场合多次表示对南海局势的“关切”，无理指责中国在南海的维权活动“持续加剧地区紧张态势”，挑拨中国与南海当事国之间关系，意图以“两海联动”助力其在中日东海争议中取得优势。2022年6月，岸田文雄在香格里拉对话上妄称中国应接受2016年“南海仲裁结果”。7月12日，日本外务省专门发表“关于南海问题仲裁裁决六周年的外务大臣谈话”，对中国拒绝承认上述非法、无效的所谓“仲裁裁决结果”的正当立场横加指责，将“仲裁结果”与“以国际法为基准的基本国际价值”挂钩，诬指我“企图用实力与威慑单方面改变现状”。[②]

（三）运筹“日美+X”同盟关系遏制中国

加强日美同盟对华针对性。拜登政府上台后，日本判断美将

① 外務省『外交青書2022』、第39—40頁。

② 外務省「南シナ海に関する比中仲裁判断発出から6年を迎えて（外務大臣談話）」、2022年7月12日、https://www.mofa.go.jp/mofaj/press/danwa/page1_001222.html。

长期聚焦中美战略竞争，且短期内将更多倚重盟友帮扶实施对华博弈，不致回归“美国优先”或再度实施“越顶外交”。为此，日加强“联美制华”，通过积极配合美国在安全、外交及经济领域展开对华博弈，交换美认可其“对等盟友”与“地区秩序支柱”地位，为其“自由开放印太”口号背书。同时，日在东海、台海及南海问题上展现出空前的强硬对抗姿态，以确保拴留美国深度介入西太平洋局势。2022年，日美首脑多次会晤及“2+2”会谈频繁提及涉华内容，多角度渲染“中国威胁”，无端指责中国“损害基于规则的国际秩序”，还在乌克兰危机问题、“核透明度”等问题上对中国施压。2022年9月，日美防长会议提出将为维护“自由开放印太”推进“同盟现代化”，加强所谓“综合威慑力”，并为维护“台海和平稳定”进行“密切的无缝合作”，美表示支持日“彻底强化包括‘反击能力’在内的防卫力量”，共同遏制中国。2022年11月，日本自卫队与驻日美军举行“利剑–23”大规模多兵种联合军演，首次在实战化演习中设立日美联合指挥部，演习地点首次包括中国台湾附近的与那国岛。

依托美盟友体系拓展遏华合作半径。岸田政府高度重视“多样化的安全网络”，在美助力及牵引下积极强化与英、法、德等欧洲国家及韩、澳、印与部分东南亚国家合作，共推“自由开放印太”，试图笼络“志同道合国家”共同组建对华战略联盟。岸田文雄在参加七国集团峰会及东亚峰会期间，两度突破惯例，公然在台海、钓鱼岛、东海、南海等问题上点名污蔑攻击中国“侵害日本主权”“单方面改变现状”。美日澳印四国首脑于日本举行第二次线下会晤，声言“反对任何改变印太地区现状的单边行动”，暗指中国。日本加紧将北约势力引入亚洲，2022年6月，岸田成为出席北约年度峰会的首位日本首相。2022年11月，日正式加入北约合作网络防御卓越中心。日澳、日英分别于2022年

1月及12月正式签订《互惠准入协定》，确立军事上的“准同盟”关系。

（四）推动“经济安全保障”，为中日经济合作带来不确定性

岸田政府推出《经济安全保障推进法案》，致力于将经济安保纳入国家安全保障战略范畴。日支持美国针对中国的科技竞争，意图通过“小院高墙”确保西方国家在经贸科技新秩序中的优势地位，将中国锁定在产业链的低端层次，提升日本“战略上的不可或缺性”。为此，日与美新设“经济版2+2”对话机制。日本积极加入美国主导的“印太经济框架”与“芯片四方联盟”（Chip4），并寻求与“共享价值观”国家构建“有韧性的可信供应链”；同时，日亦在设法摆脱其现有供应链对中国的多领域依赖，防范中美博弈形势恶化后遭到中国“经济打击”。2022年11月，日本经济安保有识者会议划定11个领域的“特定重要物资”，其中蓄电池、重要矿产等5个领域“原材料高度依赖中国”，日本政府拟拨出1万亿日元预算，为上述领域的供应链断裂预做准备。相关政策影响下，日本企业对华观望心理强烈，部分企业不再愿意新增对华投资，半导体领域企业对华销售预期明显收缩。2022年是《区域全面经济伙伴关系协定》开局之年，但中日双边贸易未有明显增长，且总额已被同期中韩贸易总额反超。1—10月，中国自日进口额较去年下降6.5%。[①]

① 《2022年10月进出口商品国别（地区）总值表（人民币）》，中国海关总署，2022年11月18日，http://www.customs.gov.cn/customs/302249/zfxxgk/2799825/302274/302277/302276/4686742/index.htm。

（五）“反华惯性思维”冲击中日关系社会基础

近年来，日本保守政治势力将对华示强、炒作“中国威胁论”等手段作为国内政治工具，借以推动强军修宪的国内议程。2022年7月日本参议院选举期间，自民党在竞选活动中炒作所谓中国持续“入侵日本领海”，并由此要求将防卫费提升到GDP的2%。2022年12月，日本政府出台新版《国家安全保障战略》《国家防卫战略》及《防卫力量整备计划》，将中国定位为“迄今最大战略挑战”。[①] 相关论调恶化了中日关系的整体气氛，形成“反华政治正确”，使日本政界“知华派”及经济界人士缓和改善对华关系的意愿受到掣肘。部分以往对中国认识较为客观的学者对华看法也转向消极强硬。[②] 舆论调查结果显示，两国国民情绪持续对立。2022年度中国外文局与日本民间智库“言论NPO”共同实施的调查结果显示，有87.3%的日本受访者对中国印象“不好”，中国受访者对日本印象“不好”或“相对不好”的比例为62.6%，持续处于较高水平。另据2022年3月日本外务省的舆论调查，61.6%的受访者认为应采取更强硬措施应对中国“入侵日本领海”。2022年7—8月，“言论NPO”进行的舆论调查结果显示，对当下中日关系持肯定态度的日本受访者仅占6.1%，67.1%的受访者不知2022年是中日邦交正常化50周年。

① 国家安全保障会議「国家安全保障戦略」、2022年12月16日、https://www.mod.go.jp/j/approach/agenda/guideline/pdf/security_strategy.pdf。

② 吴怀中：《“同盟困境”管理与日本对华关系变迁》，《日本学刊》2022年第5期。

三、思考与展望

中日邦交正常化五十年来，两国实现睦邻友好相处，各领域务实合作取得丰硕成果，共同推动了亚洲的发展振兴。推动下一个五十年的中日关系沿着正确轨道健康稳定发展，要求双方汲取历史经验，克服消极因素，不断相向而行，为两国关系持续注入新动力。

（一）创新思路，探索面向未来的相处之道

中日同为世界主要经济体，两国关系走向将对地区乃至世界格局的发展演变产生重要影响。邦交正常化五十年来，双方先后达成1972年《中日联合声明》、1978年《中日和平友好条约》、1998年《中日联合宣言》及2008年《中日关于全面推进战略互惠关系的联合声明》四个政治文件，近年来，双方又达成了处理和改善中日关系四点原则共识、“构建契合新时代要求的中日关系”等一系列重要共识，这些文件与共识构成了两国关系的政治基础与纲领准则。新形势下，中日两国须不忘初心、以信相交，也要着眼长远、顾全大局，从战略高度把握中日关系的正确方向。

一是着力弥补两国在政治安全领域的互信短板。中日是搬不走的邻居，两国关系和平稳定发展是保证两国及地区人民福祉、符合两国长远根本利益的唯一正确选择。双方应客观理性看待彼此发展，切实践行“互为合作伙伴、互不构成威胁”的共识，牢记“安全不可分割”原则，防范安全上的集团对抗为地区安全带来负面影响。

二是管控双边关系中的消极因素。在历史、台湾等重大敏感问题上，必须敦促日本信守承诺，铭记历史教训，避免“以台制

华”“联美制华”等战略误判将两国关系推向深渊。在涉及钓鱼岛及东海问题上，在做好危机管控同时，应加强对日本政界、知识界及世界各国公众的高质量针对性交流，明确钓鱼岛“主权属我”、日方“购岛”打破双方“搁置争议”共识的基本事实及钓鱼岛问题发展至今的历史渊源，力求廓清谣言，防范日国内保守势力借此煽动民意、绑架中日关系，影响两国关系发展大局。

三是要使中日关系适应国际环境发展变化与时代潮流。中日作为地区和世界重要国家，应顺应多极化、全球化、文明多样化的历史大势，践行开放的多边主义，共同维护亚洲的和平稳定。中国深耕地区外交，与周边国家互信共进，亦将有利于带动中日关系向好发展。

（二）深化务实合作，实现更高水平的互利共赢

50年来，中日务实合作产生了巨大的经济社会效益。疫情冲击下，两国经济高度相互依存、优势互补的特点更加凸显，两国之间的利益纽带展现出强大韧性。未来，中日两国可在以下领域提升合作。

一是加强发展需求和发展战略对接。中国已进入新发展阶段，正在以高质量发展推进中国式现代化。日本也提出兼顾增长与分配的“新资本主义”经济理念。围绕数字经济、绿色发展、医疗养老、第三方市场合作等领域，两国合作提质升级、拓展新局有着广阔前景。

二是共同维护稳定开放包容的区域经济合作环境。中日同为经济全球化、亚洲区域一体化的受益者，应共同维护区域产业链供应链稳定畅通，努力排除“泛安全化”“泛政治化”等外来扰动，防止亚洲经济出现互不联通的“平行体系”，充分利用《区域全面经济伙伴关系协定》生效对区域贸易投资的积极影响，共

同巩固拓展《区域全面经济伙伴关系协定》机制和功能，使之成为推动及协调亚太地区其他现存合作机制的动力源，并在地区经济合作中加强规则塑造，力求早日在中日韩自贸协定、《全面与进步跨太平洋伙伴关系协定》等高水平经贸协定框架下实现合作。

三是共同应对全球性挑战。作为世界第二、第三大经济体，中日在应对世界经济动荡风险、全球气候治理、新型传染病防控等问题上有着不可忽视的影响和不能推卸的责任。两国应加强相关领域的联合研究、政策协调与共同行动，携手应对全球“治理赤字”，以公共产品为世界注入正能量。

（三）加强民间沟通，塑造新时代和平友好民意基础

“亲仁善邻，国之宝也。”中日地理相近、人文相通，民间交流源远流长。新形势下，两国应在继承弘扬中日和平友好传统前提下，与时俱进，以客观理性的相互认知为基础，促进民心相通，为两国关系塑造积极友善的舆论氛围。

一是坦诚交流，求同存异。中日在政治制度、社会制度、意识形态上存在差异，五十年来两国社情民意均发生巨大变化，两国对未来国际秩序走向的看法也有所不同。双方应全面准确把握对方最新情况，在相互尊重基础上形成理性的相互认知。

二是拓展交往渠道。随着疫情形势变化，两国应逐渐恢复和加强各层级、多领域沟通对话，开展政府、政党、议会、地方、学界、媒体等各渠道交往交流，立体化沟通交流，促进相互理解。

三是着眼长远，积极开展青少年交流。相较于其他年龄层，两国青年对彼此国家印象更佳，对中日关系未来发展也更为乐观。中日关系的未来寄托于年轻一代。两国青年的友好交往，有

望成为新时期中日民间友好的新动力。

四、结语

知天命之年的中日关系，面临着不进则退的十字路口。国际环境深刻变迁之下，两国应牢记老一辈政治家的复交初心，校准中日和平友好合作的大方向，理性应对各种挑战与分歧，以两国关系的平稳健康发展为地区与世界的和平稳定繁荣做出更大贡献。

（中国国际问题研究院亚太研究所副研究员　孙文竹）

第二十七章

中印关系：逐步恢复　稳中有进

2022年，中印关系整体出现积极势头，取得一些重要进展。习近平主席向穆尔穆总统致就职贺电，两国领导人共同出席金砖、上合组织、二十国集团和东亚峰会。两国外长就改善双边关系多次深入沟通。两国在加南达坂一线军队完成脱离接触。双边贸易额继续快速增长，人文交流逐步恢复。此外，两国还在各种多边机制下为促进全球治理和维护发展中国家利益进行了协调合作。

一、政治沟通保持稳定

中印实现了较为密切的高层交流。7月25日，习近平主席致电德劳帕迪·穆尔穆，祝贺其就任印度总统。习近平指出，中印两国互为重要邻国，一个健康稳定的中印关系符合两国和两国人民根本利益，也有利于本地区和世界和平、稳定、发展。习近平主席愿同穆尔穆总统一道努力，增进政治互信，深化务实合作，妥善处理分歧，推动中印关系沿着正确轨道向前发展。

3月25日，国务委员兼外交部长王毅对印度进行工作访问。访问期间，王毅分别与印度国家安全顾问多瓦尔、外长苏杰生举行会晤。双方表达了改善双边关系的积极意愿，再次确认恢复边境地区和平安宁符合两国共同利益，在重大国际和地区问题上两国有着相同或相似立场。在会见多瓦尔时，王毅提出了发展中印关系的三点思路：一是要以长远眼光看待双边关系，二是要以共赢思维看待彼此发展，三是以合作姿态参与多边进程。苏杰生在会见王毅时表示，印度没有改变对中国重要性的战略判断，愿同中方加强沟通、增进互信，使双边关系尽早走出低谷，持续推进两国务实合作。

此次访问具有多方面的积极意义。一方面，它有助于营造双方相向而行的政治氛围，推动双方逐步恢复高层往来。这是2020年中印边境冲突以来，中国官员对印度的最高级别访问，体现了双边关系改善的意愿。另一方面，它有助于进一步缓和中印边境的紧张形势，为后续边境管控提供政治引领。双方肯定了两国军队实现边境西段大部分地区脱离接触的成果，确认要在脱离接触基础上实现常态化管控，采取有效措施防止误解误判。

7月7日，王毅在巴厘岛出席二十国集团外长会期间再次会见苏杰生。苏杰生表示，3月会晤以来中印在维护边境稳定、推动务实合作和便利人员往来等方面取得积极进展，印方愿同中方共同努力，合作推进关系改善进程，将两国领导人的共识和愿景转化为现实。

双边对话机制运转顺畅。5月31日和10月14日，中印边境事务磋商和协调工作机制第24次和第25次会议以视频方式举行。双方就中印边境地区局势坦诚深入交换意见，充分肯定此前外交军事沟通取得的成效，同意认真落实两国领导人和外长达成的重要共识，采取措施进一步缓和边境局势，推动边境局势由应急处置状态向常态化管控迈进。

5月18日，中印跨境河流专家级机制第十三次会议以视频方式举行。双方共同回顾了2019年至2021年以来中方向印方报汛情况、印方对中方所提供汛期水文信息的应用情况，并就朗钦藏布—萨特莱杰河报汛事宜进行了深入沟通。2021年，中方从人道主义和中印友好出发，在双方尚未续签朗钦藏布—萨特莱杰河报汛谅解备忘录的情况下，如期向印方提供汛期水文信息，充分体现了中方秉持的人类命运共同体理念，以及高度重视下游国家人民生命财产安全的负责任态度。印方对中方为中印跨境河流合作所做的努力表示感谢，认为中方提供的跨境河流汛期水文信息对下游地区提高洪水预警预报能力、保护人民生命和财产安全发挥了重要作用，是中印双方增进互信、深化合作的重要举措。

二、边界问题取得积极进展

年内，中印两军举行四轮军长级会谈，成果是积极和建设性的。1月12日，中印两军在莫尔多/楚舒勒会晤点举行第十四轮军长级会谈，两国国防、外交部门代表参加。双方继续就推动中印边界西段实控线地区有关问题的解决坦诚深入交换意见。会议成果可以总结为四个“双方同意”：同意遵照两国领导人指引，尽快解决剩余问题；同意持续巩固已有成果，采取有效措施，保持包括冬季在内各时段西段地区局势安全稳定；同意继续保持军事和外交渠道沟通，通过对话协商尽快达成双方都能接受的解决方案；同意尽快举行下一轮军长级会谈。3月11日、7月17日和12月20日，中印两军又在莫尔多/楚舒勒会晤点举行了第十五、十六和十七轮军长级会谈。第十六轮军长级会谈中双方以建设性和前瞻性方式继续探讨推动解决中印边界西段实控线地区有关问题，并达成多项共识：坚持政治引领，切实落实两国领导人重要共识；着眼把握大局，推动两国关系保持恢复势头；有效管控分歧，在问题解决前要切实维护边境地区的安全稳定；保持沟通对话，尽快达成双方都能接受的解决方案。根据上述共识，中印两军位于加南达坂一线部队随后同步有计划组织脱离接触。这是双方通过外交军事各层级磋商谈判解决有关边境事态取得的成果，有利于促进边境地区和平安宁。

此外，中印军队也在第三方框架下进行了联合演习。9月1日至7日，由俄罗斯主办的“东方–2022”战略指挥演习在俄东部军区举行。除俄罗斯外，还有中国、印度、白俄罗斯、塔吉克斯坦、蒙古国、阿尔及利亚等国参加演习，总人数达到5万多。此次演习，中国军队派出2000余名官兵参演，共出动车辆（装备）300余台、固定翼飞机和直升机21架、舰船3艘。这是中国军队第4次派部队参加俄军年度战略演习，也是首次同时派出陆海空三军参加联演，首次同时组织空航陆航力量境内部署、跨境演练，并且首次派出海军舰艇赴日本海方向协同演练。[①] 印军则派出陆军第8廓尔喀步枪团第7营为代表，主要目的是加强与其他参演国军队在陆战中的互动和协调。

三、经济合作势头良好

中印贸易保持了快速增长。尽管受到逆全球化加剧、贸易保护主义抬头、新冠疫情冲击等众多不利因素的影响，中印双边贸易仍逆势上扬。中国海关总署公布的数据显示，2022年1月至9月，中印双边贸易总额达到1036.3亿美元，同比增长14.6%。其中，中国对印度出口攀升至896.6亿美元，同比增长31%。中国

① 《“东方–2022”演习中方参演部队亮点纷呈》，中国军网，2022年9月6日，https://81.cn/jfjbmap/content/2022-09/06/node_5.htm。

保持了印度第一大贸易伙伴的地位，印度也是中国在南亚最大的贸易伙伴。[①]

中印贸易势头越来越好，有其深层次的客观和主观原因。客观上，由于中国与印度的资源禀赋差异，双边贸易结构呈现较强互补性。中国对印出口的主要商品已经从劳动密集型转向资本技术密集型，印度对华出口商品则以资源密集型和劳动密集型为主。中印双边产业间贸易和产业内贸易都有相当大的增长空间。主观上，中印商贸人士对扩大双边贸易充满热情。他们克服疫情带来的重重困难，千方百计为中印贸易发展开辟通道、创造条件。4月2日，陆海新通道中缅印国际联运班列（重庆—仰光—印度洋）在重庆铁路集装箱中心站首发；5月12日，重庆至新德里的货运航线正式开通；5月17日，重庆跨境公路班车出发，其货物经仰光换乘海船驶往目的地孟买。为中国西部地区通往缅甸、印度的国际物流打开新的陆海通道，将有效弥补重庆前往南亚方向的货运运力缺口，维护地区产业链供应链稳定。8月9日，搭载107名印度客商的中国南方航空CZ5266的航班从新德里飞往杭州，这是全国首个印度外商来华商务包机。这些印度客商和后续赴华的印度企业积极参加了第五届中国国际进口博览会。中印商贸人士还组织参与各种交流活动。3月23日，以“新挑战　新机遇　新应对”为主题的孟中印缅商务论坛在昆明举行，论坛还同期举办了孟中印缅商务理事会工作会议。9月2日，西孟邦商工会在加尔各答举办“中印贸易关系”专题交流会，在印中企踊跃参加。

同时也应看到，中印经济合作的发展仍面临印度营商环境带

① 2022年1—9月数据来自中国海关总署统计资料，http://www.customs.gov.cn/。

来的不利影响。2022年，印度有关部门对中国企业和中国产品实施打压的事件仍然时有发生。vivo、OPPO、小米、华为、中兴等在印中国企业多次被印度税务局、财政部和商务部等政府机构以“涉嫌逃税”“洗钱”“错误使用关税豁免”等名目进行不公正处罚。2月，印度内政部以“对印隐私和安全构成威胁”为由，“建议”封禁54个中国手机应用程序，涉及腾讯、阿里巴巴、网易等中企。

事实证明，中印深化经济合作符合两国的共同利益。中国企业对印投资涵盖诸多领域，包括家用电器、工程机械、汽车、手机、医药等，中国企业在印承建基础设施项目，为印度当地创造了大量就业机会，为印度经济社会发展做出了贡献。据多个权威国际机构预测，2030年中国国内生产总值（GDP）将达到30万亿美元左右，印度GDP将达到8.4万亿美元，成为世界第三大经济体，[①] 中印两国未来经贸合作还有巨大潜力，只要友好合作，就可以相互成就。为了共同的利益，印度须改善营商环境，公平、透明、非歧视地对待中国企业，给两国进一步扩大经贸交流创造条件。

四、人文交流逐渐恢复

近年来，瑜伽和电影一直被视为中印人文交流的两大热点领域，新冠疫情虽然给交流造成了一定影响，但并未减少两国人民的热情。6月21日是第八个国际瑜伽日，中国多地举办了中印交

① Nicolas Rapp and Brian O’Keef, *This Chart Shows How China Will Soar Past the U.S. to Become the World’s Largest Economy by 2030*, FORTUNE, January 31, 2022, https://fortune.com/longform/global-gdp-growth-100-trillion-2022-inflation-china-worlds-largest-economy-2030/.

流活动。其中规模最大的是昆明举办的2022年国际瑜伽日暨中印人文交流系列活动，主题是“瑜伽为媒　文明互鉴　中印携手　民心相通”。主要活动包括中国武术和健身瑜伽表演，国内外50余名专家学者通过“线上+线下”的方式参加中印人文交流主论坛以及三个平行分论坛，“不可思议的印度”线上摄影展等。主办方之一的云南民族大学与印度德弗文化大学签署谅解备忘录，其下属的中印瑜伽学院作为印度在本土以外和其他国家合作建立的全球第一所瑜伽学院，目前已成为中印人文交流最活跃的平台之一，成立7年来已经有瑜伽方向的100名本科生、36名硕士研究生毕业。在电影领域，中印合拍片《龙女孩》于7月在中国全国上映，《杰伊比姆》和《印度刺客》两部印度影片入围第十二届北京国际电影节“天坛奖”最佳影片，《加尔各答往事》入围第九届丝绸之路国际电影节“金丝路奖”最佳影片，*RRR*等四部印度影片在金砖国家电影节上展映，受到中国观众好评。

高等教育等其他领域的中印人文交流也逐步恢复。8月24日起，持有效学习类居留许可人员，可凭居留许可直接入境中国。截至11月初，已经有至少1300名印度留学生获得来华签证。中印大学及智库间的线上交流接连不断。6月，“文明交流互鉴，友谊之树常青——中印杰出学者徐梵澄与巴勒迪研讨会”在印度本地治里市举行。7月，中国外文局、中国国际青年交流中心、印度国际大学中国学院共同主办的“携手前行　共创未来”中印青年对话论坛在北京举办。8月，四川大学中国南亚研究中心与印度国家海洋基金会联合举行了“中印应对气候变化的立场、政策与合作”线上研讨会。10月，西藏民族大学中国（西藏）边疆贸易研究所与印度加尔各答大学南亚、东南亚研究所在云端开展主题为“增进了解，促进友谊”的活动。

五、多边机制下的协调大有作为

中印在各种多边机制下保持有效的战略协调。两国领导人以线上或线下方式共同出席了金砖国家领导人会晤、上海合作组织成员国元首理事会会议、二十国集团领导人峰会和东亚峰会，就广泛的地区和国际事务进行了协调，达成了一致。其中，在中国担任主席国的金砖国家领导人第十四次会晤上，五国领导人围绕“构建高质量伙伴关系，共创全球发展新时代”的主题，就深化金砖合作、坚持多边主义、促进世界经济复苏、共同防控疫情、反对单边经济制裁和“长臂管辖”、加强人文交流等共同关心的问题达成许多重要共识。会晤通过并发表《金砖国家领导人第十四次会晤北京宣言》，还批准了有关数字经济、绿色可持续发展、供应链合作、支持世贸组织改革等多项经贸成果。

中印在全球治理中合力维护发展中国家利益。这在气候变化领域体现得尤为明显。在全球应对气候变化的多边进程中，发达国家对发展中国家的定位和应履行的义务责任发出了不同声音，强调排放大国应该对全球减排负有更大责任，试图淡化“共同但有区别的责任”原则，引发发展中国家与发达国家的矛盾。在2022年联合国气候变化沙姆沙伊赫大会上，一些国家提出让中印与发达国家一起为应对损失与损害出资。[①] 对此，中印通过“基础四国”等机制协调立场，密切合作。11月15日，第三十一次“基础四国”气候变化部长级会议在沙姆沙伊赫召开。部长们支

① Antony Sguazzin and Akshat Rathi, *China, India Face Peer Pressure to Help Fund Loss and Damage,* Yahoo News, November 16, 2022, https://news.yahoo.com/china-india-face-peer-pressure-130907548.html.

持大会启动“圣地亚哥损失和损害网络”，要求发达国家为网络运行提供充足的资金支持，支持按照“共同但有区别的责任”原则推动损失损害与资金安排谈判取得积极进展。会议审议通过了《“基础四国”在联合国气候变化沙姆沙伊赫大会上的部长级联合声明》，为大会的进展和“损失与损害”基金的设立做出了重要贡献。目前，中印在气候变化问题上已经形成了从政府到民间的顺畅协调与合作。6月7日，印度常驻联合国代表蒂鲁穆尔蒂代表包括中国在内的十个国家就“全球净零”发表跨地区气候变化联合声明。与此同时，中国生物多样性保护和绿色发展基金会与印度环境智库地球政策中心等联合举办“只有一个地球——从新冠清零到净零排放”活动，促进两国民间机构为推进实现碳中和目标而开展合作。

减贫可望成为中印地区多边合作的抓手。中国扶贫工作的巨大成功和丰富经验引起了印度社会各界的浓厚兴趣，《印度快报》等主流媒体发表文章进行总结分析，主张向中国学习。[①] 印度学者也通过跨喜马拉雅地区产业减贫合作国际研讨会等地区平台与中国专家交流减贫经验。此前成立的中国–南亚国家扶贫合作发展中心为中印深化减贫合作提供了良好的地区机制和环境，也为“中印+”合作开辟了更广阔的空间。

六、结语

中印有着相似的历史经历、相近的国情背景、相同的发展需求。中印资源禀赋的高度互补、经贸的逆势快速增长、两国人民

① *Explain Speaking: How China Reduced Poverty; Lessons for India,* The Indian Express, October 11, 2022.

对交流的热情，证明两国有巨大合作潜力。作为两个亚洲重要邻国，中印妥善管控分歧，当好邻居，坚持两国领导人“互不构成威胁、互为发展机遇”的重要共识，正确看待彼此战略意图，确保双边关系沿着正确轨道发展，不仅符合两国的共同利益，也是对亚洲稳定与繁荣的重要贡献。作为世界上两个最大的发展中国家，面对世界进入新的动荡，一些国家的对外政策中盛行冷战思维和零和博弈，中印更有必要坚守独立自主的外交政策，反对一切形式的霸权主义和强权政治，共同维护国际公平正义和发展中国家利益。

（中国国际问题研究院国际战略研究所副研究员　唐奇芳）

第二十八章

中国-东盟关系：乘势而上　开创新篇

2022年是东盟成立55周年，也是中国–东盟全面战略伙伴关系的开局之年。一年来，中国与东盟积极推进和平、安宁、繁荣、美丽、友好“五大家园”建设，密切高层交往，持续深化各领域合作，双向贸易额再创新高，高质量共建“一带一路”成果斐然。双方积极探讨全球发展倡议、全球安全倡议在东盟落地，并在多边舞台和全球治理方面加强协作，共同维护亚太地区和平稳定。中国–东盟全面战略伙伴关系起步有力、开局良好。中国东盟关系进入了快车道，跑出了加速度。[①]

一、2022年中国东盟合作的主要成就

（一）高层交往密切，引领中国–东盟关系走深走实

2022年，习近平主席同东盟国家领导人通过多种方式进行深入战略沟通，逐步恢复双方线下交往。中国与东盟国家外交关系

---

① 《王毅在东盟就开放的区域主义发表政策演讲》，中华人民共和国外交部网站，2022年7月12日，http://new.fmprc.gov.cn/web/wjbzhd/202207/t20220712_10718688.shtml。

更加紧密，战略互信进一步提升。

中国同印度尼西亚、泰国再次确认共建命运共同体的共识。1月11日和3月16日，习近平主席两次同印尼总统佐科通电话。7月26日，佐科总统访华，成为北京冬奥会后中国接待来访的第一位外国元首。习近平主席与佐科总统达成一系列重要共识，明确了共建中印尼命运共同体的大方向。11月，习近平主席访问印尼期间，双方签署新的全面战略伙伴关系五年行动计划，进一步凝聚共建中印尼命运共同体重要共识。2022年是中泰建立全面战略合作伙伴关系10周年。11月，习近平主席对泰国进行正式访问，两国宣布构建更为稳定、更加繁荣、更可持续的中泰命运共同体，签署战略性合作共同行动计划，为“中泰一家亲”赋予了新的时代内涵。

中菲关系平稳过渡。2022年5月，菲律宾举行全国大选，费迪南德·马科斯当选为菲新一任总统。5月11日，习近平主席致电马科斯，祝贺他当选菲律宾共和国总统。5月18日，习近平主席和马科斯当选总统通电话。习近平再次祝贺他当选总统。马科斯表示菲新政府将把菲中关系作为外交政策重点方向。双方领导人还确立了农业、基建、能源、人文四大重点合作领域。[①] 11月17日，习近平主席在泰国曼谷会见马科斯总统，就传承友谊、接续合作、妥处分歧进一步达成了共识，为中菲关系未来发展指明了方向。

中方及时对东盟宣介中共二十大成果，加强治国理政方面交流。10月26日，国务委员兼外长王毅会见东盟十国的驻华使节，介绍中共二十大的重要意义、重大成果及深远影响。二十大后，

---

① 《习近平同菲律宾当选总统马科斯通电话》，新华网，2022年5月18日，http://www.news.cn/politics/leaders/2022-05/18/c_1128661088.htm。

中方邀请越南、老挝领导人先后访华，习近平主席还通过会晤、通话等方式同新加坡、文莱等东南亚国家领导人交流。10月30日，越共中央总书记阮富仲率团访华，成为二十大后中国接待的第一位外国最高领导人。越方代表团规格很高，六位中央政治局委员随行，体现出越方对此访的高度重视。[①] 习近平主席为阮富仲总书记颁授了中华人民共和国“友谊勋章”，举行隆重授勋仪式。中越两国两党关系提升到一个新的水平。11月30日，老挝人民革命党总书记、国家主席通伦访华，双方发表《关于进一步深化中老命运共同体建设的联合声明》，重申共建高标准、高质量、高水平的中老命运共同体。

（二）多边舞台相互支持，在重大国际问题上加强沟通协调

2022年初，柬埔寨、新加坡等东盟成员国领导人出席北京冬奥会开幕式，体现对中方举办冬奥会的坚定支持。2022年全球治理迎来“亚洲时刻”，中方全力支持柬埔寨、印尼、泰国分别办好东亚合作领导人系列会议、二十国集团（G20）峰会和亚太经合组织（APEC）领导人非正式会议。中国多次与印尼就G20峰会事宜进行沟通，王毅国务委员兼外长赴印尼出席G20外长会，并在东盟秘书处发表演讲，全面阐述中国对区域合作与多边主义的政策立场。2022年的东亚领导人系列会议时隔两年后首次在线下召开，李克强总理出席会议并对柬埔寨进行正式访问。习近平主席赴印尼出席G20领导人第十七次峰会、赴泰国出席APEC第

① 《驻越南大使熊波就越共中央总书记阮富仲访华接受越通社专访》，中华人民共和国外交部网站，11月2日，https://www.mfa.gov.cn/zwbd_673032/wjzs/202211/t20221102_10799368.shtml。

二十九次领导人非正式会议，这是中共二十大胜利召开后，中国最高领导人首次出席多边峰会，充分体现了中方对与印尼、泰国以及东盟关系的高度重视。习近平主席出访期间，提出一系列重大倡议主张和务实合作举措，与地区国家一道发出以团结合作应对全球挑战、促进共同发展的强烈信号。

中国与东盟各国还就乌克兰危机等国际热点问题交流意见。王毅国务委员兼外长先后与印尼外长蕾特诺、越南外长裴青山、马来西亚外长赛夫丁等通电话，就乌克兰局势等国际问题交换意见。3月底4月初，王毅国务委员兼外长还在安徽屯溪会见来访的印尼外长蕾特诺、缅甸外长温纳貌伦及菲律宾外长洛钦，就双边关系、乌克兰局势等议题深入沟通。

（三）经贸合作水平持续提升，高质量共建“一带一路”取得标志性成果

2022年，在构建新发展格局推动下，中国进一步开放国内大市场，与东盟双边贸易额再创新高。2022年前10个月，中国与东盟贸易额已达7984亿美元，同比增长13.8%。[①] 中国对东盟进出口同比增长15.8%，东盟继续保持中国第一大贸易伙伴地位。[②] 在11月举行的第25次中国–东盟领导人会议上，李克强总理与东盟国家领导人共同宣布启动中国–东盟自贸区3.0版谈判。中方还宣布为《区域全面经济伙伴关系协定》（RCEP）框架下的经济技术合作提供100万美元捐款，继续帮助有需要的东盟成员提升协定

① 《中国–东盟经贸合作蓬勃发展硕果累累》，新华网，2022年11月13日，http://www.news.cn/2022-11/13/c_1129124963.htm。

② 《海关总署：今年前10个月中国进出口同比增长9.5%》，中国网，2022年11月8日，http://ydyl.china.com.cn/2022-11/08/content_78507232.htm。

实施能力。[①]

中国与东盟共建“一带一路”标志性项目取得重大进展。至2022年10月，印尼雅万高铁建设已完成88.8%进度，预计将于2023年6月正式运营，届时印尼将成为东盟首个拥有高铁的国家。在访问印尼期间，习近平主席和佐科总统以视频方式共同观摩了雅万高铁试验运行。10月1日，连接柬埔寨首都金边和西哈努克港的金港高速公路通车，柬埔寨正式迈入“高速时代”。中老铁路2021年底开通后显著改善了老挝交通运输条件，辐射效应显著，并与中欧班列、西部陆海新通道等有效衔接。中泰铁路等跨境铁路建设、马来西亚东海岸铁路建设也在提速。

中国与东盟推动创新合作，激发地区发展新动能。2022年度中国–东盟信息港设置重点项目85个，开工建设71个，开工率高达83.5%。[②] 中国还分别在老挝、柬埔寨、缅甸等国建设了海外云计算中心，面向东盟的国际信息大通道已初步形成。2021—2022年，中国–东盟合作连续两年以“可持续发展”为主题。2022年9月中国–东盟博览会期间，双方启动了中国–东盟应对气候变化与生态环境对话和中国–东盟环境合作论坛，总共签约10个绿色环保产业项目，双方19家环保企业和科研机构签署战略合作协议，碳中和与国土空间优化重点实验室北部湾中心宣告成立。[③]此外，中国与东盟还发表了《关于加强中国–东盟共同的可持续

① 《商务部：将促进更多东盟国家优质产品进入中国大市场》，凤凰网，2022年11月17日，https://i.ifeng.com/c/8L14gV07ILw。

② 《中国–东盟信息港：推动数字互联互通　打造“数字丝绸之路”》，光明网，2022年9月16日，https://politics.gmw.cn/2022-09/16/content_36028857.htm。

③ 《中国和东盟应对气候变化合作前景广阔》，光明网，2022年11月1日，https://news.gmw.cn/2022-11/01/content_36128275.htm。

发展联合声明》，同意建设中国–东盟清洁能源合作中心，促进区域能源合作全面提质升级。

（四）发展领域合作深化，助力双方民众共享发展福祉

中国与东盟围绕粮食安全、公共卫生、减贫等发展议题开展了大量富有成效的合作。至2022年12月，东盟十国全部加入中方发起的“全球发展倡议之友小组”。中国则提出2022年起三年内向东盟提供15亿美元发展援助，支持东盟抗击新冠疫情及经济复苏努力，设立中国东盟共同发展专项贷款，并面向东盟开展全球发展倡议示范合作项目，充分展现中国作为负责任大国的全球视野和大国担当。

2022年以来，在全球粮食危机加剧背景下，东盟与中国进一步加强农业交流合作，共同保障本地区粮食供给和安全。中国正加快编制《中国–东盟农业绿色发展行动计划》，加强与东盟在绿色循环农业、动植物病原绿色防控领域的科技合作。双方发表《中国–东盟粮食安全合作的联合声明》，围绕粮食供给、获取、利用、稳定性的粮食安全四大支柱推出一系列务实举措。双方还确定2023年为“中国东盟农业发展和粮食安全合作年”，重点深化农业绿色发展、减贫与乡村振兴、数字农业与智慧农业等领域合作。

与此同时，中国积极在澜湄合作机制框架下推进与湄公河地区国家的发展与减贫合作。7月4日，王毅国务委员兼外长在澜湄合作第七次外长会上宣布六大惠湄举措，包括“澜湄农业合作百千万行动计划”“澜湄兴水惠民计划”“澜湄数字经济合作计划”“澜湄太空合作计划”“澜湄英才计划”和“澜湄公共卫生合作计划”。中国还同有关国家设计实施“东亚减贫合作倡议二期”

项目，组织建立“中国–东盟减贫专家库”，积极支持湄公河流域与东盟国家提升减贫能力。

（五）妥善管控南海争端，维护地区长治久安

2022年，中国和东盟国家在全面有效落实《南海各方行为宣言》（简称《宣言》）基础上，积极推进“南海行为准则”（简称“准则”）磋商。5月，中国和东盟国家举行落实《宣言》第36次联合工作组会，系疫情以来首次线下举行工作组会。各方就落实《宣言》、海上务实合作及“准则”磋商深入交换意见。第16届东盟防长会通过联合声明，呼吁全面有效落实《宣言》，为尽快达成符合国际法、更具实质内容、更为行之有效的“准则”营造良好氛围。

2022年是《南海各方行为宣言》签署20周年。中国与东盟国家举办了纪念《宣言》签署20周年高级别研讨会，与会代表重温《宣言》精神，对继续全面有效落实《宣言》提出建议。11月，中国–东盟领导人会议通过《纪念〈南海各方行为宣言〉签署20周年联合声明》，同意加强对话、妥处分歧、深化合作、增进互信，共同维护南海和平稳定。中国和东盟国家在南海问题上进一步凝聚了共识，展示了共促地区和平与稳定的决心。

中国还积极加强与东盟的防务交流与合作，提升互信水平。6月，中国国务委员兼国防部长魏凤和对新加坡进行正式友好访问，出席第19届香格里拉对话会并作大会发言。11月，魏凤和出席第九届东盟防长扩大会，重点阐释中国式现代化与和平发展道路，呼吁地区各国践行全球安全倡议，聚焦务实合作，携手筑牢

地区安全屏障。[①] 此外，中国与东盟举行第十三次中国–东盟国防部长非正式会晤视频会议，中方还派员参加了东盟防长扩大会维和专家组视频会议、东盟防长扩大会军事医学专家组会议、东盟地区论坛安全政策会等，并与越南、老挝举行了边境国防友好交流活动。

二、新时期中国–东盟关系发展的动因

（一）中国东盟都将发展置于优先议程，双方战略共识大于分歧

中国和东盟国家都是发展中国家，都将国家建设尤其是经济发展作为头等大事，始终把发展经济、改善民生作为最紧迫最重要的任务。当前，中国正致力于“全面建成社会主义现代化强国、实现第二个百年奋斗目标”，强调“高质量发展是全面建设社会主义现代化国家的首要任务”。东盟国家则致力于实现“2025年东盟共同体愿景”，努力在政治安全、经济、文化社会三大支柱上建设强大的东盟共同体。因此，实现国家现代化、让全体人民过上美好生活，是中国与东盟各国共同的奋斗目标。

在新冠疫情、乌克兰危机外溢、中国经济发展承压三重压力共同作用下，东盟经济下行压力逐渐增大。鉴此，中国与东盟双方都希望强化双多边合作，推动建设开放型世界经济，抱团应对逆全球化潮流，促进共同发展。双方同意将推动“一带一路”倡议同东盟“印太展望”开展对接与互利合作，进一步强化战略协调。东盟也积极支持中方提出的全球发展倡议、全球安全倡议等

---

① 《第九届东盟防长扩大会在柬埔寨举行》，中国政府网，2022年11月23日，http://www.gov.cn/guowuyuan/2022-11/23/content_5728450.htm。

合作主张。中国与东盟已相互成为各自应对内部和全球性挑战不可或缺的合作伙伴。

（二）东盟战略自主性增强，有利于中国东盟关系稳定及区域和平发展

当前，国际地区形势深刻复杂演变，局部冲突和动荡频发，不稳定、不安全风险因素明显增多，冷战思维、封闭式集团政治以及意识形态和价值观对立凸显，尤其是美国加大对东南亚诱压，图谋离间、分化中国与东盟关系。面对美国的拉拢及大国博弈的加剧，东盟保持战略清醒，明确拒绝选边站队，不认同美国打压遏制中国、加剧地区紧张局势的言行。有东盟学者表示，亚洲国家特别是东盟国家对孤立和遏制中国的“新冷战”不感兴趣。[①] 东盟国家对华倚重上升，处理对华关系时更加理性务实，美国拉拢东南亚国家、离间其与中国关系的政策效果相当有限。[②]

与此同时，东盟的战略自主性显著增强。乌克兰危机爆发后，东盟迅速发声，表明其中立立场。东盟国家的共识是，小国不应成为大国博弈的“前线”，面对大国间矛盾日趋紧张，东盟最好的选择就是保持中立，谨慎行事，团结一致。2022年5月，美国–东盟特别峰会后发表的联合愿景声明中，东盟坚持了自身立场，并未站在美方一边谴责俄罗斯。美国众议院议长佩洛西强行窜访中国台湾后，东盟各国外长及时就两岸局势发表声明，重申恪守一个中国原则。同时，东盟的国际协调动员能力也在加

① Natee Taweesrifuengfung,《“印太经济框架”先天不足的三大短板》,《当代世界》2022年第6期，第74页。

② Robert Sutter, “US Challenges in Southeast Asia under Biden,” *Asialink*, August 11, 2021.

强。一年来，印尼政府展开“G20外交”，积极协调大国冲突，成功举办了二十国集团峰会。泰国大力推进亚太经合组织合作进程，“亚太”概念再次得到加强。柬埔寨在担任东盟轮值主席国期间致力于强化东盟中心地位和东盟团结，进一步提升了东盟的影响力。

中国与东盟在国际和地区事务上的共同利益正显著扩大，共同立场增多。中方坚定支持东盟共同体建设，支持东盟在东亚合作中的中心地位，支持做大做强东盟主导、开放包容的地区架构。2022年8月4日，中国发布《中国支持东盟中心地位的立场文件》，以官方文件方式明确了对东盟的承诺。东盟也坚定奉行务实友好的对华政策，坚持独立自主外交和大国平衡立场。

（三）中国东盟经济发展内生动力强，合作需求旺盛

中国和东盟分别作为世界第二和第五大经济体，互为最大贸易伙伴，经济总量超过全球的五分之一，对全球经济增长贡献率超过30%。[①] 中国步入新发展阶段后，构建新发展格局需要借重东盟，东南亚国家产能的成本优势和中国制造业产业链配套完备形成优势互补，从而可推动双方形成联系更加紧密的经济网络。

后疫情时代，中国与东盟经济合作需求十分强烈，数字经济和电子商务成为中国–东盟合作的主要增长点。当前，东盟已成为全球互联网发展最快的地区之一，东南亚各国急需通过数字化转型来跨越“中等收入陷阱”，提升国际竞争力。中国与东盟数

① 《王毅：中国和东盟为全球复苏提供信心和动能》，中华人民共和国外交部网站，2022年7月11日，https://www.mfa.gov.cn/web/wjbz_673089/zyhd_673091/202207/t20220711_10718602.shtml。

字经济合作迎来千载难逢的机遇，智慧城市、5G、人工智能、电子商务、大数据、区块链、远程医疗等都成为双方合作的新亮点和新增长点。

值得注意的是，2022年1月《区域全面经济伙伴关系协定》正式生效实施，其意义不仅在于推动各国市场开放，促进统一大市场和产业链、价值链的创新和升级，更在于促进成员国间经贸规则的融合，推动经贸机制的一体化。未来,《区域全面经济伙伴关系协定》将进一步推动中国与东盟产业链一体化发展，降低域内贸易壁垒，促进跨境贸易和投资，在改善亚太贸易投资环境、推动疫后复苏和区域经济一体化方面发挥更加重要的作用。

三、未来中国–东盟合作的重点方向和领域

（一）深化战略协调

中国与东盟应不断加强战略协调，增进政治互信，以抵御地缘政治风险和经济发展挑战。一方面，双方应进一步加强高层战略对话与政策沟通，扩大各层级互访，促进治理经验分享，深度对接双方发展战略。另一方面，在地区形势日趋复杂、双边关系易遭遇域外力量干扰的情况下，双方须坚守对话团结协作的大方向不变，加强在地区安全发展事务上的沟通协调，以求同存异姿态妥善处理分歧争议，共同抵制冷战思维在本地区回潮，抵制美国等域外势力分化挑拨中国东盟合作的负面影响。中国与东盟还可进一步总结亚洲发展经验，共同弘扬亚洲价值观，探索以亚洲方式解决亚洲问题的相处之道，协力推动构建开放包容、互利共赢的地区合作秩序。

（二）提升贸易和投资自由化便利化水平，拓展数字经济、绿色经济等新领域合作，建设更紧密的经贸伙伴关系

中国与东盟未来经贸增长点主要集中在三大领域：一是东盟对华农产品出口，二是中国各类制造设备和零部件对东盟出口，三是双方在数字经济、电子商务、绿色发展等新经济领域发掘合作新增长点。中国与东盟应全面用好《区域全面经济伙伴关系协定》的整合效能，加紧进行自贸协定升级谈判。中国有望面向东盟进一步开放市场，进口更多东盟国家优质产品特别是农渔业产品。双方势将深化产能合作，建设更多经贸合作园区，探索“多国多园”合作新模式，打造“一带一路”国际产能合作高质量发展示范区，巩固产业链供应链合作。此外，双方还将进一步加强铁路、公路、港口、航空、通信等基础设施互联互通，全面提升基础设施互联互通水平。

中国与东盟还须把握好数字经济、绿色经济等新合作机遇，为双方可持续发展提供新支撑。在数字经济领域，可对标《数字经济伙伴关系协定》，继续强化以互联网、人工智能、5G等现代信息技术为支撑的数字经济新基建合作，积极探索反映双边利益诉求的规则体系，推动多边及区域层面的数字规则协调。在绿色经济领域，可加强可再生能源技术分享，实现煤炭高效清洁利用，在电动车研发、公共交通电气化、新能源汽车制造等领域探索进一步合作，加强绿色投融资合作，促进绿色低碳转型发展。双方还应继续实施“一带一路”应对气候变化南南合作计划，推进更多低碳示范区建设和应对气候变化项目。

（三）共同管控好南海局势，推进南海务实合作，建设蓝色海洋经济伙伴关系

中国与东盟国家将坚持共同、综合、合作、可持续的安全观，加快“南海行为准则”磋商进程，力争早日达成符合国际法、有效且有实质意义的地区规则，展示维护本地区秩序的能力和决心。中国与东盟将完善海上对话机制，推进科研、环保、搜救、渔业、打击跨国犯罪等领域务实合作，保护好、利用好南海海洋资源，积极探讨南海共同开发、共同养护，先易后难，以小项目推动大项目，以局部合作促成整体合作。

发展蓝色经济伙伴关系、共促海洋经济发展是中国和东盟的重要共识。双方可加强海水淡化、海洋生物学与药物、海洋可再生能源与蓝色金融方面合作，共同应对海洋污染尤其是海洋塑料垃圾并保护沿海地区环境，维护海洋生物多样性，教育和提高公众蓝色经济意识，统筹海洋资源利用，促进地区可持续发展。中国可主动加快粤港澳大湾区建设与南海其他沿岸国的发展战略对接，以推动实现市场一体化，增进产业协同、利益融合。

（四）密切人文交流与合作，促进民心相通，夯实民意基础

随着双方疫情防控政策的逐步调整和人员往来的增加，中国与东盟的人文交流将迎来复苏。从2023年1月8日起，中国取消入境后全员核酸检测和集中隔离。中方的决定得到泰国、柬埔寨、印尼、马来西亚、新加坡等不少东南亚国家的积极回应，它们表示愿向中国敞开大门，欢迎中国人前往东南亚旅游或进行商务活动。随着2023年中国出境旅游回暖，中国与东南亚国家的人员往来将逐步回到疫情前状态，东南亚将再度成为中国游客的

首选热门地区。中方还提出将增加对东盟国家留学生名额，实施“中国东盟人力资源质量提升计划”，加大双方青年互动交流。未来，中国与东盟须继续推进教育、文化、旅游、体育、考古、传媒等领域人文交流合作，充分发挥民间的力量，加强智库、媒体、社会团体之间的交流与对话，推动实现更广泛、更深入、更活跃的民心相通，夯实睦邻友好合作的民意基础。

四、结语

站在历史新起点，面对百年未有之大变局的加速演进，中国–东盟全面战略伙伴关系的时代意义和战略价值更加凸显。中共二十大后，中国将继续高度重视发展与东盟的关系，将东南亚作为周边外交优先方向，继续坚定支持东盟实现自身发展战略目标，支持东盟在东亚合作中的中心地位。未来，双方应进一步密切高层交往，提升政治互信，弘扬亚洲价值观，深化民心相通；奉行开放发展战略，推进区域经济一体化，推动科技创新合作，共享发展机遇，共促融合发展；强化战略对接，持续推进高质量共建“一带一路”，共同推动全球发展倡议落地生根；继续秉承开放包容、互利共赢的发展理念，凝聚团结合作的强大力量，以亚洲方式妥善解决分歧矛盾，共同书写中国–东盟命运共同体的新篇章。

（中国国际问题研究院亚太研究所副所长、副研究员　杜兰）

第二十九章

中国与中亚国家关系：三十而立　再启新篇

2022年是中国和中亚国家建交30周年的重要节点。双方举行了隆重庆祝活动，中国–中亚命运共同体建设深入发展，双多边合作亮点纷呈，大事不断、喜事连连，中国与中亚五国关系进入新时代。

一、元首峰会　引领时代

2022年1月初，中国与中亚五国相继迎来建交30年纪念日，习近平主席同中亚五国元首互致贺电。1月25日，习近平主席同五国元首举行视频峰会，隆重庆祝双方建交30周年。这是中国和中亚关系史上具有历史性意义的盛会。视频峰会取得广泛共识和丰硕成果，发表了《中国同中亚五国领导人关于建交30周年的联合声明》，引领中国与中亚合作走向新时代。

（一）总结30年合作核心要义和成功密码

峰会在热烈、隆重、友好、相互尊重、信任、富有建设性和相互理解的气氛中系统回顾了中国同中亚国家30年交往合作历程，就取得的优异成绩形成共识，包括中国和中亚国家彻底解决历史遗留的边界问题、相互贸易与投资实现快速稳步增长、共建“一带一路”倡议同本国发展战略对接、打击“三股势力”、反对外部干涉、共同维护本地区和平稳定等，这些成果显示中国与中亚关系实现了跨越式发展。习近平主席发表了题为《携手共命运　一起向未来》的重要讲话，强调中国同中亚五国30年合作的成功密码，“在于我们始终相互尊重、睦邻友好、同舟共济、互利共赢。这四项原则是在合作中积累的宝贵经验和共同财富，是中国同中亚国家关系行稳致远的政治保障，也是中国同中亚国家友好交往继往开来的力量源泉”。[①]

（二）擘画未来30年合作蓝图

中国和中亚国家视频峰会是中国同中亚五国建交30年来，六国元首第一次集体会晤。在国际形势风云变幻，全球格局深度调整，地区局势复杂演变的大背景下，六国元首站在新的历史起点，着眼未来30年中国中亚关系长远发展大计，共同宣布中国同中亚五国关系进入新时代。双方确定共同推动中国–中亚命运共同体建设，在政治、安全、经贸、抗疫、国际协作等领域的合作方向达成共识，为擘画中国与中亚关系长远发展举旗定向。

（三）襄助中亚国家激发内生动力

习近平主席提出深耕睦邻友好的示范田、建设高质量发展的合作带、强化守卫和平的防护盾、构建多元互动的大家庭和维护和平发展的地球村等建议，充分展现出中国对中亚外交政策的主

① 《习近平在中国同中亚五国建交30周年视频峰会上的讲话（全文）》，中华人民共和国外交部网站，2022年1月25日，https://www.mfa.gov.cn/web/ziliao_674904/zyjh_674906/202201/t20220125_10633561.shtml。

动性进一步增强。中方想中亚国家之所想，急中亚国家之所急，提出了愿向中亚国家开放超大规模市场，向中亚国家继续提供疫苗和抗疫物资，为中亚国家推介旅游资源搭建平台，今后5年内向中亚五国提供1200个政府奖学金名额，提供5000个研修研讨名额，帮助培养各领域专业人才，助力各国的民生项目建设，等等[①]。上述合作可有效激发中亚国家发展的内在活力，为双方合作提供持久动力。

二、疫后首访　举世瞩目

2022年9月14日至16日，习近平主席应邀对哈萨克斯坦（以下简称“哈”）、乌兹别克斯坦（以下简称“乌”）进行国事访问，并出席在撒马尔罕举行的上海合作组织成员国元首理事会第二十二次会议。新冠疫情发生以来，习近平主席的首次出访选择了中亚国家，充分彰显了中国和中亚国家关系的高水平和特殊性，具有承前启后、继往开来的里程碑意义，举世瞩目。

（一）为国际和地区局势贡献更多稳定性

习近平主席对哈、乌两国进行为期48小时的“旋风访问”，密集出席近30场双多边活动，引领中国与中亚国家关系迈上新台阶，为处在十字路口的国际形势和欧亚地区局势带来更多稳定性，凸显出中国国家领导人高瞻远瞩、引领潮流的大魄力、大格局、大智慧。此次出访正逢中国共产党第二十次全国代表大会召

① 《习近平在中国同中亚五国建交30周年视频峰会上的讲话（全文）》，中华人民共和国外交部网站，2022年1月25日，https://www.mfa.gov.cn/web/ziliao_674904/zyjh_674906/202201/t20220125_10633561.shtml。

开在即的特殊时刻，是党中央统筹国内国际两个大局、面向亚欧大陆的一次重大外交行动，是在关键历史节点开展的一次具有里程碑意义的重要访问，[①] 其重要价值远远超出了对中亚五国合作的范畴。此访是中国与中亚国家关系史上浓墨重彩的一笔，更是习近平外交思想的一次生动实践。

（二）进一步巩固与哈乌两国双边关系

第一，命运共同体建设取得重大进展。中哈、中乌发表联合声明，均将命运共同体作为努力方向。《中哈联合声明》宣布，中哈愿朝着打造世代友好、高度互信、休戚与共的两国命运共同体的愿景和目标努力。《中乌联合声明》宣布，双方决定进一步深化亲密友好、休戚与共、共享繁荣的新时代中乌全面战略伙伴关系，双方将在双边层面践行命运共同体。

第二，把相互坚定支持摆在首位。哈方表示，将坚定奉行一个中国政策，做任何情况下中国都可以依赖的好伙伴、好朋友。乌方表示，坚定不移支持中方在核心利益问题上的立场，乌将永远是值得中国信任的好邻居、好朋友、好伙伴。

第三，继续高质量共建“一带一路”。中国和哈、乌两国规划了下一步发展蓝图，决定加快发展战略对接，推进经贸、能源、铁路、互联互通等领域务实合作，中方与两国签署近30份双边合作文件，涉及金融、水利、数字经济、绿色发展、人文、地方等广泛领域。

为落实习主席访哈取得的重要共识，李克强总理同哈总理斯

① 《沧海横流领航向，丝路古道焕新机——国务委员兼外交部长王毅谈习近平主席出席上海合作组织撒马尔罕峰会并对哈萨克斯坦、乌兹别克斯坦进行国事访问》，中华人民共和国外交部网站，2022年9月17日，https://www.mfa.gov.cn/wjbzhd/202209/t20220917_10767316.shtml。

迈洛夫于11月29日举行双边视频会晤。斯迈洛夫表示，两国元首制定了2030年前双边贸易额达到350亿美元的宏伟目标，哈方愿扩大对华出口，进一步巩固中哈贸易增长态势。[①]

（三）为上海合作组织合作提质升级做出中国贡献

在新冠疫情暴发后习近平主席出席的首个国际组织实体活动就是2022年上海合作组织撒马尔罕峰会。此举有效推动该组织合作进一步提质升级，有力提升该组织在国际和地区事务中的作用。中亚地区是上海合作组织的“核心区”，上海合作组织8个成员国中有4个为中亚国家。盘点中国在上海合作组织框架下进行双多边合作，与中亚国家的合作占据很大比重。

本次峰会取得重大实质性成果：一是签署了多份重要文件，合作领域进一步拓展。成员国领导人签署《上海合作组织成员国元首理事会撒马尔罕宣言》，发表了关于维护国际粮食安全、国际能源安全、应对气候变化、维护供应链安全稳定多元化等多份声明和文件；二是再度扩员，签署了关于伊朗加入上海合作组织义务的备忘录，启动接收白俄罗斯为成员国的程序，批准了新的对话伙伴，上海合作组织大家庭进一步壮大。在本次峰会上，中方宣布愿在未来5年为成员国培训2000名执法人员，建立中国–上海合作组织反恐专业人才培训基地，并向有需要的发展中国家提供价值15亿元人民币的粮食等紧急人道主义援助，在未来3年为本组织国家的民众免费实施2000例白内障手术，提供5000个

---

① Расширение торговли, грузоперевозок и авиасообщения обсудили Алихан Смаилов и Ли Кэцян, Пресс-служба Премьер-Министра Республики Казахстан，2022年11月29日，https://primeminister.kz/ru/news/rasshirenie-torgovli-gruzoperevozok-i-aviasoobshcheniya-obsudili-alihan-smailov-i-li-kecyan-29105755?ysclid=lbxwa58cn4216144357。

人力资源培训名额。

三、核心利益　坚定支持

越是动荡不安的世界，越需要稳定人心的力量。2022年，中国和中亚国家发生了许多影响国家发展进程的大事，中亚国家和中国继续在彼此核心利益问题上保持战略沟通，风雨同舟、守望相助，是名副其实的好邻居、好朋友、好伙伴、好兄弟。

（一）中亚元首悉数出席北京冬奥会

2022年北京冬奥会开始前，一些西方国家试图将这一赛事政治化，甚至发出抵制北京冬奥会的噪声，但中亚五国元首多次表态，支持中方举办北京冬奥会，反对体育政治化，并决定派出高水平运动员参与北京冬奥会。2022年1月，哈萨克斯坦发生了震惊内外的“一月事件”，但即使在这种情况下，托卡耶夫总统还是决定访华，以实际行动证明中亚国家发展与中国友好关系的坚定意志，且不会受域外势力的威胁和挑唆。2月5日，习近平主席在北京会见了来华出席北京冬奥会开幕式的哈总统托卡耶夫、乌总统米尔济约耶夫、吉尔吉斯斯坦（以下简称“吉”）总统扎帕罗夫、塔吉克斯坦（以下简称“塔”）总统拉赫蒙以及土库曼斯坦（以下简称“土”）总统别尔德穆哈梅多夫，五国元首热烈祝贺中方成功举办冬奥会开幕式，表示有幸见证冬奥会在北京开幕这一重要历史时刻。

（二）中方坚定支持中亚国家维稳止暴举措

2022年是中亚安全多事之秋。2022年1月初，哈局势突变，爆发了有预谋的、有政变性质的严重社会骚乱，并造成重大人员伤亡和财产损失，国家处于紧急关头。1月7日，习近平主席向哈总统托卡耶夫致口信，强调中方坚决反对任何势力破坏哈萨克斯坦稳定、威胁哈萨克斯坦安全，坚决反对任何势力破坏哈萨克斯坦人民的平静生活。习近平主席表示，托卡耶夫在关键时刻果断采取有力举措，迅速平息事态，体现了作为政治家的责任与担当、对国家和人民高度负责的立场。无论遇到什么样的风险和挑战，中国都是哈萨克斯坦值得信赖的朋友和倚重的伙伴，中国人民将永远同哈萨克斯坦人民站在一起。① 2月5日，哈总统托卡耶夫访华，对中方表示感谢，表示哈方将在涉及中方核心利益问题上给予中方坚定支持，不会受外部势力挑拨离间的影响和干扰。② 7月初，乌境内卡拉卡尔帕克斯坦共和国首府努库斯爆发社会骚乱，外交部发言人赵立坚表示，中方支持乌政府维护国家稳定，相信在米尔济约耶夫总统的领导下，乌兹别克斯坦能够保持安定团结。③

（三）中亚国家重申坚定奉行一个中国政策

在2022年1月底签订的《中国同中亚五国领导人关于建交30周年的联合声明》中，中亚五国重申坚定奉行一个中国政策，反

① 《习近平向哈萨克斯坦总统托卡耶夫致口信》，中华人民共和国外交部网站，2022年1月7日，https://www.mfa.gov.cn/web/zyxw/202201/t20220107_10479994.shtml。

② 《习近平会见哈萨克斯坦总统托卡耶夫》，新华网，2022年2月5日，http://www.news.cn/politics/2022-02/05/c_1128333103.htm。

③ 《2022年7月4日外交部发言人赵立坚主持例行记者会》，中华人民共和国外交部网站，2022年7月4日，https://www.mfa.gov.cn/fyrbt_673021/jzhsl_673025/202207/t20220704_10715102.shtml。

对任何形式的“双重标准”，反对以任何借口干涉他国内政。[①] 针对佩洛西窜访台湾，中亚国家纷纷发表声明，强调台湾是中国领土不可分割的一部分，坚定坚持一个中国原则。中亚国家学术机构认为，佩洛西所期待的由自己主演的好莱坞式戏码并未上演，其窜访台湾并不会改变台湾终将回归祖国怀抱的历史进程。在习近平主席访问中亚期间，中亚五国领导人也无一例外表示，坚定不移恪守一个中国原则，台湾是中国领土不可分割的一部分。

（四）相互支持对方的政治进程

中亚国家盛赞中共二十大胜利召开，高度评价中国共产党领导中国人民在中国特色社会主义道路建设上取得的巨大成就。2022年9月14日，哈总统托卡耶夫授予习近平主席“金鹰”勋章，并表示，习近平主席是一位真正的伟大领袖，得到中国人民的衷心拥护。相信在习近平主席英明领导下，中国必将如期实现全面建设社会主义现代化国家的宏伟目标。[②] 9月15日，乌总统米尔济约耶夫授予习近平主席“最高友谊”勋章，并表示，习近平主席是当今世界最伟大的政治家和卓越领袖，是当之无愧的中国共产党的核心和全中国人民的核心。[③] 吉总统扎帕罗夫在祝贺习近平主席当选的贺信中指出，“我们两国在各个层面都保持着密

---

① 《中国同中亚五国领导人关于建交30周年的联合声明（全文）》，中华人民共和国外交部网站，2022年1月26日，https://www.mfa.gov.cn/web/ziliao_674904/1179_674909/202201/t20220126_10633759.shtml。

② 《习近平接受哈萨克斯坦总统托卡耶夫授予“金鹰”勋章》，中华人民共和国外交部网站，2022年9月14日，https://www.mfa.gov.cn/web/zyxw/202209/t20220914_10766178.shtml。

③ 《习近平接受乌兹别克斯坦总统米尔济约耶夫授予“最高友谊”勋章》，中华人民共和国外交部网站，2022年9月15日，https://www.mfa.gov.cn/web/zyxw/202209/t20220915_10766638.shtml。

切联系，在政治互信的基础上，在‘一带一路’的框架内进行密切合作，实施一系列重大合作项目，给两国人民带来了真正的福祉”。[①] 10月13日，哈总统托卡耶夫在阿斯塔纳会见国家副主席王岐山时表示，中共二十大是一场具有划时代意义的盛会，将在中国开启全面建设社会主义现代化国家新篇章，开辟实现第二个百年奋斗目标新征程。[②] 10月6日，土库曼斯坦前总统、现议会上院议长库·别尔德穆哈梅多夫在《人民日报》发表署名文章，“对习近平主席为发展土中战略伙伴关系做出的不可估量的贡献，以及对两国关系的长期关心和重视深表感谢”，并指出“中国共产党领导人的智慧和远见，让国家在稳定和自信的环境中，坚定不移地走在民族复兴的道路上。中国共产党的内政外交政策为中国在世界上赢得了巨大威望和尊重，得到包括土库曼斯坦在内的绝大多数国家的支持，这绝非偶然”。[③]

同时，中国也坚定支持中亚各国政治进程。3月15日，习近平主席致电祝贺谢尔达尔·别尔德穆哈梅多夫当选土总统。3月16日，习近平主席又同土总统别尔德穆哈梅多夫、新当选总统谢尔达尔·别尔德穆哈梅多夫通电话，祝愿土在“强国的新时代复

① 《吉总统祝贺习近平主席再次当选为中共中央总书记》，吉尔吉斯斯坦国家通讯社，http://cn.kabar.kg/news/cn2022-10-24-12/。

② 《王岐山会见哈萨克斯坦总统托卡耶夫并出席亚信第六次峰会》，中华人民共和国外交部网站，2022年10月13日，https://www.mfa.gov.cn/web/zyxw/202210/t20221013_10782882.shtml。

③ 《土库曼斯坦与中国：携手沿着进步与繁荣之路前进》，《人民日报》2022年10月6日，第3版。

兴”中取得新的更大成就，[①] 土新老总统均高度评价近年来土中关系发展取得的成就，表示将继续坚定奉行对华友好合作政策，愿同中方继续共同努力，积极推进各领域全方位务实合作。11月21日，习近平主席致电托卡耶夫，祝贺他再次当选哈萨克斯坦总统，说明了哈萨克斯坦人民对托卡耶夫的信任和支持。

四、集体合作　机制升级

2020年，中国和中亚五国共同创建了“中国+中亚五国”外长会晤机制，填补了集体合作机制缺失的空白，受到中亚国家普遍欢迎和高度认可。2022年6月8日，“中国+中亚五国”外长第三次会晤如期召开，取得了重大进展。

（一）集体元首会晤机制初定

2022年“中国+中亚五国”机制最重要的成果是一致同意建立“中国+中亚五国”元首会晤机制。王毅国务委员兼外长强调，建立“中国+中亚五国”元首会晤机制具有重大战略意义，要精心筹备，充分发挥元首外交引领作用。中方将举办地方、智库、产业与投资、经贸合作等论坛，全方位、立体式、多维度释放“中国+中亚五国”合作潜能。[②]

---

① 《习近平同土库曼斯坦总统别尔德穆哈梅多夫、当选总统谢尔达尔·别尔德穆哈梅多夫通电话》，中华人民共和国外交部网站，2022年3月16日，https://www.mfa.gov.cn/web/zyxw/202203/t20220316_10652324.shtml。

② 《王毅出席“中国+中亚五国”外长第三次会晤》，中华人民共和国外交部网站，2022年6月8日，https://www.mfa.gov.cn/web/wjbzhd/202206/t20220608_10700272.shtml。

（二）集体外长会晤机制取得早期收获

"中国+中亚五国"外长会晤机制起点高、发展快，虽然仅举办了两届实体会晤，但已经达成了多项重要成果。2022年6月，"中国+中亚五国"外长会晤在哈萨克斯坦举行，通过了许多意义重大的合作文件。六国外长共同发表了《"中国+中亚五国"外长会晤联合声明》，通过了《落实中国同中亚五国视频峰会共识路线图》《关于深化"中国+中亚五国"互联互通合作的倡议》和《"中国+中亚五国"数据安全合作倡议》等重要成果文件，为中国和中亚关系进一步提质升级奠定坚实基础，也为中国与周边关系发展打造了样板。

各国高度评价"中国+中亚五国"合作机制，认为该机制进一步夯实了中亚国家同中国合作的制度基础，具有广阔前景。中亚国家对深化双方传统友谊、巩固战略协作、拓展互利合作的决心从未改变，愿共同落实好六国元首重要共识，挖掘"中国+中亚五国"合作机制潜力，打造和平、友谊、互助、和谐的中亚。中亚国家完全支持高质量共建"一带一路"，打造绿色、数字丝绸之路，期待借鉴中国成功发展经验，助力中亚国家探索减贫之路、发展之路，实现创新、可持续发展。①

（三）各领域的"中国+中亚五国"机制陆续搭建

一个自主的、和平的、繁荣的、合作的中亚符合中国和中亚国家的共同利益，需要建立健全各类合作机制，充分调动各方

① 《王毅出席"中国+中亚五国"外长第三次会晤》，中华人民共和国外交部网站，2022年6月8日，https://www.mfa.gov.cn/web/wjbzhd/202206/t20220608_10700272.shtml。

的积极性和主动性，实现多层次、宽领域、多主体的共同推进。2022年9月27日，由中国人民对外友好协会、陕西省人民政府共同主办的中国–中亚民间友好论坛在西安举行，在论坛框架内，中国–哈萨克斯坦传统医学中心、中国–中亚农业合作中心、中国–中亚综合农业科技示范园区正式揭牌，11月5日，“中国–中亚健康产业联盟”在上海成立。联盟将汇聚中国与中亚五国医药健康领域有影响力的企业和机构作为联盟创始成员，由六国共同参与建设。11月8—9日，第二届“中国+中亚五国”智库论坛以线上线下相结合的方式举行。

五、全面合作　务实落地

中国和中亚国家经济结构互补性优势突显，2022年1—10月，中哈货物进出口总额256.2亿美元，同比增长23.2%，超过去年全年水平；[①] 2022年1—10月，中乌贸易额达75亿美元，同比增长23%。[②] 随着共建“一带一路”合作深入推进，借助中国与中亚建交30年有利契机，中国和中亚国家各领域合作更趋务实落地，一些中国和中亚关系中看似难以解决的难点堵点取得重大进展，中国与中亚合作的项目走向了优质化、精细化、成熟化之路。

① 《中哈1—10月双边贸易额超过2021年全年水平》，中华人民共和国商务部网站，2022年11月24日，http://kz.mofcom.gov.cn/article/jmxw/202211/20221103369755.shtml。

② 《2022年前10个月乌中贸易额继续领跑》，中华人民共和国商务部网站，2022年11月24日，http://uz.mofcom.gov.cn/article/jmxw/202211/20221103370101.shtml。

（一）互联互通取得重大进展

2022年6月9日，中国与中亚五国共同提出《关于深化“中国+中亚五国”互联互通合作的倡议》，为中国与中亚五国构建全方位、立体化地区互联互通新格局指明方向，受到中亚各国领导人欢迎。6月中旬，哈萨克斯坦总统托卡耶夫在出席圣彼得堡国际经济论坛时表示，中国是哈经贸领域的主要合作伙伴，建立完备的运输和物流系统将为经济增长创造机遇。2022年上半年，途经哈萨克斯坦的中欧班列达6195列，创下新纪录。[①] 下一步，中国和中亚国家将采取多种措施，充分发挥跨境铁路运输优势、积极推进国际公路运输便利化、逐步恢复客货运航班正常往来、全面加强口岸通关能力建设等。

跨境铁路建设方面，历经20多年调研、规划和磋商，中吉乌有关部门签署了《关于中吉乌铁路建设项目（吉境内段）合作的谅解备忘录》，成为中国与中亚互联互通大事件。吉尔吉斯斯坦总统扎帕罗夫多次强调，“中国–吉尔吉斯斯坦–乌兹别克斯坦铁路建设应成为‘一带一路’倡议下的一个旗舰项目”。[②] 12月初，国务院副总理胡春华访问吉尔吉斯斯坦、乌兹别克斯坦。在与胡春华会谈时，吉总统扎帕罗夫指出，中吉乌铁路项目将对中亚地区的经济发展带来不可估量的积极影响，并成为“一带一路”倡

① 《时间刻度里的大国外交——记习近平主席在中亚的国事访问》，新华网，2022年9月18日，http://www.news.cn/politics/leaders/2022-09/18/c_1129011549.htm。

② 《扎帕罗夫：中吉乌铁路建设应成为“一带一路”倡议的旗舰项目》，吉尔吉斯斯坦国家通讯社，2022年1月26日，http://cn.kabar.kg/news/cn26-1/。

议的重要环节，表示愿意在所有领域扩大同中国的互动。[①] 该项目可行性研究外业勘察工作已经于8月初启动，计划于2023年6月底完成可研工作。人员往来方面，积极打造人畅其行的“快捷通道”。中哈就分别在西安和阿克托别设立总领事馆达成一致，中哈边境口岸已全部恢复运营。哈方将把对中国公民入境72小时免签待遇延长至14天。未来中国同中亚国家将视疫情形势逐步恢复主要城市间客运直航航班。

（二）能源合作思路进一步拓宽

2022年中亚天然气管道已向我国输送天然气超400亿立方米，日输气量约为1.2亿立方米。[②] 据国家管网集团西部管道公司数据，截至2022年6月，中亚天然气管道已累计向国内输送天然气超4000亿立方米，为国内大然气保供提供坚强保障。[③] 2022年9月12日，由中哈共同投资的中亚最大风电项目——札纳塔斯100兆瓦风电项目投产发电，该项目设计、建造和施工均采用中国标准，对改善哈南北电力供需不均的状况具有重要战略意义。

（三）务实合作拓展新领域

中亚国家领导人高度重视中国在中亚的务实新合作项目。塔总统拉赫蒙出席了塔铝金业选矿厂竣工揭牌和锑金冶炼厂奠基仪式、中泰（丹加拉）新丝路纺织产业有限公司三期和四期项目投

① 《吉总统接见中国国务院副总理胡春华》，吉尔吉斯斯坦国家通讯社，2022年12月8日，http://cn.kabar.kg/news/cn2022-12-8-12/。

② 《国家管网西部国门站年输气量超400亿立方米》，国家管网，2022年11月30日，https://www.pipechina.com.cn/xwdt/jtyw/4870.html。

③ 《中亚天然气管道累计向我国输气超4000亿方》，新华网，2022年6月16日，http://www.news.cn/2022-06/16/c_1128747180.htm。

产仪式。吉总统夫人扎帕罗娃出席中国驻吉使馆援助吉巴特肯州缝纫烘焙车间项目交接仪式。

汽车等领域成为中国与中亚国家务实合作新亮点。2022年10月底，中国奇瑞集团在乌兹别克斯坦组装的汽车开始销售。11月15日，在习近平主席和哈萨克斯坦总统托卡耶夫共同推动下，长安、奇瑞和哈弗等中国汽车品牌制造厂顺利奠基，投资总额达1000亿坚戈（约合2.16亿美元），托卡耶夫总统出席仪式。11月18日，霍尔果斯中亚汽车展示交易中心正式开业，为中亚客户、国内整车厂品牌授权商和贸易商提供从采购、运输、清关到销售的一站式服务。[①]

（四）教育人文交流异彩纷呈

中国和中亚国家联合考古工作向纵深发展。2022年11月4日，《中乌丝绸之路考古》邮票在西北大学举行发行仪式，邮票以中乌丝路文物为主题，展示了中乌丝路考古及西北大学东天山考古队考古成果。

中国先进的职业教育走入中亚国家。中方秉持着“授人以渔”精神，与中亚国家分享中国职业教育发展经验。11月29日，中亚第一家鲁班工坊在塔吉克斯坦杜尚别开幕，合作专业是当地急需的城市热能专业和工程测量专业。下一步，中国在哈、吉、乌也将开设鲁班工坊。

此外，乌方还积极学习中国扶贫经验，对口帮扶贫困地区，取得了良好效果。扶贫成为中国和中亚国家合作的新领域。

① 《霍尔果斯中亚汽车展示交易中心正式开业》，新华网，2022年11月19日，http://xj.news.cn/zt/2022-11/19/c_1129142269.htm。

六、结语

30年来，中国与中亚国家历经风雨考验和岁月积淀，讲信修睦、休戚与共、安危共担，各领域合作都取得了丰硕成果，走出了一条睦邻友好、合作共赢的新路，有力维护了地区和平稳定，成为构建新型国际关系的典范。面对错综复杂的国际和地区形势，中国同中亚国家关系发展既面临新机遇，也存在着逆全球化思潮上升、单边保护主义抬头、地缘冲突加剧等一系列挑战。面对错综复杂的严峻形势，中国和中亚国家需要强化命运共同体意识，共同应对挑战，共同维护地区安全，培育区域经济发展新动能。①

中国和中亚国家抓住建交30周年这一关键历史契机，多次举行元首会晤，由“屏对屏”转为“面对面”。在各国领导人亲自关怀与精心呵护下，中国和中亚国家关系当之无愧实现了“立得住”，更加全面、成熟、稳固，实现跨越式大发展。2022年必将成为中国和中亚关系史册中浓墨重彩的一笔。

（中国国际问题研究院欧亚研究所助理研究员　景晓玉）

① 《构建更加紧密的中国–中亚命运共同体》,《中国社会科学报》2022年11月11日。

第三十章

中非关系：定向启航　深化合作

2022年，以中国共产党第二十次全国代表大会胜利召开为标志，中国特色大国外交开启新征程，中国与非洲关系迎来新机遇。元首外交引领中非关系更上一层楼，中非战略互信与互助持续加深。2022年还是落实中非合作论坛第八届部长级会议成果的开局之年，中非经贸关系持续升温，对非合作“九大工程”已结出诸多硕果，为推动构建更紧密的中非命运共同体奠定坚实基础。

一、中非元首外交启新航

在习近平主席的亲自擘画、亲自推动下，借助北京冬奥会与党的二十大的重要契机，中非元首外交迎来新发展，为推进新时代中非关系行稳致远锚定了新航向，注入了新动力。

北京冬奥会成为向世界展示中国形象的新名片，也是中国特色主场外交的新舞台。2月5日，在会见来华出席北京冬奥会开幕式的埃及总统塞西时，习近平主席指出，当今世界正在经历百年未有之大变局，中埃两国在捍卫自身利益、追求共同发展、增进人民福祉、促进世界公平正义的事业中，理念相通，战略契合。中埃双方要继续在涉及彼此核心利益和重大关切问题上相互支持，中方支持埃及走符合自身国情的发展道路，推进民族复兴大业。双方要深化互利合作，继续推动共建“一带一路”倡议同埃及“2030愿景”对接，推进苏伊士运河走廊开发等合作项目，就落实全球发展倡议开展合作。双方还要共同引领中阿（拉伯）、中非集体合作，加快打造面向新时代的中阿命运共同体，推动中非合作论坛“九项工程”取得更多早期收获，促进非洲发展振兴。①

党的二十大擘画了推动构建人类命运共同体、携手开创人类更加美好未来的新蓝图，对包括非洲国家在内的世界各国产生了巨大吸引力。11月2—4日，坦桑尼亚总统哈桑对华进行国事访问。哈桑总统是党的二十大后首位访华的非洲国家元首，这充分体现了中坦关系的密切程度和中非关系在中国外交全局中的重要地位。习近平主席同哈桑总统宣布，将中坦关系提升为全面战略合作伙伴关系，并共同见证签署两国关于贸易、投资、发展合作、数字经济、绿色发展、蓝色经济等双边合作文件。中坦双方还发表了《中华人民共和国和坦桑尼亚联合共和国关于建立全面战略合作伙伴关系的联合声明》。②

习近平主席还在国际多边外交舞台上，与非洲国家领导人共谋中非关系长远大计。11月中旬，在赴印度尼西亚出席二十国集团领导人第十七次峰会期间，习近平主席分别会见南非总统拉

---

① 《习近平会见埃及总统塞西》，中华人民共和国外交部网站，2022年2月5日，https://www.fmprc.gov.cn/web/zyxw/202202/t20220205_10639191.shtml。

② 《习近平同坦桑尼亚总统哈桑举行会谈》，中华人民共和国外交部网站，2022年11月3日，https://www.fmprc.gov.cn/web/zyxw/202211/t20221103_10799996.shtml。

马福萨、塞内加尔总统萨勒。在会见拉马福萨时，习近平主席指出，中国和南非有着同志加兄弟的特殊友谊。中方始终从战略高度看待中南关系，愿同南非巩固政治互信，推动中南全面战略伙伴关系取得更大发展。[①] 在会见萨勒时，习近平主席指出，中塞是重要合作伙伴，也是中非合作论坛共同主席国。中塞在维护世界和平、促进共同发展等重大问题上立场高度一致。中方积极支持非盟加入二十国集团倡议。中方将秉持真实亲诚理念和正确义利观，加强同塞内加尔和非洲国家团结合作，携手构建新时代中非命运共同体。[②]

此外，12月7—10日，在赴沙特阿拉伯出席首届中国–阿拉伯国家峰会期间，习近平主席会见了埃及、阿尔及利亚、突尼斯、毛里塔尼亚、吉布提、科摩罗、索马里等多位非洲阿拉伯国家领导人，为高质量共建面向未来的中阿（拉伯）、中非命运共同体擘画了新篇章，指明了新方向，对中阿、中非关系长远发展具有里程碑意义。

二、中非战略互助攀新高

2022年，非洲各国一如既往坚定奉行一个中国原则，支持中国维护国家的主权、安全和领土完整。中国在非洲之角等地区热点问题上加深同地区国家的机制化合作，中非战略互信互助水平

---

① 《习近平会见南非总统拉马福萨》，中华人民共和国外交部网站，2022年11月15日，https://www.fmprc.gov.cn/web/zyxw/202211/t20221115_10975542.shtml。

② 《习近平会见塞内加尔总统萨勒》，中华人民共和国外交部网站，2022年11月15日，https://www.fmprc.gov.cn/web/zyxw/202211/t20221115_10975701.shtml。

不断提升。

（一）非洲国家就涉台问题给予中国坚定支持

2022年8月2日，美国国会众议长佩洛西悍然窜访中国台湾地区，肆意违背一个中国原则，严重破坏台海稳定与地区安全。事发后，包括众多非洲国家在内的全世界170多个国家和国际组织发出正义声音，重申恪守一个中国原则，谴责佩洛西窜台行径，反对美国干涉中国内政、侵犯中国主权和领土完整。

非洲多国政府第一时间表态对中国的支持。埃及总统塞西表示，埃及在台湾问题上的政策是一贯和坚定的，埃及奉行一个中国原则，并认为这有利于维护世界的安全与稳定。[①] 冈比亚副总统朱夫强调，冈方坚定坚持一个中国政策，冈政府和人民始终同中国政府和人民站在一起。[②] 刚果（布）、厄立特里亚、南非、坦桑尼亚、苏丹、南苏丹、肯尼亚、津巴布韦、布隆迪等国政府人士均表示坚定奉行一个中国政策，坚定支持中国为捍卫国家主权、领土完整所作努力，呼吁美方恪守一个中国原则，停止煽动分裂。

非洲多国政党表达对中国党和人民维护祖国统一的坚定支持。埃塞俄比亚繁荣党副主席、总书记阿登表示，佩洛西窜访中国台湾地区显然违背了一个中国原则。埃塞方尊重中国政府在台

---

① 《埃及总统塞西：埃及奉行一个中国原则》，新华网，2022年8月7日，http://www.news.cn/world/2022-08/07/c_1128896323.htm。

② 《冈比亚副总统朱夫强调冈方坚定支持一个中国政策》，中华人民共和国外交部网站，2022年8月11日，https://www.fmprc.gov.cn/web/gytwwtdlc/ggzybt/202208/t20220811_10740551.shtml。

湾岛周围进行军事演训，这是中国内部事务。[①] 赞比亚爱国阵线党代理总书记尼克森·奇朗瓦表示，在各国广泛接受并支持一个中国原则的情况下，佩洛西窜台挑衅中国，阻碍中国发展，加剧紧张局势，是对中国国家主权和领土完整的攻击，该党对此予以最强烈的谴责。爱阵重申坚持一个中国原则，坚持台湾是中华人民共和国的一部分，敦促美国政府停止蓄意升级冲突的行为。赞比亚社会主义党、肯尼亚“团结纲领–一个肯尼亚联盟”、津巴布韦执政党非洲民族联盟–爱国阵线（津民盟）等非洲主要政党的领导人也强烈谴责美方的卑劣行径，支持中方采取行动捍卫国家主权与民族尊严。

非洲社会各界也纷纷表达对中方立场的支持。南非全国学生大会主席马蒂瓦内在南非主流媒体发表评论文章，表示包括南非在内的世界上绝大多数国家都承认台湾是中国的一部分，认为中国的国家主权和领土完整必须得到尊重。美国必须履行其承诺，向国际社会证明它是一个值得信赖的国家。津巴布韦第一大媒体《先驱报》、安哥拉国家通讯社等非洲主流媒体均评论道，佩洛西在台湾问题上对中国的挑衅不可原谅。全非洲中国和平统一促进会、非洲对华友好协会联合会等组织均发表声明，谴责佩洛西窜台，坚决拥护中国政府采取坚定应对和有力的反制措施来捍卫自身主权和领土完整。[②]

---

① 《多国政党政要坚定支持中国捍卫国家主权和领土完整》，新华网，2022年8月5日，http://www.news.cn/world/2022-08/05/c_1128893707.htm。

② 《非洲国家政府和社会各界积极支持中方在涉台问题上的严正立场》，中华人民共和国外交部网站，2022年8月4日，https://www.fmprc.gov.cn/web/wjbxw_new/202208/t20220804_10734061.shtml。

（二）中非和平安全合作机制化水平显著提升

2022年，中国继续加大对非洲和平安全事业的支持。7月25日，习近平主席向第二届中非和平安全论坛致贺信，强调中国始终秉持正确义利观和真实亲诚理念发展对非关系，愿同非洲朋友一道，坚持共同、综合、合作、可持续的安全观，维护以联合国为核心的国际体系，维护国际公平正义，推动落实全球安全倡议，构建新时代中非命运共同体。① 习近平主席的贺信充分体现了中方对中非和平安全合作的高度重视，为中非加强团结协作、实现共同安全指明了方向。

2022年，中非在非洲之角事务上的机制化合作尤为亮眼。非洲之角战略位置独特，发展潜力巨大。但近年来，一些域外大国把非洲之角当作地缘政治博弈的竞技场，造成动荡不宁、冲突频发的局面，严重损害了地区和平稳定，迟滞了地区发展振兴。王毅国务委员兼外交部长在2022年初访问非洲时表示，为支持非洲之角实现长治久安与和平繁荣，中方愿提出“非洲之角和平发展构想”，支持地区国家独立自主应对安全、发展、治理三重挑战。② 中方还于2022年2月任命外交部非洲之角事务特使，通过与地区国家广泛沟通，为推动非洲之角和整个非洲大陆的和平与发展发挥建设性作用。

地区各国对此热烈响应，均表示衷心希望同中国继续深入开展各项合作，推动“构想”早日落实，造福地区人民。中国建设

---

① 《朝着共筑中非安全共同体的美好愿景迈进（和音）》，《人民日报》2022年7月27日，第3版。

② 《王毅谈“非洲之角和平发展构想”》，中华人民共和国外交部网站，2022年1月6日，https://www.mfa.gov.cn/web/wjbz_673089/xghd_673097/202201/t20220107_10479735.shtml。

性参与非洲之角事务，重点工作包括：一是支持地区国家筹备并早日召开非洲之角和平会议，为地区国家通过对话谈判解决矛盾分歧搭建平台，推动形成政治共识，协调共同行动。二是推动蒙内铁路和亚吉铁路可持续运营，并在此基础上适时将“两轴”向周边国家延伸，同时加快红海沿岸和东非沿岸开发，形成“两轴+两岸”的发展框架，加速构建产业带、经济带，助力区域经济振兴。三是加强同地区国家治国理政经验交流，积极分享有益经验，为构建非洲之角团结、稳定、和谐的发展环境贡献力量。[①]

三、中非经贸合作持续繁荣

2022年，中非经贸关系再上新台阶，一大批改善和惠及非洲民生的重大合作项目相继建成，持续助力非洲工业化进程与当地经济社会发展。

（一）中非贸易水平再创新高

2022年1—10月，中非贸易额达2365.41亿美元，同比增长14.3%。其中，中国对非出口达1354.64亿美元，同比增长12.3%；中国从非洲进口1010.77亿美元，同比增长17.2%。中非贸易结构更均衡。南非、安哥拉、尼日利亚、刚果（金）和埃及继续位列中国同非洲主要贸易伙伴前五位置，双边贸易总额分别为485.88亿美元、232.81亿美元、200.35亿美元、184.19亿美元、148.4亿美元，分别同比增长8.7%、24.0%、–3.6%、65.4%

① 《外交部非洲之角事务特使薛冰接受〈中国日报〉专访》，中国日报网，2022年4月18日，https://cn.chinadaily.com.cn/a/202204/18/WS625cf219a3101c3ee7ad0f44.html。

和–7.0%。[①]

中国始终视非洲为发展的热土，非洲国家也将中国视作最可靠的贸易合作伙伴。11月4日，第五届中国国际进口博览会在上海举行，莫桑比克总统纽西应习近平主席邀请，以视频方式出席开幕式并发表致辞。纽西表示，近5年来，中国是莫第二大进口来源国、第四大出口目的地，中方向莫直接投资约8.64亿美元，累计开展147个项目，不仅为莫创造超过1.6万个就业岗位，也通过增加出口渠道和进口替代等方式为莫国际收支平衡带来积极影响。自2022年9月起，中方为原产自莫98%税目商品提供零关税待遇，这将助推莫中经贸关系不断走实。纽西表示对莫中经贸合作充满信心，希莫中双方借助进博会平台不断加强相关领域经贸对接，推动更多惠及双方的项目落地。[②]

（二）重大基础设施合作项目惠及非洲民生

交通运输方面，3月22日，由中国进出口银行提供融资、中国土木工程集团承建的尼日利亚拉各斯国际机场新航站楼建成启用。3月26日，由中铁七局武汉公司负责建设的塞内加尔方久尼大桥建成。桥梁总长度约1600米，横跨萨卢姆河，是该国最长的跨河桥梁。7月31日，由中国路桥工程有限责任公司以建设—运营—移交模式与肯尼亚政府合作开发的肯尼亚内罗毕快速路正式

① 《2022年10月进出口商品国别（地区）总值表（美元值）》，中国海关总署网站，2022年11月18日，http://www.customs.gov.cn/customs/302249/zfxxgk/2799825/302274/302277/302276/4686672/index.html 。

② 《莫桑比克总统以视频方式出席第五届中国国际进口博览会开幕式并致辞》，中非合作论坛网站，2022年11月7日，http://www.focac.org/chn/zfgx/jmhz/202211/t20221107_10801662.htm。

开通运营，肯尼亚总统肯雅塔出席开通仪式，[①] 称赞该项目“确保了内罗毕作为区域中心及经济中枢的地位”。

行政设施方面，5月底，由上海建工集团股份有限公司承建的津巴布韦新议会大厦竣工验收。7月20日，津巴布韦总统姆南加古瓦视察该项目时指出，新议会大厦是他见过的最具意义的建筑，是津巴布韦的国家象征。

水利工程方面，7月29日，由中国进出口银行提供优惠信贷、中国土木工程（赞比亚）有限公司承建的赞比亚卡富埃河供水项目一期工程竣工交付，[②] 赞比亚总统希奇莱马高度评价中国企业一直以来对赞比亚供水、供电等民生发展项目的大力支持。

港口建设方面，10月31日，由中国国家开发银行提供部分商业贷款、中国港湾工程有限公司与新加坡托拉拉姆集团、尼日利亚港务局、拉各斯州政府合资开发的尼日利亚首个深水港——莱基港一期工程正式竣工。[③] 该港为第二届“一带一路”国际合作高峰论坛成果项目，是西非地区最大深水港之一，也是中国港湾首个以投资—建设—运营一体化模式控股投资的港口项目，建设运营将为当地约17万人提供直接和间接就业机会。

---

① 《全球连线|肯尼亚内罗毕两条中企承建道路通车》，新华网，2022年8月1日，http://www.news.cn/world/2022-08/01/c_1128882594.htm。

② 《赞比亚总统出席中企承建的卡富埃河供水项目一期工程竣工仪式》，新华网，2022年7月30日，http://www.news.cn/world/2022-07/30/c_1128876322.htm。

③ 《中企承建尼日利亚深水港项目竣工》，新华网，2022年11月1日，http://m.news.cn/2022-11/01/c_1129092101.htm。

四、对非合作“九项工程”部分领域取得重要早期收获

在2021年11月举行的中非合作论坛第八届部长级会议开幕式上，习近平主席宣布启动中国对非合作“九项工程”。2022年，中非精诚团结，聚焦合作，会议成果落实进度良好，为非洲人民带来实实在在的福祉。

（一）投资驱动工程落实程度高

2021年11月至2022年8月，中方向非洲金融机构提供100亿美元授信额度已落实超过30亿美元，向非洲提供100亿美元贸易融资额度已安排超过20亿美元，向非洲重点项目贷款近25亿美元。2022年1—8月，中国企业对非投资新增21.7亿美元。今后，中方还将通过国际货币基金组织“减贫与增长信托”“韧性和可持续性信托”渠道向非洲转借100亿美元特别提款权，并推动国际货币基金组织将中方资金定向用于非洲方向。[①] 中方已免除非洲17国截至2021年年底对华到期无息贷款债务。

（二）减贫惠农工程持续惠民生

2022年，有4个中非现代农业技术交流示范和培训联合中心挂牌成立，将在热带作物、水产养殖、生物质能源、旱作农业等领域为非洲培养人才。10月18日，肯尼亚首个中非农业发展与减贫示范村在肯尼亚纳库鲁郡马坦吉提萨村挂牌，这也是“一带一

① 《王毅：中方言出必行，积极推进对非合作》，中华人民共和国外交部网站，2022年8月18日，https://www.mfa.gov.cn/web/wjbz_673089/xghd_673097/202208/t20220818_10745561.shtml。

路”南南合作农业教育科技创新联盟在非洲建设的首批示范村之一。[①] 肯方表示，希望以示范村建设为契机，将中国先进的农业技术在纳库鲁地区示范推广，实现农民增收减贫目标，促进非中合作和友谊。

11月10日，中非减贫与发展伙伴联盟成立大会暨2022年中非合作论坛——减贫与发展会议在北京举办。[②] 会议认为，消除贫困、实现可持续发展是中非人民的共同心愿和中非务实合作的重要领域。中非减贫与发展伙伴联盟的成立是新时期推进中非减贫与发展合作的重要平台，将为中非减贫与发展合作事业赋予新内涵，为推动构建新时代中非命运共同体注入新动力。

（三）贸易促进工程便利实惠多

在中非合作论坛第八届部长级会议上，中方宣布为非洲农产品输华建立“绿色通道”。2022年1—8月，中国已同多哥、厄立特里亚、吉布提等12个非洲国家就98%输华产品零关税签署换文，津巴布韦柑橘、卢旺达甜叶菊、南非鲜梨和肯尼亚野生水产品、牛油果等相继获得对华出口许可，非洲输华产品和食品种类超过350种。自2022年12月1日起，中国还对原产于贝宁、布基纳法索、几内亚比绍、阿富汗、莱索托、马拉维、圣多美和普林西比、坦桑尼亚、乌干达和赞比亚等10个最不发达国家的98%

① 《中非农业发展与减贫示范村在肯尼亚挂牌》，新华网，2022年10月18日，http://m.news.cn/2022-10/18/c_1129070074.htm。

② 《中非减贫与发展伙伴联盟成立大会暨2022年中非合作论坛——减贫与发展会议在京举办》，中国国际扶贫中心网站，2022年11月11日，https://www.iprcc.org.cn/article/4ARS5jGhvM5。

税目产品实施零关税。[①]

为积极落实非洲农产品输华“绿色通道”，中国海关总署制定了切实可行的准入便利举措：一是对非洲国家提出的农产品准入申请予以优先考虑，在收到相关技术资料后，立即启动风险分析，加快检疫准入工作；二是对某些来自同一国家、加工工艺相近的农产品，或来自不同国家的同一种农产品，在风险可控的前提下，合并实施风险评估，加快准入流程；三是对非洲国家已获准输华的农产品生产企业便利注册，采用视频检查或文件审查等灵活方式，加快评估和注册等。[②] 中国许多地方政府也在给非洲农产品输华提供支持，例如，埃塞俄比亚航空公司获准开通亚的斯亚贝巴到长沙的新货运航线，希望打造中非贸易物流中心。

（四）绿色发展工程重在巧赋能

当前，非洲已沦为全球气候灾难的最大受害者，这不仅使非洲的安全局势复杂化，更严重掣肘非洲的经济社会发展，大幅提升了非洲各国社会治理的难度与成本。[③] 在2022年11月于埃及举行的第27届联合国气候变化大会上，中方同众多非洲国家携手努力，推动长期悬而未决的“损失与损害”资金最终确定设立，为包括非洲国家在内的世界气候脆弱国家今后实现气候公正、推动国际社会加大对非洲等发展中国家的资金支持力度奠定了新

① 《非洲观察|零关税 双赢的选择》，中非合作论坛网站，2022年11月25日，http://www.focac.org/chn/zfgx/jmhz/202211/t20221125_10981151.htm。

② 《新鲜牛油果折射中非合作新动能》，《经济参考报》2022年9月2日，第A04版。

③ 邓延庭：《应对气候变化：非洲的探索与中非合作的意义》，《中国社会科学院大学学报》2022年第10期。

基础。

本届大会还设置了“中国角”专区，中方在此举办了多场与非洲相关的边会活动，同非洲国家开展了深度合作交流。在“聚势赋能，共创非洲可再生能源蓬勃发展”主题边会上，中方代表表示，中国希望把自己的可再生能源产业发展经验与国际社会共享，也愿意通过产业合作、技术创新、项目开发、人才培养、建立健全碳交易市场机制等多种手段，为非洲迈向更为清洁、低碳和可持续的未来共同赋能助力。[①] 在“清洁能源赋能非洲电力可及”主题边会上，中国水电水利规划设计总院与非洲能源委员会共同发布了《清洁能源提升非洲电力可及性埃及倡议》，该倡议系本次大会期间由中国和非盟能源专业机构联合发起的清洁能源领域唯一倡议，也是中国–非盟能源伙伴关系框架下发起的首个倡议。[②] 上述活动在非洲国家间引起了积极反响，为中非绿色合作开辟了新视野。

（五）数字创新工程“带货”效果好

近年来，非洲国家数字经济发展迅猛，正成为地区经济新引擎，非盟及地区各国都出台了一系列支持政策。同时，中非数字经济战略积极对接，数字创新工程为中非共建“数字非洲”提供了机制保障和新动力源。[③]

---

① 《“聚势赋能，共创非洲可再生能源蓬勃发展”主题边会举行》，《中国环境报》2022年11月18日，第2版。

② 《COP27|“清洁能源赋能非洲电力可及”边会成功举办》，水电水利规划设计总院网站，2022年11月22日，http://www.creei.cn/portal/article/index/id/27308/cid/6.html。

③ 牛东芳、沈昭利、黄梅波：《中非共建“数字非洲”的动力与发展路向》，《西亚非洲》2022年第3期。

2022年4月28日至5月12日，第四届“双品网购节”暨非洲好物网购节以线上线下相结合的形式举办。湖南、浙江、海南等多地通过中非主播直播带货、非洲原产地直播连线等多种形式，向中国消费者推荐了来自23个非洲国家的200多款优质特色产品，来自卢旺达的辣椒酱、埃塞俄比亚的咖啡、肯尼亚的红茶和皂石、南非的红酒等商品广受欢迎。众多非洲国家的驻华大使更是化身“带货主播”，与中国网友愉快互动。在浙江专场的一场直播活动中，非洲啤酒的购买链接刚放出仅3分钟，直播间的1000瓶存货便被抢购一空；数百袋来自卢旺达的咖啡一上架即秒空，引得远在卢旺达国内观看直播的咖啡种植业者大呼不可思议。[①] 作为对非合作“九项工程”中数字创新工程的一大亮点，举办非洲好物网购节不仅向非洲国家展示了中国对非合作言必信、行必果的真诚态度，也切实回应了非方希望借鉴中国在数字领域的发展经验以加强务实合作的迫切诉求，符合中非合作提质升级的需要。

（六）卫生健康工程深入赢民心

截至2022年8月，中方已向非洲27国提供1.89亿剂新冠疫苗，在非洲本地化合作生产年产能达到约4亿剂。[②] 中国企业为提高新冠疫苗在非洲可及性和可负担性发挥了积极作用。国药集团中国生物积极与非洲各国开展疫苗合作，已获得47个非洲国家的准入许可，生产疫苗适用年龄覆盖3岁以上人群；科兴公司

① 《为推动中非经贸合作注入新动力（新时代中非合作）》，《人民日报》2022年5月15日，第3版。

② 《王毅主持中非合作论坛第八届部长级会议成果落实协调人会议》，中华人民共和国外交部网站，2022年8月18日，https://www.mfa.gov.cn/web/wjbz_673089/xghd_673097/202208/t20220818_10745538.shtml。

除了供应新冠疫苗外，还推进同非洲各国的临床研究、本地化生产、冷链仓储等多项合作，助力非洲疫情防控。[①] 2021年11月至2022年8月，中方还向19个非洲国家增派医疗队员332人次，在非洲近千名医疗队员持续提供门诊服务，培训当地医务人员3600人次。

同时，由中方援建的、位于埃塞俄比亚首都亚的斯亚贝巴的非洲疾控中心总部（一期）项目已完工，并于2023年1月11日举行了竣工仪式，中国外交部长秦刚出席竣工仪式并致辞。总部建成后将进一步助力中非开展公共卫生技术合作，帮助非方提升自主疫情防控能力，对中非共建卫生健康共同体将产生战略性意义。[②] 此外，中国几内亚友好医院升级项目已完成，南苏丹、中非、乍得、马拉维等对口医院也已完成立项。2022年，中方还向中非共和国赠送多批“中国–中非卫生健康共同体”医药箱，内含的抗疟、抗疫、消毒等医疗卫生物资解了中非百姓的燃眉之急，受到中非政府和人民热烈欢迎，有力促进了两国民心相通。[③]

今后一段时期，中方将继续积极落实对非合作卫生健康工程目标，向有需要的非洲国家提供疫苗和抗疫物资，开展医疗技术合作，帮助非洲国家完善公共卫生体系，支持非洲国家抗击疫情和疫后经济社会恢复发展，为构建更加紧密的中非命运共同体做

① 《中国同非洲国家开展疫苗合作成效良好》,《人民日报》2022年8月24日，第3版。

② 严瑜:《携手同心，共筑中非卫生健康共同体》,《人民日报》海外版，2022年9月1日，第6版。

③ 《中非政府盛赞“中国–中非卫生健康共同体”医药箱》，人民网，2022年11月21日，http://world.people.com.cn/n1/2022/1121/c1002-32571138.html。

出更大贡献。

五、结语

2022年，中国与非洲在百年变局加速演进中守望相助，团结奋进，各领域务实合作持续发力，喜报频传，中非朝着实现《中非合作2035年愿景》的目标稳步迈进。在中非共同努力下，“九项工程”必将结出更多硕果，全球发展倡议、全球安全倡议也将助力国际社会加大对非洲和平与发展事业的投入。中非深化合作、互助共进，势必谱写中非合作高质量发展、共筑新时代中非命运共同体更加辉煌的新篇章。

（中国国际问题研究院发展中国家研究所助理研究员　刘畅）

第三十一章

中拉关系：理念相契　稳中有进

2022年是中拉关系稳中有进、亮点频现的一年。中国高度重视对拉工作。习近平主席亲自擘画中拉关系，通过元首外交为中拉关系发展领航定向。双方各层级政策沟通顺畅进行，政治互信进一步提升。高质量共建“一带一路”走深走实，经贸关系压舱石地位更加巩固。积极开展治国理政交流，在经济发展、国家治理和全球治理体系改革方面的共识持续扩大。“云外交”与“线下外交”并行互促，人文交流热络进行。在新形势下，中拉双方应把握时机，加强政策沟通，按照中拉论坛第三届部长会议达成的共识和路线图，推动双边关系提质升级，共创中拉全面合作伙伴关系更加光明的未来。

一、元首外交领航定向，政治互信进一步提升

2022年伊始，中拉关系即迎来高光时刻。2月3日至6日，厄瓜多尔总统拉索出席北京冬奥会开幕式并访华。习近平主席与其会谈，双方发表《中华人民共和国同厄瓜多尔共和国关于深化中厄全面战略伙伴关系的联合声明》。2月4日至6日，阿根廷总统费尔南德斯出席北京冬奥会开幕式并访华，这是在2月19日两国

建交50周年前夕的重要访问。习近平主席会晤了费尔南德斯总统，双方共同发布《关于深化中阿全面战略伙伴关系的联合声明》，并签署了共同推进“一带一路”建设的谅解备忘录。费尔南德斯总统还以阿根廷执政党正义党主席身份参观中国共产党历史展览馆，瞻仰毛主席纪念堂，凸显正义党对中国共产党的高度认同。11月25日，古巴共产党中央委员会第一书记、国家主席迪亚斯–卡内尔对中国进行国事访问，这是中共二十大后首位访华的拉美和加勒比国家元首，充分体现中古两党、两国的特殊友好关系。

11月15日和11月18日，习近平主席在参加二十国集团峰会和亚太经合组织领导人非正式会议期间分别会见阿根廷总统费尔南德斯和智利总统博里奇，为双边关系发展指明了方向。

习近平主席还与拉美和加勒比国家四位元首互致贺电。2月14日，同墨西哥总统洛佩斯互致贺电，庆祝两国建交50周年。2月19日，同阿根廷总统费尔南德斯互致贺电，庆祝两国建交50周年。6月27日，同圭亚那总统阿里互致贺电，庆祝两国建交50周年。11月21日，同牙买加总督艾伦互致贺电，庆祝两国建交50周年。此外，习近平主席还多次向拉致电，如：3月23日，向中国共产党和古巴共产党第四届理论研讨会致贺信；2月1日，就巴西暴雨灾害造成重大人员伤亡，6月1日，就巴西严重洪涝灾害造成重大人员伤亡分别向巴西总统博索纳罗致慰问电；8月8日，就古巴发生储油罐燃爆事故向古共中央第一书记、古巴国家主席迪亚斯–卡内尔致慰问电；9月7日，向巴西总统博索纳罗致贺电，祝贺巴西独立200周年；10月31日，向巴西总统候选人卢拉·达席尔瓦致电，祝贺他当选巴西联邦共和国总统。

在中共二十大举行期间，拉美及加勒比地区多国领导人及前政要致电祝贺习近平再次当选中共中央总书记，包括巴西候任总统卢拉，苏里南进步改革党主席、总统单多吉，巴哈马进步自由党领袖、政府总理戴维斯，巴巴多斯工党领袖、政府总理莫特利，多米尼克工党领袖政府总理斯凯里特，安巴工党领袖、政府总理布朗，古巴共产党中央委员会第一书记、国家主席迪亚斯-卡内尔，尼加拉瓜桑地诺民族解放阵线总书记、总统奥尔特加和副总统穆里略，委内瑞拉统一社会主义党主席、总统马杜罗，哥伦比亚总统佩特罗，厄瓜多尔总统拉索，玻利维亚争取社会主义运动主席、前总统莫拉莱斯。圭亚那总统阿里，特立尼达和多巴哥人民民族运动党领袖、政府总理罗利等。

这些频繁的元首外交为中拉关系发展起到了重要引领作用，推动双方各个层面的政策沟通顺畅进行。2022年以来中拉双方的政策沟通情况如下。

1月25日，中国商务部副部长兼国际贸易谈判副代表王受文与厄瓜多尔外交和移民事务部副部长蒙塔尼奥及生产外贸部副部长莱加尔达以视频会议形式共同主持召开中厄经贸混委会第十四次会议，就推动自贸合作、促进贸易和投资、加强经贸领域机制建设等交换意见。

1月27日，第五次中国–阿根廷经济合作与协调战略对话成功召开。国家发展和改革委员会副主任宁吉喆与阿根廷外交、国际贸易和宗教事务部长卡菲耶罗参会并致辞。双方围绕宏观经济形势、双边投资和营商环境、重点合作项目、共建“一带一路”等广泛而深入地交换了意见，为深化中阿相关领域合作指明了方向。会上，双方视频签署了第五次中阿经济战略对话会议纪要并更新了中阿重点合作项目清单。

4月29日，中国和加勒比建交国外长会以视频方式举行。国务委员兼外长王毅和多米尼克代总理奥斯特里共同主持会议。王毅表示，中方将继续向加勒比国家提供不附加任何政治条件的经济技术援助，着力支持加方关心的重点项目，大力发展普惠民生的项目，推广菌草等实用技术。中方决定向加勒比建交国及加勒比共同体秘书处捐赠抗疫和医疗物资，设立中国–加勒比防灾减灾资金，向加勒比国家提供更多政府奖学金名额。

5月23日，国家副主席王岐山在北京以视频方式与巴西副总统莫朗共同主持中巴高层协调与合作委员会第六次会议。王岐山表示，近年来，在习近平主席和博索纳罗总统的正确指引下，中巴两国照顾彼此根本和长远利益，以团结协作应对全球性挑战，谱写了新兴经济体合作的新篇章。双边贸易连续4年突破千亿美元，中国连续13年保持巴最大贸易伙伴地位。巴西是中国在拉美最大投资目的国。两国携手应对疫情，科技、人文、体育等领域交流密切，增进了两国人民的友谊。

6月17日，中智政府间科技合作混委会第十次会议暨中智政府间常设委员会科技分委会第二次会议以视频方式举行。中国科技部部长王志刚与智利科技、知识与创新部部长弗拉维奥·萨拉萨尔共同召开会议并做主旨讲话，双方有关代表参会发言。

7月26日，自然资源部和智利矿业部以视频方式共同召开中智政府间常设委员会矿业分委会第二次会议。会上，双方分别介绍了两国矿业管理政策，探讨了地学合作项目，并就推动矿业企业务实合作进行了交流。自然资源部和智利矿业部签署了会议纪要，中国地质调查局和智利国家地质矿业局续签了地学合作谅解备忘录。

此外，中拉论坛下各分论坛也举办了相关活动。5月24日，首届中拉交通合作论坛以线上方式举行。交通运输部部长李小鹏同阿根廷交通部长格雷拉共同主持会议，会议通过《首届中拉交通合作论坛部长联合声明》。7月19日，中拉数字技术合作论坛以视频方式线上举行。工业和信息化部副部长张云明、阿根廷国家通信局局长安布罗西尼在开幕式发表视频致辞，论坛通过了《首届中国–拉美和加勒比国家数字技术合作论坛联合声明》。8月25日，首届中拉灾害管理合作部长论坛以视频方式举行，论坛通过《首届中拉灾害合作部长论坛联合声明》，宣布启动中拉灾害管理合作机制。9月2日，中拉科技创新论坛以视频方式线上举行。本次论坛通过了《2022年中拉科技创新论坛联合声明》，中国科技部与有关拉美和加勒比国家科技主管部门分别就推动中拉可持续粮食创新中心建设签署合作谅解备忘录。9月28—29日，第八届中国–拉美和加勒比国家基础设施合作论坛在澳门举办。商务部国际贸易谈判代表兼副部长王受文、阿根廷交通部部长格雷拉分别代表中方和拉方以视频方式致辞。12月14—15日，第十五届中拉企业家高峰会在厄瓜多尔举行。习近平主席在开幕式上发表书面致辞，指出中国将坚持对外开放的基本国策，坚定奉行互利共赢的开放战略，坚持经济全球化正确方向，不断以中国新发展为世界提供新机遇，推动建设开放型世界经济，更好惠及包括拉美和加勒比国家在内的各国人民。希望广大工商界朋友继续秉持坚韧不拔、勇于开拓的企业家精神，做开放发展的推动者、创新发展的领军者、共享发展的践行者，为推动构建中拉命运共同体做出新的更大贡献。

二、共建“一带一路”走深走实，经贸关系压舱石地位更巩固

2022年以来，“一带一路”在拉美和加勒比地区的合作朋友圈不断扩大。中国先后与尼加拉瓜和阿根廷签署“一带一路”合作谅解备忘录，尤其是阿根廷作为拉美地区大国加入“一带一路”具有重要意义。在“一带一路”框架下，中阿合作领域不断拓展，

涵盖绿色发展、数字经济、航天、北斗导航、科技创新、教育、农业、地球科学等领域。

“一带一路”合作的旗舰项目，如智利蓬塔风电场等项目稳步推进。还有几个重大项目顺利完工，新项目开始上马。12月5日，厄瓜多尔曼塔机场项目举行启用仪式。该机场重建项目由中资企业承包，使用2016年厄震后中国进出口银行提供的优惠贷款。12月8日，加勒比岛国安提瓜和巴布达利用中国优惠贷款实施的圣约翰深水港改造扩建项目举行竣工仪式。该港将成为东加勒比国家最大的货运港口，有望成为地区后勤和转运服务中心。

在发挥大项目引领示范效应的同时，“一带一路”合作同时兼顾投资少、见效快、惠民生的项目，为拉美各国的经济社会发展做出了贡献。

中拉经贸合作持续向好发展，据中国海关总署统计，中国稳定保持拉美第二大贸易伙伴地位。2022年贸易总额为4857.9亿美元，较2021年增长7.7%。以巴西为例，中巴双边贸易连续4年突破1000亿美元，中国连续13年保持巴西最大贸易伙伴地位。目前，中国是巴西、智利、秘鲁、乌拉圭的最大贸易伙伴。拉美稳居中国对外投资第二大目的地和海外工程承包第三大市场地位。

为进一步发掘经贸合作潜力，中国不断拓展在拉美的自贸区网络。

2022年2月，中国与厄瓜多尔签署《中华人民共和国商务部与厄瓜多尔共和国生产、外贸、投资和渔业部关于启动中国–厄瓜多尔自由贸易协定谈判的谅解备忘录》，正式启动中厄自由贸易协定谈判。2023年2月，中厄自贸协定第三次首席谈判代表会议举行，双方确认结束自贸协定谈判。

7月，中国与尼加拉瓜签署《中华人民共和国政府和尼加拉瓜共和国政府关于自由贸易协定早期收获的安排》，启动中国–尼加拉瓜全面自由贸易协定谈判。双方还签署《中华人民共和国政府和尼加拉瓜共和国政府关于成立经济、贸易和投资合作混合委员会的谅解备忘录》，正式建立双边政府间经贸合作机制。

与此同时，中国与乌拉圭结束了2021年9月启动的自贸协定联合可行性研究，进入协定签署的谈判阶段。乌拉圭总统拉卡列对中乌自贸协定高度期待，明确表示希望在2025年之前完成谈判。

自中国与萨尔瓦多建交以来，双边贸易额大幅增长。11月7日，萨尔瓦多最高法院宪法法庭发布公告，宣布针对萨尔瓦多同台湾地区"自贸协定"采取的保护措施失效，标志着"萨台自贸协定"的彻底废除。对此，中国商务部表示，为进一步深挖双边经贸合作潜力，提升合作水平，中萨双方愿意尽早启动自贸协定谈判相关进程，并为尽快完成该进程而共同努力。

拉美和加勒比国家越来越看重中国市场，积极参加第五届进博会。巴西、阿根廷、乌拉圭、墨西哥、哥伦比亚、圭亚那、牙买加、特多等国积极参展，向中国消费者推介拉美农产品和其他特色产品，获得大量订单。

三、中拉发展互鉴和发展合作蓬勃开展，全球发展倡议在拉美和加勒比地区落地生根

中国和拉美和加勒比国家都是发展中国家，在新形势下肩负着新的发展任务。当前，中国正进入新发展阶段，贯彻新发展理念，构建新发展格局，致力于实现"高质量发展"，"以人民为中心的发展"，统筹发展与安全。拉美和加勒比国家的发展环境更加困难，大多数国家出现了财政困难、债务高企、通货膨胀、资

金外流、失业增加、贫困加剧等状况，面临政治、经济、社会和民生等多重危机。同时，着眼于后疫情时代新形势，拉美和加勒比国家希望抓住“数字转型”和“绿色转型”新机遇，实现经济社会更好发展。2022年以来，发展互鉴和发展合作成为中拉关系中的高频词，这反映了双方在后疫情时代面临着艰巨的发展任务，以及愿意通过发展互鉴和合作实现共同发展从而为落实联合国2030年可持续发展议程做出贡献的共识。

自2021年9月习近平主席提出全球发展倡议以来，拉美和加勒比国家对此高度评价并积极参与，多国参加了“全球发展倡议之友小组”。在6月24日举行的全球发展高层对话会上，巴西和阿根廷作为拉美地区的两个大国积极参加。

此外，以发展为议题的各种论坛和研讨会频繁举行。

5月24—25日，中国社会科学论坛“中拉发展合作与互鉴”国际研讨会暨第二届中拉关系研究学者论坛在线举行。

7月13日，中国国家乡村振兴局和阿根廷外交、国际贸易和宗教事务部联合主办，中国国际扶贫中心承办的第二届中拉减贫与发展论坛在线上举行。本届论坛以后疫情时代推进中拉减贫合作为主题，论坛就城乡融合发展与减贫、数字技术与减贫两个分议题展开了深入讨论。

9月1—2日，第五届中拉文明对话论坛在江苏南京举办。来自中拉10多个国家的政要、专家学者、企业家以及媒体代表围绕“以全球发展倡议推动构建中拉命运共同体”这一主题进行了广泛而热烈的讨论。

11月27日，由当代中国与世界研究院倡议成立的“中国–拉丁美洲和加勒比发展合作和知识分享联盟”（简称“中拉发展知识联盟”）筹委会第二次会议以线上和线下相结合的方式举行。本次会议旨在具体化第一次会议提出的构想并讨论“中拉发展知识联盟”的发展和行动计划。联盟将于2023年召开“首届中拉发展合作论坛”，搭建知识平台，创新合作机制，加强发展合作，共享发展机遇，促进中拉共同和可持续发展。

为促进拉美和加勒比地区的发展，中国还对地区国家特别关切的领域予以积极回应。如为应对拉美国家普遍面临的债务危机，中国不仅在国际多边层面全面落实二十国集团缓债倡议，缓债总额在二十国集团成员中最大，并同有关成员一道参与《二十国集团缓债倡议后续债务处理共同框架》债务处理，为有关发展中国家渡过难关提供支持，还支持阿根廷与其债权国开展债务重组协商。双方继续密切本币互换合作，鼓励双方在贸易和投资中更多使用本币结算。为应对厄瓜多尔的债务问题，中方在《中华人民共和国与厄瓜多尔共和国关于深化中厄全面战略伙伴关系的联合声明》中承诺，愿鼓励相关金融机构与厄方就融资债务等金融合作问题进行友好协商，帮助厄方更好应对卫生危机以及在后疫情时代促进可持续发展。9月19日，中国国家开发银行和进出口银行与厄方达成债务重组协议，分别就价值14亿美元和18亿美元的贷款达成协议，延长贷款期限并减少分期偿还金额，为厄减轻偿债压力逾14亿美元。11月25日，在古巴领导人访华期间，中古同意就重组债务问题进行重新规划，为帮助古巴渡过危机，中方还提供了1亿美元的人道主义援助。

为应对加勒比国家的发展问题，中国倡导成立中国–加勒比发展中心，7月6日，在山东济南举行了中心的揭牌仪式暨中国–加勒比发展交流会。这将为今后中加发展合作提供机制化平台。此外，中国对加勒比国家提出的“气候变化融资”“绿色融资”“发展融资标准变革”等也予以积极回应。

四、“云外交”与“线下外交”并行互促，各领域人文交流热络进行

2022年，在继续保持“云外交”同时，中拉“线下外交”又有新突破。除阿根廷、厄瓜多尔、古巴领导人访华外，中国政府拉美事务特别代表邱小琪大使和中国外交部拉美司蔡伟司长分别访问拉美和加勒比，这是疫情以来中方官员首次赴拉访问，开启了中拉关系“云外交”和“线下外交”并行互促的新篇章。

2022年是中国与墨西哥、阿根廷、牙买加、圭亚那等国建交50周年，也是与英语加勒比国家开启外交关系50周年，双方围绕这一重大节点，开展了形式多样的纪念活动。例如，把2022年定为中国–阿根廷友好合作年，友好合作的主旋律贯彻全年始终。为庆祝中国–加勒比国家开启外交关系50周年，各部门也举行了形式多样的活动。

中拉在政党、地方、青年、媒体等领域的交流不断推进。

3月23日，中国共产党和古巴共产党第四届理论研讨会召开，习近平主席致贺信。中古两党以“加强党的建设，奋进新时代中古社会主义新征程”为主题进行理论研讨，对探索符合本国国情的社会主义发展道路具有重要意义。7月29日，中共中央对外联络部部长刘建超在北京集体会见拉美和加勒比国家驻华使节。双方就加强党际交流合作、促进中拉关系全面发展等交换意见。12月13日，中共中央对外联络部部长刘建超同委内瑞拉统一社会主义党第一副主席卡韦略举行视频通报会，双方相互通报了中共二十大和委统社党五大主要情况，表示将落实好两国元首共识，加强党际交流合作，推动中委全面战略伙伴关系深入发展。

9月9日，共青团中央和古共青盟全国委员会共同主办中国–

古巴青年工作研讨会。会上，中央团校与尼科·洛佩兹党校、古共青盟青年研究中心共同签署了合作交流协议。

12月16—17日，2022中拉青年发展云讲堂以线上方式举办，围绕共促青年发展、共创美好未来的主题展开热烈讨论。

中拉智库和学术交流再现亮点。中国于6月24日成为拉美社科院观察员国，国务委员兼外长王毅向拉美社科院第24届大会发表视频致辞；11月10日，中国外交部同拉美社科院签署《中华人民共和国外交部和拉丁美洲社会科学院谅解备忘录》。中国国际问题研究院继于2022年3月与阿根廷国际关系理事会签署合作备忘录后，正酝酿与西印度大学圣奥古斯丁分校签署合作备忘录，这将填补中方智库与加勒比智库机制化合作的空白。10月，上海海事大学与特多大学签署合作谅解备忘录。12月，古巴哈瓦那大学副校长扎尔迪瓦尔访华，代表哈瓦那大学与华东师范大学、上海外国语大学和上海师范大学等高校签订数项合作协议，并与上海理工大学签署协议共建中古国际肿瘤诊断与能量治疗联合实验室。

中拉媒体交流取得新成果。中拉新闻交流中心组织拉方记者在中国进行了为期6个月的采访调研，积极报道中共二十大、中国国际进口博览会、世界互联网大会、中拉文明对话论坛等重要活动，为拉方人民更加全面深入了解中国做出了贡献。

地方交流持续推进。11月18日，由中国人民对外友好协会主办的第三届中拉地方政府合作论坛在线上举行。中拉已缔结190多对友好省州和城市关系，地方合作呈现出勃勃生机。

五、理念更加契合，治理合作成为新的增长点

中拉关系经过多年发展，已进入从利益相融到理念相契的新

阶段。双方在发展、治国理政、全球治理体系变革等方面的立场和认识更加趋同，治理合作成为新增长点。其主要表现有两点：一是开展双边关系中的治国理政交流，二是开展国际合作推动全球治理体系变革向着更加公正合理方向发展。2021年中国共产党迎来建党百年，拉美多国政党表示祝贺，也表示愿意以此为契机深化政党交流。2021年底的中拉论坛第三届部长会议成功召开，双方制定了今后几年的合作目标和路线图。在此延长线上，2022年以来，双方围绕政党、治国理政、发展互鉴等议题开展了频繁交流。拉方希望借鉴中国在减贫、治污、乡村振兴、自主发展、工业化、城市化等方面的成功经验。2022年中共二十大提出了"中国式现代化"概念，强调其特征之一是共同富裕，这对长期陷于贫富分化状态的拉美更有吸引力。可以想象，今后双方在"中国式现代化"与"拉美式现代化"语境下，将会更加大力推动治国理政交流和发展互鉴。

在全球治理体系变革方面，中拉历来具有相同或相似的立场。拉美国家积极认同中国关于构建新型国际关系、构建人类命运共同体、共建开放型世界经济、践行真正的多边主义等理念，这在中拉共同抗疫、共谋发展、共守国际秩序中得到充分体现。对于中国提出的"一带一路"倡议、全球发展倡议、全球安全倡议，拉美和加勒比国家大力支持并积极参与。对于美国等推动的"脱钩断链""筑墙设垒"等行为提出批评，尤其对美国干扰中拉正常合作、打压中国在拉存在的做法予以坚决抵制。在美国国会众议长佩洛西窜访台湾后，多数拉美和加勒比国家积极发声，支持一个中国原则，对中国的核心利益和重大关切予以充分尊重。在10月举行的联合国人权理事会第51届会议上，美国联合某些国家提交涉疆决定草案，企图推动表决通过，达到"以疆制华"的目的。对此，包括拉美和加勒比国家在内的广大发展中国家给予中国极大支持，最终挫败了美国图谋。习近平外交思想研究中心2022年继续向特立尼达和多巴哥、智利等国智库和学者宣介习近平外交思想，中国政府拉美事务特别代表邱小琪大使在中共二十大后再次赴拉宣介二十大精神，得到拉美各界积极肯定。为推动发展中国家的“南南合作”，提高发展中国家在地区和国际事务中的发言权，中国积极支持阿根廷加入金砖国家。智利、秘鲁明确表态支持中国加入《全面与进步跨太平洋伙伴关系协定》。

六、结语

2022年的中拉关系在各个领域都取得了新进展。当前，拉美和加勒比国家正经历新的政治转型，左翼政党纷纷上台执政，这将为中拉关系发展提供新机遇。虽然中国同拉美和加勒比国家发展关系不以意识形态划线，但拉美左翼政党在意识形态、执政理念方面对中国的道路、制度、理念将会表现出更多的亲和性。当然，中拉关系中仍有一些风险因素需要考虑，如左翼势力更倾向于经济民族主义，拉美和加勒比政治不稳定和经济下行也会带来客观风险，其他域外势力继续干扰破坏中拉合作，等等。但总体看，机遇大于挑战。因为中拉经济上高度互补的基本面没变，互为发展伙伴的定位没变，同为发展中国家共同推动全球治理体系变革的立场没变。双方应抓住机遇，相向而行，推动双边关系提质升级。

（中国国际问题研究院拉美与加勒比研究所所长、
副研究员　宋均营）

第三十二章

中阿关系：开启峰会　动力强劲

2022年是中国和阿拉伯国家峰会元年，中阿关系实现历史性跨越。在百年未有之大变局加速演进、世界经济复苏动力不足背景下，中阿共克时艰，坚持政治互信，持续深化务实合作，取得一系列互利共赢新成果。中阿合作动力强劲，双方应以峰会共识为引领，认真落实各项合作协定，共同推进高质量共建“一带一路”，确保中阿战略伙伴关系行稳致远。

一、中阿政治关系谋新篇

元首外交继续为中阿关系发展增添强劲动力，中阿峰会取得丰硕成果，中阿集体合作机制化建设迈上新台阶。

（一）元首外交为中阿关系发展提供战略引领

一是习近平主席与阿拉伯国家元首为中阿关系新发展把舵定向。一年来，习近平主席分别与埃及总统塞西、阿联酋总统穆罕默德、沙特王储穆罕默德、阿尔及利亚总统特本、伊拉克总统拉希德等阿国元首和领导人通过会晤、通话、互致函电等方式保持密切交往，就发展双边关系、加强中国与阿盟和海合会合作、推动高质量共建“一带一路”、加强全球发展倡议和全球安全倡议协作、推动早日达成中国–海合会自由贸易区协定、维护中东地区和平稳定、推动全球治理体系朝着更加公正合理方向发展等议题进行密切交流，达成诸多共识。2月，中国成功举办冬奥会、冬残奥会，习近平主席分别会见来华出席北京2022年冬奥会开幕式的埃及总统塞西、卡塔尔埃米尔塔米姆、阿联酋阿布扎比王储穆罕默德等阿国元首和领导人。11月，习近平主席向第31届阿拉伯国家联盟首脑理事会会议致贺信，强调中方愿同阿拉伯国家一道，继续坚定相互支持，扩大合作，携手打造面向新时代的中阿命运共同体，共同创造中阿关系的美好未来，为促进世界和平与发展贡献力量。习近平主席还就毛里塔尼亚总统加兹瓦尼感染新冠病毒致电慰问，就阿联酋总统哈利法逝世向阿联酋新任总统穆罕默德致唁电，就埃及发生教堂失火事件向塞西总统致慰问电，向“声援巴勒斯坦人民国际日”纪念大会致贺电。此外，阿拉伯各国领导人纷纷向习近平主席致唁电并通过其他方式，对中国前国家主席江泽民逝世表示深切哀悼。

二是中阿加强在金砖、上合等多边框架内合作。5月，沙特、埃及和阿联酋三国参加金砖国家同新兴市场和发展中国家外长视频对话会。6月，习近平主席以视频方式分别主持金砖国家领导人第十四次会晤、全球发展高层对话会并发表重要讲话，并在金砖国家工商论坛开幕式发表主旨演讲。金砖国家领导人第十四次会晤《北京宣言》重申支持中东北非地区和平繁荣，呼吁国际社会支持中东维稳促和努力，完善金砖机制建设，进一步推进金砖外围对话和“金砖+”合作，沙特表示希望加入金砖组织。同时，中国支持上合批准埃及、沙特、卡塔尔为新的对话伙伴，同意巴林、马尔代夫、阿联酋、科威特、缅甸为新的对话伙伴。9月，习近平主席出席上合成员国元首理事会第二十二次会议并发表重要讲话，提出加大相互支持、拓展安全合作、深化务实合作、加强人文交流和坚持多边主义五项原则，为上合未来发展指明方向。

三是中阿相互支持彼此核心利益和重大关切。中国进一步加强与阿拉伯、伊斯兰国家合作，继续劝和促谈，帮助解决中东热点问题。一年来，王毅国务委员兼外交部长与来华或在国际、地区双多边场合与埃及、沙特、阿联酋、巴林、科威特、阿曼、阿尔及利亚等阿拉伯国家外长或外交大臣会见或通电话，就双边关系、中阿合作及共同关心的国际和地区问题进行磋商。3月，王毅参加伊斯兰合作组织外长理事会第四十八次会议并发表致辞，表示中国与伊斯兰世界始终坚持互尊互信，支持对方核心关切；坚持团结互助，致力实现共同发展；坚持互学互鉴，守护世界多样文明。王毅强调中国愿意与伊斯兰国家建设团结协作、发展振兴、安全稳定、文明互鉴四大伙伴关系。王毅指出，在伊斯兰世界最为关注的巴勒斯坦问题上，中国的支持从未犹豫、从未缺席。[①] 阿国作为伊斯兰世界核心群体，对王毅国务委员上述政策宣示给予高度赞扬。此外，新华社专门刊发《美国在中东等地犯下严重侵犯人权罪行》，揭批美干涉阿拉伯国家内政及其人权"双标"、霸权真相。

阿拉伯国家在人权、涉疆、台湾、涉港、涉疫、南海等问题上继续支持中国开展反分裂、反干涉重大斗争。阿国恪守一个中国原则，支持中国捍卫主权和核心利益，积极响应并支持习近平主席提出的"全球发展倡议"和"全球安全倡议"。在第51届人

① 《王毅在伊斯兰合作组织外长会开幕式上的致辞》，2022年3月24日，中阿合作论坛，http://www.cascf.org/chn/zyhd/202203/t20220324_10654887.htm。

权理事会会议和第77届联合国大会第三委员会会议期间，包括阿拉伯国家在内的近百个发展中国家再次发出正义声音，指出新疆、香港、西藏事务是中国内政，反对搞人权问题政治化和双重标准，反对以人权为借口干涉中国内政，主张各方应恪守联合国宪章宗旨和原则，尊重各国人民根据国情自主选择发展道路的权利，强调国际社会应加强团结协作，共同促进和保护人权。巴勒斯坦、伊拉克、毛里塔尼亚、阿尔及利亚、摩洛哥、突尼斯、叙利亚、苏丹、也门、埃及及阿盟秘书长盖特等阿拉伯国家政党政要和友好人士热烈祝贺中国共产党二十大胜利召开，巴林、摩洛哥、伊拉克、毛里塔尼亚、利比亚、沙特、阿联酋、科威特、卡塔尔、也门、埃及、黎巴嫩、叙利亚、巴勒斯坦、阿尔及利亚、苏丹、突尼斯等阿国领导人、政党政要及阿盟秘书长盖特热烈祝贺习近平主席当选中共中央总书记。阿盟在阿尔及利亚举办第31届首脑会议，通过《阿尔及尔宣言》，习近平主席的贺信引发阿方强烈共鸣。

（二）成功举办中阿峰会，中阿关系再上新台阶

12月7日至10日，习近平主席应邀对沙特进行国事访问并出席首届中国–阿拉伯国家峰会、首届中国–海湾阿拉伯国家合作委员会峰会。习近平主席与阿方领导人推动中阿、中海关系迈上新台阶。峰会取得圆满成功，主要特色有三。

一是举办首届中国–阿拉伯国家峰会、首届中国–海湾阿拉伯国家合作委员会峰会，将有力推动中阿和中海关系进入新时代。

二是峰会成果丰硕，将进一步夯实中阿关系根基。其中中沙两国发表《中华人民共和国和沙特阿拉伯王国联合声明》并签署《中华人民共和国和沙特阿拉伯王国全面战略伙伴关系协议》，中

国与海湾阿拉伯国家合作委员会发表《中华人民共和国和海湾阿拉伯国家合作委员会合作与发展峰会联合声明》并通过《中华人民共和国和海湾阿拉伯国家合作委员会战略对话2023年至2027年行动计划》，中国与阿拉伯国家联盟成员国共同发表《首届中阿峰会利雅得宣言》，同时习近平主席在首届中阿峰会提出中阿务实合作“八大共同行动”，包括支持发展、粮食安全、卫生健康、绿色创新、能源安全、文明对话、青年成才和安全稳定八大领域，中阿双方还在共建“一带一路”、能源、粮食、投资、绿色、安全、航天等领域签署和达成了多项合作文件。

三是习近平主席主旨讲话为中阿关系发展、构建新时代中阿命运共同体指明方向。访沙期间，习近平主席在沙特阿拉伯媒体《利雅得报》发表题为《传承千年友好，共创美好未来》的署名文章，强调这是一次传承之旅，更是一次开创之旅，目的是发扬光大中阿、中海、中沙传统友好，开启中国同阿拉伯世界、海湾阿拉伯国家、沙特阿拉伯关系新时代。在首届中海峰会上，习近平主席发表题为《继往开来，携手奋进　共同开创中海关系美好未来》的主旨讲话，强调要赓续中海友好传统，以中海战略伙伴关系为契机，充实中海关系战略内涵，积极构建共促团结、共谋发展、共筑安全和共兴文明四大伙伴关系，并在未来3到5年，在能源、金融投资、创新科技、航天太空、语言文化五大重点合作领域做出努力。在首届中阿峰会上，习近平主席发表题为《弘扬中阿友好精神　携手构建面向新时代的中阿命运共同体》的主旨讲话，强调弘扬守望相助、平等互利、包容互鉴的中阿友好精神，携手构建面向新时代的中阿命运共同体。[①]

二、务实合作稳步推进

在乌克兰危机扩大、粮食危机和能源危机叠加、经济全球化遭遇逆流等多重不利因素压力下，中国和阿拉伯国家仍保持合作韧性与活力，务实合作稳步推进。

（一）经贸合作逆势增长

中国继续保持多数阿拉伯国家最大贸易伙伴国地位，海合会国家继续领跑阿世界对华合作。据中国海关统计数据，2022年，中国和阿盟22个成员国贸易总额约为4314.4亿美元，其中中国与海合会国家贸易额高达3158亿美元。沙特连续23年成为中国在中东地区第一大贸易伙伴，2022年中沙双边贸易额达1160.4亿美元，同比增长32.9%。[②] 另据中国驻阿联酋大使馆有关数据，中国连续多年成为阿联酋第一大贸易伙伴，在阿联酋中资企业约6000家，主要集中在建筑、能源、金融、机械、贸易、物流、航空、高科技等领域。2022年中国和阿联酋贸易额高达992.7亿美元，

① 《习近平出席首届中国–阿拉伯国家峰会并发表主旨讲话　强调弘扬守望相助、平等互利、包容互鉴的中阿友好精神，携手构建面向新时代的中阿命运共同体》，中华人民共和国外交部网站，2022年12月10日，https://www.fmprc.gov.cn/zyxw/202212/t20221210_10988433.shtml。

② 《携手共创中沙全面战略伙伴关系美好未来》，中华人民共和国外交部网站，2022年10月1日，https://www.mfa.gov.cn/zwbd_673032/wjzs/202210/t20221001_10776501.shtml。

同比增长37.2%。[①] 在2022年中国国际服务贸易交易会上，阿联酋驻华大使阿里扎希里表示，当前在中国有超过650个项目有阿联酋参与投资，多数集中于能源、银行业和海运行业。

（二）加强能源合作

受全球能源市场供需结构、乌克兰危机和美国政策干预等多重因素影响，2022年国际石油和天然气价格波动较大。中阿致力于维护国际石油市场稳定，继续加强能源合作，中国已成为海湾阿拉伯国家最大能源消费市场。其中，中国石油化工股份有限公司与沙特阿拉伯国家石油公司签署谅解备忘录，进一步强化长期合作关系。卡塔尔国家能源公司与中国石化签署为期27年的液化天然气购销协议。中国在上海举办第十一届中国国际石油贸易大会，支持沙特等海湾国家在维护全球能源体系稳定中发挥积极作用。

同时，中阿加强新能源合作。中阿大力开展核能、太阳能等新能源合作，其中中国和沙特同意在和平利用核能的政府间协议框架下开展合作，进一步加强在电力、可再生能源和氢能领域合作，中企承建的沙特光伏电站项目开工。此外，新能源汽车为中阿合作注入新动力，比亚迪、奇瑞、长安等20余家汽车公司进入阿拉伯市场，中国新能源客车成为卡塔尔世界杯交通主力。

（三）北斗合作成果显著

中阿北斗应用硕果累累，中国“北斗技术和中国方案”被广

---

① 《驻迪拜总领事李旭航接受〈宣言报〉专访》，中华人民共和国外交部网站，2022年9月30日，https://www.mfa.gov.cn/zwbd_673032/wjzs/202210/t20221006_10777465.shtml。

泛应用于阿联酋、沙特、阿尔及利亚、突尼斯、摩洛哥、黎巴嫩、阿曼、伊拉克等国定位导航授时、星基增强、短报文通信、国际搜救、交通运输、公共安全、农林渔业、水文监测、气象预报、救灾减灾等领域。中阿双方还共同签署了《中国–阿拉伯国家卫星导航领域合作行动计划（2022—2023年）》，以便让北斗更好地服务于阿拉伯国家，实现共享共赢。

（四）深化数字经济合作

2021年3月29日，中阿签署并发表《中阿数据安全合作倡议》，此举为双方进一步加强数字合作注入动力。数字技术、数字资源、数字经济、数字治理和数字合作将为中阿经贸合作进一步赋能。中国乌镇连续举办九届世界互联网峰会，中阿在5G、大数据、人工智能、航空航天、电子商务等领域不断深化合作。当前，中国大力建设“数字中国”，在“互联网+”、人工智能等领域收获一批创新成果，将同阿拉伯国家继续探索并加强在能源、基础设施、物流、技术项目、电子商务和数字化等领域融合发展。

（五）基建领域亮点纷呈

中国央企继续发挥“龙头”作用，广泛参与阿拉伯国家各类大型基建项目，努力打造务实合作新亮点。主要成绩包括：中企稳步推进埃及苏伊士运河铁路桥项目；中企总承包的埃及斋月十日城电气化轻轨项目通车；与摩洛哥共建“一带一路”项目——穆罕默德六世丹吉尔科技城项目开工迈出实质性步伐，双方签署投资化协议；中国铁建承建的沙特麦加—麦地那轻轨在朝觐季投入运营；中企承建的世界最大单体海水淡化项目——沙特拉比格三期海水淡化项目提前投产；中企承建的阿尔及利亚奥兰体育场落成；中国港湾承建的阿尔及利亚奥兰港集装箱码头顺利移交；广州工程公司与国际石油工程公司组成的联合体签订阿尔及利亚国家石油公司新建LNG（液化天然气）储罐工程EPC（Engineering Procurement Construction，工程总承包模式之一）总承包项目合同，金额为1.83亿美元；在阿联酋，中国铁建、中国土木与当地企业共同建设的阿联酋联邦铁路二期项目B、C标段主线双线铺轨完成；在卡塔尔，由中国电建所属贵州工程公司EPC总承包的卡塔尔阿尔卡萨800兆瓦光伏电站举行投产仪式。

（六）扩大金融合作

面对美元霸权冲击和国际资本市场动荡，中阿进一步加强金融合作。中国积极推进人民币国际化，继续推动与阿拉伯国家金融合作，推动阿拉伯国家央行、外汇交易所和清算行等机构扩大使用人民币，与阿拉伯国家进一步扩大货币互换份额，提高金融监管合作水平。亚洲基础设施投资银行计划在阿联酋阿布扎比开设办事处，此举将进一步提升中阿金融合作水平。

（七）人文交流精彩纷呈

为落实习近平主席提出的"全球发展倡议"和"全球安全倡议"，提升中阿关系水平，中阿双方智库进一步增进交流。其中，中阿改革发展研究中心线上举办第三届中国–阿拉伯国家改革发展论坛，来自埃及、沙特、阿联酋、卡塔尔、伊拉克、苏丹、阿尔及利亚、巴勒斯坦等十一个阿拉伯国家的专家学者围绕"加强发展战略对接，携手推进全球发展倡议""坚持创新驱动，实现强劲、绿色、健康的发展"两大议题深度研讨。中国国际问题研究院举办第二届中东安全论坛，中阿专家学者围绕中东热点问题积极建言献策，共同探讨地区安全治理新思路和新路径。中国社会科学院举办主题为“创新发展：共筑中阿命运共同体”国际学术研讨会，为中阿深化合作、凝聚共识搭建新平台。

同时，中阿进一步加强体育、生物多样性、文旅、气变、政党、友城、文明对话等多领域合作。中国企业成为卡塔尔足球世界杯最大赞助商，中企承建的体育场馆为世界杯成功举办贡献了中国力量。大熊猫“四海”“京京”首次旅居卡塔尔，中卡开启大熊猫保护研究合作。“美丽中国”精彩亮相第21届阿尔及利亚国际旅游展，“共享新视听 共创新未来”中阿合作主题周启动并举办中阿技术转播创新论坛、中沙美食文化沙龙、卡塔尔世界杯之夜等一系列视听交流活动。中国参加由埃及主办的《联合国气候变化框架公约》第27次缔约方大会，中阿共同捍卫广大发展中国家在气变领域共同利益，要求发达国家承担更多责任。同时，中国共产党与阿拉伯国家政党继续加强治国理政经验交流，11月，中共中央对外联络部以“携手打造新时代的中阿命运共同体：政党的责任”为主题举办第三届中国–阿拉伯国家政党对话会，来自17个阿拉伯国家的80多个政党、政治组织和智库媒体代表参会。中阿双方还举办了第三届中国阿拉伯城市论坛。12月，中国文化和旅游部线上出席由伊拉克主办的第六届文明古国论坛部长级会议，希腊、埃及等国参会，阿拉伯联盟教科文组织、伊斯兰教科文组织等国际组织代表出席会议并发言。

三、中阿关系持续发展的动力

中国开启与阿拉伯国家外交关系已走过60多年历程。60多年来，在中阿双方领导人共同引领下，中阿关系持续发展，战略合作关系日益走深走实。多重因素推动使中阿关系发展动力强劲，源源不竭。

（一）战略互信根基深厚，不断深化，历久弥坚

中阿关系传统友好，友谊源远流长，两千年前的丝绸之路就把中国和阿拉伯国家联系在一起。和平合作、开放包容、互学互鉴、互利共赢始终是中阿关系主流，双方没有沉重的“历史包袱和枷锁”。近代以来，中阿又有着相同或相似的命运，都曾遭受西方殖民主义压迫与剥削，争独立、求和平、谋发展、促合作把双方紧紧连在一起，中国一贯坚定支持阿拉伯国家争取民族独立和解放事业。中华人民共和国和阿拉伯国家相继独立后，中阿开启友好交往新纪元。进入21世纪后，面对新时代、新机遇和新挑战，在双方元首外交引领下，中阿高举人类命运共同体旗帜，不断深化战略互信，进一步增强在国际事务中的协调与合作，相互支持彼此核心利益与重大关切，推动中阿关系不断走深走实。迄今为止，中阿建立了全面合作、共同发展、面向未来的战略伙伴关系，在双边层面建立了12对战略性质的伙伴关系。

（二）集体务实合作持续拓展，成果丰硕

60多年来，中阿致力于发展传统友好关系，并积极深化政治、经济、科技、军事、教育、能源、卫生、体育、新闻、人文等各领域集体合作，取得一系列丰硕成果，中阿集体合作质量越来越高。2004年，中国–阿拉伯国家合作论坛成立，开创了中阿集体合作新机制。2010年，中阿建立全面合作、共同发展的战略合作关系，中阿进入集体合作提质升级新阶段。2016年，中国政府发表首份对阿拉伯国家政策文件，包括深化全面合作、共同发展的中阿战略合作关系，中国对阿拉伯国家政策，全面加强中阿合作，中阿合作论坛及其后续行动，中国与阿拉伯区域组织关系五个部分，成为新时期发展中阿关系的行动指南。2018年，中阿

宣布建立全面合作、共同发展、面向未来的战略伙伴关系，双方战略合作内涵日益丰富。截至2022年，中阿已举办过九届部长级会议及其他合作领域数十次对话会、研讨会和论坛。中阿坚持互利共赢，持续深化务实合作，给双方带来实实在在的收获，中国始终稳居阿拉伯国家第一大贸易伙伴国地位。2022年中阿双边贸易额达4314.4亿美元，同比增长约30.6%；中国从阿拉伯国家进口原油2.71亿吨，占当年中国全球进口总量的53.31%。习近平主席在向第五届中国–阿拉伯国家博览会致贺信时深刻指出，中阿双方不断加强战略协调和行动对接，共建“一带一路”合作成果丰硕，中国持续保持阿拉伯国家第一大贸易伙伴国地位。面对新冠疫情，中国和阿拉伯国家携手抗疫，树立了守望相助、共克时艰的典范。习近平主席还强调，中国愿同阿拉伯国家一道，共谋合作发展，共促和平发展，实现互利共赢，高质量共建“一带一路”，推动中阿战略伙伴关系迈上更高水平，携手打造面向新时代的中阿命运共同体。

（三）反对霸权主义和强权政治

美国推行霸权政策严重损害中阿主权与核心利益。特别是拜登政府利用美霸权体系优势，凭借其美元、科技、盟友和美军等工具大肆搞霸道霸凌，不断印钞，打贸易战和货币战，搞“筑墙设垒”“脱钩断链”，拉拢盟友拼凑各种小集团，搞阵营对抗，不时挑动阿拉伯国家与伊朗地缘矛盾，并频频挥舞单边主义与“长臂管辖”大棒，滥用单边制裁、极限施压，干涉他国主权和内政，严重损害包括中阿在内世界许多国家特别是发展中国家利益。

面对美西方干涉，中阿开展坚决斗争并相互给予坚定支持。中阿都反对外部干涉，反对一切形势的霸权主义和强权政治。阿拉伯国家的战略自主空间进一步扩大，第31届阿盟峰会通过《阿尔及尔宣言》，强调阿拉伯国家的问题应由阿拉伯人解决，反对一切外部势力干涉阿拉伯国家内政，推动热点问题政治解决。中国高度重视中阿关系发展，始终从战略高度和长远角度看待中阿关系。习近平主席在党的二十大报告中指出，“我们全面推进中国特色大国外交，推动构建人类命运共同体，坚定维护国际公平正义，倡导践行真正的多边主义，旗帜鲜明反对一切霸权主义和强权政治，毫不动摇反对任何单边主义、保护主义、霸凌行径。”“我们展现负责任大国担当，积极参与全球治理体系改革和建设，全面开展抗击新冠疫情国际合作”。中国的所作所为赢得包括阿拉伯国家在内的广泛国际赞誉。在涉及阿拉伯国家核心利益与重大关切问题上，中国一贯尊重阿拉伯国家主权和领土完整，尊重阿拉伯国家自主选择的发展道路和社会制度，中国成为阿拉伯国家最可靠的战略伙伴。

（四）中国式现代化对包括阿拉伯国家在内的发展中国家日益发挥巨大影响力和强大吸引力

为实现中华民族伟大复兴，中国共产党建立一百年来，团结带领中国人民成功开辟出一条全新的现代化道路。经过新中国成立以来特别是改革开放40多年的不懈奋斗，中国用几十年走完了西方几百年才完成的现代化历程，并取得非凡成就。习近平总书记在中共二十大上对中共十八大以来的伟大业绩，作出了全面而系统的总结，在国际上产生热烈反响。习近平主席深刻指出，“中国式现代化是走和平发展道路的现代化。”2020年10月29日在党的十九届五中全会第二次全体会议上的讲话中，习近平主席指出，“一些老牌资本主义国家走的是暴力掠夺殖民地的道路，是以其他国家落后为代价的现代化。我国现代化强调同世界各国互利共赢，推动构建人类命运共同体，努力为人类和平与发展作出贡献”。在党的二十大报告中，习近平主席强调，“我国不走一些国家通过战争、殖民、掠夺等方式实现现代化的老路，那种损人利己、充满血腥罪恶的老路给广大发展中国家人民带来深重苦难”。

阿拉伯国家为实现阿拉伯民族和伊斯兰文明复兴探寻现代化的道路充满艰辛，并且阿拉伯国家为此付出巨大代价。当前，美西方继续利用霸权体系优势不断制造危机，大肆掠夺发展中国家财富，阿拉伯国家更是深受其害。中国的新发展不断为世界提供新机遇，中国式现代化为人类实现现代化提供了新的选择，为阿拉伯国家和其他发展中国家树立了现代化新范式，将深刻影响和推动阿拉伯国家自主探索符合各自国情的现代化发展道路。

四、结语

2022年，首届中阿峰会开启中阿命运共同体新篇章，中阿关系发展面临重要机遇。在“全球发展倡议”“全球安全倡议”和“一带一路”框架下，中阿各领域务实合作取得积极进展。中阿友谊历久弥新，双方合作基础实，后劲足，政治互信日益巩固，务实合作持续拓展，中阿关系已成为南南合作典范。未来，双方要乘势而上，进一步夯实中阿战略伙伴关系内涵，为中阿关系发展再添新彩。

（中国国际问题研究院发展中国家研究所副研究员　王泽胜）

第三十三章

中国与南太平洋国家关系：行稳致远　进而有为

2022年，中国与南太平洋国家关系保持健康稳定发展，双方全面战略伙伴关系持续巩固深化。其中，中国与澳大利亚、新西兰以建交50周年为节点，加强对话、管控分歧。中澳政治关系实现解冻，经贸往来保持稳固，人文交流开始恢复。中新关系积极向好，政治互动持续密切，经贸保持平稳增长，人文等领域交流再上台阶。中国与南太平洋建交岛国在双方领导人战略引领下，拓展在经贸、卫生、全球发展和全球安全等领域合作，推动中国–太平洋岛国命运共同体更加紧密。

一、中澳关系出现改善势头

2022年是中澳建交50周年。历经半个世纪风雨洗礼，两国关系彰显韧性。澳新任总理阿尔巴尼斯作出改善对华关系积极表态。中澳以此为契机推动双方政治层面解冻，两国经贸、人文等领域交往亦现回暖曙光。但阿尔巴尼斯政府对华政策中的负面因素并未完全消除，中澳关系仍有待回归初心、校准航向、重整行装再出发。[1]

（一）中澳推动双边关系再起航

澳新任政府调整对华政策，双方推动政治关系解冻。5月，阿尔巴尼斯领导工党赢得澳大选，澳对华政策回归理性和务实。澳总理阿尔巴尼斯、外交部长黄英贤、贸易和旅游部长法瑞尔、国库部长查默斯等官员就任后密集表态，希望改善对华关系和恢复高层交流。对此，中方予以积极回应。6月，国务委员兼国防部长魏凤和与澳副总理兼国防部长马尔斯在新加坡会晤。这是两国防长三年来首次会面，双方高层互动打破僵局。7月和9月，国务委员兼外长王毅在出席二十国集团（G20）外长会和联合国大会期间两度会见澳外长黄英贤，并于11月同其通电话。双方重新确认两国全面战略伙伴关系定位，均认为应本着相互尊重精神推动双边关系尽早重回正轨。[2] 11月，习近平主席在巴厘岛与澳总理阿尔巴尼斯会晤，就中澳双边关系、经贸合作等议题交换意见。这是两国领导人近6年来首次正式会晤，凸显双方推动中澳关系重回正轨的共同愿望。[3] 李克强总理在出席东亚合作领导人系列会议期间，应约同阿尔巴尼斯总理会谈，12月，习近平主席同澳总督赫尔利和总理阿尔巴尼斯、李克强总理同澳总理阿尔巴

---

① 相关表述参考《王毅同澳大利亚外长黄英贤举行中澳外交与战略对话》，中华人民共和国外交部网站，2022年12月21日，https://www.mfa.gov.cn/web/wjbz_673089/xghd_673097/202212/t20221221_10993391.shtml。

② 《王毅同澳大利亚外长黄英贤通电话》，中华人民共和国外交部网站，2022年11月8日，https://www.mfa.gov.cn/web/wjbz_673089/xghd_673097/202211/t20221108_10809178.shtml。

③ 《习近平会见澳大利亚总理阿尔巴尼斯》，中华人民共和国外交部网站，2022年11月15日，https://www.fmprc.gov.cn/zyxw/202211/t20221115_10975617.shtml。

尼斯互致贺电，庆祝两国建交50周年。中共中央政治局委员、国务委员兼外长王毅同澳外长黄英贤举行第六轮中澳外交与战略对话并发表对话成果联合声明。双方一致同意中澳关系应符合两国全面战略伙伴关系定位，将保持高层交往，启动或重启双边关系、经贸、地区和国际问题等领域对话沟通，支持两国人文交流。[①] 这是该机制停滞四年来首度重启并取得重要成果。

首先，澳对华政策中的负面因素仍未消除。尽管部分回归理性，但阿尔巴尼斯政府目前并未彻底清醒认识及更正前任政府的错误反华路线。首先，澳方仍给改善中澳关系设置前提、对双边合作设置障碍。澳新任政府官员多次妄称，澳中关系症结是中国而非澳，中方须先取消对澳制裁以改善双边关系。[②] 澳继续对中澳经贸合作设置诸多障碍，甚至酝酿将安全审查扩展至电动汽车、新能源、关键矿产等领域。

其次，澳仍在涉港、涉疆、台湾等问题上指手画脚。6月和9月，澳外交部两度发声明，对所谓香港民主状况等大放厥词、表达“严重关切”。[③] 8月，澳同美国发表联合声明，歪曲事实、对中国在台湾岛周边海域军事演习横加指责，又于12月不顾中方反对，纵容跨党派议员代表团窜访台湾。

最后，澳仍在国际社会炒作“中国威胁论”，鼓吹对华“围

① 《王毅同澳大利亚外长黄英贤举行中澳外交与战略对话》，中华人民共和国外交部网站，2022年12月21日，https://www.mfa.gov.cn/web/wjbz_673089/xghd_673097/202212/t20221221_10993391.shtml。

② 《2022年6月14日外交部发言人汪文斌主持例行记者会》，中华人民共和国外交部网站，2022年6月14日，https://www.mfa.gov.cn/web/wjdt_674879/fyrbt_674889/202206/t20220614_10702903.shtml。

③ 《驻澳大利亚使馆发言人就澳外交贸易部发表涉新疆人权部长声明答记者问》，中国驻澳大利亚大使馆，2022年9月2日，http://au.china-embassy.gov.cn/sghdxwfb/202209/t20220902_10760365.htm。

堵”。澳在军事遏制中国上愈加冒进，配合美国“印太战略”推动美日澳印四边机制（Quad）、美英澳三边安全伙伴关系（AUKUS）和双边军事合作走深走实，企图打造印太版“北约”。澳副总理兼防长马尔斯公开鼓噪美澳增强印太军力以合力遏制中国。[①] 澳日时隔15年发表新共同安全宣言，“共同应对‘中国军事威胁’”。[②] 澳外长黄英贤等官员对中国与所罗门群岛安全合作说三道四，妄称其“对自由和开放的印太地区构成严重风险”。[③] 澳还密切配合美国组建“印太经济框架”（IPEF）、“蓝色太平洋伙伴”（PBP）等“小圈子”，图谋经济遏华。

中澳双边关系仍有待“再校准”。对于澳方对华政策的反复性、两面性，中方多次指出，中澳关系过去数年遭遇困难和挫折，原因是澳联盟党政府采取了一系列错误对华政策。自就职以来，澳工党政府多次就中澳关系发出积极信号，重申坚持中澳全面战略伙伴关系定位，表明恪守一个中国政策，表示将以成熟方式处理对华关系。澳社会各界也支持工党政府致力于改善对华关系。澳应抓住当前有利契机，汲取有关教训，“不再走回头路，不再翻烧饼”，[④] 将两国领导人巴厘岛会晤共识落到实处，争取使两国关系早日重回正轨。

---

① 《澳副总理访美鼓吹合力遏制中国》，参考消息网，2022年7月13日，https://www.cankaoxiaoxi.com/china/20220713/2485341.shtml。

② 《日澳时隔15年签新安全宣言　宣言将成未来10年日澳安保防卫合作指南》，央视网，2022年10月25日，http://tv.cctv.com/2022/10/25/VIDEWg1a7MpNJwN2SRni5TZ221025.shtml。

③ 《借口担忧中所安全协议，澳外长将访问所罗门群岛》，环球网，2022年6月15日，https://world.huanqiu.com/article/48QvCnaK3iK。

④ 《王毅同澳大利亚外长黄英贤举行中澳外交与战略对话》，中华人民共和国外交部网站，2022年12月21日，https://www.mfa.gov.cn/web/wjbz_673089/xghd_673097/202212/t20221221_10993391.shtml。

（二）经贸基本盘保持稳固，贸易结构进入调整期

中澳经贸总额小幅下滑，贸易结构进入调整期。受双边政治关系和疫情等因素干扰，2022年，双方进出口总额达2204.2亿美元，同比下降3.9%。但中国仍稳居澳第一大贸易伙伴、第一大出口目的地和第一大进口来源地，双方经贸基本盘企稳。与此同时，中国自澳进口增幅大幅超过出口，双方进出口门类也现部分变化。其中，中国向澳出口644.6亿美元，同比增长21.8%；中国从澳进口1198.8亿美元，同比下降13.9%。[①] 能矿方面，铁矿仍为澳对华最大出口物。前10个月，澳对华铁矿出口6.096亿吨，同比增长3.5%。中国保持为澳最大铁矿石出口目的国，占澳铁矿总出口量的82.6%。[②] 澳再成中国最大液化天然气进口来源国。前11个月，澳对华液化天然气出口1994万吨，占中国液化天然气总进口量的35%。[③] 但同时，1月至10月，中国自澳进口炼焦煤占比已从2020年的48.7%降至4.2%。[④] 农牧产品方面，牛羊肉、羊毛、龙虾、木材、水果等澳对华主要出口物持续大幅下滑。截

① 相关数据见《2022年10月进出口商品主要国别（地区）总值表（美元值）》，中国海关总署，2022年11月7日，http://www.customs.gov.cn/customs/302249/zfxxgk/2799825/302274/302275/4668440/index.html。

② Banchero Costa Weekly Market Report (Week 47 2022), Hellenic Shipping News Worldwide, November 29, 2022, https://www.hellenicshippingnews.com/wp-content/uploads/2022/11/Bancosta-Weekly-2022-47.pdf.

③ Australian 2022 LNG Export Revenue over A$90 Billion，Energy Quest, January 5, 2023, https://www.energyquest.com.au/australian-2022-lng-export-revenue-over-a90-billion/.

④ 《市场供需将维持平衡　我国煤炭行业需求有望扩张》，中国工业新闻网，2023年1月6日，http://www.cinn.cn/gongjing/202301/t20230106_264481.shtml。

至9月30日的一年里，澳葡萄酒对华出口额降幅达92%，水果出口减幅达48%，[①] 澳在华牛肉进口占比也从第一滑至第三。但同时，澳对华小麦出口创新高。前10个月，澳占中国小麦进口量猛增至63%，为2004年以来最高水平。[②]

多项利好发挥引领效应，双方经贸现“回暖”迹象。1月，《区域全面经济伙伴关系协定》正式在中澳等10个成员国生效，协定带来的关税减让和贸易便利化效应持续显现。1月至9月，中国已对澳等成员国签发RCEP证书超10万份，减免关税达0.75亿美元。[③] 双方能矿贸易结算形式现新进展。7月，澳矿业巨头必和必拓正式启动在中国港口的铁矿石人民币现货贸易，首船以人民币结算的铁矿石抵靠中国日照港。9月，中国宝武集团与澳力拓集团宣布，联合投资20亿美元成立合资公司以共同开发澳西坡铁矿项目。[④] 这是两国外交关系恶化以来最大规模的共同投资。同时，中澳在低碳经济和绿色产业等行业正不断涌现合作新机会。澳加大推动锂矿等关键矿产出口，与中国电动汽车等产业形成良性互补。

---

① 《澳葡萄酒管理局：在截至9月30日一年里，澳葡萄酒对华出口暴跌92%》，环球网，2022年10月26日，https://world.huanqiu.com/article/4ACs7FNmIiC。

② 《澳大利亚小麦对华出口大增，专家：折射两国业者期待》，环球网，2022年11月22日，https://world.huanqiu.com/article/4AZtnsdSmtN。

③ 《前9个月已签发RCEP证书超10万份　减免关税0.75亿美元》，中华人民共和国商务部网站，2022年10月28日，http://fta.mofcom.gov.cn/article/rcep/rcepgfgd/202210/51301_1.html。

④ 《力拓集团和中国宝武将成立合资公司开发西坡矿山》，力拓集团官网，2022年9月14日，http://www.riotinto.cn/article/932。

（三）人文交流形式多样、有序开展

双方围绕建交50周年举行系列庆祝活动。双方官方和民间机构在两国多地密集举行不同层级、规模庞大、形式多样、内容丰富的图片、摄影和文化展，文艺演出，招待会等庆祝活动。中国驻澳使馆创新形式，将其同中国春节、中秋节、建军95周年、国庆73周年等节庆活动结合，澳政府也在悉尼等地举办纪念中澳建交50周年官方晚宴等活动。澳外长黄英贤访华期间还出席相关纪念活动，共同为中澳民心相亲营造积极友好氛围。

中澳民间交往不断升温。双方紧抓冬奥契机搭建体育交流桥梁。2月，北京冬奥会和冬残奥会圆满举行，赛事引发澳民众高度关注。澳第七频道的冬奥赛事直播报道累计吸引超过1200万澳大利亚观众。双方对两国友谊贡献人士予以嘉奖。中国驻澳使馆接连举行中华人民共和国公安部长城纪念章颁授和2020年度中国国际科学技术合作奖颁奖等活动，向澳友人表达中方敬意。双方积极推动青年交流。两国分别于1月、7月、10月举办第十四届和第十五届中澳青年领袖发展峰会、中澳青年交流座谈会，推动双方青年就教育、贸易、新技术发展和中澳关系未来等议题展开交流。

二、中新关系稳中有进

2022年，中新以建交50周年为节点，继续发扬“争先”精神，持续深化政治互信，巩固经贸合作基础，拉紧人文纽带，推动各领域务实合作提质升级，推动双边各层级、各领域交往合作再上层楼。

（一）政治互信持续深化

双方政治互信稳步提升。2022年，除个别错误表态外，新西兰政府在管控对华分歧、处理双边关系等方面表态积极正面，为双方政治互信营造良好基础。新时任总理阿德恩多次明确表示，中新关系“不被分歧定义”，新将在处理对华关系上坚持独立外交政策。[①] 她认为，将中国在太平洋地区的参与描述为“新（举动）”是错误的。[②] 新防长赫纳尔等官员亦表示，“太平洋岛国在与中国合作方面有自行决定的自由”。[③] 中方对此表示赞赏，两国政治互信不断深化。

双方高层交流互动更加密切。1月，中共中央军委委员、军委联合参谋部参谋长李作成与新西兰国防部秘书长布里奇曼视频通话，就地区安全形势、两军关系等议题交换看法。6月，国务委员兼国防部长魏凤和与新国防部长赫纳尔举行会晤，就进一步加深中新两军高层交流、发展双边军事关系进行交流。6月和8月，国务委员兼外长王毅同新外长马胡塔两度举行视频会晤和会见，分别就发展全面战略伙伴关系、推动双方经贸等领域务实合作等议题进行探讨。11月，习近平主席在曼谷会见新时任总理阿德恩。习近平指出双方要总结历史经验，继续发扬争先精神，推

---

① 《新西兰总理：即使中国更强势追求利益，也应基于共同利益与中国合作》，环球网，2022年8月1日，https://m.huanqiu.com/article/493lrlGrVTd。

② 《新西兰总理表态：把中国参与太平洋地区事务描述为“新”是错误的》，环球网，2022年7月7日，https://world.huanqiu.com/article/48j6Ey9rxwm。

③ 《新西兰防长“香会”期间表态：太平洋岛国有决定与中国合作的自由》，环球网，2022年6月11日，https://3w.huanqiu.com/a/c36dc8/48NfrQvCVkv?agt=11。

动中新全面战略伙伴关系向前迈进。阿德恩表示，双方应认真总结经验，加强高层往来。[①] 12月，习近平主席同新西兰总督基罗、李克强总理同新总理阿德恩互致贺电，庆祝两国建交50周年。受此推动，双方政治关系保持积极良好氛围，政治互信显著提升。

（二）经贸合作稳步推进

双方经贸保持平稳增长。1月RCEP正式生效和4月中新自贸协定升级议定书相继生效实施，为两国深化贸易合作提供了新动能。2022年，中国与新西兰贸易总额达251.6亿美元，同比增长1.8%。其中，中国向新西兰出口91.8亿美元，同比增长7.4%；中国从新西兰进口159.8%亿美元，同比下降1.1%，再次彰显双方务实合作的深度和韧性。[②] 2022年，新西兰乳制品、肉类和木材等主要商品对华出口保持快速增长。中国保持为新西兰第一大贸易伙伴、第一大出口市场和第一大进口来源国和第一大贸易顺差来源国，新西兰保持为中国全球五大食品供应国之一。新中关系促进委员会报告显示，新中贸易对新应对疫情冲击、推进经济复苏发挥了重要作用。[③]

双方不断拓展经贸合作内涵。两国拓展食品科学、健康与生

---

① 《习近平会见新西兰总理阿德恩》，中华人民共和国外交部网站，2022年11月18日，https://www.fmprc.gov.cn/zyxw/202211/t20221118_10977763.shtml。

② 相关数据见《2022年10月进出口商品主要国别（地区）总值表（美元值）》，中华人民共和国海关总署，2022年11月7日，http://www.customs.gov.cn/customs/302249/zfxxgk/2799825/302274/302275/4668440/index.html。

③ 《新中关系促进委员会：新中贸易增长减轻疫情对新西兰经济的影响》，海峡飞虹，2022年4月28日，https://news.cri.cn/20220428/40d47e53-2ba8-aea2-65d4-e683526d9064.html。

物医学、环境科学等领域科研合作，中新非传染性疾病合作中心、水资源合作工作组、食品保护合作中心等卓越合作平台取得积极进展。中国科学院深海科学与工程研究所和新西兰国家水与大气研究所成功完成克马德克海沟联合科考作业，并发布第一航段成果。双方加大数字和绿色经济产业对接和政策联通，推动电子商务、软件、电子游戏、创意产业、金融科技等行业加强合作。11月，新西兰优品馆在中国电商平台京东正式上线营业，成为京东第一家专门销售新西兰商品的国家级店铺。中国推进“碳达峰、碳中和”与新西兰“零碳排放”法案减排目标对接，并与新方通过“海绵城市”、电动巴士等项目积累绿色经济合作经验。

双方持续扩展经贸合作渠道。新方连续第五年参加中国进博会。新西兰近50家企业参展，新西兰旅游局也首次加入新西兰国家馆进行旅游推介。双方接连举办新中建交50周年——新西兰特色品牌推介会、2022新西兰–广东商品博览会等展会，助力两国商贸推广。同时，两国还持续加强双边和多边贸易协定制度性安排。目前，中国正在积极推进加入《全面与进步跨太平洋伙伴关系协定》和《数字经济伙伴关系协定》，[①] 新各界对中国加入两个协定持积极态度。新西兰经济研究所预测，若中国加入《数字经济伙伴关系协定》，新西兰企业收益可能年均增加16亿新元。[②]

① 《新西兰贸易和出口增长部长奥康纳：非常赞赏中国申请加入CPTPP》，博鳌亚洲论坛官网，2022年4月22日，https://www.boaoforum.org/ac2022/html/detail_1_486_16638_meetingMessage.html；《中国加入数字经济伙伴关系协定工作组正式成立》，中华人民共和国商务部网站，2022年8月23日，http://www.gov.cn/xinwen/2022-08/23/content_5706451.htm。

② 《以务实合作铺就中新互利共赢之路——王小龙大使在Vision2023活动上的致辞》，中国驻新西兰大使馆，2022年12月9日，http://nz.china-embassy.gov.cn/chn/zxgx/202212/t20221209_10987652.htm。

（三）人文交流精彩纷呈

双方各界围绕建交50周年掀人文交流浪潮。两国接连举办庆祝中新建交50周年暨2022年“汉语桥”新西兰全国中学生中文大会、庆祝中新建交50周年音乐会和招待会等官方交流庆祝活动。中国文艺出版界联合新传媒集团举办中国主题图书展暨青少年艺术展、中国橄榄球协会和新西兰丰盛湾橄榄球联盟联合举办中新建交50周年招待会。双方还将建交50周年与纪念艾黎精神创新结合，搭建民间“友谊之桥”。路易·艾黎先生是“中国十大国际友人”之一，曾为中国革命和建设事业做出卓越贡献。通过文字、影视、雕塑、纪念碑多种形式和访故里、纪念会、研讨会等多种活动，两国将“双庆活动”不断推向高潮。

双方拓展教育合作筑科教交流桥梁。双方加强两国教育高层互动，续签《中新教育部关于教育与培训的合作安排》，升级教育联合工作组磋商机制。2022年度“中新三兄弟教育合作项目”成功获批，双方高校共庆共建北京大学新西兰中心15周年并续签合作备忘录，第三届中新学前教育研讨会成功举办，“纪念中新建交50周年暨路易·艾黎诞辰125周年”湖北–新西兰周系列活动——武汉大学与新西兰科技教育合作交流会成功举行。

三、中国与南太平洋建交岛国关系稳步提升

2022年，中国与南太平洋建交岛国关系迎来全面提质升级。在双方领导人战略引领下，双方政治交往不断密切、政治互信持续深化，经贸、卫生、全球发展和全球安全等领域务实合作实现

拓展，全面战略伙伴关系进一步走深。[1]

（一）双方政治关系进一步深化

双方持续增进高层互动，深化政治互信。中国国家主席习近平高度重视中国同太平洋岛国关系，于5月向第二次中国–太平洋岛国外长会专门发去书面致辞中表示，无论国际形势如何变幻，中国始终是太平洋岛国志同道合的好朋友、风雨同舟的好兄弟、并肩前行的好伙伴。[2] 同时于7月向瓦努阿图新任总统武罗巴拉武致就职贺电。8月，向萨摩亚国家元首图伊马莱阿利法诺致连任贺电。11月，出席亚太经合组织第二十九次领导人非正式会议期间会见巴新总理马拉佩。5月26日至6月4日，国务委员兼外长王毅应邀对所罗门群岛、基里巴斯、萨摩亚、斐济、汤加、瓦努阿图、巴布亚新几内亚（以下简称“巴新”）7国进行访问，对密克罗尼西亚联邦（以下简称“密联邦”）进行“云访问”，同库克群岛总理兼外长、纽埃总理兼外长举行视频会晤，会见太平洋岛国论坛秘书长，并在斐济主持召开第二次中国–太平洋岛国

① 本节内容主要参阅中国政府网站（https://www.gov.cn/）、中华人民共和国外交部网站（https://www.fmprc.gov.cn/）、中国驻新西兰（库克群岛、纽埃）大使馆网站（http://nz.china-embassy.gov.cn/）、中国驻巴布亚新几内亚大使馆网站（http://pg.china-embassy.gov.cn/）、中国驻斐济大使馆网站（http://fj.china-embassy.gov.cn/）、中国驻瓦努阿图大使馆网站（http://vu.china-embassy.gov.cn/）、中国驻萨摩亚大使馆网站（http://ws.china-embassy.gov.cn/）、中国驻汤加大使馆网站（http://to.china-embassy.gov.cn/）、中国驻密克罗尼西亚联邦大使馆网站（http://fm.china-embassy.gov.cn/）、中国驻基里巴斯大使馆（http://ki.china-embassy.gov.cn/）和中国驻所罗门群岛大使馆（http://sb.china-embassy.gov.cn/）2022年相关资讯。

② 《习近平向第二次中国–太平洋岛国外长会发表书面致辞》，中华人民共和国外交部网站，2022年5月30日，https://www.mfa.gov.cn/web/wjdt_674879/gjldrhd_674881/202205/t20220530_10694467.shtml。

外长会，在南太平洋掀起互利合作、友好交流的外交旋风。9月，王毅在纽约出席联大期间再度会见基里巴斯总统兼外长马茂、所罗门群岛外长马内莱。中方连续发布《中国－太平洋岛国合作事实清单》《中国关于同太平洋岛国相互尊重、共同发展的立场文件》，阐明在发展同太平洋岛国关系中的“四个坚持”和“五方面共识”，确定相互尊重、共同发展的合作基调。

双方夯实外长会机制，全面拓展务实合作。自2021年双方建立中国－太平洋岛国外长定期会晤机制以来，中方快速采取行动落实有关成果。中国－太平洋岛国应急物资储备库于2021年12月正式启用，并在汤加火山救灾中发挥重要作用。中国－太平洋岛国应对气候变化合作中心于2022年4月正式启用，中国－太平洋岛国减贫与发展合作中心于7月正式启用，中国－太平洋防灾减灾合作中心于2023年2月正式启用。2022年5月，中方在第二次中国－太平洋岛国外长会上宣布，将持续打造减贫、气变、防灾、农业、菌草中心等六个新合作平台，将举行第二届中国－太平洋岛国农业部长会议。这是中方致力于同岛国增进互信、凝聚共识、扩大合作、深化友谊的又一体现。

双方持续增进党际交流互鉴。7月，中共中央对外联络部成功举办第二届中国－太平洋岛国政党对话会，斐济、瓦努阿图、所罗门群岛、巴新等岛国政党政要和工商界人士以线上方式参会。与会岛国政党领导人高度评价中国在抗疫减贫等方面成就，表示将同中国共产党加强党际交流合作和互学互鉴。10月，中共二十大胜利召开，太平洋岛国领导人和政要纷纷对党的二十大胜利召开和习近平同志连任中共中央总书记致电祝贺。这是中国同太平洋岛国党际友好的又一力证。

（二）双方务实合作领域持续扩大

中方助力岛国改善基建条件惠民生。中国援密联邦波纳佩州政府大楼维修项目正式签署实施协议；瓦努阿图塔纳岛公路、中国援瓦总统府、财政部和外交部办公楼、彭特考斯特岛公路项目一期、援所罗门群岛国立大学宿舍楼、援萨摩亚警察学院等项目正式开工；中电建斐济瑞瓦河供水项目、中国援所太平洋运动会主体育场馆项目顺利推进；中国援建巴新恩加省医院项目、援萨友谊公园、援瓦文化艺术中心、援瓦维拉港市社区综合运动场等项目顺利交付。通过高质量共建“一带一路”基建合作，中国帮助南太岛国大幅改善当地民生。

中方助力岛国产业转型拓发展。中国同岛国共同推动落实全球发展倡议，推进减贫援助和减贫协作，助力岛国增强自主发展能力、加快实现发展振兴。中国援萨摩亚第五期农业技术项目等示范项目启动。中方援助瓦努阿图、巴新、斐济等国的农渔加工、椰子加工、菌草等特色经济产业经济效益持续显现。中方主动邀请岛国继续参加进博会、资助密联邦举办首届密克罗尼西亚博览会，推动更多岛国优质产品进入中国市场。同时，中方还支持岛国推进蓝色太平洋2050战略、发展蓝色经济和绿色经济，继续为岛国增强应对气变能力提供帮助和支持。借助中国–太平洋岛国应对气候变化合作中心，中方向岛国提供应对气变物资，为岛国培训气变领域人才。通过助力打造经济新增长点和发展转型，中国协助岛国不断改善民生、实现可持续繁荣。

双方加强卫生合作安民心。中国多次向萨摩亚、巴新、瓦努阿图、密联邦等太平洋岛国捐赠及提供疫苗、资金、防疫物资并派驻医疗队，为当地民众提供医疗支持和服务。2月，中所签署《中所政府关于派遣中国医疗队赴所罗门群岛工作的议定书》，中国援所医疗队3月抵所开展工作。6月，中国巴新友好微创外科中心揭牌，这是巴新乃至太平洋岛国设立的首家微创外科中心。中方还同澳大利亚等国在巴新开展抗疟三方合作。

双方开启安全合作促和平。2021年11月，所罗门群岛发生严重社会骚乱。应所方请求，中方为其援助警用防暴物资并派警务顾问组对当地警察开展培训，有力提升了所方维稳止乱能力，受到所社会各界一致好评。2022年4月，中所签署双边安全合作框架协议。中所安全合作秉持三项原则，即充分尊重所国家主权、协助维护所社会稳定、与地区安排并行不悖。11月，首次中国–部分南太岛国执法能力与警务合作部级对话成功举行，中共中央书记处书记、公安部部长王小洪和所罗门群岛、斐济、瓦努阿图、基里巴斯、汤加、巴新警察部门负责人出席并发言。

（三）民心纽带更加紧密

中国继续为南太岛国提供紧急人道主义和民生物资援助。2022年，汤加火山爆发，巴新和所罗门群岛接连遭受地震灾害。中方领导人第一时间致电慰问，并提供多批紧急人道主义物资和款项援助，助当地开展灾后重建。中国驻斐济、瓦努阿图、所罗门群岛、巴新、密联邦、基里巴斯等多个岛国使馆持续为当地卫生和妇幼部门捐赠轮椅、校车、学习用品、电子器材等文教物资，援建供水、物流、社区服务中心等民用设施，助当地改善民生，增进福祉。

中方持续与岛国民众开展形式多样的人文交流活动。中国驻密联邦、所罗门群岛、斐济等岛国使馆连续举办传统联谊活动、健康美食节暨妇女交流活动、“中国文化”小读者交流活动、“汉语桥”中文比赛等文化交流活动，向当地中小学捐赠中文图书并搭建“中国书屋”，助力双方搭建民间文化桥梁、拉紧文明交流纽带。

四、结语

2022年，中国同南太国家关系经受住各项考验，愈显成熟和坚韧。在新的起点上，中澳关系能否回归健康稳定发展轨道，仍取决于澳方能否早日回归初心、校准航向，采取实际行动纠正错误做法。中新关系有望在良好政治氛围下，实现各领域交流和务实合作再拓展、再升级。中国与南太建交岛国相互尊重、共同发展的全面战略伙伴关系有望进一步深化，双方合作交流领域将持续拓宽，中国–太平洋岛国命运共同体将更加紧密。

（中国国际问题研究院国际战略研究所助理研究员　张坤）

第三十四章

对外经济关系：逆势而上　彰显韧性

2022年，全球粮食、能源、金融多重危机叠加，世界经济面临严峻挑战。面对错综复杂、动荡不安的国际环境，中国坚持推进高水平对外开放，对外经济关系彰显强大韧性，对外经贸往来稳步发展，区域经济合作亮点纷呈，高质量共建“一带一路”成效显著。中国积极参与全球经济治理，维护多元稳定的国际经贸格局，保障全球产业链供应链稳定顺畅，与新兴市场国家和发展中国家深化国际发展合作，有序推进人民币国际化，为世界经济企稳复苏提供强大动能。

一、对外经贸关系韧性十足

受全球经济复苏乏力、贸易增速趋缓和外需持续收缩等多重因素影响，中国对外经贸关系面临较大压力。随着多轮稳经济政策落地实施，中国外贸外资实现稳步增长，规模、质量、效益均有提升，展现强大韧性。

（一）对外贸易量稳质升

2022年，中国货物贸易进出口总值42.07万亿元人民币，与去年同期相比实现较大增长，维持了7.7%的较高增速。其中出口23.97万亿元，增长10.5%；进口18.1万亿元，增长4.3%。[①]

中国外贸结构持续优化，服务贸易、高端制造业占比逐步提升。2022年，中国机电产品进出口20.66万亿元，增长2.5%，占进出口总值的49.1%，其中电动载人汽车、锂电池、太阳能电池出口增速均超60%。知识产权使用费、电信计算机和信息服务出口增长迅速。

中国与东盟、欧盟、美国、韩国、日本等主要贸易伙伴保持良好经贸往来，与新兴市场国家及发展中国家经贸关系更趋紧密，贸易规模增速较快，出口市场更趋多元。2022年，中国与东盟贸易额占中国外贸比例超15%，增速高达15%，东盟作为我国最大贸易伙伴的地位进一步巩固；与欧盟、美国贸易增速分别为5.6%和3.7%。与俄罗斯贸易额增长29.3%；与拉丁美洲贸易增速达14.1%，中拉经贸合作已全面恢复并超过疫前水平；与非洲贸易增速达14.5%，贸易额创新高；与中亚五国、阿联酋和沙特阿拉伯等贸易伙伴进出口增长较快，增速分别为45.4%、42.1%和32.9%。

（二）双向投资保持活跃

当前全球投资壁垒高筑，投资前景趋于低迷，联合国贸发会

① 《海关总署2022年全年进出口情况新闻发布会》，中华人民共和国海关总署网站，2023年1月13日，http://www.customs.gov.cn/customs/xwfb34/302330/4795072/index.html。

议预计2022年全球投资将显著放缓。在此背景下，中国利用外资情况逆势上扬。一是实际使用外资金额实现较快增长。2022年前11个月，中国实际使用外资金额11560.9亿元人民币，同比增长9.9%，折合1780.8亿美元，增长12.2%。[①] 二是引资结构持续优化，制造业吸引外资保持良好势头。高技术产业实际使用外资增长31.1%，其中高技术制造业增长58.8%，高技术服务业增长23.5%，外资正积极融入芯片、生物医药、低碳等战略性新兴产业和未来产业。三是外资来源地分布多样化。韩国、德国、英国、日本等国实际对华投资均实现大幅增长，“一带一路”沿线国家、东盟国家对华投资均增长三成左右。

尽管一些发达经济体采取保护主义措施促使资本和制造业回流，中国依然是全球外资的主要流向地。外国投资者看好中国未来发展机遇和经济长期潜力，对华投资趋势积极。中国欧盟商会、中国美国商会、美中贸易全国委员会等多家机构报告显示，在华欧企、美企普遍对华有长远考虑，不考虑将制造或采购转移到中国境外。汇丰发布的2022年进博会特别报告显示，在受访的近3400家跨国企业中，超八成企业预计来年其中国业务将增长，超九成RCEP成员国企业预计将增加对华贸易投资往来。

中国对外投资步伐稳健。今年前11个月，中国对外非金融类直接投资6878.6亿元，同比增长7.4%。对“一带一路”沿线国家非金融类直接投资191.6亿美元，同比增长6.5%，占同期总额的18.7%。

① 《商务部召开例行新闻发布会（2022年12月23日）》，中华人民共和国商务部网站，2022年12月23日，http://www.mofcom.gov.cn/xwfbh/20221223.shtml。

（三）坚持高水平对外开放

在当前复杂严峻的国际挑战下，党的二十大作出坚持对外开放基本国策，坚定奉行互利共赢的开放战略，推进高水平对外开放的战略决定，为世界经济发展注入信心。

中国致力于营造市场化、法治化、国际化一流营商环境，合理缩减外资准入负面清单，依法保护外商投资权益。2022年1月1日，新版全国和自贸试验区外资准入负面清单正式实施，其特别管理措施进一步缩减至31条和27条。2022年10月，中国印发《关于以制造业为重点促进外资扩增量稳存量提质量的若干政策措施》《鼓励外商投资产业目录（2022年版）》，上述举措扩大鼓励外商投资范围，加大制造业特别是高技术制造业引资力度，便利国际商务人员往来，将进一步提高中国利用外资质量和水平。

中国致力于建设贸易强国，与世界共享中国大市场和发展新机遇。在全球经济面临困难之际，中国主动扩大进口，展现责任担当。2022年11月，中国增设北京首都国际机场临空经济区等29个国家进口贸易促进创新示范区，使进口示范区总数达43个。中国继续利用好广交会、服贸会、投洽会、进博会等重大国际展会，搭建互利共赢合作平台。2023年，中方将考虑举办第三届“一带一路”国际合作高峰论坛，为全球发展注入新动力。

二、区域经济合作亮点纷呈

中国积极参与区域经济合作机制，主动对接高标准经贸规则，稳步扩大制度型开放，不断推动区域经济一体化和贸易投资自由化便利化。元首外交、主场外交、高层往来引领区域经济合作迈上新台阶。

（一）构建高标准自贸区网络

中国推进实施自贸区提升战略，对接高标准国际经贸规则，初步形成了立足周边、辐射“一带一路”、面向全球的高标准自由贸易区网络。

一是《区域全面经济伙伴关系协定》生效释放政策红利。《区域全面经济伙伴关系协定》自2022年1月1日起正式生效，标志着全球人口最多、经贸规模最大的自贸区正式落地，极大促进了区域均衡包容发展，成为中国深入亚太生产网络、参与国际经贸合作的重要平台，对全球价值链重塑产生深刻影响。《区域全面经济伙伴关系协定》不仅极大促进了中国与东盟间经贸关系，也为中国对日出口带来新机遇，据海关总署数据，2022年上半年，中国出口企业申领《区域全面经济伙伴关系协定》原产地证书和开具原产地声明26.6万份，享受进口国关税减让7.1亿元，其中9成证书出口目的国是日本。中方还为《区域全面经济伙伴关系协定》经济技术合作提供100万美元捐款，积极推动各方支持中国香港地区加入《区域全面经济伙伴关系协定》。

二是积极推进加入《全面与进步跨太平洋伙伴关系协定》和《数字经济伙伴关系协定》进程。中国按照加入程序，分别和相关成员国进行接触、沟通和磋商。2022年8月，中国加入《数字经济伙伴关系协定》工作组正式成立。中国推进加入《全面与进步跨太平洋伙伴关系协定》和《数字经济伙伴关系协定》进程，体现了进一步扩大开放，积极对标国有企业、知识产权、劳工、数字经济等深度国际经贸规则，实现高质量发展的决心。

三是继续与有意愿的贸易伙伴商签自贸协定。1月，中国与柬埔寨自贸协定正式生效，助力双边贸易额提前两年实现100亿美元目标；2月，中国与厄瓜多尔自贸谈判正式启动，历时一年后于2023年2月结束；7月，中国与尼加拉瓜启动自贸谈判并建立经贸混委会机制；11月，在第25次中国–东盟领导人会议上，中国–东盟自贸区3.0版谈判正式启动。此外，中国与海合会关系提质升级，中海自贸协定谈判加快推进；中国与挪威自贸协定谈判进入收官阶段，新版避免双重征税协定即将签署；中国与新加坡自贸协定升级后续谈判顺利。

（二）持续推进区域经济合作

中国和东盟互为最大贸易伙伴和最具活力合作伙伴，已成为区域经济合作的典范。2022年是中国东盟全面战略伙伴关系开局之年，也是《区域全面经济伙伴关系协定》生效实施的第一年，《区域全面经济伙伴关系协定》连接中国与东盟两大市场，强化供应链产业链联通，拉动新通道建设提质升级，推动区域开放联动发展。中国–东盟自贸区3.0版将在《区域全面经济伙伴关系协定》基础上进行建设,《区域全面经济伙伴关系协定》成员间减让条件将在自贸区3.0版谈判中得到进一步减让，中国与东盟区域经济一体化有望再提速。中国与东盟间经贸合作机制不断完善，中方将设立中国东盟共同发展专项贷款，进一步加大合作，建立支持东盟基础设施、能源资源等领域重大项目的投资合作基金，实施“中国东盟数字人才培养计划”和“中国东盟人力资源质量提升计划”。中国–东盟东部增长区、澜湄等次区域合作走深走实。

中国与上合组织成员国团结协作，推动区域经贸合作不断深化。2022年前三季度，中国与上合组织其他成员国贸易额为3027亿美元，同比增长24.4%。9月，国家主席习近平出席上合组织撒马尔罕峰会，出访哈萨克斯坦和乌兹别克斯坦，取得丰硕经济外交成果。峰会通过了《上海合作组织成员国元首理事会关于维护供应链安全稳定多元化的声明》《上海合作组织成员国服务贸易合作框架》《上海合作组织基础设施发展规划》《2023—2025年上海合作组织区域内贸易发展联合行动计划》等重要文件，有望推动上合组织区域贸易投资自由化便利化水平进一步提升。中国与上合组织成员国探讨简化海关程序，发展物流基础设施，推动贸易便利化，合力打造稳定产业链供应链；与各国就应对气候变化、维护粮食和能源安全等合作领域达成新共识。中国还将于2023年举办上合组织产业链供应链论坛，为区域产业链供应链合作提供有益平台。

中国加强同非洲、拉美、阿拉伯国家经贸合作，深入实施《中非合作2035年愿景》、对非合作“九项工程”、《中国与拉共体成员国重点领域合作共同行动计划（2022—2024）》《中海战略对话2023年至2027年行动计划》，继续推进落实中非、中拉、中阿论坛框架下达成的务实合作共识。

（三）高质量共建“一带一路”成效显著

中国与“一带一路”沿线国家共建国际陆海贸易新通道，带动国际物流效率显著提升，成为推动中外贸易往来的经济动脉。2022年，中国对“一带一路”沿线国家贸易大幅增长，进出口13.83万亿元，同比增长19.4%。

“一带一路”朋友圈日益扩大。2022年以来，中国与阿根廷、尼加拉瓜、叙利亚、马拉维、巴勒斯坦、土库曼斯坦签署共建“一带一路”合作谅解备忘录，与阿尔及利亚、摩洛哥、古巴签署共建“一带一路”合作规划，中国–非盟共建“一带一路”联合工作组第一次会议成功召开。

“一带一路”互联互通成绩斐然。中老铁路开通一年来，国际货运总值突破100亿元，累计发送旅客850万人次；柬埔寨第一条高速公路金港高速正式通车；印尼雅万高铁成功试运行；匈塞铁路塞尔维亚境内贝诺段顺利通车；中越铁路并轨；中蒙俄经济走廊稳步推进；中吉乌公铁联运通关效率不断提高；中吉乌铁路项目有序推进；中泰铁路一期工程加快建设；中国和苏丹开通海上货运直航。

2022年前10个月，中欧班列累计开行13685列，发送货物132.9万标准箱，同比均增长9%。截至2022年10月，中欧班列已有超80条运行路线，通达欧洲24个国家200余个城市，绥芬河、满洲里、二连浩特、阿拉山口、霍尔果斯等铁路主要口岸运量屡创历史新高。西部陆海新通道海铁联运集装箱班列发送货物62.1万标准箱，同比增长21%，新开通线路已达78条，是去年全年的5倍以上，目的地拓展至113个国家和地区。

“一带一路”绿色能源合作不断深化。中国与哈萨克斯坦合作投资开发的谢列克风电项目投产发电。中巴经济走廊首个大型水电站投资项目卡洛特水电站项目和塔尔二区块电站二期煤电一体化项目相继投入运营，帮助巴基斯坦历史性解决电力短缺问题。中国与卡塔尔达成600亿美元、为期27年的液化天然气买卖协议，创下液化天然气交易史上的时长之最。

三、积极参与全球经济治理

当前逆全球化浪潮抬头，多边主义贸易体系面临挑战，南北发展差距不断扩大，全球发展进程遭受冲击。中国始终支持多边经贸体制，维护全球产业链供应链稳定，反对“筑墙设垒”和“脱钩断链”，为全球经济治理贡献中国力量。

（一）维护多元稳定的国际经贸格局

一是维护以世贸组织为核心的多边贸易体制。中国坚持真正的多边主义，维护以世贸组织为核心的多边贸易体制，全面深入参与世界贸易组织改革谈判，支持主要国际组织在全球治理体系中继续发挥重要作用。2022年6月，世界贸易组织第12届部长级会议（MC12）经过多轮谈判，取得超预期成果，各方重申加强以世贸组织为核心的多边贸易体制，推进世贸组织必要改革，在应对新冠疫情、渔业补贴、粮食安全和电子商务上达成共识。在谈判中，中国发挥了建设性、示范性的作用，并扮演了广泛协调者的角色。

二是以实际行动维护双链稳定。中国科学统筹疫情防控和经济社会发展，与各国推进务实合作和疫后复苏，探索建立人员“快捷通道”和产品“绿色通道”，促进复工复产，为保障全球产业链供应链安全顺畅做出重要贡献。2022年9月，中国同印尼及智利、古巴、巴基斯坦、塞尔维亚等六国共同发起《产业链供应链韧性与稳定国际合作倡议》，呼吁国际社会通力合作，构建富有韧性的全球产业链供应链。

三是与新兴市场和发展中国家在二十国集团、亚太经合组织、“金砖+”等多边框架下强化务实合作。中国全面落实二十国集团缓债倡议，缓债总额在二十国集团成员中最大；支持非洲联盟加入二十国集团，在二十国集团提出了数字创新合作行动计划、国际粮食安全合作倡议，提出建设全球经济复苏伙伴关系。2022年，中国第三次担任金砖国家轮值主席国，举办了首次外长级“金砖+”会议，与会国就支持多边主义，促进共同发展、助力发展中国家弥合“抗疫鸿沟”、打造新兴市场国家和发展中国家广泛伙伴关系达成共识。

（二）提供全球经济治理公共产品

一是推进落实全球发展倡议。2022年6月，习近平主席在全球发展高层对话会上宣布了中方同各方一道推动落实全球发展倡议的32项务实合作举措，包括将“南南合作援助基金”整合升级为“全球发展和南南合作基金”并增资到40亿美元，加大对中国–联合国和平与发展基金的投入等，有力推动全球发展倡议更加走深走实。9月，“全球发展倡议之友小组”部长级会议发布全球发展倡议项目库首批项目清单，提出推进“促进粮食生产专项行动”，发布“全球清洁能源合作伙伴等关系”“智慧海关、智能边境、智享联通”概念文件，发起成立世界数字教育联盟，同国际竹藤组织共同启动制订“以竹代塑全球行动计划”，宣布中国发射的“可持续发展科学卫星1号”数据面向全球开放共享等。2022年11月12日，全球发展促进中心正式成立，为推动落实全球发展倡议提供行动平台和资源支撑。

二是充分发挥发展性金融工具作用。中国与其他新兴市场和发展中国家一道，充分利用亚投行、金砖国家新开发银行等发展性金融工具加强国际发展合作。2022年5月，金砖新开发银行批准2022—2026年总体战略，决定未来5年为成员国提供300亿美元融资用于支持基础设施和可持续发展，其中40%的资金将用于缓解气候变化。2022年，亚投行将新冠疫情危机恢复基金融资申请年限延长至2023年底，规模扩大至200亿美元，以帮助成员继续应对仍然严峻的全球疫情形势和经济复苏挑战。截至2022年3月，在新冠疫情危机恢复基金框架下，亚投行已批准总额超过116亿美元的48个融资项目，惠及25个亚洲域内与域外成员。

三是推动全球绿色、数字经济转型发展。在全球能源危机愈演愈烈、一些发达国家气候政策回摆的情况下，中国坚定不移推进“双碳目标”，同多国倡导建立全球清洁能源合作伙伴关系，为全球应对气候变化做出了重要贡献。2022年6月，中国印发《国家适应气候变化战略2035》，展现了中国积极推动适应气候变化的决心和态度。

帮助发展中国家弥合“数字鸿沟”。中国利用申请加入《数字经济伙伴关系协定》之机与新兴国际数字规则兼容对接，在数字领域扩大开放，以实际行动加强数字经济国际合作，加快发展中国家新型数字基础设施建设。与巴基斯坦签署加强电子商务合作备忘录；在泰国投资设立5G创新中心，助力当地中小企业提升数字技能；与沙特合作培养数字人才，助力沙特实现“2030愿景”。此外，中国继续推动落实《全球数据安全倡议》，与非洲国家实施“中非数字创新伙伴计划”，继续建设中国–东盟信息港，中国–中东欧国家、中国–中亚五国电子商务合作对话机制，积极为非洲、中东、东南亚国家以及共建“一带一路”国家提供数字支持。

（三）有序推进人民币国际化进程

当前，国际金融体系面临深刻变革，国际社会对货币多元化、合理化呼声日益高涨，人民币国际化进程进入新阶段，人民币跨境支付系统业务量和影响力稳步提升。2022年前10个月，人民币跨境支付系统累计处理支付业务348.5万笔，金额78.5万亿元，日均处理笔数同比增长27.2%，金额同比增长20.2%，其实际业务覆盖面扩大到180多个国家的超过3800家法人机构。

中国与新兴市场及发展中国家间密切合作助推人民币国际化进程。2022年，中国与哈萨克斯坦、老挝、阿根廷等国建立了人民币清算安排，与印度尼西亚银行、阿尔巴尼亚银行、新加坡金融管理局、欧洲央行续签双边本币互换协议。[①] 截至2022年7月底，中国累计与20多个“一带一路”沿线国家建立双边本币互换安排，在10多个沿线国家建立了人民币清算安排。2022年前三季度，中国银行在《区域全面经济伙伴关系协定》国家和地区实现人民币跨境结算量超过4000亿元。俄罗斯多家银行开通人民币存款账户并提高人民币存款利率，欧亚开发银行、多家大型俄企在俄发行人民币债券，俄金融机构推出人民币和港元资产开放式基金，俄与巴西、印度等国在部分国际贸易中使用人民币进行结算。2022年11月，俄交易所的人民币交易量在外汇交易总量中的占比达到33%。中国还将与海合会国家成立共同投资联合会，开展本币互换合作。

人民币在国际金融治理中的影响力不断上升。2022年6月，中国人民银行与国际清算银行签署了参加人民币流动性安排（RMBLA）的协议，该协议的首批参加方还包括印尼央行、马来西亚央行、中国香港金融管理局、新加坡金融管理局和智利央行。在市场面临压力时期，各参与方可使用人民币进行融资。7月，中国人民银行与香港金融管理局签署人民币—港币常备互换协议，扩大人民币港币互换规模，对推动人民币国际化发展、巩固中国香港国际金融中心地位具有重要意义。8月，国际货币基金组织将人民币在特别提款权货币篮子中的权重由10.92%上调至12.28%，人民币作为国际储备资产的地位进一步提高。

① 《2022年前三季度中国货币政策大事记》，中国人民银行货币政策司网站，2022年11月16日，http://www.pbc.gov.cn/zhengcehuobisi/125207/125227/125963/4714193/index.html。

四、结语

2022年，中国对外经济关系在逆境中仍保持强大韧性和活力，得益于中国完整的产业链、巨大的市场潜力和日益扩大的制度型开放。当前，新冠疫情依旧反复，地缘政治局势持续紧张，世界经济脆弱性更加突出，国内外环境复杂性不确定性增加，中国对外经济发展仍面临严峻挑战和较大压力。面对世界变局，中国将继续与各国特别是新兴市场国家和发展中国家共同努力，以周边为基础加快实施自由贸易区战略，构建区域经济一体化新格局，以高质量共建“一带一路”对接沿线国家发展战略，着力形成更大范围、更宽领域、更深层次的全面开放新格局。中国将继续深度参与全球治理体系变革，构建全球发展命运共同体，以高水平对外开放促进世界共同开放，推动建设开放型世界经济。

（中国国际问题研究院世界经济研究所助理研究员　刘艺潼）

第三十五章

对外安全合作：务实创新　责任担当

2022年，新冠疫情仍在持续，对中外军事交流造成不利影响，但中国军队克服困难，务实创新，积极开展高层互动，在联演联训、维和、救援、护航等方面取得新成绩，开创军事外交新局面。同时，中国坚定支持防止核战争，反对核扩散，创造性提出全球安全倡议，并提升军事透明度，彰显大国责任担当。[①]

一、多层次中外军事交流

2022年，中美军事交流经历波折，中俄军事合作延续传统，周边军事外交活跃，战略磋商和专题研讨走深走实。

（一）中美军事交流经历波折，中俄军事合作延续传统

2022年是《上海公报》发表50周年，但中美军事交流经历波折。习近平主席3月应约同美国总统拜登进行视频通话。两国领导人责成两国工作团队及时跟进，采取实际行动，争取中美关系

① 除特别说明外，本文资料均来自《解放军报》和国防部网站。

重返稳定发展的轨道。国务委员兼国防部长魏凤和4月应约与美国国防部长奥斯汀通话，这是拜登政府上台以来两国国防部长首次通话，也是一次坦诚、深入、建设性的战略沟通，成为落实两国元首重要共识的实际举措。双方同意两军保持沟通渠道畅通、管控风险、推进危机沟通机制建设。6月，在新加坡出席第19届香格里拉对话会期间，魏凤和再次与奥斯汀会谈。双方认为，两军应落实好两国元首达成的重要共识，保持高层战略沟通，增进双方战略互信，管控好矛盾分歧，避免冲突对抗。中央军委委员、军委联合参谋部参谋长李作成7月应约与美军参联会主席米莱视频通话。

7月，习近平主席再次应约同美国总统拜登通电话，他重点阐述了中方在台湾问题上的原则立场。但是，美国国会众议长佩洛西不顾中方强烈反对和严正交涉，于8月2日窜访中国台湾地区，使中美关系和两军交流陷入新的低谷。对此，中国外交部8月5日宣布对美采取八项反制措施，包括取消安排中美两军战区领导通话、取消中美国防部工作会晤、取消中美海上军事安全磋商机制会议等内容。[①] 这是对美台挑衅的必要警示和对国家主权和安全的正当捍卫。

习近平主席和拜登总统11月14日在印尼巴厘岛的二十国集团领导人第十七次峰会上举行会谈，达成一系列重要共识，为今后一个时期中美关系的发展明确了方向，有利于推动两国关系逐步重回健康稳定的正轨。11月22日，在柬埔寨出席第9届东盟防长扩大会议期间，魏凤和应约与奥斯汀举行会谈，这既是双方落

---

① 《外交部宣布针对佩洛西窜台反制措施》，中华人民共和国外交部网站，2022年8月5日，https://www.mfa.gov.cn/web/fyrbt_673021/dhdw_673027/202208/t20220805_10735604.shtml。

实中美元首会晤精神、管控竞争的体现，也是佩洛西窜访我国台湾地区后中美国防部长的首次会谈。总体上，中国对美军事交流既展现了务实性，能够根据形势发展灵活调整、及时沟通，也展现了原则性，坚定捍卫国家利益和尊严。

中俄军事合作延续传统。魏凤和8月应邀在第10届莫斯科国际安全会议上发表视频讲话，深入阐述中国的全局观、安全观、合作观，10月又与俄罗斯国防部长绍伊古进行通话，就双方关心的国际和地区问题交换意见。9月，中俄第十七轮战略安全磋商在福建举行，双方同意继续用好该平台。中俄军队还开展多方面务实合作。例如，中俄与伊朗1月举行第二次海上联合军事演习，随后举行中俄反海盗联合演习；两国空军5月和11月两次组织实施联合空中战略巡航，并且双方军机历史上首次在联合空中巡逻中在对方机场降落，表明两军指挥组织保障机制上的有机结合；8月底至9月初，中国军队赴俄参加“东方–2022”演习，这也是中国军队第4次派部队参加俄军年度战略演习。

（二）周边军事外交活跃

2022年，周边军事外交是中国对外军事交流的亮点。在疫情形势依然严峻的情况下，中国军队领导人仍出访多个国家。魏凤和4月出席中越第七次边境国防友好交流活动，随后访问哈萨克斯坦、土库曼斯坦、伊朗和阿曼。参加中越交流活动期间，魏凤和同越南国防部长潘文江举行会谈，在中越边境相关口岸共植友谊树、为界碑碑文描红。中国军队领导人还积极利用多边场合开展军事外交。6月，魏凤和出席第19届香格里拉对话会并访问新加坡。参加对话会期间，魏凤和就“中国对地区秩序的愿景”作大会发言，并会见有关国家代表团团长。11月，魏凤和出席第9届东盟防长扩大会并访问柬埔寨。出席扩大会期间，魏凤和作大会发言，并会见美国、越南、老挝、澳大利亚、新西兰、韩国等国国防部长和俄罗斯国防部副部长。会议讨论通过了《东盟防长扩大会关于增强团结合作，共建和谐安全的联合宣言》。同时，多国军队领导人访华，[①] 与中方进行深入交流。其中，魏凤和在会见新加坡国防部长黄永宏时，双方同意加快建成中新国防部热线电话，同意于2023年举行中新“合作”系列陆、海军联合演训；在会见印尼国防部长普拉博沃时，双方同意恢复因疫情暂停的两军联演联训。此外，中外军队领导人多次举行视频通话和会晤。[②] 解放军陆军司令员刘振立与柬埔寨陆军司令洪玛奈视频通话时，双方还签署了《中国人民解放军陆军与柬埔寨王家军陆军合作谅解备忘录》。

工作层面的军事交流着重解决重大现实问题。2022年，中印两军继续就推动中印边界西段实控线地区有关问题解决举行四轮军长级会谈。[③] 根据第十六轮军长级会谈达成的共识，双方位加南达坂一线部队同步有计划组织脱离接触。这是双方通过外交军事各层级磋商谈判解决有关边境事态取得的成果，有利于促进边境地区和平安宁。3月，中日防务部门以视频方式举行海空联络机制第3次年度会议及防务部门第5次工作层磋商，提出了包括尽早开通直通电话等意见。习近平主席11月在泰国曼谷会见日

---

① 包括巴基斯坦陆军参谋长巴杰瓦（6月，青岛；9月，西安）、柬埔寨副首相兼国防大臣迪班（8月，广州）、新加坡国防部长黄永宏（11月，西安）、印尼国防部长普拉博沃（11月，西安）。

② 包括新西兰国防部秘书长布里奇曼（1月）、泰国海军司令宋巴颂（3月）、土库曼斯坦国防部长贡多格德耶夫（3月）、柬埔寨王家军副总司令兼陆军司令洪玛奈（3月）、泰国空军司令纳帕德（8月）、越南海军政委阮文蓬（9月）、蒙古国国防部长赛汗巴亚尔（11月）。

③ 包括第14轮（1月）、第15轮（3月）、第16轮（7月）、第17轮（12月）。

本首相岸田文雄，就稳定和发展双边关系达成五点共识，其中之一是尽早开通防务部门海空联络机制直通电话，加强防务、涉海部门对话沟通，共同遵守2014年四点原则共识。[①] 同月，中日海洋事务高级别磋商机制第十四轮磋商举行，双方外交、防务、海上执法和海洋管理等部门参加，就具体合作达成多项共识，其中之一是双方积极评价中日防务部门海空联络机制运行情况，及开通直通电话事宜取得的重要进展，确认加快后续工作，尽早建成并启用电话。双方同意继续开展防务领域交流。[②] 据共同社报道，日本外相林芳正11月底对记者称，日中或于2023年春季前后开通防务热线，热线将在建立互信和避免意外事件方面发挥极其重要的作用。中国和老挝两军也于11月底举行第三次边境国防友好交流活动，加强两军战略互信和边防合作，共同维护边境地区和平稳定。

中国军队还在东盟地区论坛和上合组织框架内，参与多边军事交流，推动区域对话，深化防务安全合作。4月，中国与东盟轮值主席国柬埔寨共同主办东盟地区论坛国防官员对话会视频会议；[③] 6月，魏凤和与东盟轮值主席国柬埔寨副首相兼国防大臣迪班共同主持第13次中国–东盟国防部长非正式会晤视频会议。此

① 《中日双方就稳定和发展双边关系达成五点共识》，中华人民共和国外交部网站，2022年11月18日，https://www.mfa.gov.cn/zyxw/202211/t20221118_10977402.shtml。

② 《中日举行海洋事务高级别磋商机制第十四轮磋商》，新华网，2022年11月23日，http://www.news.cn/world/2022-11/23/c_1129150744.htm。

③ 中央军委国际军事合作办公室和柬埔寨国防部政策与外事总局领导共同致辞。

外，中国军队还多次派员参加东盟相关会议，[①] 推动中国–东盟防务合作走深走实，共同维护区域繁荣稳定。2022年适逢上合组织宪章签署20周年、成员国长期睦邻友好合作条约签署15周年。上合组织在宪章和条约确立的宗旨原则指引下，已成为地区和国际事务中的重要建设性力量。上合组织成员国国防部长第19次会议8月在乌兹别克斯坦塔什干举行，魏凤和以视频方式参会并发表讲话，认为经过不断探索发展，上合组织已成为不同文明、不同制度国家和睦相处、合作共赢的典范，走出了一条新型区域组织的成功之路。

（三）战略磋商和专题研讨走深走实

2022年，中外军队举行多次战略磋商和专题研究，达到了加强沟通、增进了解、增强互信和促进合作的目的。中英、中法两军分别于1月以视频方式举行第8次[②] 和第16次[③] 防务战略磋商。这是中国军队与英、法军队间的机制性交往项目，有助于增进了解、深化信任、妥处分歧。中国军队与非洲同行举行多次战略交流，包括中国–尼日利亚政府间委员会安全防务分委会首次会议

---

① 包括第19届东盟地区论坛安全政策视频会议（6月）以及东盟防长扩大会框架下的维和专家组视频会议（10月）、军事医学专家组会议（11月）、网络安全专家组第9次会议（11月，通过视频方式参加）。

② 中央军委联合参谋部副参谋长邵元明中将与英国国防部安全政策总局局长威尔逊共同主持。

③ 邵元明与法国国防部国际关系与战略事务总局副总局长德航库尔空军中将共同主持。

（3月，视频会议）[①]、几内亚湾安全形势专题视频研讨会（5月）[②]以及第二届中非和平安全论坛框架下的多次视频会议，如部长会议（7月）[③]、军事医学专题会议（11月）[④]和高官会议（11月）[⑤]，增进了理念认同，加强了战略沟通，凝聚了合作共识。此外，中国空军代表团10月还出席了在塞内加尔举办的首届“非洲空军论坛”，加强了与非洲及世界各国空军的交流合作。

军事教育和人才培养成为中外军事交流的重要领域。中国和阿拉伯国家高等军事院校研讨会视频会议（9月）凝聚了理念共识，深化了军事互信，促进了交流合作。[⑥]第9届陆军国际学员周视频会议（9月）为中外青年军官学员搭建互学互鉴的交流平台。[⑦]国际军事人员培训研讨会（12月）探讨疫情环境下国际军事人才培训的困难挑战，分享有益经验，探索发展方向，提升培训质效。[⑧]中国空军11月还举行军事飞行训练国际交流会议·2022暨珠海论坛，探讨空军人才培养路径，分享院校建设经

---

① 中央军委国际军事合作办公室领导和尼日利亚国防部常务秘书共同主持会议，公安部、国家安全部有关部门领导与尼方相关部门负责人共同参加会议。

② 海军司令员董军出席会议并作主旨发言，几内亚湾周边国家海军、海岸警卫队领导及有关地区组织负责人参加。

③ 习近平向论坛致贺信，魏凤和出席会议并作主旨发言。来自非盟和非洲50个部长级领导和高级代表出席。

④ 来自中国和21个非洲国家军队卫生部门的代表和医学专家参会。

⑤ 来自中国和16个非洲国家的防务部门官员与会。

⑥ 由解放军国防大学举办，16个阿拉伯国家高等军事院校领导出席活动。

⑦ 由解放军陆军工程大学举办。来自巴基斯坦、新加坡、韩国、法国、罗马尼亚、埃及、巴西等23国34所军事院校的生长军官学员代表参加此次活动。

⑧ 由陆军勤务学院举办。来自17个国家军队代表参会。

验，为世界各国空军飞行教育、训练和建设提供交流互鉴平台。中国军队举办的其他专题研讨还包括：抢修抢建力量建设与发展国际研讨会（6月）[①]、“长城–2022”反恐国际论坛（8月）[②]及2022年北京香山论坛专家视频会议（12月）等。

二、多维度军事活动

2022年，中国军队继续开展联演联训，派出多批次护航编队与维和部队，推动军事医学合作与国际救援行动，通过护航行动维护国际水域安全，海军外交积极活跃，主动参与其他形式军事活动。

（一）持续开展联演联训

联演联训是中外军事合作行动的重要形式，对提升行动能力、深化相互了解、促进相互合作具有重要作用。2022年，中国军队与外军举行多次联演联训，包括中伊俄第二次海上联合军事演习和中俄反海盗联合演习（1月）、中巴“海洋卫士–2”海上联合演习（7月）、“鹰击–2022”中泰空军联合训练（8月）[③]、“东方–2022”演习（9月）。这些演训活动提高了双方军队的联合协同能力，强化了安全防卫水平。其中，“东方–2022”演习是一场

① 由解放军陆军工程大学在南京以视频方式举办。中国、巴基斯坦、孟加拉国、尼泊尔、柬埔寨、老挝、新加坡、泰国、越南、印度尼西亚、菲律宾、文莱等12国军队和联合国人道主义事务协调厅代表参加此次会议。

② 来自中国、俄罗斯、巴基斯坦、巴西、意大利等30国同类部队的代表应邀参会。

③ 中泰双方共派出歼击机、预警机等7种机型17架飞机参训。

全层级、全要素、全方位的演习，中国军队首次同时派出陆海空三军参加联演，成建制成规模成体系出动地面装备，首次同时组织空航陆航力量境内部署、跨境演练，并且首次派出海军舰艇赴日本海方向协同演练，充分锻炼了中国军队与多国部队联合开展军事行动的能力。[①]

此外，中越海军开展两次北部湾联合巡逻（6月，第32次；11月，第33次），并组织联合搜救演练，既促进了专业交流，也深化了两国海军的互信与合作。第33次联合巡逻也是中越双方发表《关于进一步加强和深化中越全面战略合作伙伴关系的联合声明》后开展的首次联合巡逻。[②] 2月，中国军队还派员视频参加在泰国举行的“金色眼镜蛇–2022”多国联合演习人道主义救援减灾桌面推演，与其他参演方就灾害救援早期预警机制进行交流。

（二）为维和行动贡献中国力量

2022年，中国先后派出三支维和部队，[③] 继续为国际维和行动贡献力量。同时，完成任务的维和部队凯旋归国。[④] 中国维和部队的优秀表现得到联合国和驻在国的多次嘉奖和表彰，多支

---

① 中国、阿尔及利亚、印度、白俄罗斯、塔吉克斯坦、蒙古国等14国派出部队参加此次演习。

② 中国海军巴中舰和恩施舰以及汉中舰、广元舰分别参加两次行动。

③ 包括第21批赴黎巴嫩维和部队（7月）、第10批赴马里维和部队（8月）、第3批赴阿卜耶伊维和直升机分队（11月）。

④ 包括第9批赴马里维和部队（8月和9月）、第8批赴南苏丹（朱巴）维和步兵营（11月）。

维和部队全体官兵被授予联合国“和平荣誉勋章”[①]和“司令嘉奖”[②]，以表彰他们在执行维和任务期间的卓越表现和为当地和平与发展建设所作的杰出贡献。

中国军队还积极为维和行动预做准备，提升维和能力。5月至8月，全军首次维和医疗分队部署前基地化训练分2批次为4支维和医疗分队的100余名官兵进行了针对性训练，进一步提升了中国军队维和医疗分队卫勤保障能力，为有效执行维和任务打下坚实基础。8月，首届“共同愿景”维和国际论坛以视频形式举行，成为中国军队定期举办的“共同”系列维和行动国际品牌之一，将对联合国维和事业发展发挥重要作用。[③]中国军队10月还派员参加了东盟防长扩大会维和专家组视频会议。中国“蓝盔”始终牢记履行大国担当、维护世界和平的初心使命，成为联合国维护和平的关键力量。

（三）大力开展军事医学合作与国际救援行动

中国军队在大力做好自身疫情防控的同时，积极开展抗疫国际合作，推动军事医学交流与合作，开展国际救援，以实际行动履行大国军队国际责任，展现了担当奉献的良好形象。为落实习

① 包括第20批赴黎巴嫩维和部队（7月）、第25批赴刚果（金）维和部队（7月）、第9批赴马里维和部队（8月）、第8批赴南苏丹（朱巴）维和步兵营（9月）、第2批赴阿卜耶伊维和直升机分队（10月）、第12批赴南苏丹（瓦乌）维和部队（10月）。

② 包括第12批赴南苏丹（瓦乌）维和工兵分队、第8批赴南苏丹（朱巴）维和步兵营、第9批赴马里维和医疗分队。

③ 由中国国防部维和事务中心在北京举办。来自阿根廷、孟加拉国、巴西、智利、埃塞俄比亚、法国、德国、印度、韩国、巴基斯坦等维和行动主要出兵国和出资国及联合国、非盟等国际和地区组织官员、相关研究机构专家学者参加。

近平主席关于将中国新冠疫苗作为全球公共产品的重要宣示，推动抗疫国际合作，解放军向越南（2月）、印尼（2月）、柬埔寨（3月）军队援助新一批新冠疫苗，彰显守望相助、携手抗疫的深厚情谊。在国际救援减灾方面，中国军队及时伸出援手，提供力所能及的帮助。1月，汤加火山喷发造成严重灾害后，中国军队派遣空军[①]和海上运输编队[②]分两批次运送救灾物资达1430多吨，以实际行动展现中国军队的担当，生动诠释了人类命运共同体、海洋命运共同体理念，深化了中汤全面战略合作伙伴关系。此外，中国援建的柬埔寨王家军陆军学院教学综合大楼项目、柬埔寨云壤海军基地升级改造项目分别于3月和6月开工。

军医专家组已成为中外军事医疗合作的一张名片。3月，中国军队派出第25批援助赞比亚军事医疗专家组，持续给予医疗援助，救治当地患者，为深化中赞两国两军友谊做出贡献。7月，中老两军在老挝组织“和平列车–2022”人道主义医学救援联合演习暨医疗服务活动，为解放军卫生列车首次出境参演、首次跨境投送，具有突出两军深度联合、创新联合救援模式、探索新型装备运用的特点。中国军医的努力获得驻在国的褒奖。第16批援柬医疗专家组1月获柬埔寨“和平骑士勋章”，表彰专家组在协助柬王家军抗击新冠疫情方面做出的贡献；第24批援赞军事医疗专家组（3月）获赞比亚“国际友好合作勋章”；第7批援老挝医疗专家组（11月）获颁老挝人民军三级英勇勋章和友谊勋章。

中国军队多次主办国际军事医学交流会议，如中国–马来西亚军事医学交流视频会议（1月）、第七届长城国际军事医学论

① 由中国空军两架运–20飞机组成。

② 由两栖船坞登陆舰五指山舰和综合补给舰查干湖舰组成。

坛（3月）[①]、中法两军卫勤交流视频会议（5月）、中国–阿根廷军事医学交流视频会议（11月）、中非军事医学专题视频会议（11月）[②]，围绕新冠肺炎重症患者救治、疫苗研发、新型传染病防控、国际紧急灾害救援等议题展开深入交流，以加强卫勤领域交流合作，为服务构建人类卫生健康共同体共同努力。此外，中国军队9月派出军医代表团出席在布鲁塞尔召开的第44届世界军事医学大会，军事科学院专家还全票当选国际军事医学委员会军事医学管理技术委员会主席。11月，中方派员参加东盟防长扩大会军事医学专家组会议，就落实“医疗援助储备”倡议进行研讨。中国军队将继续在地区和世界军事医学交流中发挥积极作用，携手各方共同应对全球公共卫生挑战，进一步推动构建人类卫生健康共同体。

（四）护航行动维护国际水域安全，海军外交积极活跃

2022年，中国军队先后三次派出护航编队[③]，奔赴亚丁湾及索马里海域执行护航任务。各编队严密组织护航行动，采取接力护航、延伸护航、区域护航等形式确保被护船舶航行安全，有力维护了国际海上贸易通道安全和地区和平稳定。同时，多批次的护航编队[④]圆满完成护航任务，顺利返航。受疫情影响，中国海军护航编队除了必要的靠港补给外，其他的对外交流活动相对减少。

---

① 中方邀请俄罗斯、塞尔维亚、巴基斯坦、越南、德国、柬埔寨等10余个国家和红十字国际委员会的军事医学专家代表参会。

② 来自中国和21个非洲国家军队卫生部门的代表和医学专家参会。

③ 包括第40批（1月）、第41批（5月）、第42批（9月）护航编队。

④ 包括第39批（3月）、第40批（7月）、第41批（11月）护航编队。

中国海军还积极开展高层交流、军事医学、联合巡逻等活动，展示了新时代海军外交的良好形象。中国海军领导人多次与外国同行举行视频通话和视频会晤，加强海军高层交流。[①] 中越海军先后开展两次北部湾联合巡逻，并组织联合搜救演练，既促进了专业交流，也深化了两国海军的互信与合作。[②] 11月，“和平方舟”号医院船执行“和谐使命–2022”任务，赴印尼开展友好访问并提供医疗服务。其间，双方舰艇还开展海上联演联训，交流研讨广泛深入。中国海军还派代表团于11月赴孟加拉国出席纪念该国“国父”谢赫·穆吉布·拉赫曼诞辰100周年和孟独立50周年庆祝活动，并派长沙舰参加同期举行的“国际阅舰式”，深化了两国海军务实交流合作，向世界各国海军传递和平与友谊，展示中国海军的新时代风貌。11月，中国海军还派代表团赴日本横滨参加西太平洋海军论坛第18届年会，持续深化与世界各国海军的沟通交流、互信合作。[③]

（五）参与其他形式军事交流活动，与外军同行切磋技艺

中国军队还积极参与其他形式对外交流活动，与对方切磋技艺，增进友谊，提升能力。8月，中国军队承办并参加“国际军事比赛–2022”，取得优异成绩。通过办赛和参赛，为增进中国军队与其他参赛国军队友谊、加强训练领域交流发挥了积

① 3月，解放军海军司令员董军应约与泰国海军司令宋巴颂举行视频通话；9月，解放军海军政治委员袁华智与越南海军政委阮文蓬举行视频会晤。

② 6月、11月，中国海军巴中舰和恩施舰以及汉中舰、广元舰分别参加两次行动。

③ 中国海军2024年将在青岛举办该论坛第19届年会。

极作用。[①] 9月，中国空军运–20飞机首次参加奥地利“空中力量–2022”航展，以崭新航迹搭建起与世界交流的纽带，成为展示中国军队形象的名片和外界了解中国军队的窗口，也增进了中国空军与各国空军同行的学习交流。

三、其他安全议题

2022年，习近平主席创造性提出全球安全倡议。中国坚定支持防止核战争，反对核扩散，通过新的军事条例，提升军事透明度，展示负责任大国气度。

（一）提出全球安全倡议

习近平主席4月在博鳌亚洲论坛2022年年会开幕式上发表题为《携手迎接挑战，合作开创未来》的主旨演讲，首次提出全球安全倡议，倡导坚持共同、综合、合作、可持续的安全观，共同维护世界和平和安全；坚持尊重各国主权、领土完整，不干涉别国内政，尊重各国人民自主选择的发展道路和社会制度；坚持遵守联合国宪章宗旨和原则，摒弃冷战思维，反对单边主义，不搞集团政治和阵营对抗；坚持重视各国合理安全关切，秉持安全不可分割原则，构建均衡、有效、可持续的安全架构，反对把本国安全建立在他国不安全的基础之上；坚持通过对话协商以和平方式解决国家间的分歧和争端，支持一切有利于和平解决危机的努力，不能搞双重标准，反对滥用单边制裁和“长臂管辖”；坚持统筹维护传统领域和非传统领域安全，共同应对地区争端和恐怖

① 由中国、俄罗斯、伊朗等12个国家共同承办，共有37个国家（地区）军队的270余支队伍参赛。

主义、气候变化、网络安全、生物安全等全球性问题。这一倡议明确回答了“世界需要什么样的安全理念、各国怎样实现共同安全”的时代课题，为消弭国际冲突根源、实现世界长治久安提供了新方案。9月，习近平在乌兹别克斯坦撒马尔罕出席上海合作组织成员国元首理事会第二十二次会议时发表重要讲话，欢迎各方共同参与落实中方提出的全球安全倡议。

（二）支持防止核战争，反对核扩散

1月，中国、法国、俄罗斯、英国、美国五个核武器国家领导人共同发表《关于防止核战争与避免军备竞赛的联合声明》，申明“核战争打不赢也打不得”，重申不将核武器瞄准彼此或其他任何国家，承诺维护和遵守双多边军控协议，强调五国应避免军事对抗、防止军备竞赛。[①] 这是五国领导人首次就核武器问题发表联合声明，体现了五国防止核战争的政治意愿，发出了维护全球战略稳定、减少核冲突风险的共同声音，对于构建总体稳定、均衡发展的大国关系也具有积极意义。

中国代表团8月在《不扩散核武器条约》第十次审议大会上，全面阐述中国维护以该条约为基石的国际核裁军与核不扩散体系的立场，坚决反对美英澳开展核动力潜艇合作，并警示日本和相关国家不得在亚太地区复制“核共享”。中方表示，美国、英国、澳大利亚开展核潜艇合作，构成严重核扩散风险，违反条约的目的和宗旨。条约审议大会应深入讨论其各方面影响，坚定维护国际核不扩散体系。此外，“核共享”安排违反条约规定，加剧

① 《五个核武器国家领导人关于防止核战争与避免军备竞赛的联合声明》，中华人民共和国外交部网站，2022年1月3日，https://www.mfa.gov.cn/web/ziliao_674904/1179_674909/202201/t20220103_10478507.shtml。

核扩散与核冲突风险。任何在亚太地区复制“核共享”模式的企图，都将损害地区的战略平衡与稳定，必将遭到地区国家的坚决反对，以及必要时的严厉反制。无论是联合声明，还是中国代表团阐明的立场，都充分表明了中国作为负责任核国家的姿态。

（三）通过新的军事条例，提升军事透明度

2月，《军队功勋荣誉表彰条例》印发，其中的创新点之一就是规范军队涉外功勋荣誉表彰。《条例》明确了中国军队对外方人员实施功勋荣誉表彰和中国军队人员接受外方功勋荣誉表彰的有关事项，明确军队涉外勋章、奖章、纪念章包括“和平勋章”、和平奖章、和平纪念章，主要由军徽、和平鸽、橄榄枝等元素构成。《军队非战争军事行动纲要（试行）》6月15日起施行，主要对军队非战争军事行动的基本原则、组织指挥、行动类型、行动保障、政治工作等进行了系统规范，为部队遂行非战争军事行动提供法规依据，对有效履行新时代军队使命任务具有重要意义。

十三届全国人大五次会议期间，解放军和武警部队代表团新闻发言人介绍了2022年国防费预算的安排情况，提升了国防费的透明度，其中全国财政安排国防支出预算14760.81亿元（含中央本级安排14504.50亿元），比上年预算执行数增长7.1%；并说明了增加的国防费用途，回应外界炒作所谓“隐性军费”的说法，表明“中国增加国防费，既是应对复杂安全挑战的需要，也是履行大国责任的需要”。

四、结语

2022年，中国积极开展对外安全合作，中国军队克服新冠疫情的负面影响，开展多层次对外军事交流和多维度军事活动，对

外军事交流呈现出鲜明特点，如中美军事交流经历波折，周边军事外交活跃，视频会议交流占较大比例，维和与护航行动延续传统，军事医学交流创新务实。与往年相比，在一些战略方向和军事领域的交流有所减少，特别是面对面的交流明显减少。随着新冠疫情形势的变化，中国也将适当调整，并继续秉持开放友好态度，同更多国家开展军事合作和交流，不断提升战略互信水平，更好维护世界和平稳定，更好服务国家战略和外交目标。

（中国国际问题研究院欧洲研究所副研究员　徐龙第）

第三十六章

公共外交：展示蓝图　助力合作

2022年，新冠疫情肆虐，地区冲突持续，全球治理失灵，世界经济低迷不振。美西方国家借新疆“人权问题”、乌克兰危机等对中国进行抹黑。中国公共外交开拓进取，以开展多渠道的对外宣传和舆论引导、组织中外研讨会和论坛、主办大型综合性展会、举办形式多样的中外交流活动等方式，积极服务党和国家重大政治议程，讲好中国共产党执政兴国的故事，捍卫国家利益，阐释中国的全球治理理念与方案，展示了真实、立体、全面的中国，体现了负责任的大国担当。[①]

---

① 本文写作参照新公共外交的定义。随着时代发展，学者开始用新公共外交来描述和界定国家的公共外交行为。新公共外交的基本内涵是，公共外交行为主体借助可得的各种资源，以议程设置、双向交流等柔性方式塑造或影响他国公众的喜好，并最终提升本国的吸引力。具体参见陈婷:《新公共外交的内涵、特征及对我国外宣媒体的启示》,《青年记者》2019年第12期。

一、多角度宣介党的二十大，唱响中国发展光明未来

2022年10月16日至22日召开的中国共产党第二十次全国代表大会是在全党全国各族人民迈上全面建设社会主义现代化国家新征程、向第二个百年奋斗目标进军的关键时刻召开的一次十分重要的大会，举世瞩目。但是美西方部分反华势力趁机制造杂音，在会议召开之前妄言大会的议程，在会后歪曲党的二十大报告，恶意解读中国未来的发展方向和道路。为了全面宣介党的二十大，展现中国未来发展的壮美蓝图，反制不良声音，中国利用多种方式和途径开展公共外交，为党的二十大召开营造良好氛围，主动介绍党的二十大会议情况，解读党的二十大报告，帮助国内国际社会充分认识这场承前启后、继往开来的盛会。

为了迎接党的二十大胜利召开，系统展示党的十八大以来中国在现代化建设、经济社会发展、国家治理等方面取得的巨大成就，2022年4月至9月，中共中央宣传部举行了“中国这十年”主题新闻发布会，邀请各相关部门，分别围绕政法改革、新时代立法工作、经济和生态文明领域建设与改革、国资国企改革发展、新时代民政工作、教育改革发展、新时代外交工作等一系列主题，详细介绍党和国家上述各项事业发展情况。2022年7月至9月，全国各省、自治区、直辖市党委围绕同一主题纷纷举行新闻发布会，重点介绍党的十八大以来，各地区落实习近平总书记重要指示精神，贯彻党中央决策部署的生动实践，以及各项事业

取得的新进展新成效。[①]

在党的二十大即将召开、“中国梦”提出十周年之际，上海广播电视台携手探索频道（Discovery Channel）打造了中英双语纪录片《行进中的中国》第二季。纪录片聚焦中国制度、经济、科创、生态、民生五大主题，围绕“中国制度是如何运行的？中国能为世界经济注入活力吗？科创正在如何改变中国？中国能实现对生态治理的承诺吗？中国人能共享发展成果吗？”等话题展开，反映近十年来中国在经济社会发展各领域的探索和成就。2022年9月11日起，该片的英文版登陆探索频道国际平台多个主要国家和地区周末黄金档，观众反响强烈。五集节目的整体首播收视率和重播收视率分别超越节目播出前四周同时段平均收视率70.6%和103.75%，成绩斐然，帮助国际社会和海外观众生动形象地了解了飞速发展的中国。[②]

2022年10月15日，党的二十大新闻发布会召开。发布会向中外媒体系统介绍了大会的文件起草、党章修正案准备、代表选举等组织筹备工作以及大会议程等有关情况。大会期间，举行了五场记者招待会，分别围绕“贯彻新发展理念、构建新发展格局、推动高质量发展，以中国式现代化全面推进中华民族伟大复兴”“坚定不移全面从严治党，深入推进新时代党的建设新的伟大工程”“坚持以习近平法治思想为指引　努力建设更高水平的法治中国”“习近平外交思想指引中国特色大国外交开拓前行”“建设人与自然和谐共生的美丽中国”等主题与记者交流，

① 中共中央宣传部中国这十年·系列主题新闻发布网站：http://www.scio.gov.cn/ztk/dtzt/47678/48355/index.htm。

② 《〈行进中的中国〉第二季海内外同时“上分”，这部外宣纪录片有何成功之道？》，文汇报，2022年10月9日，https://wenhui.whb.cn/zhuzhan/xinwen/20221009/489553.html。

并举行了五场集体采访，地方省、自治区、直辖市、中央和国家机关、中央金融系统、中央企业系统（在京）代表团新闻发言人介绍代表团学习讨论党的二十大报告情况，并回答记者提问。大会前后，举行了两场“党代表通道”采访活动，来自各行各业的党代表们结合自身工作经历，系统介绍在党的领导下所取得的成绩。大会结束后，中共中央于10月24日举行新闻发布会，向外界详细解读党的二十大报告。围绕党的二十大的官方宣介活动场次密集、形式多样、内容丰富，详细、立体地展示了党的二十大的会议情况、报告内容和精神。

在党的二十大召开期间，《人民日报》新媒体发布了中国共产党国际形象网宣片*CPC*。宣传片采用英文旁白，配以中英文双语字幕，并于之后推出了俄语、德语、西班牙语等12种外国语版本。视频时长2分50秒，以三个部分形式，分别讲述了中国共产党从成立到发展壮大的艰辛创业历程、新时代中国共产党为人民服务、第二个百年的历史节点上中国共产党为中国和人类的前途命运奋斗等内容。宣传片大气磅礴，文案简洁有力，勾画出一个有理想、有信念、有责任、有担当的大国大党形象。

二、捍卫国家利益，做好对美西方的舆论斗争

2022年，美国政府继续坚持对华竞争与遏制的冷战思维，借助重大国际活动和事件，在国际舆论领域对中国进行抹黑。对此，中国进行了坚决有力的舆论斗争。

2022年2月的北京冬季奥林匹克运动会是展现中国实力和精神风貌、促进世界和平、传播友谊的全球性盛会。然而，美西方国家部分反华势力将体育运动政治化，利用其话语权优势，发出各种干扰杂音。美国鼓吹“外交抵制”北京冬奥会。对此，2022

年1月，中国国务委员兼外交部长王毅在与美国国务卿布林肯通话时，明确要求美方停止干扰北京冬奥会。新华社、《人民日报》、中国国际电视台等中国媒体纷纷发文，从各个角度揭批美西方部分反华势力将体育活动政治化、通过所谓的“外交抵制”北京冬奥会围堵、遏制中国的事实。

同时，中国通过多种方式积极宣传北京冬奥会的盛况和意义。习近平主席在北京冬奥会欢迎宴会上指出，中国通过筹办冬奥会和推广冬奥运动，让冰雪运动进入寻常百姓家，实现了带动3亿人参与冰雪运动的目标，为全球奥林匹克事业作出了新的贡献。[①] 中国建立了包括主流媒体、社交媒体在内的传播体系。全球各大社交媒体平台上，北京冬奥会吸引了全球众多网民的关注与互动，冰墩墩、首钢大跳台“雪飞天”、中华美食、高科技床等成为全球热议话题。北京冬奥会和冬残奥会的四场开闭幕式精彩纷呈，人类命运共同体的主题贯穿始终，中华文化和冰雪元素交相辉映，体现了自然之美、人文之美、运动之美，诠释了新时代中国可信、可爱、可敬的形象。[②]

2022年2月，乌克兰危机爆发后，美西方反华势力将乌克兰危机与台湾问题做类比，歪曲台湾问题性质。对此，3月7日，国务委员兼外交部长王毅在十三届全国人大五次会议记者会上表示，两者性质根本不同，台湾问题完全是中国的内政，乌克兰问题则是俄罗斯和乌克兰两个国家之间的争端。美国部分政客和媒

① 《习近平在北京2022年冬奥会欢迎宴会上的致辞》，新华网，2022年2月5日，http://www.news.cn/politics/leaders/2022-02/05/c_1128333645.htm。

② 《习近平：在北京冬奥会、冬残奥会总结表彰大会上的讲话》，新华网，2022年2月5日，https://www.fmprc.gov.cn/zyxw/202202/t20220205_10639237.shtml。

体还污蔑称中国事先对俄罗斯的军事行动知情并要求后者在北京冬奥会后再动手，甚至称俄罗斯要求中国提供军事援助。为了以正视听，3月15日，中国驻美国大使秦刚在《华盛顿邮报》（*The Washington Post*）发表了题为《我们在乌克兰问题上的立场》的文章，驳斥了中方事先知情等无稽之谈，向美国公众申明中国根据事情本身的是非曲直决定立场和政策。《人民日报》《环球时报》等媒体纷纷发文，分析乌克兰危机爆发的根源，揭示美西方拱火浇油的做法带来的严重后果。

2022年，美西方国家继续拿新疆“人权问题”等做文章。应中国政府邀请，2022年5月，时任联合国人权事务高级专员巴切莱特对中国进行了为期六天的访问。巴切莱特在结束访华之旅当天召开的发布会上肯定中国人权发展所取得的成就，并称访华期间进行了不受监督的广泛交流，击破了美西方国家关于巴切莱特访华之旅被“限制”和“监督”的谎言。6月19日，中国外交部发布《美国对华认知中的谬误和事实真相》，指出美方反复散播涉疆谎言，完全是为抹黑、打压中国制造借口。新疆维吾尔自治区政府连续召开了多场涉疆问题新闻发布会，介绍新疆真实人权发展情况，戳穿美西方谎言。

2022年8月2日，美国国会众议院议长佩洛西不顾中国的强烈反对和严正交涉，公然窜访中国台湾地区。中国外交部、全国人大常委会、中共中央台湾工作办公室、全国政协外事委员会、国防部等部门接连发声，称“中方对此坚决反对”，予以“严厉谴责”。佩洛西窜台当天，中国驻美国大使秦刚接受了美国有线电视新闻网“政治内幕”（Inside Politics）的采访，向美国观众传递了中国关于此事件的严正立场。中国驻法国、伊拉克、摩洛哥、阿联酋等国家的大使也纷纷以接受媒体采访、召开记者会、在当地媒体发文等形式，向驻在国民众表明中国立场。8月10日，国务院台湾事务办公室、国务院新闻办公室发表《台湾问题与新时代中国统一事业》白皮书，进一步重申台湾是中国的一部分的事实和现状，展现中国共产党和中国人民追求祖国统一的坚定意志和坚强决心，阐述中国共产党和中国政府在新时代推进实现祖国统一的立场和政策。

中国的社会团体、民间组织、媒体积极行动，反制佩洛西窜台。中国人民对外友好协会在8月份集中发布了众多外国对华友好组织和人士发来的谴责佩洛西窜台、坚定奉行一个中国原则的声明，显示国际民间社会对中国的坚定支持。中国和平统一促进会发布了众多海外统促会组织抗议佩洛西窜台的声明，表达海外统促会组织和华人华侨对该事件的强烈不满。8月24日，新华社发布了《佩洛西窜台的若干事实》，从历史经纬、国际法基础等角度阐述了台湾属于中国的客观事实，揭露了佩洛西窜台的政治图谋和严重后果。[①]

三、阐释中国理念和方案，参与推动全球治理

2022年，中国利用博鳌亚洲论坛年会、金砖国家领导人第十四次会晤、金砖国家工商论坛、上海合作组织成员国元首理事会第二十二次会议、亚太经合组织第二十九次领导人非正式会议等重大多边场合，主动提出中国理念、中国方案，努力解决全球安全赤字，维护地区和平稳定，推动合作与发展。中国公共外交活动紧密围绕上述重大议程，以组织中外专家学者研讨会，举办宣介会、交流会、行业论坛等多种形式，积极阐释中国理念和方

① 《佩洛西窜台的若干事实》，新华网，2022年8月25日，http://www.news.cn/2022-08/25/c_1128944443.htm。

案，增进交流和理解，寻求合作共识。

在2022年4月21日博鳌亚洲论坛年会开幕式上，习近平主席首次提出了全球安全倡议。倡议包括坚持共同、综合、合作、可持续的安全观，共同维护世界和平和安全等六点核心内容。① 4月24日，国务委员兼外交部长王毅在《人民日报》发表题为《落实全球安全倡议，守护世界和平安宁》的文章，系统阐释全球安全倡议的现实意义和时代价值、逻辑体系和理论创新、成功实践和宝贵经验以及重大主张和政策目标。② 中国驻外使领馆、社会团体、智库、高校等围绕全球安全倡议组织各种国际研讨和宣介活动，介绍倡议理念。增进国际社会对倡议的了解。例如，5月6日，中国公共外交协会与中国人民大学联合举办“求和平、促发展：全球20国智库在线对话会”，围绕全球安全倡议、全球发展问题等展开研讨。会上，中外学者高度评价习近平主席提出的全球安全倡议，认为倡议为应对不断升级的地缘政治安全形势提供了现实解决方案。③ 7月30日，中国驻英国使馆举办线上活动，向英国联合国协会哈彭登分会（UNA Harpenden）宣介全球安全倡议。对方表示，通过本次活动增进了对全球安全倡议的理解和认

① 习近平：《携手迎接挑战，合作开创未来》，新华网，2022年4月21日，http://www.news.cn/politics/leaders/2022-04/21/c_1128580418.htm。

② 王毅：《落实全球安全倡议，守护世界和平安宁》，中华人民共和国外交部网站，2022年4月24日，https://www.fmprc.gov.cn/wjbzhd/202204/t20220424_10672812.shtml。

③《中国公共外交协会举办“求和平、促发展：全球20国智库在线对话会”》，中国公共外交协会网站，2022年5月7日，http://www.chinapda.org.cn/xhdt/202205/t20220527_10693354.htm。

知。[1] 12月1日，以“推进全球安全倡议，共同维护和平发展”为主题的北京香山论坛专家视频会举行，与会的各国专家学者形成了推进全球安全倡议的普遍共识。

2022年6月22日至24日，中国作为主席国主办金砖国家领导人第十四次会晤、金砖国家工商论坛。在本次会晤前后，金砖国家智库合作中方理事会举办了金砖国家智库交流合作系列活动，组织三场金砖国家智库国际研讨会，分别围绕“推动金砖国家高质量经贸合作”“金砖合作与全球发展：新时代、新使命、新方案”“新时代下金砖国家深化全球治理合作的挑战和路径”等主题展开讨论，凝聚智慧，为金砖机制发展建言献策。此外，中方有关单位以轮值主席身份，先后举办了金砖国家女性工商联盟2022年年度会议、金砖国家美术馆联盟第二届论坛、金砖国家图书馆联盟线上研讨会、金砖国家电影节等活动，促进了金砖国家间多领域、多层面的交流，增进了成员国社会、民众的相互了解和友谊，为金砖机制发展壮大夯实民意基础。

2022年9月16日，习近平主席出席上海合作组织成员国元首理事会第二十二次会议，并在会上总结了上合组织成功经验，对组织未来发展提出重要主张。会议召开之际，中国外文局中东欧与中南亚传播中心（人民画报社）、中国–上海合作组织地方经贸合作示范区管理委员会于9月16日在北京共同主办“直击上合·撒马尔罕峰会”中外专家研讨会。与会专家聚焦峰会议程，解读习近平主席出席此次峰会的重要意义，围绕上海合作组织应如何践行“上海精神”，应对复杂多变的国际形势，维护地区和

① 《中国驻英国使馆向英国联合国协会哈彭登分会宣介全球安全倡议》，中华人民共和国驻英国大使馆网站，2022年8月4日，http://gb.china-embassy.gov.cn/sgxw/202208/t20220804_10734776.htm。

世界的和平与安全等进行深入探讨。[①]

2022年11月18日，习近平主席出席亚太经合组织第二十九次领导人非正式会议并发表重要讲话。会议召开之前，中国各界先后举办了亚太经合组织科技创新智库研讨会、亚太经合组织中小企业创新与专业化（专精特新）国际合作研讨会、2022年亚太经合组织工商领导人中国论坛、亚太经合组织能源智库论坛2022等会议，分别围绕科技智库协作、中小企业数字化转型和绿色化发展、工商界探索绿色增长新路径、能源转型与可持续发展等主题展开。中外有关政府部门、工商界、科技界、学术界等人员参会，就相关议题分享观点、形成共识。中国各界配合落实习近平主席在本次亚太经合组织领导人非正式会议上的讲话和《2022年亚太经合组织领导人宣言》，于12月21日举办2022年亚太经合组织中小企业工商论坛，汇聚中外政府、商协会、研究机构、中小企业力量，推动落实中国提出的中小企业“专精特新”等倡议。[②]

四、服务开放与发展，助力全球经济企稳复苏

2022年，面对新冠疫情、地区冲突、地缘政治紧张等导致的全球经济低迷不振，中国主动搭建交流平台，展示扩大开放决心，协助推动全球发展倡议落实，凝聚发展合作共识。

① 《“直击上合·撒马尔罕峰会”中外专家研讨会在京举行》，人民网，2022年9月16日，http://world.people.com.cn/n1/2022/0916/c1002-32528076.html。

② 《2022年亚太经合组织（APEC）中小企业工商论坛在深圳隆重开幕》，人民网，2022年12月22日，http://v.people.cn/n1/2022/1222/c421419-32591843.html。

2022年5月18日至19日，以“汇聚贸促力量、共促开放发展”为主题的中国贸易促进会建会七十周年暨全球贸易投资促进峰会成功举办。有关国家领导人、国际组织负责人、商协会和贸促机构代表、企业代表共1.1万余人线上线下出席活动。习近平主席在视频致辞中提出了聚力战胜疫情、重振贸易投资、坚持创新驱动、完善全球治理等四点倡议。[①] 峰会发布了《全球贸易投资促进峰会北京倡议》，在战胜疫情、践行真正多边主义、推进全球发展、坚持创新驱动、推动绿色可持续发展、欢迎更多国家工商界加入本倡议等方面凝聚了与会代表共识。

2022年8月31日至9月5日，中国国际服务贸易交易会全球服务贸易峰会在北京举行。本届服贸会举办了7场高峰论坛、100多场专业论坛和行业会议，聚焦前沿领域，交流最新观点，为推动全球经济贸易发展贡献了智慧和力量。2022年11月5日至10日，第五届中国国际进口博览会在上海举行。本次进博会举办了24场虹桥国际经济论坛活动，共有145个国家、地区和国际组织参展。截至11月10日12时，累计进场46.1万人次，按一年计意向成交金额735.2亿美元，比上届增长3.9%。进博会构建了中国对外开放展会平台的新格局，显示了中国主动向世界开放市场、分享发展机遇的决心和信心。

2022年，中国公共外交继续积极服务全球发展倡议的落实，为解决南北差距等全球性问题做出中国贡献。6月20日，中国国际发展知识中心发布首期《全球发展报告》。报告立足于中国和世界各国积累的有益经验，从八个方面对落实2030年议程提出政

---

① 《习近平在庆祝中国国际贸易促进委员会建会70周年大会暨全球贸易投资促进峰会上的致辞》，中华人民共和国中央人民政府网站，2022年5月18日，http://www.gov.cn/xinwen/2022-05/18/content_5691048.htm。

策建议，为全球发展事业提供智力支持。8月12日，由中共中央对外联络部指导、中国民间组织国际交流促进会主办的国际民间社会共同落实全球发展倡议交流大会举行。有关国家驻华使节、非政府组织、智库、企业等代表约400人参会。习近平主席在贺信中指出，相信国际民间社会将为推进全球发展倡议落地落实构筑更加坚实的民意基础，提供更加有力的民心支撑。① 与会外方表示，国际民间社会愿用好全球发展倡议提供的公共产品和合作平台，推动联合国2030年可持续发展议程确定的目标早日实现。

2022年，中国多次举办全球发展倡议为主题的国际研讨会，为倡议落实凝心聚力。例如，中国联合国协会于4月19日举办主题为“推动全球发展倡议，共创美好未来”的线上国际研讨会，当代中国与世界研究院于7月28日举办了中国式现代化与全球发展倡议国际研讨会等，中外专家学者共同探讨全球发展倡议的重大意义和推进路径。中国驻外使领馆开展公共外交，推动全球发展倡议与地区发展愿景对接。例如，中国驻东盟使团和东盟方面于5月20日举办主题为“深化全球发展倡议与东盟共同体愿景2025合作，加快落实联合国2030年可持续发展议程”的研讨会，来自中国、东盟国家及联合国亚太经社会的官员、专家学者等百余人参加。各方普遍认为，全球发展倡议能够有效促进2030年议程进展，有助于加强以东盟为中心的区域合作架构。②

① 《习近平向国际民间社会共同落实全球发展倡议交流大会致贺信》，中共中央对外联络部网站，2022年8月12日，https://www.idcpc.org.cn/ttxw_2992/202208/t20220812_149611.html。

② 《雅加达论坛聚焦全球发展倡议》，中国驻东盟使团网站，2022年5月23日，http://asean.china-mission.gov.cn/dmjw/202205/t20220523_10691030.htm。

五、纪念建交“逢十”周年，夯实同各国传统友谊

2022年是中国同多个国家建交“逢十”周年。中国以纪念建交“逢十”周年为契机，举办丰富多彩的公共外交活动，进一步夯实同各国的传统友谊。

2022年是中国同中亚五国建交30周年。中国各界举办了不同类型的纪念活动，深化同中亚五国社会各界的交流。1月6日，中华全国青年联合会主办了庆祝中国与中亚五国建交30周年青年友好故事会。来自中国和中亚五国的100多名青年组织负责人、青年企业家、媒体工作者、大学生代表参会，共话友谊、合作与未来。7月13日，全国妇女联合会等主办以“凝聚女性力量，共创中国中亚美好未来”为主题的纪念中国同中亚五国建交30周年妇女发展论坛。与会各方热情回顾30年来中国同中亚五国妇女发展成就，分享成功经验和有益做法，并通过了《纪念中国同中亚五国建交30周年妇女发展论坛（大连）倡议》。9月27日，中国人民对外友好协会、陕西省人民政府共同主办中国–中亚民间友好论坛。论坛旨在落实习近平主席今年1月在中国同中亚五国建交30周年视频峰会上提出的关于举办中国–中亚民间友好论坛的重要倡议，推动我国与中亚五国民间友好关系。

2022年也是中韩建交30周年。中国各界与韩方共同举办形式多样的纪念活动。例如，10月15日，中国美术馆与韩国国立现代美术馆、韩国美术史学研究会共同主办的“纪念中韩建交30周年学术研讨会——20世纪中国美术和写实主义”在韩国国立现代美术馆德寿宫馆举行，通过艺术构筑两国人民团结合作、互信互助的美好未来。12月14日，由中国驻韩国大使馆和韩国言论振兴财团共同举办的纪念中韩建交30周年媒体论坛在首尔成功举行。

与会媒体嘉宾围绕中韩关系过去30年发展、两国国民感情、新闻工作者的作用和责任等主题进行广泛深入交流，纷纷表示愿为促进中韩民心相通、推动两国关系发展做出积极贡献。[①]

2022年是中国同德国建交50周年。中国驻德国大使馆于8月31日在柏林中国文化中心举办郎朗钢琴音乐会，庆祝中德建交50周年。德国前总统克勒和夫人、德国前总理施罗德和夫人及德政治、经济、文化各界友人、在德华侨华人代表等百余人参加。10月13日，中央广播电视总台主办的“50年·新启航：中央广播电视总台第二届中欧音乐节暨中德建交50周年音乐会”于线上线下同步举办。近200名中德艺术家隔空演绎两国杰出音乐大师的经典作品，用音乐在两国之间架起了一座民心相通、文化互鉴的桥梁。[②]

2022年还是中国同日本、希腊、荷兰、新西兰、马达加斯加、多哥、圭亚那、牙买加、马尔代夫等国建交50周年，也是同以色列、阿塞拜疆、摩尔多瓦等国建交30周年。中国各界举办了类型多样的纪念活动，为促进两国民间交流、增进两国友谊发挥了重要作用。

六、结语

2022年中国的公共外交精彩纷呈。公共外交在服务党和国

① 《纪念中韩建交30周年媒体论坛成功举办》，中华人民共和国驻韩国大使馆网站，2022年12月16日，http://kr.china-embassy.gov.cn/gdxw/202212/t20221216_10991293.htm。

② 《50年新启航：总台第二届中欧音乐节暨中德建交50周年音乐会》，央视网，2022年10月13日，http://tv.cctv.com/2022/10/14/VIDAziwuQIheaKr9EPknwzx8221014.shtml。

家的重大政治议程、捍卫国家利益、参与全球治理、推进对外开放、助力国际合作、夯实与各国的传统友谊等方面扮演了重要角色，已经成为国家对外交往中不可或缺的组成部分。未来，中国应该根据国际形势变化和国家利益需要，进一步加强对公共外交的战略谋划、顶层设计，充分挖掘和释放公共外交的潜力，使得公共外交在国家总体外交中发挥更大作用。

（中国国际问题研究院国际战略研究所助理研究员　崔小涛）

图书在版编目（CIP）数据

国际形势和中国外交蓝皮书.2022/2023/中国国际问题研究院编.—北京：世界知识出版社，2023.3

ISBN 978-7-5012-6634-0

Ⅰ.①国… Ⅱ.①中… Ⅲ.①国际形势—研究—2022—2023 ②中外关系—研究—2022—2023 Ⅳ.①D5 ②D822

中国版本图书馆CIP数据核字（2023）第050563号

书　　名	国际形势和中国外交蓝皮书 2022/2023 Guoji Xingshi He Zhongguo Waijiao Lanpishu 2022/2023
作　　者	中国国际问题研究院
责任编辑	张怿丹　蒋少荣
责任出版	赵　玥
责任校对	陈可望
出版发行	世界知识出版社
地址邮编	北京市东城区干面胡同51号（100010）
网　　址	www.ishizhi.cn
电　　话	010-65265923（发行）　010-85119023（邮购）
经　　销	新华书店
印　　刷	艺堂印刷（天津）有限公司
开本印张	710毫米×1000毫米　1/16　33¾印张
字　　数	460千字
版次印次	2023年3月第一版　2023年3月第一次印刷
标准书号	ISBN 978-7-5012-6634-0
定　　价	108.00元